Q&A 道路・通路に関する法律と実務

登記・接道・通行権・都市計画

司法書士 末光 祐一 著

日本加除出版株式会社

推薦のことば

　近年，不動産登記申請代理を行う際には，従前にも増して多くの関連法規が存在し，その知識が必要とされる。そして，相続や不動産取引において不動産登記申請を行う際，道路に関しても実務家は注意を払う必要がある。

　具体的には，都市計画区域内等において，建築物の敷地は接道義務を満たしていなければならないし，家の前面道路を対面の家の所有者と共有している場合，道路部分を売買の対象とするのを忘れてしまうと，その持分を第三者に主張できないだけでなく，当該道路の利用について紛争が生じる可能性がある。

　また，近年，全国的に登記未履行道路が相当数存在する。平成16年には登記未履行道路に関し，市町村の所有権，自主占有による取得時効の主張も認められなかった八潮登記未履行事件が顕在化した。このように，登記の未履行が多大な損失を生むということを実務家，そして地方自治体は認識すべきである。

　日本司法書士会連合会では現在，継続的に，不動産登記制度の利用促進のために，関連法規に関し会員の理解促進を図っている。当該関連法規に関する知識の欠如により顧客の取引に支障を与え，不動産取引全体の混乱を招くことはあってはならないことである。

　本書は，道路，通路など不動産登記関連法規に精通し，土地家屋調査士資格も有する著者が，実践的にその対応策を具体的に述べており，司法書士が不動産取引に携わるうえで，必携の書である。司法書士が関連する様々な法規制に精通することにより，「くらしの法律家」として不動産取引の安定，不動産，道路，通路に関する紛争解決に寄与できるよう願い，本書を推薦する。

平成27年4月

日本司法書士会連合会

会長　齋　木　賢　二

はしがき

　不動産取引，不動産登記の目的となる宅地などの土地は，それだけで利用価値のある存在であることはまれであり，有効な道路があって，初めて利用価値のある存在となる。

　それだけ，道路の有する意義は大きいものがある。

　不動産取引には多くの関連法規が存在し，不動産登記とは切っても切れない関係にある道路においても，道路法や，建築基準法の接道義務のみならず，様々な道路に関する知識が実務家には必要となる時勢となった。

　道路に関しては，都市計画区域内等において，建築物の敷地は道路に2メートル以上接していなければならないとする接道義務があり，接道義務を満たす道路は原則として4メートル以上の幅員を有する公道である必要があるなどの規制がある。また，具体的事案においては，道に面しているからこの敷地に建物は建てられると考え，土地を購入したはいいが建築確認申請の際に初めて2項道路などの建築基準法上の道路ではないことがわかり，建築ができないというトラブルが生じることがある。

　また，公道や私道の所有名義を有する者と，通行をしようとする者の間の通行に関する紛争も多く，実務に関しては関連法規とともに，先判例を駆使する必要もある。

　道路に関する法律実務では，司法書士は「通行権がある」で終わらず，それを登記や行政手続を駆使して，各専門職と連携して，その道路が将来的に安定したものとなるよう踏み込んで関わっていくことが求められている。道路に関する相談先は，司法書士に多く寄せられており，司法書士には土地取引の実務専門家としてそれらに関する法規制および権利関係に対する法的知識が必要不可欠であろう。

　これらの知識は，不動産登記において宅地等の登記の周辺の知識としても活用することができ，また相隣関係の紛争として簡裁代理等関係業務にも役立てることができる。もとより，道路・通路の問題は個別の事案ごとに異なる多くの事情があり，統一的な解決法があるわけではないが，これらの知識

はしがき

を現場に即して有機的に活用することができれば，依頼者の期待に沿う結果も得られるだろう。

さらに，道路は街づくりの基本的インフラであり，私有財産であると同時に，公道私道を問わず，公共的な意味合いも有している。国土強靱化に資するためも，道路の登記についても今一度，その重要性について社会に発信していく必要があるだろう。

本書は今後，土地に関する実務において司法書士だけでなく，土地に関わるその他の専門家にとってもよき参考書となり，さらには司法書士が土地に関する専門家として今後とも社会に貢献し続けることができるための一助となれば，著者として望外の喜びである。

最後に本書の出版に当たり，終始お世話になった日本加除出版株式会社の佐伯寧紀氏には心から感謝申し上げる。

平成27年5月

末　光　祐　一

凡　例

凡　例

1　本書中，法令名等の表記については，原則として省略を避けたが，括弧内においては以下の略号を用いた。

【法令等】

不登	不動産登記法	地自	地方自治法
不登令	不動産登記令	国財	国有財産法
不登規	不動産登記規則	区画整理	土地区画整理法
準則	不動産登記事務取扱手続準則	民	民法
		民施	民法施行法
道路	道路法	国土幹線	国土開発幹線自動車道建設法
道路規	道路法施行規則	土改	土地改良法
建基	建築基準法	森林	森林法
建基令	建築基準法施行令	高速国道	高速自動車国道法
建築規	建築基準法施行規則	道路整備	道路整備特別措置法
道交	道路交通法	都市基盤	新都市基盤整備法
民訴	民事訴訟法	大都市	大都市地域における住宅及び住宅地の供給の促進に関する特別措置法
運送	道路運送法		
都計	都市計画法		
都計令	都市計画法施行令	密集	密集市街地における防災街区の整備の促進に関する法律
都計規	都市計画法施行規則		
都再	都市再開発法		

【先例・裁判例】

・大判大3・8・10新聞967号31頁
　→大審院判決大正3年8月10日法律新聞967号31頁
・東京控判大13・8・11新聞2317号15頁
　→東京控訴院判決大正13年8月11日法律新聞2317号15頁
・最二小判平3・4・19民集45巻4号477頁
　→最高裁判所第二小法廷判決平成3年4月19日最高裁判所民事判例集45巻4号477頁

v

凡　例

・横浜地小田原支判昭62・3・31訟月34巻2号311頁
　→横浜地方裁判所小田原支部判決昭和62年3月31日訟務月報34巻2号311頁
・横浜地決平3・7・5判時1404号103頁
　→横浜地方裁判所決定平成3年7月5日判例時報1404号103頁
・朝鮮高判昭12・11・12判評27号民112頁
　→朝鮮高等法院判決昭和12年11月12日判例評論27号民事112頁
・昭44・8・29民甲1760号民事局長通達・登先9巻10号1頁
　→昭和44年8月29日民事甲第1760号法務省民事局長通達・登記先例解説集9巻10号1頁

2　出典の表記につき，以下の略号を用いた。

大民集	大審院民事判例集	東高民時報	東京高等裁判所民事判決時報
大刑集	大審院刑事判例集		
刑集	最高裁判所刑事判例集	登先	登記先例解説集
民集	最高裁判所民事判例集	交民	交通事故民事裁判例集
裁判集民	最高裁判所裁判集民事	判タ	判例タイムズ
民録	大審院民事判決録	判自	判例地方自治
裁判集刑	最高裁判所裁判集刑事	判時	判例時報
下民	下級裁判所民事裁判例集	民月	民事月報
行集	行政事件裁判例集	登研	登記研究
訟月	訟務月報	判評	判例評論
高民	高等裁判所民事判例集	新聞	法律新聞

『精義中』　香川保一編『不動産登記書式精義（中巻）』（テイハン，1996）
『訴訟』　　藤田耕三＝小川英明『不動産訴訟の実務』（新日本法規出版，2010）
『私道』　　安藤一郎『私道の法律問題　第6版』（三省堂，2013）
『道例規』　国土交通省道路局編『道路法関係例規集』（ぎょうせい）
『処理基準』基本行政通知編集委員会編『基本行政通知・処理基準　地方自治』（ぎょうせい）
『都市法規』建設省都市局編『都市計画法規集』（新日本法規出版）

目　次

第1編　道　路

■ 第1章　道路の概説と定義 ──────────────────── 1
- Q1　道路と通路の違いは何か。　1
  - Column 1　道路・通路・公道・私道の法令の数　8

■ 第2章　道路の種類 ────────────────────── 9
- Q2　道路にはどのような種類があるか。　9
- Q3　公道にはどのような道路があるか。　10
- Q4　私道にはどのような道路があるか。　11
- Q5　公私中間道にはどのような道路があるか。　12

■ 第3章　公道の成立及び管理 ────────────────── 13
第1　道路法による道路 ………………………………… 13
- Q6　道路法による道路にはどのような道路があるか。　13
  - Column 2　「道路法」の歴史　14
- Q7　道路法による道路はどのように成立するか。　16
- Q8　道路法による道路はどのように管理されるか。　17
- Q9　供用開始にはどのような効果があるか。　22
- Q10　供用開始された道路法による道路の敷地は国・都道府県・市町村の名義に登記をしなくても国等が所有者であると認められるか。　24
  - Column 3　登記未履行道路（道路内民有地）の問題　25
- Q11　道路法による道路に関する事項を調査するにはどのようにすればよいか。　26
- Q12　道路法による道路が廃止されることはあるか。　28

第2　広義の都市計画に基づく道路 ………………………… 30
- Q13　広義の都市計画に基づく道路とはどのような道路か。　30
- Q14　都市計画道路とはどのような道路か。　31
- Q15　都市計画はどのように明らかにされるか。　35
- Q16　都市計画事業はどのように施行されるか。　36
- Q17　都市計画道路はどのように管理されるか。　37
- Q18　土地区画整理法に基づく道路とはどのような道路か。　39
- Q19　旧住宅地造成事業に関する法律に基づく道路とはどのような道路か。　42

目　次

　　　Q20　都市再開発法に基づく道路とはどのような道路か。　45
　　　Q21　新都市基盤整備法に基づく道路とはどのような道路か。　46
　　　Q22　大都市地域における住宅及び住宅地の供給の促進に関する特別措置法に基づく道路とはどのような道路か。　48
　　　Q23　密集市街地における防災街区の整備の促進に関する法律に基づく道路とはどのような道路か。　50
　　　Q24　広義の都市計画に基づく道路には他にどのような道路があるか。　52
　第3　一般自動車道　55
　　　Q25　一般自動車道とはどのような道路か。　55
　第4　開発道路　57
　　　Q26　開発道路とはどのような道路か。　57
　　　Q27　開発道路の管理及び帰属はどうなるか。　69
　　　Q28　開発道路に関する諸事項はどのように調査するか。　71
　第5　市町村有通路　73
　　　Q29　市町村有通路とはどのような道路か。　73
　第6　認定外道路　74
　　　Q30　認定外道路とは，どのような道路か。　74
　　　Q31　認定外道路はどこが管理しているか。　77
　　　Q32　里道とはどのような道路か。　80
　　　Q33　二線引畦畔とはどのような道路か。　81
　　　Q34　脱落地たる道路とはどのような道路か。　83

第4章　公道の通行　84
　第1　公道の通行概説　84
　　　Q35　公道は誰でも自由に通行することができるか。　84
　　　Q36　公道における通行を確保するための措置にはどのようなものがあるか。　85
　　　Q37　道路を占用することができるか。　88
　　　Q38　道路法に違反する行為で刑事罰の対象となるものはあるか。　91
　第2　公道の自由通行　92
　　　Q39　公道を通行することについてなんらかの通行権が認められるか。　92
　　　Q40　開発道路について自由に通行することができるか。　94
　　　Q41　認定外道路の自由通行についても自由に通行することができるか。　95
　　　Q42　廃止された元道路敷地については通行が認められなくなるか。　97
　第3　公道の自動車通行　98
　　　Q43　公道を自動車で通行することはできるか。　98
　　　Q44　自動車でしか通行することができない道路はあるか。　99
　　　Q45　自動車では通行することができない道路はあるか。　101

viii

目　次

　　　　Q46　歩道とはどのような道か。　*102*
　　第4　公道と通行料 ……………………………………………………… *104*
　　　　Q47　公道を通行する際に通行料が発生する場合があるか。　*104*

■第5章　公道と私権の関係 ─────────────────── *105*
　　第1　公道における私権の制限 ………………………………………… *105*
　　　　Q48　公道の敷地の所有者は誰か。　*105*
　　　　Q49　公道の敷地が民有地であるときは所有者がフェンスを設置することができるか。　*106*
　　　　Q50　公道に囲繞地通行権が発生することは私権の設定に当たるのか。　*108*
　　第2　公道の対抗要件 …………………………………………………… *110*
　　　　Q51　公道の敷地に属する私人名義の土地を買い受けて所有権移転登記を経た者は道路管理者に対抗することができるか。　*110*
　　第3　公道と取得時効 …………………………………………………… *112*
　　　　Q52　公道敷地は時効取得の対象となるか。　*112*
　　第4　私人名義の公道 …………………………………………………… *117*
　　　　Q53　登記名義が私人となっている公道については一般公衆の通行は制限されるか。　*117*
　　　　Column 4　道と旧民法　*118*

■第6章　建築基準と道路 ─────────────────── *120*
　　第1　建築基準の概説と道路の関係 …………………………………… *120*
　　　　Q54　建築基準は道路の成否，通行等に影響を及ぼすか。　*120*
　　第2　接道義務 …………………………………………………………… *123*
　　　　Q55　接道義務とはどのような義務か。　*123*
　　　　Column 5　道と空き家問題　*126*
　　　　Q56　接道義務が免除又は強化されることはあるか。　*127*
　　第3　建築基準法上の道路 ……………………………………………… *129*
　　　　Q57　建築基準法上の道路にはどのような種類のものがあるか。　*129*
　　　　Q58　公道であればすべて建築基準法上の道路の種類に該当するか。　*131*
　　第4　計画道路 …………………………………………………………… *132*
　　　　Q59　完成前の公道は接道義務を満たす道路とすることはできるか。　*132*
　　第5　既存道路 …………………………………………………………… *134*
　　　　Q60　道路法等の法律に根拠のない道はいかなるものであっても接道義務を満たす道路とすることはできるか。　*134*

ix

目次

第6 指定道路 …………………………………………………… *136*
- Q61 民間により築造された（る）道については建築基準法上の道路とはなり得ないか。 *136*

第7 みなし道路 …………………………………………………… *144*
- Q62 幅員が4メートル未満の道にのみ接している敷地には建築物を建築することはできないか。 *144*
- Q63 みなし道路の要件となる「現に建築物が立ち並んでいる」道とはどのような状況の道をいうか。 *145*
- Q64 みなし道路はどのように指定されるか。 *146*
- Q65 みなし道路は2項道路以外にもあるか。 *149*
- Q66 みなし道路が指定された場合の道路の境界線はどのようになるか。 *150*
- Q67 みなし道路の側面の一方が，崖地に接して沿う場合の道路と川の対面地の建築物の敷地との境界線は道路中心線から2メートル後退した線か。 *152*

第8 接道義務の特例 ……………………………………………… *154*
- Q68 建築基準法上の道路に接していない敷地に建築物を建築することができる特例はないか。 *154*

第9 道路の幅員 …………………………………………………… *155*
- Q69 建築基準法において道路の幅員はどこからどこまでの距離をいうか。 *155*

第10 予定道路 …………………………………………………… *157*
- Q70 予定道路とはどのような道路か。 *157*

第11 建築協定 …………………………………………………… *159*
- Q71 地域の住宅環境を改善するため建築基準法を上回る基準を土地の所有者が定めることはできないか。 *159*

第12 建築基準法上の道路の公示 ……………………………… *161*
- Q72 建築基準法上の道路についてはどのように公示されているか。 *161*

第7章 私道の通行と管理 ─────────── *162*

第1 建築基準法による規制 ……………………………………… *162*
- Q73 建築基準法上の道路の敷地が私人であるときは，当該私人は道路を自由に使用することができるか。 *162*

第2 建築基準法上の道路と私権の関係 ………………………… *165*
- Q74 建築基準法上の道路の敷地においても私権は制限されるか。 *165*

第3 指定道路の通行と管理 ……………………………………… *166*

目　次

　　Q75　指定道路は一般公衆も通行することができるか。　*166*
　　Q76　指定道路を第三者が自動車で通行することができるか。　*168*
　　Q77　指定道路は誰がどのように管理するか。　*170*
　　Q78　指定道路を自由に廃止することはできるか。　*171*
　第4　指定道路以外の建築基準法上の道路の通行と管理………………… *173*
　　Q79　みなし道路等は一般公衆が通行することができるか。　*173*
　第5　公開空地としての私道の通行と管理…………………………………… *178*
　　Q80　公開空地とはどのようなものか。　*178*
　第6　その他の私道の通行と管理………………………………………………… *180*
　　Q81　道路法や建築基準法等の適用がない道で一般公衆が通行することができるものはあるか。　*180*
　　Q82　一般公衆が通行することができる私道は地目が公衆用道路となっているか。　*183*
　　　　Column 6　「道路」とは？「宅地」とは？　*185*
　　Q83　私道では道路交通法は適用されないか。　*188*
　　Q84　大学構内の道を一般公衆が通行することはできるか。　*192*
　　Q85　法令等の適用を受けない私道の通行と管理はどのようになるか。　*194*
　　Q86　路地状敷地とは何か。　*196*

■第8章　公私中間道 ──────────────────────── *198*
　　Q87　農道や林道等はどのような性質の道路か。　*198*

第2編　通行権

■第1章　法定通行権 ──────────────────────── *203*
　第1　囲繞地通行権（袋地通行権）…………………………………………… *203*
　　Q88　他人の土地であってもその同意なく通行することができる場合があるか。　*203*
　　Q89　囲繞地通行権が発生する要件としての「公道」とは，道路法による道路などの公道を指すか。　*205*
　　Q90　公道に至る狭い通路がある土地は，袋地であるとはいえないか。　*207*
　　Q91　公道に至る既存の通路があるときでも袋地であると認められるのはどのような場合か。　*213*
　　Q92　公道に接してはいるが公道に至るためには崖を通らなければならない土地も袋地といえるか。　*217*
　　Q93　袋地でない土地が後発的に袋地となることがあるか。　*219*
　　Q94　囲繞地通行権を時効取得することができるか。　*220*
　　Q95　囲繞地通行権の権利者となり得るのは袋地の所有者だけか。　*221*

xi

目　次

- Q96　囲繞地通行権を主張する袋地所有者の所有権は登記されていなければならないか。　*224*
- Q97　囲繞地通行権を主張する相手方は囲繞地の所有者でなければならないか。　*225*
- Q98　囲繞地通行権は囲繞地のどの場所に成立するか。　*227*
- Q99　袋地から公道に至る既存の通路があるときは法定通路の位置も既存通路の位置と重なることになるか。　*230*
- Q100　囲繞地通行権に基づいて通路を開設することができるか。　*236*
- Q101　法定通路の幅員はどこまで認められるか。　*238*
- Q102　法定通路の幅員の判定には建築基準法が考慮されるか。　*241*
- Q103　法定通路の幅員の判定には自動車による通行が考慮されるか。　*246*
- Q104　法定通路の幅員の判定には農業用機械の搬入が考慮されるか。　*251*
- Q105　公有地において囲繞地通行権は発生しないか。　*252*
- Q106　囲繞地通行権は対抗要件を備える必要があるか。　*253*
- Q107　囲繞地通行権が消滅することはあるか。　*254*
- Q108　囲繞地通行権を放棄することはできるか。　*257*
- Q109　法定通路を通行するには通行料を支払わなければならないか。　*257*
- Q110　法定通路を通行料を支払うことなく通行することができる場合はないか。　*259*
- Q111　土地を分筆したことにより公道に直接接しない土地が生じたときは囲繞地通行権が発生するか。　*262*
- Q112　分譲地が同時に分譲された場合にも無償囲繞地通行権が発生するか。　*265*
- Q113　土地の一部が賃借された場合にも無償囲繞地通行権が発生するか。　*269*
- Q114　無償囲繞地通行権が発生した囲繞地が特定承継された場合は当該特定承継人に対しても無償囲繞地通行権を主張することができるか。　*270*
- Q115　共有物分割により無償囲繞地通行権が発生している場合に，元の共有地以外の他の土地に通行料を支払って囲繞地通行権を主張することができるか。　*274*

第2　隣地立入権　*276*

- Q116　囲繞地通行権に基づかずに隣地に立ち入ることができる場合はあるか。　*276*
- Q117　隣地立入権を請求しても隣地所有者が承諾しないときは隣地に立ち入ることはできないか。　*277*

第3　本権に含まれる通行権　*279*

- Q118　共有の通路の通行を他人に妨害されたときは，共有者は一人で妨害排除請求を行うことができるか。　*279*

第4　密接した本権に含まれる通行権　*281*

- Q119　公道に石が置かれるなどして公道に接する土地への出入りが困難になった土地の所有者は，妨害者に対して排除請求を行うことができるか。　*281*

第5 占有権に基づく通行権 — 282

Q120 権限はないが通路を占有して通行している者は通行妨害に対して排除請求を行うことができないか。 *282*

第2章 契約通行権 — 284
第1 物権的契約通行権 —通行地役権— — 284

Q121 通行目的の地役権について徒歩に限定する契約も可能か。 *284*

Q122 地上権者は地上権が設定されている土地に出入りするため他の土地に通行地役権を設定することができるか。 *285*

Q123 既に通行地役権が設定されている通路に重ねて別人（要役地）のための通行地役権を設定することができるか。 *288*

Q124 要役地の所有権が移転したときは，当該地役権は誰が行使することになるか。 *291*

Q125 通行地役権が設定されている通路について通路所有者自身は通行することができないか。 *293*

Q126 通行地役権が設定されている通路に地役権者は表札を設置することができるか。 *294*

Q127 単に「通行」を目的とする通行地役権が設定されている通路を自動車で通行することはできるか。 *295*

Q128 単に「通行」を目的とする通行地役権が設定されている通路の幅員が明確でないときは建築基準を考慮した幅員が認められるか。 *298*

Q129 未登記の通行地役権は通路の新所有権に対して通行地役権を行使することができないか。 *299*

Q130 通行地役権に基づいて通行する際は通行料を支払う必要があるか。 *307*

Q131 通行地役権の存続期間を定めることはできるか。 *309*

Q132 要役地が売却されたときに通行地役権を要役地の新所有者に移転させないことはできるか。 *310*

Q133 通路所有者が通路設置義務及び修繕費を負担すること定めたときは通行地役権者は買受人に対しても当該義務を履行するように主張することができるか。 *311*

Q134 A・B共有の通路のA持分に抵当権が設定されている通路（抵当権に遅れる通行地役権が設定されている。）について当該抵当権が実行されたときは，通行地役権はA持分についてだけ消滅するか。 *313*

Q135 地役権の登記には他の登記にない特徴があるか。 *316*

Q136 承役地又は要役地の一部分に又は一部分のために地役権設定登記をすることはできないか。 *319*

Q137 通行地役権設定登記申請の添付情報は何か。 *321*

Q138 要役地が表題部しかない場合に承役地に地役権設定登記をすることができるか。 *324*

Q139 農地に通行地役権設定登記をすることができるか。 *325*

Q140 承役地又は要役地が共有の場合に持分のみに対して又は持分のみのために地役権設定登記をすることができるか。 *326*

目　次

- Q141　通行地役権設定登記の申請書（申請情報）の記載事項は何か。　*328*
- Q142　1筆の要役地について所有者を異にする数筆の承役地に対する地役権設定登記を一括申請することはできるか。　*328*
- Q143　承役地の一部に設定された地役権を承役地の全部に及ぼす登記は新たな地役権設定登記によるべきか。　*330*
- Q144　地役権抹消登記申請には地役権設定登記の際に地役権者に通知された登記識別情報を提供するか。　*332*
- Q145　地役権の登記のある承役地又は要役地を分筆することはできるか。　*334*
- Q146　地役権の登記のある承役地又は要役地を合筆することはできるか。　*337*

第2　債権的契約通行権　*340*

- Q147　通行を目的として通路の賃貸借契約を締結することができるか。　*340*
- Q148　通路を通行目的で期限を定めずに無償で借り受けた場合には通路所有者は当該使用貸借契約を解除することができるか。　*341*
- Q149　賃貸貸借契約及び使用貸借契約以外（通行地役権設定契約を除く。）の契約によって通路を通行することができる場合があるか。　*343*

第3章　黙示的通行権　*345*

- Q150　はっきりとした契約や合意がなくても（時効取得の場合を除く。）通行権が認められる場合もあるか。　*345*
- Q151　他人の通路を長年通行していることで黙示的な通行権が認められるか。　*347*
- Q152　宅地と公道に至るためのその通路が別の土地であるとき宅地のみを購入した者は，当該通路に囲繞地通行権以外の通行権が認められることはあるか。　*348*
- Q153　複数の宅地にとって必要とされる公道に至るための通路が特定の宅地の所有者にのみ売却されたときは他の宅地の所有者は当該通路に囲繞地通行権以外の通行権が認められることはあるか。　*350*
- Q154　分譲地において分譲の仕方によっては黙示的通行権が認められることがあるか。　*351*
- Q155　Q150～154の他に黙示的通行権が認められる事情はあるか。　*354*
- Q156　黙示的に認められた通行地役権について対抗力を得るにはどうするか。　*358*

第4章　時効による通行権　*360*

- Q157　通路を10年間（又は20年）通行している者は通行地役権を時効取得するか。　*360*
- Q158　通路所有者は通行地役権を時効取得した者に対して通行料を請求することができるか。　*367*
- Q159　時効取得された通行地役権について対抗力を得るにはどうするか。　*367*
- Q160　通行地役権以外の通行権を時効取得することができるか。　*369*

第5章　不成文通行権　*371*

目　次

第1　人格権的通行権　―通行の自由権― ……………………… 371
　Q161　民法典に規定のない通行権があるか。　*371*
　Q162　人格権的通行権が認められるのはどのような場合か。　*371*
第2　結論的に自由な通行（権）………………………………………… 379
　Q163　通行権の内容は明確ではないが通行が認められることはあるか。　*379*
第3　慣習上の通行権（慣行通行権）………………………………… 381
　Q164　慣習上の通行権が認められることはあるか。　*381*
第4　生活権に基づく通行権（生活通行権）…………………………… 383
　Q165　生活権に基づく通行権が認められることはあるか。　*383*
第5　反射的利益による通行（権）……………………………………… 384
　Q166　反射的利益による通行（権）に基づいて通行妨害の排除を請求することができるか。　*384*
第6　通行妨害の濫用・信義則違反の結果による通行（権）………… 386
　Q167　通路の所有者が無権限の通行者の通行を禁止する措置をとることが許されない場合もあるか。　*386*

■第6章　政策的立入・通行権 ────────────── 389
　Q168　民法上の通行権や日常生活に不可欠な通行権等がなくても森林所有者が他人の土地に立ち入ることができる場合があるか。　*389*

第3編　日常生活と道路通行

■第1章　通行の確保と禁止 ─────────────── 397
第1　通行妨害の排除 ……………………………………………………… 397
　Q169　指定道路を日常利用する住人が通路所有者以外の第三者に通行を妨害されたときにも当該第三者に対して妨害排除を請求することができるか。　*397*
　Q170　通路上の妨害の事実が自然現象である場合には排除費用は誰が負担すべきか。　*407*
　Q171　通行妨害をしている者が無過失である場合には通行権者は妨害者に対して排除請求をすることができないか。　*408*
第2　通行の禁止 …………………………………………………………… 411
　Q172　自己の土地を他人に無断で通行されている者に対しては通行を止めさせるべく請求することができるか。　*411*
第3　通行料の額 …………………………………………………………… 413

xv

目 次

  Q173 通行料の額はどのように算定すべきか。 *413*
 第4 通行に関する不明確な承諾，合意，確認 …………………………… *415*
  Q174 口約束で通行を認められた者も通行権を主張することができるか。 *415*
 第5 好意的な事実上の通行 ……………………………………………… *421*
  Q175 他人所有地をその好意で通行している者は当該土地の通行部分の閉鎖に対して何らかの請求をすることができるか。 *421*

■第2章 私道の形態 ——————————————————— *426*

  Q176 沿道宅地所有者の共有となっている私道について共有物分割を請求することができるか。 *426*
  Q177 沿道宅地所有者の共有の土地を互いの通路として利用する趣旨の合意には互いに通行地役権が発生する旨の合意は含まれないか。 *429*
  Q178 私道について沿道宅地所有者に何らかの通行権が認められる場合は登記までする必要はないか。 *430*
  Q179 私道を公道にすることはできるか。 *431*
    Column 7 道と地縁団体 *432*

■第3章 駐車問題 ——————————————————————— *434*

  Q180 通路において自動車による通行地役権を有する者は当該通路の一部を駐車場とすることができるか。 *434*

■第4章 借地借家と通行権 ————————————————— *440*

  Q181 通行についての合意がない借地借家契約では賃借人は賃貸人所有地を通行することができないか。 *440*
  Q182 他人所有の通路を通行目的で賃借する契約には借地借家法は適用されないか。 *443*

■第5章 導管等（ライフライン）設置権 ————————— *445*

  Q183 他人の土地に通行権を有する者は上下水道管も設置することができるのか。 *445*

■第6章 道と不動産取引 ——————————————————— *457*

 第1 錯誤による無効 ……………………………………………………… *457*
  Q184 公道に至るための道が利用できると思って土地の購入したものの道の利用が困難であった場合には土地の購入者は売買契約を無効とすることができるか。 *457*
 第2 瑕疵担保責任 …………………………………………………………… *460*
  Q185 接道要件を満たすことを前提に宅地を購入したものの実際には要件を満たさなかったときは，売主は瑕疵担保責任を負うか。 *460*

xvi

目　次

　　第3　債務不履行 ·· *465*
　　　　Q186　売主が公道へ通ずる私道を設置する約束をしながら約束を反故にしたときは，買主は売主の債務不履行を主張することができるか。　*465*
　　第4　宅地建物取引業者の責任 ··· *467*
　　　　Q187　宅地の売買を仲介する宅地建物取引業者には私道に関する説明義務はあるか。　*467*

■第7章　建築確認と民事上の効力 ───────────── *469*
　　　　Q188　建築確認を受けた建築物の敷地の一部としての路地状敷地（公道に至る通路部分）については建築主の所有であると確定することになるか。　*469*

■第8章　道路通行に関する紛争の処理 ─────────── *474*
　　第1　行政による措置 ·· *474*
　　　　Q189　道路法による道路等や建築基準法上の道路において通行妨害行為があるときは行政に妨害排除を求めることができるか。　*474*
　　第2　不服申立て等 ··· *477*
　　　　Q190　公道認定や廃止について道路管理者である自治体に不服を申し立てることができるか。　*477*
　　第3　行政訴訟 ··· *479*
　　　　Q191　道路法による道路の供用開始処分に対して不利益を受ける住民は抗告訴訟を提起することができるか。　*479*
　　第4　民事訴訟 ··· *484*
　　　　Q192　囲繞地通行権の確認訴訟においては，原告は当該通行権の存在を主張すれば足りるか。　*484*
　　　　Q193　囲繞地通行権の確認訴訟において原告が主張した法定通路が原告にとって必要かつ囲繞地に最も損害が少ない場所ではないと認められたときは裁判官は別途に適切な法定通路を判決において定めることができるか。　*487*
　　　　Q194　通行地役権の時効取得を主張する場合は自ら通路を開設したことも主張立証しなければならないか。　*489*
　　　　Q195　通行権を有する者が通行妨害をされている場合に通行妨害排除請求訴訟の趣旨を「……妨害をする一切の行為をしてはならない。」とすることはできるか。　*491*
　　　　Q196　共有の要役地のために承役地について地役権設定登記手続を請求する訴訟は要役地共有者全員にとって固有必要的共同訴訟には当たるか。　*492*
　　　　Q197　囲繞地通行権者は囲繞地通行につき通行妨害排除請求以外に通行妨害禁止を求める訴訟を提起することもできるか。　*493*

xvii

目 次

- Q198 通行について反射的利益しか有しない者は通行妨害に対して損害賠償を請求することができないか。　*494*
- Q199 通行紛争に関する民事訴訟の管轄はどこの裁判所になるか。　*501*
- Q200 囲繞地通行権確認訴訟を簡易裁判所に提起することができるときはどのような場合か。　*502*

第5 仮処分 ……………………………………………………… *506*

- Q201 通行妨害の排除請求訴訟に先立って妨害物除去の仮処分を求めることができるか。　*506*

第6 調　停 ……………………………………………………… *508*

- Q202 通行紛争に関する民事調停は相手方の住所地を管轄する簡易裁判所に申し立てなければならないか。　*508*
  - Column 8　私道紛争とADR　*508*

第7 強制執行 ……………………………………………………… *511*

- Q203 通行妨害排除請求について直接強制の方法による強制執行を求めることができるか。　*511*

第8 自力救済 ……………………………………………………… *512*

- Q204 通行紛争を解決する手段として自力救済は認められるか。　*512*

第9 刑事処分 ……………………………………………………… *513*

- Q205 道路を不法に占拠する者を告発することはできるか。　*513*

付　録

■ 資　料

- 【1】開発行為事前協議願書 ……………………………………… *515*
- 【2】開発行為許可申請書 ………………………………………… *516*
- 【3】囲繞地通行権確認，通行妨害排除請求　訴状例 ………… *517*
- 【4】通行地役権確認，通行妨害排除請求，登記請求　訴状例 … *517*
- 【5】道路位置指定（変更・廃止）事前協議申請書 …………… *518*
- 【6】道路位置指定申請書 ………………………………………… *519*
- 【7】道路位置指定申請図（例）………………………………… *520*
- 【8】道路占用（許可申請協議）書 ……………………………… *521*
- 【9】地役権設定契約書 …………………………………………… *522*

xviii

【10】登記申請書……………………………………………………………… *525*
　　【11】登記原因証明情報……………………………………………………… *527*
　　【12】地役権図面（例）……………………………………………………… *529*
　　【13】指定道路の技術基準（例）…………………………………………… *530*
　　【14】道路位置指定の手続（例）…………………………………………… *536*

■ 索　引
　　先例索引………………………………………………………………………… *537*
　　判例索引………………………………………………………………………… *540*
　　条文索引………………………………………………………………………… *551*
　　事項索引………………………………………………………………………… *554*

第1編
道　　路

第1章　道路の概説と定義

Q1　道路と通路の違いは何か。

A　法律上の統一的な定義はない。一般的には，それぞれ「道」，「通り」という程度の意味で，具体的には，場面場面で適用される法令に従うこととなる。

解説　「道路」，「通路」については，法律上の統一的な定義はない。一般的には，「道」，「通り」という程度の意味で，要するに，人（又は自動車等）が移動することができる一定程度開けた空間で，それを主たる目的としている土地（場所）のことをいうだろう。つまり，人（又は自動車等）が移動することができる空間であっても，居宅内（廊下を含む。）や庭は，一般には「道」，「通り」には当たらない。また，「道」，「通り」という以上は，どちらかというと公共的な施設としてのもの，あるいは公衆が自由に通行することができる施設としてのものをいう場合が多いが，私道や私用の通路の場合もある。

航路（海上交通安全法（昭和47年7月3日法律第115号）2条1項）や航空路も船舶，航空機のための通路であるといえるが，海上・河川上，空中に設定されたものであり，土地（場所）に設定されたものではないため，本書では「道路」，

1

第 1 章　道路の概説と定義

「通路」としては取り扱わず，遡河魚類の通路（水産資源保護法（昭和26年12月17日法律第313号）22条～24条）も同様とする。バスや鉄道や航空機内等の乗り物内にある座席間の通路も，本書では「道路」，「通路」としては取り扱わない。

　このように「道路」，「通路」の統一的な定義がない以上，その差異についても統一的に解することはできないが，一般的には，道路の方が規模が大きく，または通路の方が距離が短く，あるいは通路のうちで特に公共的な意味合いを有するものを道路というというような感覚であることが多いと思われる。もちろん，そうでない場合もある。

　以下，本書においてもあまり厳格に区別せず，原則として，「道路」，「通路」を総称して「道路」ということとする。

　具体的な適用場面としては，数多くの法律に基づく定義あるいは使用により理解することとなり，例えば次のようなものが挙げられる（下線は筆者注）。

◎　高齢者，障害者等の移動等の円滑化の促進に関する法律（平成18年 6 月21日法律第91号）
　　第 1 条　「この法律は……公共交通機関の旅客施設及び車両等，道路，路外駐車場，公園施設並びに建築物の構造及び設備を改善するための措置，一定の地区における旅客施設，建築物等及びこれらの間の経路を構成する道路，駅前広場，通路その他の施設の一体的な整備を推進するための措置その他の措置を講ずることにより……もって公共の福祉の増進に資することを目的とする。」
◎　労働安全衛生法（昭和47年 6 月 8 日法律第57号）
　　第23条　「事業者は，労働者を就業させる建設物その他の作業場について，通路，床面，階段等の保全……，避難及び清潔に必要な措置その他労働者の健康，風紀及び生命の保持のため必要な措置を講じなければならない。」
◎　都市計画法（昭和43年 6 月15日法律第100号）
　　第11条第 1 項　「都市計画区域については，都市計画に，次に掲げる施設を定

めることができる。この場合において，特に必要があるときは，当該都市計画区域外においても，これらの施設を定めることができる。
　一　道路，都市高速鉄道，駐車場，自動車ターミナルその他の交通施設
　……
　八　１団地の住宅施設（１団地における50戸以上の集団住宅及びこれらに附帯する通路その他の施設をいう。）
　……」

◎　建物の区分所有等に関する法律（昭和37年４月４日法律第69号）
　第５条　「区分所有者が建物及び建物が所在する土地と一体として管理又は使用をする庭，通路その他の土地は，規約により建物の敷地とすることができる。」

◎　住居表示に関する法律（昭和37年５月10日法律第119号）
　第２条第２号　「道路方式　市町村内の道路の名称及び当該道路に接し，又は当該道路に通ずる通路を有する建物その他の工作物につけられる住居番号を用いて表示する方法をいう。」

◎　高速自動車国道法（昭和32年４月25日法律第79号）
　第10条　「高速自動車国道と道路，鉄道，軌道，一般自動車道又は交通の用に供する通路その他の施設とが相互に交差する場合においては，当該交差の方式は，立体交差としなければならない。」

◎　都市公園法（昭和31年４月20日法律第79号）
　第７条　「公園管理者は……工作物その他の物件又は施設が次の各号に掲げるものに該当し……必要やむを得ないと認められるものであつて，政令で定める技術的基準に適合する場合に限り……許可を与えることができる。
　……
　　三　通路，鉄道，軌道，公共駐車場その他これらに類する施設で地下に設けられるもの
　……」

◎　自衛隊法（昭和29年６月９日法律第165号）
　第92条の２　「……出動を命ぜられた自衛隊の自衛官は，当該自衛隊の行動に係る地域内を緊急に移動する場合において，通行に支障がある場所をう

第 1 章　道路の概説と定義

　　　　回するため必要があるときは，一般交通の用に供しない通路又は公共の
　　　　用に供しない空地若しくは水面を通行することができる。……」
◎　道路法（昭和27年 6 月10日法律第180号）
　　第 2 条　「この法律において「道路」とは，一般交通の用に供する道で次条各
　　　　号に掲げるものをいい，トンネル，橋，渡船施設，道路用エレベーター
　　　　等道路と一体となつてその効用を全うする施設又は工作物及び道路の附
　　　　属物で当該道路に附属して設けられているものを含むものとする。」
　　第32条第 1 項　「道路に次の各号のいずれかに掲げる工作物，物件又は施設を
　　　　設け，継続して道路を使用しようとする場合においては，道路管理者の
　　　　許可を受けなければならない。
　　　　……
　　　　五　地下街，地下室，通路，浄化槽その他これらに類する施設
　　　　……」
◎　官公庁施設の建設等に関する法律（昭和26年 6 月 1 日法律第181号）
　　第 2 条第 4 項　「この法律において「 1 団地の官公庁施設」とは……都市計画
　　　　において定められた 1 団地の国家機関又は地方公共団体の建築物及びこ
　　　　れらに附帯する通路その他の施設……をいう。」
◎　土地収用法（昭和26年 6 月 9 日法律第219号）
　　第 3 条　「土地を収用し，又は使用することができる公共の利益となる事業は，
　　　　次の各号のいずれかに該当するものに関する事業でなければならない。
　　　　一　道路法（昭和27年法律第180号）による道路，道路運送法（昭和26
　　　　　年法律第183号）による一般自動車道若しくは専用自動車道（同法に
　　　　　よる一般旅客自動車運送事業又は貨物自動車運送事業法（平成元年法
　　　　　律第83号）による一般貨物自動車運送事業の用に供するものに限る。）
　　　　　又は駐車場法（昭和32年法律第106号）による路外駐車場
　　　　……
　　　　三十五　前各号のいずれかに掲げるものに関する事業のために欠くこと
　　　　　ができない通路，橋，鉄道，軌道，索道，電線路，水路，池井，土石
　　　　　の捨場，材料の置場，職務上常駐を必要とする職員の詰所又は宿舎そ
　　　　　の他の施設」

第1章　道路の概説と定義

◎　建築基準法（昭和25年5月24日法律第201号）
　第35条　「……特殊建築物……については，廊下，階段，出入口その他の避難施設，消火栓，スプリンクラー，貯水槽その他の消火設備，排煙設備，非常用の照明装置及び進入口並びに敷地内の避難上及び消火上必要な通路は……避難上及び消火上支障がないようにしなければならない。」
　第42条第1項　この章の規定において「道路」とは，次の各号の1に該当する幅員4メートル……以上のもの……をいう。
　　一　道路法……による道路
　　二　都市計画法，土地区画整理法……による道路
　　三　この章の規定が適用されるに至つた際現に存在する道
　　四　道路法，都市計画法，土地区画整理法……による……事業計画のある道路で，2年以内にその事業が執行される予定のものとして……指定したもの
　　五　土地を建築物の敷地として利用するため，道路法，都市計画法，土地区画整理法……によらないで築造する……道で……位置の指定を受けたもの」
◎　水防法（昭和24年6月4日法律第193号）
　第19条　「水防団長……は，水防上緊急の必要がある場所に赴くときは，一般交通の用に供しない通路又は公共の用に供しない空地及び水面を通行することができる。」
◎　消防法（昭和23年7月24日法律第186号）
　第27条　「消防隊は，火災の現場に到着するために緊急の必要があるときは，一般交通の用に供しない通路若しくは公共の用に供しない空地及び水面を通行することができる。」
◎　民法（明治29年4月27日法律第89号）
　第211条　「前条の場合には，通行の場所及び方法は，同条の規定による通行権を有する者のために必要であり，かつ，他の土地のために損害が最も少ないものを選ばなければならない。
　　2　前条の規定による通行権を有する者は，必要があるときは，通路を開設することができる。」

第1章　道路の概説と定義

◎　大規模災害からの復興に関する法律（平成25年6月21日法律第55号）
　　第2条第5号　「特定公共施設　道路，公園，下水道その他政令で定める公共の用に供する施設をいう。」
◎　東日本大震災により生じた災害廃棄物の処理に関する特別措置法（平成23年8月18日法律第99号）
　　第6条第1項　「国は，災害廃棄物に係る一時的な保管場所及び最終処分場の早急な確保及び適切な利用等を図るため……災害廃棄物の搬入及び搬出のための道路，港湾その他の輸送手段の整備その他の必要な措置を講ずるものとする。」
◎　津波防災地域づくりに関する法律（平成23年12月14日法律第123号）
　　第2条第12項　「この法律において「公共施設」とは，道路，公園，下水道その他政令で定める公共の用に供する施設をいう。」
◎　地域における歴史的風致の維持及び向上に関する法律（平成20年5月23日法律第40号）
　　第2条第1項　「この法律において「公共施設」とは，道路，駐車場，公園，水路その他政令で定める公共の用に供する施設をいう。」
◎　企業立地の促進等による地域における産業集積の形成及び活性化に関する法律（平成19年5月11日法律第40号）
　　第5条第3項　「基本計画は，国土形成計画その他法律の規定による地域振興に関する計画及び道路，河川，鉄道，港湾，空港等の施設に関する国又は都道府県の計画……に関する基本的な方針との調和が保たれたものでなければならない。」
◎　観光立国推進基本法（平成18年12月20日法律第117号）
　　第14条　「国は……観光地間を連絡する経路における空港，港湾，鉄道，道路，駐車場，旅客船その他の観光の基盤となる交通施設の整備等に必要な施策を講ずるものとする。」
◎　地域再生法（平成17年4月1日法律第24号）
　　第5条　「地方公共団体は……地域再生計画……を作成……することができる。
　　　……
　　　4　……事項には，次に掲げる事項を記載することができる。

一　地域における経済基盤の強化又は生活環境の整備のために行う次に掲げる事業に関する事項
　　　イ　地域における交通の円滑化及び産業の振興を図るために行われる道路，農道又は林道の２以上を総合的に整備する事業
　　……」
◎　地域における多様な需要に応じた公的賃貸住宅等の整備等に関する特別措置法（平成17年６月29日法律第79号）
　第２条第２項「この法律において「公共公益施設」とは，公的賃貸住宅等の整備に関する事業の施行に関連して必要となる施設であって，次の各号のいずれかに該当するものをいう。
　　一　道路，公園，広場その他政令で定める公共の用に供する施設
　　二　公的賃貸住宅等の居住者の福祉又は利便のため必要な施設」
◎　道路運送法（昭和26年６月１日法律第183号）
　第２条第７項「この法律で「道路」とは，道路法（昭和27年法律第180号）による道路及びその他の一般交通の用に供する場所並びに自動車道をいう。」
◎　道路運送車両法（昭和26年６月１日法律第185号）
　第２条第６項「この法律で「道路」とは，道路法……による道路，道路運送法……による自動車道及びその他の一般交通の用に供する場所をいう。」
◎　道路交通法（昭和35年６月25日法律第105号）
　第２条第１項「この法律において，次の各号に掲げる用語の意義は，それぞれ当該各号に定めるところによる。
　　一　道路　道路法……に規定する道路，道路運送法……に規定する自動車道及び一般交通の用に供するその他の場所をいう。
　　……」
◎　道路整備特別措置法（昭和31年３月14日法律第７号）
　第２条「この法律において「道路」とは，道路法……に規定する道路をいう。」
◎　幹線道路の沿道の整備に関する法律（昭和55年５月１日法律第34号）
　第２条第１号「この法律において次の各号に掲げる用語の意義は，それぞれ

第 1 章　道路の概説と定義

当該各号に定めるところによる。
　一　<u>道路</u>　<u>道路法……による道路</u>をいう。」

Column 1
道路・通路・公道・私道の法令の数

　Q1では，道路，通路，公道，私道については明確な定義も少なく，統一的な定義もないことを述べ，道路，通路の用語が使用されている法律の例を挙げた。
　ここでは，それぞれの用語が使用されている現行法令の数を調べてみた（平成27年3月1日現在でe-Gov法令検索による。）。
- 道路……法律：395本，政勅令：371本，府省令：517本
- 通路……法律：36本，政勅令：20本，府省令：115本
- 公道……法律：1本，政勅令：1本，府省令：9本
　※　ちなみに，「公道」が使用されている法律1本は民法であり（Q88），政勅令1本は相続税法施行令である。
- 私道……法律：2本，政勅令：0本，府省令：7本
　※　ちなみに，「私道」が使用されている法律2本は宅地建物取引業法及び建築基準法である。

第2章 道路の種類

Q2 道路にはどのような種類があるか。

 公道及び私道並びにその両方の中間の性質を有する道路がある。

解説 　一般的に，道路は公道と私道に区別され，それぞれ公的な道，私的な道という意味に使われるのが通常であるが，その定義は法律上も学説上も必ずしも明確ではなく，管理や通行，所有権といった諸要件によって相対的に定義されている。

　法律や実社会の中では，「○○道路」，「○○道」，「○○路」等と呼ばれている各種の道路について，本書においては，おおむね次のような基準に基づいて定義し，公道，私道，そしてその両方の中間の性質を有する道路に分類した。

(1) 公道

　公道とは，国，地方公共団体，公法人等法律に基づき設立された公的組織や，公的免許を受けた者が，設置又は管理若しくはその監督をする公共的な道路で，道路の目的や性質に応じて一般公衆の通行の用に供する道路をいう。

　登記上の地目には関係なく，敷地所有者が公人であることが原則であるが，そうでない場合もあり得る。

(2) 私道

　私道とは，私有財産として，設置，管理，廃止等がその所有者に任されている道路で，公法的規制を受けない限り，なんらかの通行権をもたない第三者は，通行することができない。

　登記上の地目には関係なく，私人が敷地所有者であることがほとんどであ

9

第2章 道路の種類

るが，公有地であっても私道であることもあり得る。
(3) 公道と私道の両方の中間の性質を有する道路
　公道と私道の両方の中間の性質を有する道路を，本書では公私中間道ということとする。
　公私中間道とは，設置，管理，監督等は公的組織が行うが，道路の性質上一般の通行に供用されているとはいえず，産業育成，環境保全等の目的達成のため，関係者以外の通行が制限されている道路で，公道と私道の中間的，接点的な性質を有している道路である。

Q3　公道にはどのような道路があるか。

　道路法による道路，都市計画道路，開発道路，里道などがある。

解説　各種の公道には，それぞれ根拠となる法令があり，その根拠条項に従って公的に成立し，そして公的に管理される。それらの公道がどのように指定，認定，配置，設置され，成立し，誰によって管理され，どのような手段で公示（つまり調査手段）されるのかということは各根拠法で定まっている。
　最も典型的な公道は，道路法による道路であるといえ，広義の都市計画に基づく道路，開発道路，認定外道路なども公道であるといえる。
　詳細は，各道路のQを参照いただきたく，ここではその種類を挙げるに留める。
(1) 道路法による道路
　ア　高速自動車国道（Q6）

10

第 2 章　道路の種類

　　イ　一般国道（Q 6）
　　ウ　都道府県道（Q 6）
　　エ　市町村道（Q 6）
(2)　広義の都市計画に基づく道路
　　ア　都市計画道路（Q14）
　　イ　土地区画整理法に基づく道路（Q18）
　　ウ　旧住宅地造成事業に関する法律に基づく道路（Q19）
　　エ　都市再開発法に基づく道路（Q20）
　　オ　新都市基盤整備法に基づく道路（Q21）
　　カ　大都市地域における住宅及び住宅地の供給の促進に関する特別措置法に基づく道路（Q22）
　　キ　密集市街地整備法に基づく道路（Q23）
(3)　一般自動車道（Q25）
(4)　開発道路（Q26）
(5)　市町村有通路（Q29）
(6)　認定外道路（Q30）
　　ア　里　道（Q32）
　　イ　二線引畦畔（Q33）
　　ウ　脱落地たる道路（Q34）

Q4　私道にはどのような道路があるか。

　指定道路，みなし道路などの建築基準法上の道路や，構内道路などがある。

11

第 2 章　道路の種類

解　説　私道とは，私有財産として，通常は，設置，管理，廃止等がその所有者に任されている道路をいうが，後述するように（本編第6章，第7章），建築基準法など関係法令等の適用の有無によって，分類することができる。

具体的には，指定道路，みなし道路，既存道路などの建築基準法の適用がある私道，固定資産税が非課税となっている私道，公衆用道路たる私道，構内道路などがある。

Q5　公私中間道にはどのような道路があるか。

　園路，農業用道路，林道，港湾道路などがある。

解　説　公が管理するという意味からは公道に近く，通行することができる者が制限されるという意味からは私道に近く，公道と私道の中間的，接点的な性質を有しているといえる。

具体的には本編第8章のような，農業用道路（農道），林道，園路，自然公園道路，鉱業用道路，専用自動車道，港湾道路（臨港道路）などの道路がある。

第3章 公道の成立及び管理

第1 道路法による道路

Q6 道路法による道路にはどのような道路があるか。

A 高速自動車国道，一般国道，都道府県道，市町村道がある。

解説 最も典型的な公道である道路法による道路は，その名のとおり道路法に根拠を置いて成立する。

道路法は，「道路網の整備を図るため，道路に関して，路線の指定及び認定，管理，構造，保全，費用の負担区分等に関する事項を定め，もつて交通の発達に寄与し，公共の福祉を増進することを目的とする。」（道路1条）とされており，この目的は，他の公道においても参考になるべきところがあるだろう。

道路法による道路とは，「一般交通の用に供する道で……，トンネル，橋，渡船施設，道路用エレベーター等道路と一体となつてその効用を全うする施設又は工作物及び道路の附属物で当該道路に附属して設けられているものを含むものとする。」（道路2条1項）とされており，その種類には，次の道路がある（道路3条）。

(1) 高速自動車国道
(2) 一般国道
(3) 都道府県道
(4) 市町村道（特別区道を含む。）

要するに，一般交通の用に供する道で，高速自動車国道，一般国道（いわゆる国道），都道府県道，市町村道を道路法による道路といい，トンネル，橋，

13

渡船施設，道路用エレベーター等道路と一体となってその効用を全うする施設又は工作物及び道路の附属物で当該道路に附属して設けられているものも含まれることになる。

なお，東京都の特別区道については，地方自治法によって，市道に関する規定が準用されている。

ちなみに，「高速道路」という用語は，高速自動車国道法及び後述する自動車専用道路並びにこれと同等の規格及び機能を有する一般国道，都道府県道又は指定市の市道を総称して使用される（高速道路株式会社法2条2項）。

Column 2
「道路法」の歴史

「道路」は，古代から，国家における最も基本的なインフラの一つであり，交通，物流，経済，生活，防犯，防災，国防，都市，通信等，あらゆる面で，その基礎となるべきものであることはいうまでもない。

明治維新後も，道路に関して数多くの太政官布告等が発せられている。

ここでは，その代表的な太政官布告から，現在の道路法に至るまでの変遷について述べることとする。

◎明治6年8月2日大蔵省番外「河港道路修築規則」

「東海中山陸羽道ノ如キ全國ノ大經脈ヲ通スル者ヲ1等道路トス」，「各部ノ大經脈ニ接續スル脇往還枝道ノ類ヲ2等（中略）道路トス」，「村市ノ經路等ヲ3等（中略）道路トス」

◎明治9年6月8日太政官第60号達「道路等級ヲ廃シ国道県道里道ヲ定ム」

「國道　1等　東京ヨリ各開港場ニ達スルモノ　2等　東京ヨリ伊勢ノ宗廟及各鎮臺ニ達スルモノ　3等　東京ヨリ各縣廳ニ達スルモノ及各府各鎮臺拘聯スルモノ」，「縣道　1等　各縣ヲ接續シ及各鎮臺ヨリ各分營ニ達スルモノ　2等　各府縣本廳ヨリ其支廳ニ達スルモノ

3等　著名ノ區ヨリ都府ニ達シ或ハ其區ニ往還スヘキ便宜ノ海港等ニ達スルモノ」，「里道　1等　彼此ノ数區ヲ貫通シ或ハ甲區ヨリ乙區ニ達スルモノ　2等　用水堤防牧畜坑山製造所等ノタメ該區人民ノ協議ニ依テ別段ニ設クルモノ　3等　神社仏閣及田畑耕耘ノ為ニ設クルモノ」
※　旧道路法の施行に伴って廃止された。

◎**大正8年4月10日法律第58号「道路法」**
「道路ヲ分チテ左ノ1種トス　1　國道　2　府縣道　3　郡道　4　市道　5　町村道」
※　旧道路法で，現行道路法と同様の道路敷地における私権の制限に関する規定があり，すべて道路法による道路は国の造営物とされ，その所有権は国に帰属していた（都道府県郡市町村道の管理は，原則として当該自治体）。その後の現行道路法では，都道府県市町村道は当該地方公共団体の造営物とされたため，旧道路法により認定されていた都道府県市町村道を現行道路法によって認定した場合，その国有道路敷地は当該都道府県市町村に無償で貸付けられたものとみなされた（道路法施行法5条）。これらの道路が，「みなし貸付道路」と呼ばれるが，通行や管理等については一般の都道府県市町村道となんら変わるところはない（Q191中の判例参照）。また，郡道については，大正12年4月1日の郡制廃止により，多くは，現行の都道府県道等に認定されている。旧道路法は，現行道路法の施行に伴って廃止された。

◎**昭和27年6月10日法律第180号「道路法」**
※　現行の道路法で，昭和27年12月5日に施行された。
　新しい道路法では，道路敷地の所有権は，原則として，国道は国に，都道府県道は都道府県に，市町村道は市町村に帰属することとなった。

第3章　公道の成立及び管理

Q7　道路法による道路はどのように成立するか。

A　路線が指定又は認定され，供用開始されることによって成立する。

解説　道路法による道路が成立するには，まずその路線が指定又は認定される必要がある。また，道路の種類ごとに，その指定又は認定の手続が定められている。

　高速自動車国道は，道路法のほか，高速自動車国道法に根拠を置いている。高速自動車国道は，自動車の高速交通の用に供する道路で，全国的な自動車交通網の枢要部分を構成し，かつ，政治・経済・文化上特に重要な地域を連絡するものそのほか国の利害に特に重大な関係を有するもので，予定路線のうちから政令によって路線を指定されたものと，国土開発幹線自動車道の予定路線のうちから政令によって路線を指定されたものとがある。高速自動車国道の指定の際は，その政令において，路線名，起点，終点，重要な経過地その他路線について必要な事項が明記されている（高速国道2条～4条，国土幹線1条～3条）。

　一般国道は，単に国道ともいわれ，高速自動車国道と併せて全国的な幹線道路網を構成し，かつ，国土を縦断し，横断し，又は循環して，都道府県庁所在地や重要都市を連絡する等の道路で，政令によって路線を指定されたものをいう。国道の指定の際は，その政令において，路線名，起点，終点，重要な経過地その他路線について必要な事項が明らかにされる（道路5条）。

　都道府県道，つまり都道，道道，府道，県道とは，地方的な幹線道路網を構成し，かつ，市又は人口5,000以上の町（主要地）とこれらと密接な関係にある主要地，主要港，主要停車場又は主要な観光地とを連絡する等の道路で，都道府県知事によって当該都道府県の区域内に存する部分について路線を認定されたものをいう。都道府県道の認定の際は，都道府県知事によって，路

線名，起点，終点，重要な経過地その他必要な事項が公示される（道路7条・9条）。

市町村道，つまり，市道，町道，村道とは，市町村の区域内に存する道路で，市町村長によって路線を認定されたものをいう。高速自動車国道，一般国道，都道府県道と異なり，指定又は認定されるべき道路は限定されておらず，その市町村の区域内の道路であれば，一般交通の用に供されていると認められるものは，当該市町村の議会の議決を経て，市町村道として認定することができる。また，市町村長は特に必要がある場合は，関係市町村長の承諾を得て，自己の市町村の区域を越えて路線を認定することができる。市町村道の認定の際は，市町村長によって，路線名，起点，終点，重要な経過地その他必要な事項が公示される（道路8条・9条）。

なお，東京都の特別区道については，地方自治法によって，市道に関する規定が準用されている（地自283条）。

以上の手続による指定又は認定を経て，区域決定を終え，供用開始をすることによって，道路法による道路は成立する。

Q8 道路法による道路はどのように管理されるか。

A 道路の新設，改築，維持，修繕等は，道路の種類によって，それぞれ定められた道路管理者（国土交通大臣，都道府県，市町村）が行う。

解説 道路管理とは，道路の新設，改築，維持，修繕，災害復旧，その他の管理の行為をいい，道路法による道路の種類によってそれぞれ道路管理者が定められている。

原則として，高速自動車国道法は国土交通大臣（高速国道6条），国道は国

第3章　公道の成立及び管理

土交通大臣（道路12条・13条），都道府県道は都道府県（道路15条），市町村道は市町村が，それぞれ道路管理者となる（道路16条）。

　詳しくは，国道については，その新設又は改築は国土交通大臣が行うものの，工事の規模が小であるものその他政令で定める特別の事情により都道府県がその工事を施行することが適当であると認められるものについては，その工事に係る路線の部分の存する都道府県が行い（道路12条），その他，その維持，修繕，公共土木施設災害復旧事業費国庫負担法（昭和26年法律第97号）の規定の適用を受ける災害復旧事業（災害復旧）その他の管理は，政令で指定する区間（指定区間）内については国土交通大臣が行い，その他の部分については都道府県がその路線の当該都道府県の区域内に存する部分について行う。また，国土交通大臣は，指定区間内の国道の維持，修繕及び災害復旧以外の管理を当該部分の存する都道府県又は政令指定都市（指定市）が行うこととすることもできる（道路13条）。

　なお，指定市の区域内に存する国道の管理で都道府県が行うこととされているものの管理は，当該指定市が行い（道路17条1項），指定市以外の市も，都道府県に協議し，その同意を得ることによって，当該市の区域内に存する国道の管理で当該都道府県が行うこととされているものの管理を行うことができる（道路17条2項）。また，指定市以外の市町村は，地域住民の日常生活の安全性若しくは利便性の向上又は快適な生活環境の確保を図るため，当該市町村の区域内に存する国道の新設，改築，維持若しくは修繕又は国道に附属する道路の附属物の新設若しくは改築のうち，歩道の新設，改築，維持又は修繕その他の政令で定めるもので都道府県が行うこととされているもの（歩道の新設等）を都道府県に代わって行うことが適当であると認められる場合においては，都道府県に協議し，その同意を得て行うことができる（道路17条4項）。

　都道府県道については，指定市の区域内に存する都道府県道の管理は，当該指定市が行い（道路17条1項），指定市以外の市町村も，都道府県に協議し，その同意を得ることによって，当該市町村の区域内に存する都道府県道の管理を行うことができる（道路17条2項・3項）。また，指定市以外の市町村は，

地域住民の日常生活の安全性若しくは利便性の向上又は快適な生活環境の確保を図るため，当該市町村の区域内に存する都道府県道の新設，改築，維持若しくは修繕又は都道府県道に附属する道路の附属物の新設若しくは改築のうち，歩道の新設等を都道府県に代わって行うことが適当であると認められる場合においては，都道府県に協議し，その同意を得て行うことができる（道路17条4項）。

　ここで述べた道路の管理とは，いわゆる道路の機能管理のことを指している。つまり，道路が道路（公道）として適切な機能を維持するための管理のことをいい，後述する道路の財産管理と異なるものである。

　道路の管理権は道路管理義務を伴うものであり，つまり，道路の設置又は管理に瑕疵があったために他人に損害が生じたときは，道路管理者たる国又は地方公共団体は，賠償責任を負うことになる。道路の有すべき通常の安全性を欠き，その瑕疵により通行者等に損害を与えた場合は，道路管理者は国家賠償の責を負わなければならないのである。

　道路管理者による道路管理権は，供用開始によって成立することとなり，管理責任が発生する。そのため，共用開始の告示がされてない道路予定地における事故については，国家賠償責任の対象にはならないと思われるが，供用開始に至っていない未完成な道路であっても，道路としてほぼ完成し，公衆が道路として通行し得る状態になっている状態にもかかわらず，通行制限のための措置をとっていないような場合には，道路管理者が管理責任を問われることもあろう。

　なお，これまでに述べた管理とは，公共物である道路としての維持管理に関する機能管理であり，所有者としての財産管理は，それぞれの道路敷地所有者が行うこととなる。

　一般国道の新設又は改築のために取得した道路を構成する敷地等は国に，都道府県道又は市長村道の新設又は改築のために取得した敷地等はそれぞれ当該都道府県又は市町村に帰属する（道路90条1項）が，必ずしも道路管理者と道路所有者が一致するとは限らない。したがって，道路管理者が道路所有者と一致しない場合には，道路の境界確定手続の当事者とはならない場合も

第3章　公道の成立及び管理

ある。
　また，道路所有者の所有権の範囲，道路敷地の筆界で囲まれた範囲，道路区域の範囲は，すべて相互に一致することが望ましいであろうが，必ずしもすべて一致しているとはいえない。

【判　例】
■道路管理権の成否
　　道路法所定の道路の管理権が成立するためには，道路区域として指定された敷地が国有財産の場合にも，法定の道路管理者が所有権その他の権原を取得して供用が開始されることが必要であるところ，道路法施行法第5条第1項所定の「現に旧法の規定による府県道，市道又は町村道の用に供されている」国有地とは，道路法施行時において現実に道路の形態を有して現に一般に通行の用に供されていることを要し，一般人の通行を禁止したいわゆる構内道路として国が管理していた土地は，前記道路の用に供されていたとはいえないなどとして，当該土地について町が前記道路法施行法第5条第1項に基づいて権原を取得したとはいえず，町の道路管理権が成立したとはいえない（大阪高判平4・3・19行集43巻3号474頁，判時1471号76頁）。

■道路事故の道路管理者の責任の有無
　・　原動機付自転車に乗った通行人が夜間国道上を通行中，暗渠新設工事のため国道上に横たえられた枕木に激突，転倒し，死亡した場合において，その枕木の位置及びその付近の夜間照明等の不備について，通行人が多少酒気を帯びており，その工事が国道の管理者の許可を受けない等違法のものであっても，国道の管理者があらかじめ工事を中止させて国道を原状に回復させ，これを常時安全良好な状態において維持しなかった限り，同人の死亡による損害は国道の管理に瑕疵があったため生じたものというべきである（最三小判昭37・9・4民集16巻9号1834頁）。
　・　国道に面する山地の上方部分が崩壊し，土砂とともに落下した直径約1メートルの岩石が，たまたま該道路を通行していた貨物自動車の運転助手席の上部にあたり，その衝撃により，助手席に乗っていた者が即死した

場合において、従来その道路の付近ではしばしば落石や崩土が起き、通行上危険があったにもかかわらず、道路管理者において、「落石注意」の標識を立てるなどして通行車に対し注意を促したにすぎず、道路に防護柵又は防護覆を設置し、危険な山側に金網を張り、あるいは、常時山地斜面部分を調査して、落下しそうな岩石を除去し、崩土のおそれに対しては事前に通行止めをするなどの措置をとらなかったときは、通行の安全性の確保において欠け、その管理に瑕疵があったものというべきである（最一小判昭45・8・20民集24巻9号1268頁）。

・ 幅員7.5メートルの国道の中央線近くに故障した大型貨物自動車が約87時間駐車したままになっていたにもかかわらず、道路管理者がこれを知らず、道路の安全保持のために必要な措置を全く講じなかったような事実関係のもとにおいては、道路の管理に瑕疵があるといえる（最三小判昭50・7・25民集29巻6号1136頁）。

・ 北海道内の高速道路で自動車の運転者がキツネとの衝突を避けようとして自損事故を起こした場合において、走行中の自動車が高速道路に侵入したキツネ等の小動物と接触すること自体により自動車の運転者等が死傷するような事故が発生する危険性は高いものではないこと、金網の柵を地面との隙間なく設置し、地面にコンクリートを敷くという小動物の侵入防止対策が全国で広く採られていたという事情はうかがわれず、そのような対策を講ずるためには多額の費用を要することは明らかであること、高速道路には動物注意の標識が設置されていたことなどの事情の下においては、小動物の侵入防止対策が講じられていなかったからといって、道路に設置又は管理の瑕疵があったとはいえない（最三小判平22・3・2裁判集民233号181頁）。

■境界確定の意義

相隣者間において境界確定の事実があっても、これによって、その1筆の土地の境界自体は変動せず、したがって、その合意の事実を境界確定のための1資料にすることは、もとより差し支えないが、これのみにより確定することは許されない（最三小判昭42・12・26民集21巻10号2627頁）。

第3章　公道の成立及び管理

■境界確定協議の取消訴訟，錯誤の主張の適否
　境界確定協議が成立した後に真実の境界が発見されたときは，その取消訴訟を提起することはできないが，錯誤による境界確定訴訟や，所有権確認訴訟を提起することはできる（最三小判昭42・12・26民集21巻10号2627頁）。

Q9　供用開始にはどのような効果があるか。

A　道路法による道路が完全に成立し，一般公衆の通行が可能となる。

解説　路線の指定又は認定の後，道路管理者は遅滞なく道路区域を決定して，公示し，図面を道路管理者の事務所において，一般の縦覧に供することとなる（道路18条1項，高速国道7条1項）。
　道路区域を明らかにすることは，道路法に基づく各種の制限の及ぶ範囲の決定として道路管理者が行うものであり，道路敷地と沿道隣接地との筆界を確認する官民境界確定手続とは別のものであるので注意を要する。
　そして，道路法による道路は，供用開始によって完全に成立し，一般公衆の通行が可能になるのであるが，供用を開始しようとする場合は，道路管理者はその旨を公示し，道路管理者の事務所において，図面を一般の縦覧に供することとなる（道路18条2項，高速国道7条2項）。
　道路用地が私有地である場合，道路管理者は供用開始の前提として，理論上その用地の道路使用の権原を取得しなければならない。つまり，その用地の寄付を受けるか，買い取るか，収用するか，借り受けるか，あるいはその他の使用権を取得しなければならないのである。
　つまり，道路用地所有者の承諾を得ていない等道路管理者が無権原のまま

第1 道路法による道路

供用開始をしたとしても，その供用開始は無効である。ただ，無効な供用開始であっても事実上公道として長年一般の交通の用に供されているような事情等があれば，道路敷地所有者による明渡請求は権利濫用になる可能性もあり，その期間によっては道路管理者による取得時効も考えられ得る。あるいは，多年無権原の道路使用に対し異議がなかったことや当時のその付近の状況，固定資産税の課税状況等を総合的に考慮して，道路敷地所有者の承諾が推認される場合もあろう。

なお，新設又は改築した道路の場合には，その道路敷地の帰属については道路法に規定がある。国道に関しては，国道の新設又は改築のために取得した道路を構成する敷地又は支壁その他の物件（敷地等）は国に，都道府県道又は市町村道の新設又は改築のために取得した敷地等はそれぞれ当該新設又は改築をした都道府県又は市町村に帰属する（道路90条1項）。また，国有財産（普通財産）は，都道府県道又は市町村道の用に供する場合においては，国有財産法の規定にかかわらず，当該道路の道路管理者である地方公共団体に無償で貸し付け，又は譲与することができるとされている（道路90条2項）。

新たに道路を新設又は改築した場合でも，あるいは既存の道を道路法による道路として認定した場合であっても，有効な供用開始があっても道路敷地の登記名義が私人のまま残されていることもあり，また地目が公衆用道路へ変更されていないことも多い。道路管理者等は，その所有権等の道路供用権限を登記し，公衆用道路への地目変更をすることによって，登記上も明確に公示する社会的な責任を負っているものと考えるが，登記未了であったとしても，もとよりその道路敷地の公道性に問題はない。

【判　例】
■供用開始の要件
　道路法による道路を開設するには，その敷地等の上に所有権その他の権原を取得し供用開始の手続を必要とするので，他人の土地について何らの権原を取得することなく供用を開始することは許されない（最一小判昭44・12・4民集23巻12号2407頁）。

23

第3章　公道の成立及び管理

Q10 供用開始された道路法による道路の敷地は国・都道府県・市町村の名義に登記をしなくても国等が所有者であると認められるか。

A 所有者であると直ちに認められるわけではない。

解説　道路法による道路が成立するためには供用開始が必要であり，供用開始は道路管理者による道路敷地の権原の取得が必要とされる。この場合の，権限は所有権であることが多いであろう。

ところが，現実には国・都道府県・市町村が道路敷地の所有権を取得し，供用を開始しても，国等の名義に登記をしていないケースも少なくない（コラム3）。

このような場合であっても，適法に供用開始がなされているならば，公道としての一般の通行に支障が生じるわけではない（Q53）。

ただ，供用開始があったからといって，それをもって，国等が所有者であることが推定されるわけではなく，また，国や自治体等が取得した所有権に対抗力が付与されることもない。

実際，県道の敷地として県が買い取った（はず）が，道路として使用されているその土地について県名義への所有権移転登記をしていなかったところ，その土地の所有権登記名義人から所有権確認の訴訟を提起された事例（八潮登記未履行事件）があった。結果，この事例では，売買に関する書類等が保管されていなかったなどの事情もあり，実体として道路として使用されていたとしても，買収によるも，取得時効によるも県の所有権が確認されず，県が敗訴した（さいたま地（支部等未詳）判平16・12・13・平成17年3月7日2号議事録（平成17年2月埼玉県議会予算特別委員会）・公刊物未登載）。

この事例において，県が速やかに所有権移転登記を済ませておけば，このような問題は生じなかったわけであり，国や自治体等が所有者であると認め

24

られるためには，その他の資料（供用開始の前提となった土地買収の契約書等）の保管をし，さらに登記をすることにより推定力，対抗力を得ることが必要となる。

Column 3
登記未履行道路（道路内民有地）の問題

　コラム5のような所有者の所在の把握が困難な不動産として，登記未履行道路の問題もある。

　道路法による道路（公道）の敷地を構成する土地の名義が，道路法による道路所有者たるべき者（通常は，国や都道府県，市町村）でなく，民間の者の名義になっている問題であり，全国的に少なくない問題である。

　登記未履行道路は，道路法による適切な管理はなされているものの，登記名義が適切でないという意味において，適正な管理がなされていない不動産であるともいえる。

　適法に供用が開始された道路法による道路の敷地の登記名義が国や都道府県，市町村ではなく，民間の者の名義になっていても，直ちに一般通行が阻害されることはない（Q53）。

　しかし，国土の基礎である不動産は適正に管理されるべきという考え方に立脚すれば，国や地方公共団体であっても，現実の管理が適切に行われるということだけでなく，国，公共団体名義に登記されていることが望ましい。

　このような登記を放置するならば，税金によって成り立っている国や地方公共団体の道路敷地の所有権が不明確となり，通行の問題とは切り離しても，住民との無用の権利義務に関する紛争を招きかねない（Q10）。

　さらに，道路敷地の登記名義が国や都道府県，市町村ではなく，民間の者であり，しかも相続登記がなされていないことは，平常時の街づくりのときだけでなく，大地震や大津波などの自然災害が発生したときにも，まさに復興に支障をきたすことにもなりかねない。

登記未履行問題が，早急に解消されること，つまり，登記することの重要性が今，望まれている。

なお，この問題に関する詳細については，白井聖記「道路をめぐる実態を伴わない登記の概要・課題と対応の実務・展望」（市民と法88号59頁（民事法研究会）），「道路内民有地に関する座談会」（土地家屋調査士699号3頁（日本土地家屋調査士会連合会））を参照されたい。

Q11　道路法による道路に関する事項を調査するにはどのようにすればよいか。

A　道路台帳を閲覧して調査することができる。

解説　道路法による道路は，路線の指定，認定から供用開始までの間に，必要な公示がなされ，図面が一般の縦覧に供されている。

さらに道路管理者は，その管理する道路についての台帳を調製し，保管しなければならず，閲覧を求められたときは拒むことができないとされている（道路28条）。

この帳簿は道路台帳と呼ばれ，調書及び図面をもって組成され，調書には，道路につき，少なくとも次に掲げる事項が記載される（道路規4条の2第3項）。

(1)　道路の種類
(2)　路線名
(3)　路線の指定又は認定の年月日
(4)　路線の起点及び終点
(5)　路線の主要な経過地
(6)　供用開始の区間及び年月日

26

(7) 路線（その管理に係る部分に限る。）の延長及びその内訳
(8) 道路の敷地の面積及びその内訳
(9) 最小車道幅員，最小曲線半径及び最急縦断勾配
(10) 鉄道又は新設軌道との交差の数，方式及び構造
(11) 有料の道路の区間，延長及びその内訳（自動車駐車場にあっては位置，規模及び構造）並びに料金徴収期間
(12) 道路と効用を兼ねる主要な他の工作物の概要
(13) 軌道その他主要な占用物件の概要
(14) 道路一体建物の概要
(15) 協定利便施設の概要

図面は，道路につき，少なくとも次に掲げる事項を，付近の地形及び方位を表示した縮尺1000分の1以上の平面図に記載して調製される（道路規4条の2第4項）。

(1) 道路の区域の境界線
(2) 市町村，大字及び字の名称及び境界線
(3) 車道の幅員が0.5メートル以上変化する箇所ごとにおける当該箇所の車道の幅員
(4) 曲線半径（30メートル以上のものを除く。）
(5) 縦断勾配（8パーセント未満のものを除く。）
(6) 路面の種類
(7) トンネル，橋及び渡船施設並びにこれらの名称
(8) 自動車交通不能区間（幅員，曲線半径，勾配その他の道路の状況により最大積載量4トンの貨物自動車が通行することができない区間をいう。）
(9) 道路元標その他主要な道路の附属物
(10) 道路の敷地の国有，地方公共団体有又は民有の別及び民有地の地番
(11) 道路と効用を兼ねる主要な他の工作物
(12) 交差し，若しくは接続する道路又は重複する道路並びにこれらの主要なものの種類及び路線名
(13) 交差する鉄道又は新設軌道及びこれらの名称

⑭　軌道その他主要な占用物件
⑮　道路一体建物
⑯　協定利便施設
⑰　調製の年月日

　道路台帳の保管場所は，原則として，高速自動車国道に係る道路台帳は国土交通省の事務所，国道に係る道路台帳は指定区間内の国道に係るものは関係地方整備局の事務所，指定区間外の国道に係るものは関係都道府県の事務所，都道府県道に係る道路台帳は関係都道府県の事務所，市町村道に係る道路台帳は関係市町村の事務所となっている。

Q12　道路法による道路が廃止されることはあるか。

A　ある。供用廃止によって廃止され，一般公衆の通行ができなくなる。

解説　都道府県知事又は市町村長は，都道府県道又は市町村道について，一般交通の用に供する必要がなくなったと認める場合や路線が重複する場合は，路線の全部又は一部を廃止又は変更することができる。路線の廃止・変更手続は，路線認定の手続に準じて行わなければならない（道路10条）。

　路線廃止処分が公示され，供用が廃止されると（廃道），一般公衆は，道路敷地を通行することができなくなる。そこで，道路管理者の路線廃止に伴って不利益を受ける個々の住民が，行政訴訟を提起することができるか否かが問題となるが，見解は別れている。路線廃止処分に処分性を認めれば，行政訴訟を提起することができ，場合によっては，路線廃止そのものが無効とさ

れることもあり得る。一般的には，廃道によって生活に著しい支障が生じる特段の事情があれば，不利益を受けた個々の住民は，廃道の取消を求め得るものと考える。

【判　例】
■廃道による通行妨害に対する排除請求の可否
　道路管理者が道路を廃止した場合，それにより住民が不利益を受ける（ただし，別の公道が新設されている。）ときでも，道路管理者に対し，通行権の侵害として妨害排除の請求をすることはできない（大判大8・6・18民録25輯1054頁）。
■市道廃止が無効とされた事例
　市が市道を廃止しても，道路法第10条第1項の要件（一般交通の用に供する必要がなくなったと認める場合）が満たされておらず，路線廃止に際して必要な調査確認を行ったとはいえないなどの事情の下では，当該市道の廃止は無効である（東京高判昭56・5・20判タ453号93頁）。

第2　広義の都市計画に基づく道路

Q13 広義の都市計画に基づく道路とはどのような道路か。

A 都市計画法，土地区画整理法等，いわゆる「街づくり」計画に関する法律に基づいて設置された道路をいう。

解説　都市計画は，狭義には都市計画法によって規定されたそれを指すが，広義には，いわゆる「街づくり」に関する各種の法律による計画も含まれる。これらは都市計画法を基本法として，相互に密接関連したそれらの法律に基づきながら，公共の福祉の増進や国民生活の安定を図り，市街地や工場地帯等の地域性等に応じて良好な都市環境を維持，改善し，発展させるため，道路や公園，団地等を適正に配置するようそれぞれ事業計画等が定められ，事業が施行される。

「街づくり」事業は原則的に，地方公共団体や国，公団や公社等の法で認められた施行者によって，法令に従って認可を受けて公共的に施行され，公的な基準にしたがって道路が配置される。また，公共団体等はもちろん，民間施行者であっても，一定の場合には，「街づくり」事業の施行に必要な費用について，施行者に公的な資金の貸し付け等が行われ，公共施設の円滑な整備等が図られている。

「街づくり」事業に基づいて施行，完成された道路は，原則として公的に帰属し又は管理され，公共の用に供され，一般の交通に利用されることになる。これらの道路は，実際には完成後は，ほとんど大半が市道等の道路法による道路に認定され，管理されることになると思われ，都市計画法に基づく道路（都市計画道路）がこの代表格であり，特に都市計画法，土地区画整理法，旧住宅地造成事業に関する法律，都市再開発法，新都市基盤整備法，大都市地域における住宅及び住宅地の供給の促進に関する特別措置法，密集市街地

第2　広義の都市計画に基づく道路

整備法に基づく道路は，建築基準法上の道路としても認められている。
　「街づくり」計画の基本である都市計画法に基づく都市計画は，農林漁業との健全な調和を図りつつ，健康で文化的な都市生活及び機能的な都市活動を確保すべきこと並びにこのためには適正な制限のもとに土地の合理的な利用が図られるべきことを基本理念としており（都計2条），そこから広義の都市計画に基づく道路は，きわめて公共性の高い公道であるといえる。

【判　例】
■広義の都市計画に基づく道路の公道性
　都市計画法，土地区画整理法等に基づく道路は，公道の範疇に属するものといえる（東京高判昭49・11・26判タ323号161頁）。

Q14　都市計画道路とはどのような道路か。

A　都市計画法に規定する都市計画に基づいて設置された道路で，建築基準法上の道路となり，都市計画道路といわれる。

解説　都市計画法は，都市の健全な発展と秩序ある整備を図り，もって国土の均衡ある発展と公共の福祉の増進に寄与することを目的とし（都計1条），国及び地方公共団体は，都市の整備，開発その他の都市計画の適切な遂行に努めなければならず，都市の住民は，国及び地方公共団体が目的達成のために行う措置に協力し，良好な都市環境の形成に努めなければならないとされている（都計3条）。
　都市計画とは，都市の健全な発展と秩序ある整備を図るための土地利用，都市施設の整備及び市街地開発事業に関する計画で，都市計画法に従い定められた計画をいい（都計4条1項），都道府県が，市又は人口，就業者数その

第3章　公道の成立及び管理

　他の事項が政令で定める要件に該当する町村の中心の市街地を含み，かつ，自然的及び社会的条件並びに人口，土地利用，交通量その他国土交通省令で定める事項に関する現況及び推移を勘案して，一体の都市として総合的に整備，開発，及び保全する必要がある区域を都市計画区域として指定する。必要があるときは，当該市町村の区域外にわたっても指定することができる。その他，都道府県は，首都圏整備法による都市開発区域，近畿圏整備法による都市開発区域，中部圏開発整備法による都市開発区域その他新たに住居都市，工業都市その他の都市として開発し，及び保全する必要がある区域も都市計画区域として指定するとされている（都計5条）。

　都市計画には，無秩序な市街化を防止し，計画的な市街化を図るため，都市計画区域を区分して，市街化区域（すでに市街地を形成している区域及び10年以内に優先的かつ計画的に市街化を図るべき区域）及び市街化調整区域（市街化を抑制すべき区域）を定め，各区域の整備，開発又は保全の方針を定め（都計7条），また，第1種住居地域等の用途地域，風致地区，特定街区等の地区等（都計8条）が定められ，必要に応じ，促進区域（都計10条の2），遊休土地転換利用促進地区（都計10条の3），被災市街地復興推進地域（都計10条の4）なども定められる。

　都市計画は，都道府県が定めるが，一定の事項については市町村が定めることができ（都計15条），都市計画には，道路・都市高速鉄道・駐車場・自動車ターミナルその他の交通施設，公園・緑地・広場・墓園その他の公共空地，水道・電気供給施設・ガス供給施設・下水道・汚物処理場・ごみ焼却場その他の供給施設又は処理施設，河川・運河その他の水路，学校・図書館・研究施設その他の教育文化施設，病院・保育所その他の医療施設又は社会福祉施設，市場と畜場又は火葬場，1団地の住宅施設，1団地の官公庁施設などの施設が必要に応じて定められる（都計11条）。

　この規定により定められ，設置された道路が都市計画道路と呼ばれ，協議の都市計画（都市計画法上の都市計画）に基づく道路であるといえる。特に市街化区域及び区域区分が定められていない都市計画区域においては，少なくとも道路，公園及び下水道が定められることになっている（都計13条）。なお，

第2　広義の都市計画に基づく道路

都市計画法に基づいて設置される道路には都市計画道路の他に開発道路もあるが，ここでいう都市計画道路には含まれず，Q26を参照いただきたい。

都市施設としての道路（都市計画道路）には，自動車専用道路，幹線街路，区画街路及び特殊街路がある（都計規7条）。

【先　例】

■都市計画法の基本目的

都市計画法は，近年における人口及び産業の都市集中に伴い，都市地域における無秩序な市街化が都市環境の悪化，公共投資の非効率化等の弊害をもたらしている状況にかんがみ，これらの弊害を除去して都市の健全な発展と秩序ある整備を図ることを目的とするものであるから，今後の都市計画は，これを基本として策定されなければならない（昭44・6・14建設省都計発73号建設事務次官通達・昭57・9・6建設省都計発60号改正。『道例規』5 Ⅲ 2439頁～2440頁）。

■都市施設としての道路の区別と定義及び都市計画との関係

都市施設としての道路の区別で，「自動車専用道路とは，都市高速道路，都市間高速道路，一般自動車道等もっぱら自動車の交通の用に供する道路」，「幹線街路とは，都市の主要な骨格をなす道路で，都市に出入りする交通及び都市の住宅地，工業地，業務地等の相互間の交通を主として受けもち，近隣住区等の地区の外郭を形成する道路又は近隣住区等の地区における主要な道路で，当該地区の発生又は集中する交通を当該地区の外郭を形成する道路に連結するもの」，「区画街路とは，近隣住区等の地区における宅地の利用の用に供するための道路」，「特殊街路とは，もっぱら歩行者，自転車又は自転車及び歩行者のそれぞれの交通の用に供する道路並びにもっぱら都市モノレール等の交通の用に供する道路」をいい，幅員等の構造や，名称が，それぞれ定められている。

市街化区域における都市計画で少なくとも定められなければならない道路については，自動車専用道路及び幹線街路（交通広場を含む。）を定めるものとし，市街化区域決定後，速やかに定められなければならない。なお，市街化調整区域においては，市街化を促進する都市施設については定めな

いものとされるが，地域間道路，市街化区域と他の市街化区域とを連絡する道路については，定めることができる。

　都市施設に関する都市計画は，用途地域等の地域地区との有機的斉合性を確保するよう配慮し，道路等の決定に当たっては，近隣住区の形成について十分な配慮を行わなければならない（昭44・9・10建設省都計発102号都市局長通達・平10・11・20建設省都計発118号・経民発67号改正。『道例規』5Ⅲ2448頁〜2449・21頁）。

■市街化区域及び市街化調整区域における道路計画について

　市街化区域及び市街化調整区域の都市計画においては区域区分とともに両区域の整備，開発及び保全の方針を定めることとされ，この方針には道路その他の公共施設のうち，都市構造の骨格となるような主要な広域的又は根幹的なものについて，その配置の概要を示すこととされる（昭45・1・6建設省道企発1号道路局企画課長通達・『道例規』5Ⅲ2449・27頁）。

■街路計画標準について

　国道，府県道等を基準として中心市街地と都市計画区域外市町村との連絡並びに都市計画区域内の市街地，市街地であるべき地及び聚落地相互間の連絡を図るため交通路線を選定し，かつその組織を整理して系統ある路線網が形成されるようにすること。市街地又は市街地であるべき地についてその中に含まれる交通路線を基準として，主要な交通点を連絡し，街衢を構成するのに必要な局部路線を選定して，市街地内の幹支線街路とし，組織的な系統を保つようにすること。既設道路を利用することが困難な区間では相互の接触点を多くし，利用不可能な場合は，既設道路が副道となるよう路線を配置すること。街路は，交通領域が大きくなるように位置を選定すること。交通路線については，横断道路の交差箇所を少なくすること（昭8・7・20内務省発都15号建設省内務次官通牒・『処理基準』3‐1巻441頁〜441・23頁）。

第2　広義の都市計画に基づく道路

Q15　都市計画はどのように明らかにされるか。

A 　総括図，計画図及び計画書によって表示，公告され，縦覧に供される。

解説　都市計画は，総括図，計画図及び計画書によって表示され，市街化区域，地域地区，都市計画施設，市街地開発事業の施行区域等の区域の表示は，土地の権利者が自己の権利に係る土地がこれらの区域に含まれるかどうかを容易に判断できるものでなければならないとされており（都計14条），都道府県又は市町村が都市計画を決定しようとするときは，あらかじめその旨が公告され，都市計画の案が公告から2週間，公衆の縦覧に供される（都計17条）。

　都道府県又は市町村が都市計画を決定したときは，その旨を告示され，一般の閲覧に供する方法その他の適切な方法により公衆の縦覧に供される（都計20条）。

【先　例】
■都市計画の図書

　総括図は，当該都市の将来のビジョンを全体の都市計画によって明らかにしようとするものであり，市街化区域及び市街化調整区域，地域地区，都市施設並びに市街地開発事業に関する都市計画の有機的関連が明らかにされるよう作成するよう努め，都道府県知事が定める都市施設又は市街地開発事業に関する都市計画を表示する図面は，用途地域が表示されている図面を用いて作成するものとし，市町村が定める都市計画のうち，用途地域に関する都市計画を表示する図面にあっては市街化区域及び市街化調整区域が，道路に関する都市計画を表示する図面にあっては市街化区域及び市街化調整区域並びに用途地域が，その他の都市計画を表示する図面にあっては，市街化区域及び市街化調整区域，用途地域並びに同種類の都道

35

府県知事の定める都市施設が表示されている図面を用いて作成することとされる。計画図は，縮尺2500分の1以上（経過的には3000分の1以上）で，できるだけ縮尺の大きい図面により作成するよう努め，総括図，計画図及び計画書は，公衆の閲覧に供されることにかんがみ，その便を考慮して作成し，保管することとされる（昭44・9・10建設省都計発102号都市局長通達，平10・11・20建設省都計発118号・経民発67号改正。『道例規』5Ⅲ2448頁〜2449・21頁）。

Q16 都市計画事業はどのように施行されるか。

A 原則として，認可を受けて，市町村等が施行者として施行する。

解説 都市計画事業とは，認可又は承認を受けて行われる都市計画施設（都市計画において定められた都市施設（都計4条6号））の整備に関する事業及び市街地開発事業をいう（都計4条15項）。

都市計画事業は，公共の利益となる事業とみなされ，原則として土地収用法の規定が適用される（都計69条，土収3条）。

都市計画事業は，市町村が，都道府県知事の認可を受けて施行することを原則とし，市町村が施行することが困難又は不適当な場合等特別な事由がある場合には，国土交通大臣の認可を受けて，都道府県が施行することができる。国の機関も，国土交通大臣の承認を受けて，国の利害に重大な関係を有する都市計画事業を施行することができ，またそれら以外の者であっても，事業の施行に関して行政機関の免許，許可，認可等の処分を必要とする場合においてこれらの処分を受けているとき，その他特別な事情がある場合においては，都道府県知事の認可を受けて，都市計画事業を施行することができ

第2　広義の都市計画に基づく道路

る（都計59条）。
　都市計画事業が認可又は承認された場合は，遅滞なく，施行者の名称，都市計画事業の種類，事業施行期間及び事業地が告示され，その図書の写しが公衆の縦覧に供される（都計62条）。

Q17　都市計画道路はどのように管理されるか。

A　公道として公的に管理される。

解説　市町村等が施行者であるときや，道路法による道路に認定されたときには公的な管理がなされることは当然として，国の機関，都道府県，市町村以外の者が都道府県知事の認可を受けて施行した都市計画事業によって設置された道路の管理に関する都市計画法上の明文の規定はない。
　しかし，実際には認可の際に，法の基本理念や目的に照らして公益性等について審査し，管理等に関する必要な条件が付され，適正な執行が確保されるよう努められているため，公的に管理されることに疑いの余地はない。
　また直接的には都市計画道路に関するものではないが，都市計画公園等の管理に関する通達が発せられているので，十分参考になるものと思われる。
　なお，都市計画に関しては，そのさまざまな区域内において，都市計画の目的達成のため各種の譲渡制限や建築制限等の規制が設けられている。
　都市計画道路は完成後，道路法による道路の認定の有無に関わらず，都市計画法に基づく道路として建築基準法上の道路として認められる（Q13参照）ほか，その道路予定地（計画道路（Q59））にあっても建築基準法上の建築規

37

第3章　公道の成立及び管理

制が働く。
【先　例】
■民間事業者の施行に係る事業認可と完成した施設の管理条件
　国の機関，都道府県，市町村以外の者に対し，都道府県知事が都市計画事業を認可する際には，事業の公益性，申請者の資力信用等について慎重かつ公正に審査し，必要に応じ，都市計画上必要な条件を付することにより，事業の円滑かつ適正な執行を確保するよう努めるものとされ，条件としてはおおむね，詳細設計の認可，事業施行に対する指導監督，竣功認可，事業完了後の施設の管理に関する指導監督，その他必要な事項がある（昭44・9・10建設省都計発102号都市局長通達，平10・11・20建設省都計発118号・経民発67号改正。『道例規』5Ⅲ2448頁～2449・21頁）。

■民間事業者に係る都市公園等の管理及び運営について
　民間事業者の設置する都市計画公園等の管理及び運営については，不特定多数の者の利用に供されるものでなければならないこと，及び，その利用について料金を徴収する場合においては，料金は一般の利用に供する観点から適正なものであることに，留意することとする（昭62・9・30都計発92号建設省都市局長通達・『処理基準』3-1巻553・103・3頁～4頁）。

【判　例】
■長期の道路不設置による建築不許可の適否
　東京都の都市計画事業が決定以来45年間施行されていないことにより，その都市計画に係る道路が設置されず，当該道路区域において建築が許可されないことは，事実上計画が実現不可能となっている等の特段の事情がない限り，その遅延をもって，建築不許可処分を違法とすることはできない（東京地判平5・2・17行集44巻1・2号17頁）。

第2　広義の都市計画に基づく道路

Q18　土地区画整理法に基づく道路とはどのような道路か。

A　土地区画整理法に基づいて、土地区画整理事業により設置された道路をいい、建築基準法上の道路となり、原則として市町村が管理することとなる。

解説　土地区画整理法は、健全な市街地の造成を図り、公共の福祉の増進に資することを目的としている（区画整理1条）。

　土地区画整理事業とは、都市計画区域内の土地について、公共施設の整備改善及び宅地の利用の増進を図るため、土地区画整理法に従って行われる土地の区画形質の変更及び公共施設の新設又は変更に関する事業をいい（区画整理2条1項）、換地方式により一定の土地について、土地の区画を整理するとともに、各権利者から一定割合の土地を減歩（従前の宅地の地積を一部減じたうえ換地を定めること。）することによって、道路、公園等の公共施設（区画整理2条5項）の整備が行われる。土地区画整理法においては、宅地とは、公共施設の用に供されている国又は地方公共団体の所有する土地以外の土地をいうとされている（区画整理2条6項）。

　土地区画整理事業は、宅地の所有者若しくは借地権者又は宅地の所有者若しくは借地権者の同意を得た者は、一人で、又は数人共同で、その宅地及び一定区域の宅地以外の土地について、土地区画整理事業を施行することができ、これを個人施行者という（区画整理3条1項）。個人施行者が、一人で土地区画整理事業を施行しようとするとき、規準及び事業計画を定めて、数人共同で土地区画整理事業を施行しようとするときは、規約及び事業計画を定めて都道府県知事の認可を受けなければならない（区画整理4条1項。大場民男『条解・判例　土地区画整理法』32頁（日本加除出版、2014））。なお、農住組合が、その事業を土地区画整理事業として行う場合は、農住組合は数人共同して施行する個人施行者とみなされる（農住組合法8条）。

第3章　公道の成立及び管理

　宅地の所有者・借地権者が設立する土地区画整理組合も，その宅地を含む一定の区域の土地について，土地区画整理事業を施行することができる（区画整理3条2項）。この場合，土地区画整理組合を設立しようとする者は，7人以上共同して，定款及び事業計画を定め，都道府県知事の設立認可を受けなければならない（区画整理14条）。土地区画整理組合は，設立認可により，法人として成立する（区画整理21条・22条）。

　その他，宅地について所有権又は借地権を有する者を株主とし，土地区画整理事業の施行を主たる目的とする公開会社でない一定の株式会社（区画整理会社）（区画整理3条3項），都道府県又は市町村（区画整理3条4項），国土交通大臣（区画整理3条5項），独立行政法人都市再生機構（区画整理3条の2），地方住宅供給公社（区画整理3条の3）も，認可等一定の要件のもと，土地区画整理事業を施行することができる。

　施行区域（土地区画整理事業を施行する土地の区域）の土地についての土地区画整理事業は，都市計画事業として施行される（区画整理3条の4）。

　土地区画整理事業の工事が完了したときは，遅滞なく，関係権利者に換地計画に定められた関係事項を通知することによって換地処分をすることになり，遅滞なく，その旨を都道府県知事に届け出なければならないとされている（個人施行者，組合，区画整理会社，市町村又は機構等の場合）。そこで，国土交通大臣又は都道府県知事が，換地処分をしたときは又は届け出を受けたときは，公告がなされる（区画整理103条）。

　換地処分の効果については，換地処分に関する公告があった日の翌日から，換地は従前の宅地とみなされ，換地を定めなかった従前の宅地について存する権利は消滅することになる。ただし，地役権については，公告の翌日以後も，従前の宅地上に存続する（区画整理104条。大場民男『条解・判例　土地区画整理法』579頁（日本加除出版，2014））。

　土地区画整理事業に係る道路等の公共施設については，施行者が定めるべき事業計画において，環境の整備改善を図り，交通の安全を確保し，災害の発生を防止し，その他健全な市街地を造成するために必要な公共施設及び宅地に関する計画が適正に定められる必要があり，公共施設その他の施設又は

40

土地区画整理事業に関する都市計画が定められているときは、その都市計画にも適合していなければならない（区画整理6条）。さらに、都市計画事業に含まれる土地区画整理事業においては、公共施設の配置及び宅地の整備に関する事項も定められる（都計12条）。

　土地区画整理事業については、施行者は、規準、規約、定款又は施行規程並びに事業計画及び換地計画に関する図書等の関係簿書を備え付けておかなければならず、利害関係者から閲覧請求があったときは、正当事由がなければ閲覧を拒んではならず（区画整理84条）、これらの関係簿書の閲覧のほか、土地区画整理事業の認可から終了まで、事業に関する公告や縦覧がなされることによって公示されるので（区画整理9条・20条・21条・55条・69条・71条の3）、それにより調査することができることになっている。

　換地計画において換地を宅地以外の土地に定めた場合において公共施設が廃止されるときは、これに代わるべき公共施設の用に供する土地は、換地公告の翌日から、国（廃止される公共施設の土地が地方公共団体の所有であるときは、地方公共団体）に帰属し、それ以外の場合でも、土地区画整理事業の施行により生じた公共施設の用に供する土地は、換地公告の翌日から、その公共施設を管理すべき者（管理すべき者が地方自治法第2条第9項第1号に規定する「第1号法定受託事務」として管理する地方公共団体であるときは、国）に帰属することになる（区画整理105条）。

　また、土地区画整理事業の施行によって公共施設が設置されたときは、換地公告の翌日から、公共施設は、管理者が法律、規準、規約、定款、施行規程で定められている場合以外は、その公共施設の所在する市町村が管理することになっている（区画整理106条）。

　以上の規定により設置された道路を土地区画整理法に基づく道路といい、一般にはその大半が道路法による道路に認定されると思われる。また、道路法による道路の認定の有無に関わらず、土地区画整理法に基づく道路は建築基準法上の道路として認められ、原則として、公に帰属し、公的に管理される公道と認められる。

第3章　公道の成立及び管理

Q19　旧住宅地造成事業に関する法律に基づく道路とはどのような道路か。

A　廃止された住宅地造成事業に関する法律に基づいて，その当時設置された道路をいい，建築基準法上の道路となり，原則として市町村が管理している。

解説　住宅地造成事業に関する法律は，人口の集中に伴う住宅用地の需要の著しい都市及びその周辺の地域において相当規模の住宅地の造成に関する事業が行われる場合に，当該事業の施行について災害の防止及び環境の整備のため必要な規制を行い，あわせて，その適正な施行を促進するため必要な事項について規定することにより，良好な住宅地の造成を確保し，もって公共の福祉の増進に寄与することを目的として制定されたが，昭和43年の新都市計画法の制定により廃止された。

　ただ，その当時，この法律に基づいて設置された道路も，道路法による道路の認定の有無に関わらず，現在，広義の都市計画に基づく道路であるといえ，建築基準法上の道路として認められる。

　この法律に基づく事業を住宅地造成事業というが，事業主は認可を受けて（旧住宅地造成事業に関する法律4条），その事業計画には施行地区，設計及び資金計画並びに公共施設の管理者及び公共施設の用に供する土地の帰属に関する事項を定められ，さらに，災害を防止し，及び環境の整備を図るため，道路，下水道その他の施設に関する基準も定められている（旧住宅地造成事業に関する法律5条）。

　この事業により設置された道路等の公共施設は，原則として，市町村の管理に属し（旧住宅地造成事業に関する法律14条），従前の公共施設に代えて新たな公共施設が設置されることとなる場合においては，国又は当該地方公共団体に帰属した（旧住宅地造成事業に関する法律15条）。

第2　広義の都市計画に基づく道路

──〈旧住宅地造成事業に関する法律（抄録。昭和43年6月15日廃法）〉──

（住宅地造成事業の施行の認可）

第4条　住宅地造成事業規制区域（以下「規制区域」という。）内において行なわれる住宅地造成事業については，事業主は，建設省令で定めるところにより，その住宅地造成事業に関する工事（住宅地造成事業のうち次条第2項第2号に規定する空地に関する部分については，当該空地に関する工事）に着手する前に，事業計画及び工事施行者を定め，都道府県知事（指定都市の区域内において行なわれる住宅地造成事業については，指定都市の長。以下第20条第2項を除き同じ。）の認可を受けなければならない。

（事業計画）

第5条　前条の事業計画においては，建設省令で定めるところにより，施行地区（施行地区を工区に分けるときは，施行地区及び工区），設計及び資金計画並びに公共施設の管理者及び公共施設の用に供する土地の帰属に関する事項を定めなければならない。

2　事業計画においては，災害を防止し，及び環境の整備を図るため必要な事項が，次の各号に掲げるところに従つて定められていなければならない。

　一　道路，下水道その他の施設に関して都市計画が決定されている場合においては，その都市計画に適合していること。

　二　道路，広場その他の公共の用に供する空地（消防に必要な水利が充分でない場合に設置する消防の用に供する貯水施設を含む。）が，次に掲げる事項を勘案して，災害の防止上及び通行の安全上支障がないような規模及び構造で適当に配置されていること。この場合において，施行地区内の主要な道路は，施行地区外の相当規模の道路に接続させなければならない。

　　イ　施行地区の規模，形状及び周辺の状況

　　ロ　施行地区内の土地の地形及び地盤の性質

　　ハ　施行地区内に予定される建築物の敷地の規模及び配置

　三　排水路その他の排水施設が，次に掲げる事項を勘案して，施行地区内の下水道法（昭和33年法律第79号）第2条第1号に規定する下水を有効に排出するとともに，その排出によつて施行地区及びその周辺の地域に溢水等による被害が生じないような構造及び能力で適当に配置されていること。

　　イ　当該地域における降水量

ロ　前号イ及びロに掲げる事項並びに放流先の状況
四　施行地区内の土地が地盤の軟弱な土地，がけくずれ又は出水のおそれが多い土地その他これらに類する土地である場合においては，地盤の改良，擁壁の設置等安全上支障がないように必要な措置が講ぜられていること。
五　施行地区内の土地が宅地造成等規制法（昭和36年法律第191号）第2条第1項の宅地造成工事規制区域内の土地である場合においては，工事の計画が，同法第9条の規定に適合していること。
3　この法律に規定するもののほか，事業計画の設定について必要な技術的基準は，建設省令（その建設省令で都道府県の規則に委任した事項に関しては，その規則を含む。）で定める。

（略）

（住宅地造成事業の施行により設置された公共施設の管理）
第14条　第4条の認可を受けた住宅地造成事業の施行により公共施設が設置された場合においては，その公共施設は，第12条第3項の公告の日の翌日において，その公共施設の存する市町村の管理に属する。ただし，他の法律に基づく管理者が別にあるとき，又は事業計画に特に管理者の定めがあるときは，それらの者の管理に属するものとする。

（公共施設の用に供する土地の帰属）
第15条　第4条の認可を受けた住宅地造成事業の施行により，従前の公共施設に代えて新たな公共施設が設置されることとなる場合においては，従前の公共施設の用に供していた土地で国又は地方公共団体が所有するものは，第12条第3項の公告の日の翌日において事業計画で定める施行地区内の土地の所有者に帰属するものとし，これに代わるものとして事業計画で定める新たな公共施設の用に供する土地は，その日において，それぞれ国又は当該地方公共団体に帰属するものとする。
2　第4条の認可を受けた住宅地造成事業の施行により設置された公共施設の用に供する土地は，前項に規定するもの及び事業計画で特別の定めをしたものを除き，第12条第3項の公告の日の翌日において，当該公共施設の管理者（その者が，国の機関であるときは国，地方公共団体の機関であるときは当該地方公共団体）に帰属するものとする。

第2　広義の都市計画に基づく道路

Q20　都市再開発法に基づく道路とはどのような道路か。

A 都市再開発法に基づいて設置された道路をいい，建築基準法上の道路となり，原則として国や地方公共団体が管理することとなる。

解説　都市再開発法は，都市における土地の合理的かつ健全な高度利用と都市機能の更新とを図り，もって公共の福祉に寄与することを目的としている（都再1条）。

　都市再開発は，市街地の土地の合理的かつ健全な高度利用と都市機能の更新とを図るため，都市計画法及びこの法律で定めるところに従って行われる建築物及び建築敷地の整備並びに公共施設の整備に関する事業並びにこれに付帯する事業としての市街地再開発事業（第1種及び第2種）の施行によって行われ（都再2条1号），それは個人施行者，市街地再開発組合，公開会社でない一定の株式会社（再開発会社），地方公共団体，独立行政法人都市再生機構，地方住宅供給公社が行うこととなる（都再2条の2）。それぞれの施行者に応じて，施行の認可，公告等，施行規程及び事業計画の決定等，事業計画の公告，施行規程及び事業計画の認可等の手続が規定されている（都再7条の9・7条の15・19条・50条の2・50条の8・51条・54条・58条）。

　市街地再開発事業に関する都市計画においては，公共施設（道路，公園，広場その他政令で定める公共の用に供する施設（都再2条4号）の配置及び規模並びに建築物及び建築敷地の整備に関する計画が定められ，道路，公園，下水道その他の施設に関する都市計画が定められている場合においては，その都市計画に適合するように定められ，当該区域が，適正な配置及び規模の道路，公園その他の公共施設を備えた良好な都市環境のものとなるように定められる（都再4条）。

　市街地再開発事業においては権利変換計画が定められるが，権利変換計画においては，第1種市街地再開発事業により従前の公共施設に代えて設置さ

45

第3章　公道の成立及び管理

れる新たな公共施設の用に供する土地は，従前の公共施設の用に供される土地の所有者が国であるときは国に，地方公共団体であるときは当該地方公共団体に帰属し，その他の新たな公共施設の用に供する土地は，当該公共施設を管理すべき者（第1号法定受託事務として当該公共施設を管理する地方公共団体であるときは，国）に帰属するように定められる（都再82条）。

　ここで，第1種市街地再開発事業の施行により設置された公共施設は，当該公共施設の整備に関する工事が完了したときは，原則としてその存する市町村の管理に属することとなる（都再109条）。

　公共施設の用に供する土地は，管理処分計画の定めるところに従い，新たに所有者となるべき者に帰属する（都再118条の20）。

　以上の規定により設置された道路を都市再開発法に基づく道路といい，一般にはその大半が道路法による道路に認定されると思われる。また，道路法による道路の認定の有無に関わらず，都市再開発法に基づく道路は建築基準法上の道路として認められ，原則として，公に帰属し，公的に管理される公道と認められる。

Q21　新都市基盤整備法に基づく道路とはどのような道路か。

A　新都市基盤整備法に基づいて設置された道路をいい，建築基準法上の道路となり，原則として国や地方公共団体が管理することとなる。

解説　新都市基盤整備法は，人口の集中の著しい大都市の周辺の地域における新都市の建設に関し，新都市基盤整備事業の施行その他必要な事項を定めることにより，大都市圏における健全な新都市の基盤の整備を図り，もって大都市における人口集中と宅地需給の緩和に資するととも

に大都市圏の秩序ある発展に寄与することを目的としている(都市基盤1条)。

新都市基盤整備事業とは，都市計画法及び新都市基盤整備法に従って行われる新都市の基盤となる根幹公共施設の用に供すべき土地及び開発誘導地区に充てるべき土地の整備に関する事業並びにこれに付帯する事業をいい(都市基盤2条1項)，人口の著しい大都市の周辺の地域において新都市を建設するために，収用方式と換地方式を併用して土地の整理が行われる。

ここで，公共施設とは，道路，広場，河川その他の政令で定める公共の用に供する施設をいい(都市基盤2条7項1号)，根幹公共施設とは，施行区域を良好な環境の都市とするために必要な根幹的な道路，鉄道，公園，下水道その他の公共の用に供する施設として政令で定めるものをいう(都市基盤2条5項)。

新都市基盤整備事業は都市計画事業として(都市基盤5条)，地方公共団体が施行する(都市基盤6条)。

施行者には，土地等の収用の特例が認められており(都市基盤10条)，土地整理を施行するため施行規程及び施行計画を定め(都市基盤22条)，さらに，施行区域内の宅地について換地処分を行うため，換地計画を定めなければならないとされている(都市基盤30条)。また，処分計画についても定めなければならない(都市基盤44条)。これらの各段階において，認可等の要件が規定されている。

新都市基盤整備事業に関する簿書は，施行者のその事務所に備え付けておかれ，利害関係人の閲覧に供される(都市基盤57条)。

処分計画においては，根幹公共施設の用に供すべき土地は当該根幹公共施設を管理する者となるべき者に，開発誘導地区内の土地は当該地区内の土地を都市計画において定められた当該土地の利用計画に適合するように造成することとなる国，地方公共団体又は地方住宅供給公社に譲り渡すように定められ(都市基盤47条)，換地計画において換地を宅地以外の土地に定めた場合において公共施設が廃止されるときは，これに代わるべき公共施設の用に供する土地は，換地公告の翌日から，国(廃止される公共施設の土地が地方公共団体の所有であるときは，地方公共団体)に帰属し，それ以外の場合でも，新都市基

第3章　公道の成立及び管理

盤整備事業の施行により生じた公共施設の用に供する土地は，換地公告の翌日から，その公共施設を管理すべき者（第1号法定受託事務として管理する地方公共団体であるときは，国）に帰属することになる（都市基盤41条，区画整理105条）。

　また，土地区画整理事業の施行によって公共施設が設置されたときは，換地公告の翌日から，公共施設は，管理者が法律，規準，規約，定款，施行規程で定められている場合以外は，その公共施設の所在する市町村が管理することになっている（都市基盤41条，区画整理106条）。

　以上の規定により設置された道路を新都市基盤整備法に基づく道路といい，一般にはその大半が道路法による道路に認定されると思われる。また，道路法による道路の認定の有無に関わらず，新都市基盤整備法に基づく道路は建築基準法上の道路として認められ，原則として，公に帰属し，公的に管理される公道と認められる。

Q22　大都市地域における住宅及び住宅地の供給の促進に関する特別措置法に基づく道路とはどのような道路か。

A　大都市地域における住宅及び住宅地の供給の促進に関する特別措置法に基づいて設置された道路をいい，建築基準法上の道路となり，原則として市町村が管理することとなる。

解説　大都市地域における住宅及び住宅地の供給の促進に関する特別措置法は，大都市地域における住宅及び住宅地の供給を促進するため，住宅市街地の開発整備の方針等について定めるとともに，土地区画整理促進区域及び住宅街区整備促進区域内における住宅地の整備又はこれと併せて行う中高層住宅の建設並びに都心共同住宅供給事業について必要な事項を定める等特別の措置を講ずることにより，大量の住宅及び住宅地の供給と

良好な住宅街区の整備とを図り，もって大都市地域の秩序ある発展に寄与することを目的としている（大都市1条）。

この法律に従って行われる土地の区画形質の変更，公共施設の新設又は変更及び共同住宅の建設に関する事業並びにこれに付帯する事業を住宅街区整備事業といい（大都市2条4号），大都市地域（首都圏，近畿圏，中部圏）において土地の交換分合により，道路，公園，広場，河川その他政令で定める公共の用に供する施設（公共施設（大都市2条6号，区画整理2条5項））の整備を行うとともに，中高層住宅の建築，住宅地の供給と良好な住宅街区の整備とを図るものとされている。

住宅街区整備事業は，個人施行者，住宅街区整備組合，都府県，市町村，独立行政法人都市再生機構又は地方住宅供給公社が施行することとなる（大都市29条）。また，住宅街区整備事業について都市計画に定められた施行区域においては，都市計画事業として施行される（大都市32条）。それぞれ，施行の認可，設立の認可，施行規程及び事業計画の決定等，施行規程及び事業計画の認可の手続が定められている（大都市33条・37条・52条・58条）。そして，施行者によって施行区域内の宅地について換地処分を行うため，換地計画が定められる（大都市72条）。

新都市基盤整備事業に関する簿書は，施行者のその事務所に備え付けておかれ，利害関係人の閲覧に供される（都市基盤57条）。

換地計画において換地を宅地以外の土地に定めた場合において公共施設が廃止されるときは，これに代わるべき公共施設の用に供する土地は，換地公告の翌日から，国（廃止される公共施設の土地が地方公共団体の所有であるときは，地方公共団体）に帰属し，それ以外の場合でも，新都市基盤整備事業の施行により生じた公共施設の用に供する土地は，換地公告の翌日から，その公共施設を管理すべき者（第1号法定受託事務として管理する地方公共団体であるときは，国）に帰属することになる（大都市83条，区画整理105条）。

また，土地区画整理事業の施行によって公共施設が設置されたときは，換地公告の翌日から，公共施設は，管理者が法律，規準，規約，定款，施行規程で定められている場合以外は，その公共施設の所在する市町村が管理する

第3章　公道の成立及び管理

ことになっている（大都市83条，区画整理106条）。

　以上の規定により設置された道路を大都市地域における住宅及び住宅地の供給の促進に関する特別措置法に基づく道路といい，一般にはその大半が道路法による道路に認定されると思われる。また，道路法による道路の認定の有無に関わらず，大都市地域における住宅及び住宅地の供給の促進に関する特別措置法に基づく道路は建築基準法上の道路として認められ，原則として，公に帰属し，公的に管理される公道と認められる。

Q23　密集市街地における防災街区の整備の促進に関する法律に基づく道路とはどのような道路か。

A　密集市街地における防災街区の整備の促進に関する法律（密集市街地整備法）に基づいて設置された道路をいい，建築基準法上の道路となり，原則として国や地方公共団体が管理することとなる。

解説　密集市街地における防災街区の整備の促進に関する法律（密集市街地整備法）は，密集市街地について計画的な再開発又は開発整備による防災街区の整備を促進するために必要な措置を講ずることにより，密集市街地の防災に関する機能の確保と土地の合理的かつ健全な利用を図り，もって公共の福祉に寄与することを目的としている（密集1条）。

　密集市街地の整備は防災街区整備事業として行われるが，この事業は密集市街地において特定防災機能の確保と土地の合理的かつ健全な利用を図るため，この法律で定めるところに従って行われる建築物及び建築物の敷地の整備並びに防災公共施設その他の公共施設の整備に関する事業並びにこれに付帯する事業をいう（密集2条5号）。

　市街化区域内においては，都市計画に密集市街地内の各街区について防災

50

第2　広義の都市計画に基づく道路

街区としての整備を図るため，防災再開発促進地区に関する事項，防災公共施設の整備に関する事項を定めることができるとされ（密集3条），ここで防災公共施設とは，密集市街地において特定防災機能（火事又は地震が発生した場合において延焼防止上及び避難上確保されるべき機能）を確保するために整備されるべき主要な道路，公園その他政令で定める公共施設（道路，公園その他政令で定める公共の用に供する施設）をいう（密集2条3号・4号・10号）。

　防災街区整備事業は，個人施行者，防災街区整備事業組合，公開会社でない一定の株式会社（事業会社），地方公共団体又は独立行政法人都市再生機構，地方住宅供給公社が施行するが（密集119条），それぞれ，施行の認可，設立の認可，施行の認可，施行規程及び事業計画の決定等，施行規程及び事業計画の認可等の手続が定められている（密集122条・136条・165条・179条・188条）。

　防災街区整備事業に関する都市計画においては，防災公共施設その他の公共施設の配置及び規模並びに防災施設建築物の整備に関する計画を定め，防災街区整備事業に関する都市計画は，道路，公園，下水道その他の都市施設に関する都市計画が定められている場合においては，その都市計画に適合するように，施行区域が，適正な配置及び規模の防災公共施設その他の公共施設を備えることにより，特定防災機能が確保された良好な都市環境のものとなるように定められることになっている（密集120条）。

　施行者は，施行地区ごとに権利変換計画を定めなければならず（密集204条），権利変換計画においては，防災街区整備事業により従前の公共施設に代えて設置される新たな公共施設の用に供する土地は，従前の公共施設の用に供される土地の所有者が国であるときは国に，地方公共団体であるときは当該地方公共団体に帰属し，その他の新たな公共施設の用に供する土地は，当該公共施設を管理すべき者（第1号法定受託事務として当該公共施設を管理する地方公共団体であるときは，国）に帰属するように定められる（密集215条）。

　防災街区整備事業の施行により設置された公共施設は，当該公共施設の整備に関する工事が完了したときは，法律又は規準，規約，定款若しくは施行規程に管理すべき者の定めがあるとき以外は，その公共施設の所在する市町村の管理に属することとなる（密集253条）。

51

第3章　公道の成立及び管理

　防災街区整備事業に関する簿書は，施行者が備え付け，利害関係者の閲覧に供される（密集278条）。
　以上の規定により設置された道路を密集市街地整備法に基づく道路といい，一般にはその大半が道路法による道路に認定されると思われる。また，道路法による道路の認定の有無に関わらず，密集市街地整備法に基づく道路（第6章防災街区整備事業に関するものに限る。）は建築基準法上の道路として認められ，原則として，公に帰属し，公的に管理される公道と認められる。

Q24 広義の都市計画に基づく道路には他にどのような道路があるか。

A 新住宅市街地開発法などの法律に基づく道路がある。

解説　広義の都市計画に基づく道路の基礎となる法律の主なものには，新住宅市街地開発法，首都圏の近郊整備地帯及び都市開発区域の整備に関する法律，近畿圏の近郊整備区域及び都市開発区域の整備及び開発に関する法律，被災市街地復興特別措置法，流通業務市街地の整備に関する法律，住宅地区改良法，集落地域整備法がある。
　これら法律や，他にも街づくりに関連して制定された法律に基づいて設置された道路も広義の都市計画に基づく道路であって，原則として公的に管理される公道であるといえる。
　これらの道路は，都市計画法，土地区画整理法，旧住宅地造成事業に関する法律，都市再開発法，新都市基盤整備法，大都市地域における住宅及び住宅地の供給の促進に関する特別措置法又は密集市街地整備法に基づく道路と異なり，直ちに建築基準法上の道路として認められるわけではないが，道路

52

第2　広義の都市計画に基づく道路

法や都市計画法等による道路の認定を受けたものは建築基準法上の道路と認められる。

　これらの法律には，それぞれ，その目的，施行者，認可手続，公示方法，道路の管理及び帰属等の規定が定められている。

　ここでは，上記法律の目的のみを挙げておくこととする。

◎　新住宅市街地開発法は，住宅に対する需要が著しく多い市街地の周辺の地域における住宅市街地の開発に関し，新住宅市街地開発事業の施行その他必要な事項について規定することにより，健全な住宅市街地の開発及び住宅に困窮する国民のための居住環境の良好な相当規模の住宅地の供給を図り，もって国民生活の安定に寄与することを目的とする（新住宅市街地開発法1条）。

◎　首都圏の近郊整備地帯及び都市開発区域の整備に関する法律は，首都圏の建設とその秩序ある発展に寄与するため，近郊整備地帯内及び都市開発区域内における宅地の造成その他近郊整備地帯及び都市開発区域の整備に関し必要な事項を定め，近郊整備地帯において計画的に市街地を整備し，及び都市開発区域を工業都市，住居都市その他の都市として発展させることを目的とする（首都圏の近郊整備地帯及び都市開発区域の整備に関する法律1条）。

◎　近畿圏の近郊整備区域及び都市開発区域の整備及び開発に関する法律は，近畿圏の建設とその秩序ある発展に寄与するため，近郊整備区域内及び都市開発区域内における宅地の造成その他近郊整備区域及び都市開発区域の整備及び開発に関し必要な事項を定め，近郊整備区域の計画的な市街地としての整備及び都市開発区域の工業都市，住居都市その他の都市としての開発に資することを目的とする（近畿圏の近郊整備区域及び都市開発区域の整備及び開発に関する法律1条）。

◎　被災市街地復興特別措置法は，大規模な火災，震災その他の災害を受けた市街地についてその緊急かつ健全な復興を図るため，被災市街地復興推進地域及び被災市街地復興推進地域内における市街地の計画的な整備改善並びに市街地の復興に必要な住宅の供給について必要な事項を定める等特別の措置を講ずることにより，迅速に良好な市街地の形成と都市機能の更新を図り，もって公共の福祉の増進に寄与することを目的とする（被災市街地復興特別措置法1条）。

第3章　公道の成立及び管理

◎　流通業務市街地の整備に関する法律は，都市における流通業務市街地の整備に関し必要な事項を定めることにより，流通機能の向上及び道路交通の円滑化を図り，もって都市の機能の維持及び増進に寄与することを目的とする（流通業務市街地の整備に関する法律1条）。

◎　住宅地区改良法は，不良住宅が密集する地区の改良事業に関し，事業計画，改良地区の整備，改良住宅の建設その他必要な事項について規定することにより，当該地区の環境の整備改善を図り，健康で文化的な生活を営むに足りる住宅の集団的建設を促進し，もって公共の福祉に寄与することを目的とする（住宅地区改良法1条）。

◎　集落地域整備法は，土地利用の状況等からみて良好な営農条件及び居住環境の確保を図ることが必要であると認められる集落地域について，農業の生産条件と都市環境との調和のとれた地域の整備を計画的に推進するための措置を講じ，もってその地域の振興と秩序ある整備に寄与することを目的とする（集落地域整備法1条）。

第3 一般自動車道

Q 25 一般自動車道とはどのような道路か。

A 専ら自動車の交通の用に供することを目的として設けられた道で，道路法による道路以外の道路（専用自動車道を除く。）をいう。

解説　自動車道は，道路運送法によって定義されている。
　つまり，自動車道とは専ら自動車の交通の用に供することを目的として設けられた道で，道路法による道路以外の道路をいい，一般自動車道とは専用自動車道以外の自動車道をいい，専用自動車道とは自動車運送事業者が専らその事業用自動車の交通の用に供することを目的として設けた道をいう（運送2条8項）。また，道路運送法において道路とは，道路法による道路及びその他の一般交通の用に供する場所並びに自動車道をいうとされており（運送2条7項），これらの規定から，一般自動車道は公道であるといえよう。
　自動車道事業者は，工事施行の必要がない場合を除いて，一般自動車道の構造及び設備を定め，国土交通大臣の指定する期間内に，工事施行の認可を申請しなければならず（運送50条），国土交通大臣は，道路，鉄道又は軌道と平面交差させていないこと等の基準に適合していないと認める場合以外は，認可しなければならない（運送51条）。
　路線等の公示（運送53条），工事の完成を経て（運送56条），遅滞なく国土交通大臣の検査を受け，その供用が開始される（運送57条）。
　なお，自動車道事業者は，一般自動車道について，定額かつ明確な使用料金を定めることができるが，国土交通大臣の認可を受けなければならない（運送61条）。
　また，自動車道事業者は，供用約款によらない供用の申込であるとき，供用の申込が保安上の供用制限に該当するとき，供用に関し使用者から特別の

負担を求められたとき,当該供用により他の自動車の通行に著しく支障を及ぼすおそれがあるとき,当該供用が法令の規定又は公の秩序若しくは善良の風俗に反するものであるとき又は天災その他やむを得ない事由により自動車の通行に支障があるときの場合のほかは,一般自動車道の供用を拒否してはならないとされている(運送65条)。

第4　開発道路

Q26 開発道路とはどのような道路か。

A 都市計画法による開発行為の許可を受けて設置された道路である。

解説　都市計画道路などの広義の都市計画（いわゆる「街づくり」計画）に基づいて設置される道路以外にも，宅地分譲等に関して，都市計画法に基づいて公益的立場から個別的に必要な許可を受けて行った開発行為によって，当該宅地分譲団地等の区域内に配置され，工事が完了した後，住民の通行の用に供される道路がある。

いわゆる開発道路である。

これは公的に設置された都市計画道路ではなく，民間が個別の許可を得て設置した道路であるが，都市計画法に基づく道路であることには違いない。

開発行為とは，主として建築物の建築又は特定工作物の建設の用に供する目的で行う土地の区画形質の変更をいう（都計4条12項）。ここで，特定工作物とは，コンクリートプラントその他周辺の地域の環境の悪化をもたらすおそれがある政令で定める工作物（第1種特定工作物）と，ゴルフコースその他大規模な政令で定める工作物（第2種特定工作物）をいい（都計4条11項），第1種特定工作物には，コンクリートプラントの他，アスファルトプラント，クラッシャープラント，危険物（建基令116条1項の表）の貯蔵又は処理に供する工作物が当てはまる（都計令1条1項）。第2種特定工作物には，ゴルフコースの他，規模が1ヘクタール以上の野球場，庭球場，陸上競技場，遊園地，動物園その他の運動・レジャー施設である工作物，墓園が当てはまる（都計令1条2項）。

開発行為に該当するかどうかは，その主たる目的が建築物の建築又は特定

第3章　公道の成立及び管理

工作物の建設の用に供するものであって、なおかつ、土地の区画形質の変更に該当するかどうかによって定める。したがって、土地の区画形質の変更であっても、主たる目的が建築物の建築又は特定工作物の建設の用に供するものでない場合、例えば、駐車場を建設することを主目的とするような場合には、開発行為には該当しない。あるいは、主たる目的が建築物の建築又は特定工作物の建設の用に供するものであっても、物理的な意味においてに土地の区画形質の変更には当たらない場合は開発行為には該当しない。つまり、土地の単なる分筆や、合筆の登記をすることそのものについては許可は要せず、実際に物理的な意味において土地の区画形質を変更しようとする場合に許可を要することとなる。

都市計画法第29条の開発行為の許可を要する区域は、都市計画区域又は準都市計画区域内であるが（都計29条1項）、その他の区域であっても当該開発行為によって一定の市街地を形成すると見込まれる政令で定める規模（1ヘクタール）以上の開発行為をしようとする場合には、開発行為の許可を要することとなる（都計29条2項、都計令22条の2）。

開発行為の許可権者は、原則として都道府県知事であるが、指定都市等の区域にあっては当該指定都市等の長となる。

開発行為の許可を要する区域については都市計画法第29条の許可を要する（資料【2】参照）のであるが、市街化区域において、その規模が政令で定める規模未満である開発行為などは、許可が不要となる（都計29条1項）。

具体的には、次の場合である。

(1)　市街化区域、区域区分が定められていない都市計画区域又は準都市計画区域内において行う開発行為で、その規模が、それぞれの区域の区分に応じて政令で定める規模未満であるもの

(2)　市街化調整区域、区域区分が定められていない都市計画区域又は準都市計画区域内において行う開発行為で、農業、林業若しくは漁業の用に供する政令で定める建築物又はこれらの業務を営む者の居住の用に供する建築物の建築の用に供する目的で行うもの

(3)　駅舎その他の鉄道の施設、図書館、公民館、変電所その他これらに類

する公益上必要な建築物のうち開発区域及びその周辺の地域における適正かつ合理的な土地利用及び環境の保全を図る上で支障がないものとして政令で定める建築物の建築の用に供する目的で行う開発行為
(4) 都市計画事業の施行として行う開発行為
(5) 土地区画整理事業の施行として行う開発行為
(6) 市街地再開発事業の施行として行う開発行為
(7) 住宅街区整備事業の施行として行う開発行為
(8) 防災街区整備事業の施行として行う開発行為
(9) 公有水面埋立法第2条第1項の免許を受けた埋立地であって、まだ同法第22条第2項の告示がないものにおいて行う開発行為
(10) 非常災害のため必要な応急措置として行う開発行為
(11) 通常の管理行為、軽易な行為その他の政令で定めるもの

　また、市街化区域内等における開発行為の許可が不要となる規模は、市街化区域にあっては1,000平方メートル、区域区分が定められていない都市計画区域(非線引き都市計画区域)及び準都市計画区域にあっては3,000平方メートルであるが、市街化の状況等の事情によっては特に必要があると認められる場合には、都道府県の条例で、それぞれ300平方メートル以上1,000平方メートル未満、300平方メートル以上3,000平方メートル未満の範囲内で、その規模が別に定められることもあるなどの例外もある。いずれにしても、市街化調整区域における開発行為は、他に特段の不許可事由(農業、林業若しくは漁業の用に供する政令で定める建築物等を建築する目的である場合等)がない限り、その規模に関わらず許可を受けなければならないこととなる。

　都市計画法第29条の開発行為の許可は、都市計画法第33条で定める環境の保全上、災害の防止上、通行の安全上又は事業活動の効率上の観点に沿う等の一定の技術基準に適合するときは、許可されることとなる。技術的基準には、主として、自己の居住の用に供する住宅の建築の用に供する目的で行う開発行為以外の開発行為にあっては、道路、公園、広場その他の公共の用に供する空地(消防に必要な水利が十分でない場合に設置する消防の用に供する貯水施設を含む。)が、開発区域の規模、形状及び周辺の状況、開発区域内の土地の地

第3章　公道の成立及び管理

形及び地盤の性質，予定建築物等の用途，予定建築物等の敷地の規模及び配置を勘案して，環境の保全上，災害の防止上，通行の安全上又は事業活動の効率上支障がないような規模及び構造で適当に配置され，かつ，開発区域内の主要な道路が，開発区域外の相当規模の道路に接続するように設計が定められていること等の基準が求められている。

この規定に基づいて開発行為によって設置された道路が一般に開発道路と呼ばれるものである。

開発道路に関する技術的細目は政令で定められるが（都計33条2項），具体的には次のとおりである（都計令25条）。

1）道路は，都市計画において定められた道路及び開発区域外の道路の機能を阻害することなく，かつ，開発区域外にある道路と接続する必要があるときは，当該道路と接続してこれらの道路の機能が有効に発揮されるように設計されていること
2）予定建築物等の用途，予定建築物等の敷地の規模等に応じて，6メートル以上12メートル以下で国土交通省令で定める幅員（小区間で通行上支障がない場合は，4メートル）以上の幅員の道路が当該予定建築物等の敷地に接するように配置されていること

　　ただし，開発区域の規模及び形状，開発区域の周辺の土地の地形及び利用の態様等に照らして，これによることが著しく困難と認められる場合であって，環境の保全上，災害の防止上，通行の安全上及び事業活動の効率上支障がないと認められる規模及び構造の道路で国土交通省令で定めるものが配置されているときは，この限りでない。
3）市街化調整区域における開発区域の面積が20ヘクタール以上の開発行為（主として第2種特定工作物の建設の用に供する目的で行う開発行為を除く。）にあっては，予定建築物等の敷地から250メートル以内の距離に幅員12メートル以上の道路が設けられていること
4）開発区域内の主要な道路は，開発区域外の幅員9メートル（主として住宅の建築の用に供する目的で行う開発行為にあっては，6.5メートル）以上の道路（開発区域の周辺の道路の状況によりやむを得ないと認められるときは，車両の

第4　開発道路

通行に支障がない道路）に接続していること
5）開発区域内の幅員9メートル以上の道路は，歩車道が分離されていること

　なお，市街化調整区域における開発行為については，市街化区域内における開発許可よりも厳格な基準が適用され，都市計画法第33条第1項の技術基準を満たし，かつ都市計画法第34条の立地基準を満たさなければ許可されない。

【先　例】

■開発行為該当性の有無
・　単なる分合筆は開発行為の許可を要しない。建築物の建築自体と不可分な一体の工事と認められる基礎打ち，土地の掘削等の工事は該当しないため，既に建物の敷地となっている土地又はこれと同様な状態にあると認められる土地において，建築物の敷地としての土地の区画を変更しない限り，原則として開発行為の許可を要しない。農地等宅地以外の土地を宅地とした場合は，原則として開発行為の許可を要する。土地の利用目的，物理的形状等からみて一体と認められる土地の区域について，その主たる目的が建築物に係るものでないと認められるときは，開発行為の許可を要しない（昭44・12・4建設省計宅開発117号・都計156号計画局長・都市局長発）。
・　建築物の造成を伴わない滑走路の造成は，開発行為には該当せず，また滑走路と一体と認められる土地の区域に，飛行場の機能を確保する施設や航空保安施設の用に供する建築物を，滑走路の造成と同時に建築する場合も開発行為には該当しないが，そうでないときは開発行為となる（昭46・4・6計宅開発2号建設省計画局宅地部宅地開発課長回答）。
・　分譲による宅地購入者が，それぞれ宅地造成を土木建設業者に依頼し，土木建設業者が一括して1,000平方メートル以上の造成をした場合，購入者が土地を一体のものとして宅地造成を行うものであれば開発行為に該当する。全体として2,700平方メートルの土地を900平方メートルずつ2ヵ月ごとに宅地造成する場合でも，一体のものとして宅地造成を行うものであれば開発行為に該当する（昭46・11・29建設省新計宅開発25号計画局宅地部宅地開

61

第3章　公道の成立及び管理

発課長回答）。
- 山林現況分譲，菜園分譲，現況有姿分譲等と称して宣伝文書に建築不可の文言を入れて土地の区画形質の変更を行う場合であっても，その区画割，区画街路，擁壁，販売価格，利便施設，交通関係，付近の状況，対象地の名称等の状況，宣伝文書の文言等諸般の事由を総合的に見て客観的に判断した結果，建築目的であると認められれば，開発行為に該当する（昭55・7・25計民発49号建設省計画局宅地開発課民間宅地指導室長通達・『処理基準』3－1巻528頁）。

■開発許可制度について
- 開発許可制度は，市街化区域及び市街化調整区域に関する都市計画を実行あらしめる手段であり，その成否にかかわるもので開発行為等の規制の実施に当たっては厳正かつ公平を期すよう措置すること（昭44・6・14建設省都計発73号建設事務次官通達，昭57・9・6建設省都計発60号改正。『道例規』5 Ⅲ2439頁〜2440頁）。
- 開発許可制度については，制度創設以降の社会経済の変化を踏まえつつ，特に市街化区域内農地等の宅地化を始めとした市街化の進展，無秩序な開発の進行等に対応して，開発許可の技術基準の見直し，3大都市圏の一定の市街化区域における開発許可の規制対称規模の引き下げ等の改正を行ったもので，開発行為等の規制の実施に当たっては，市街地の計画的な整備が図られるよう特に留意しなければならない（平5・6・25建設省都計発90号建設事務次官通知・国土交通省検索システム）。
- 市街化調整区域内における開発行為に関しては，個別的にその目的，規模，位置等を検討した結果，許可基準のうち，開発区域の周辺における市街化を促進するおそれがなく市街化区域内において行うことが困難若しくは著しく不適当と認められるものに該当するものと認められれば許可されることとなり，「農家の二，三男が分家する場合の住宅等」，「ガソリンスタンド及び自動車液化石油ガススタンド，ドライブイン等の沿道サービス施設で適切な位置に建設されるもの」，「火薬類製造所又は火薬庫で保安距離の確保からやむをえないと認められるもの」，「市街化調整区域に存す

る建築物が収用対象事業の施行により移転又は除去しなければならない場合でこれに代わるべき従前とほぼ同一の用途，規模及び構造で建築される建築物」，「社寺仏閣及び納骨堂」，「研究対象が市街化調整区域に存在すること等の理由により当該市街化調整区域に建設することがやむを得ないと認められる研究施設」，「許可を受けた開発行為に係る事業所又は従前から当該市街化調整区域に存する事業所において業務に従事する者の住宅，寮等で特に当該土地の区域に建築することがやむを得ないと認められるもの」，「土地区画整理事業の施行された土地の区域内における建築物のような建築物の用に供する開発行為」は，通常原則として差し支えなく許可される（昭44・12・4建設省計宅開発117号・都計156号計画局長・都市局長発）。

・ 農家以外の二，三男が分家する場合の住宅を建築する場合や，市街化区域内における収用対象事業の施行に伴い家屋等の移転が必要で市街化調整区域の土地に移転する場合等の開発行為は，個別的に判断して許可されること以外は，原則として許可して差し支えないと画一的に処理することは，不適当である（昭54・7・25計民発17号建設省計画局宅地開発課民間宅地指導室長通達・『処理基準』3-1巻526頁）。

・ 沿道サービス施設とは，ドライブイン，自動車修理上等の車両の通行上必要不可欠な施設をいい，モーテル，カーテル等は該当しない。また，許可され得る適切な距離とは，類似の建物間の距離ではなく，市街化区域からの距離をいい，ドライブイン等が市街化区域に立地可能であるときは，その周辺の市街化調整区域について許可することは適当でない（昭46・10・14愛計宅開発59号建設省計画局宅地部宅地開発課長回答・『都市法規』1巻290頁）。

・ 市街化調整区域内におけるボーリング場又はドライブイン併設ボーリング場を建築することは，開発区域の周辺における市街化を促進するおそれがなく市街化区域内において行うことが困難若しくは著しく不適当とは認められない（昭46・10・14建設省新計宅開発16号計画局宅地部宅地開発課長回答・『都市法規』1巻289頁）。

・ 市街化調整区域内における打席が建築物であるゴルフの打放し練習場を建築することは，その規模，型状，植栽等によっては，開発区域の周辺

における市街化を促進するおそれがなく市街化区域内において行うことが困難若しくは著しく不適当と認められる（昭47・3・4京計宅開発27号建設省計画局宅地部宅地開発課長回答・『都市法規』1巻292頁）。

・　市街化調整区域内において通常原則として差し支えなく許可される開発行為とされるもの以外でも，やむを得ない事情が認められ，周辺の土地利用に支障を及ぼさない限り，独立して一体的な日常生活圏を構成していると認められる大規模な既存集落であって市街化区域における建築物の連たんの状況とほぼ同程度にある集落において建築することがやむを得ないと認められる「自己用住宅」，「分家住宅」，「当該既存集落に都市計画決定前から生活する者が設置する小規模な工場等」，「主に当該既存集落の居住者を入居対象とする公営住宅」，「人口が減少し産業が停滞している地域の振興を図るため必要があるものとして都道府県知事が指定した地域において立地することがやむを得ないと認められる工場等」，「4車線以上の国道，都道府県道等の沿道又は高速自動車国道等のインターチェンジ周辺で現在及び将来の土地利用上支障がない区域において立地することがやむを得ないと認められる大規模な流通業務施設」，「一定の基準に適合する優良な有料老人ホーム」等の建築物の用に供する開発行為も，差し支えなく許可が相当か否かの審査の対象とされる（昭61・8・2建設省経民発33号建設経済局長通達・『道例規』5Ⅲ2449・135頁）。

・　独立して一体的な日常生活圏を構成していると認められる大規模な既存集落とは，地形，地勢，地物等から見た自然的条件及び地域住民の社会生活に係る文教，交通，利便，コミュニティ，医療等の施設（小・中学校，駅，停留所，日用品店舗等，旧町村役場，病院，診療所等）利用の一体性その他から見た社会的条件に照らして独立して一体的な日常生活圏を構成していると認められ，かつ，相当数（数百戸）以上の建築物が連たんしている集落をいう。自己用住宅については，許可申請者が，原則として当該市街化調整区域に関する都市計画が決定される前から，当該既存集落に生活の本拠を有する者であること。分家住宅に関しては，許可申請者が，原則として当該市街化調整区域に関する都市計画が決定される前から，当該既存集落

に生活の本拠を有する本家の世帯構成員であること。小規模な工場等については，許可申請者が，原則として当該市街化調整区域に関する都市計画が決定される前から，指定既存集落に生活の本拠を有する者であり，周辺の土地利用と調和がとれ，敷地規模が1,000平方メートル（店舗にあっては500平方メートル）以下である工場，事務所，店舗，運動・レジャー施設で，自己の生計を維持するために必要であること。公営住宅については，当該指定既存集落及びその周辺地域に居住している者を入居の対象とするものであって，その規模が入居対象者数から適切であること。立地することがやむを得ないと認められる工場等とは，技術先端型業種の工場又は研究所で，周辺の土地利用と調和がとれ，開発区域が5ヘクタール未満であるものをいう。インターチェンジ周辺とは，インターチェンジ（4車線以上の市町村道の沿道，有料の一般国道，都道府県市町村道のインターチェンジを含む。）からおおむね500メートルの距離にあることをいい，大規模な流通業務施設とは，大型自動車が毎日20回以上発着する一般区域貨物自動車運送事業用施設及び倉庫をいう。有料老人ホームについては，分譲方式のものは認められない（昭61・8・2建設省経民発34号建設経済局宅地開発課民間宅地指導室長通達・『道例規』5Ⅲ2449・169・47頁）。

・　開発区域が隣接県にわたる場合でも，都が隣接県の開発許可権限の委託を受けた場合以外は，当該開発区域の属する行政区域を所管する各々の知事が，開発許可権限を有する（昭48・5・21東計宅開発12号建設省計画局宅地部宅地開発課長回答・『都市法規』1巻296頁）。

・　分譲宅地の複数の購入者が一括して宅地造成を土木建設業者に依頼した場合は，購入者から土木建設業者への委任状がない限り，購入者連名で開発許可申請をしなければならない（昭46・11・29建設省新計宅開発25号計画局宅地部宅地開発課長回答）。

・　開発許可において，「農業を営む者」とは，10アール（北海道にあっては30アール）以上の農地について耕地の業務を営む者，又は，自ら生産する農産物の販売により年5万円以上の収入がある者等をいう（昭45・11・20神計宅開発12号建設省計画局宅地部宅地開発課長回答・『都市法規』1巻287頁）。

第3章　公道の成立及び管理

・　開発許可の条件とされる開発行為の施行又は開発行為に関する工事の実施の妨げとなる権利を有する者の相当数の同意を得ている場合とは，開発行為をしようとする土地及び開発行為に関する工事をしようとする土地のそれぞれについて，おおむね，それらの権利を有するすべての者の3分の2以上並びにこれらの者のうち所有権を有する者及び借地権を有するすべての者のそれぞれ3分の2以上の同意を得ており，かつ，同意した者が所有する土地の地積と同意した者が有する借地権の目的となっている土地の地積の合計が土地の総地積と借地権の目的となっている土地の総地積との合計の3分の2以上である場合をいう（昭45・4・8建設省計宅開発91号計画局宅地部長通達・国土交通省ウェブサイト）。

・　宅地開発に関して周辺住民の同意を求めるのは，開発に伴う環境問題，工事中の騒音問題等を未然に防止させる趣旨ではあるが，この場合であっても，宅地開発の内容等の周知を図ること，問題が生ずるおそれのある場合は十分話し合いを行うこと等の指導を行うことは格別，すべての関係者の同意書の提出まで求めることは適当でない（昭58・8・2建設省計民54号建設事務次官通達・国土交通省ウェブサイト）。

・　開発許可手続においては，周辺住民等の同意書の提出まで求めることは行き過ぎであり，必要がある場合には，事業者等に対して適切な住民対応を求めるよう指導してきたところである。住民自治会等を通じた説明要求があれば，「工事に伴う影響については，工事日時帯，工事通行車両の通行の日時帯，工事通行車両の通行の頻度，通行工事車両の規模及び進入路，作業重機の搬入出方法等を明らかにして，通学路の安全確保のため必要な場合の交通整理員の配置等の措置に関する説明を行い，施工計画に対する理解を得るように」，「開発後の周辺地域の交通安全については，開発区域から幹線道路への接続等に関する説明を行うことにより開発事業計画に対する理解を求めるように」，「駐車場の確保については，開発事業者により設置される駐車場の位置，規模等に関する説明を行い，開発事業計画に対する理解を得るように」，開発事業者を指導すること。開発許可権者においては，ごく一部の地権者の民事上の権利関係について紛争がある場

合等，特別な事情がある場合を除き，開発許可までには開発区域内の開発行為の妨げとなる権利を有する者の全員の同意を取得するように努めるよう，開発事業者に要請すること。しかし，開発許可権者において，実質的に開発行為を阻害しないような権利を有する者等までの同意書を求めることは行き過ぎであり，その権利が開発行為の妨げとなる権利かどうかについては，適切に判断すること。隣接地との境界確定は，基本的には民事上の権利の帰属に関する問題であり，隣接地の権利者と境界をめぐる争いがある場合であっても，境界確定書の添付まで要求することにより，開発許可手続を必要以上に遅延させることのないようにすること。この場合において開発許可権者は，開発区域の変更と取り扱う必要がないと認められる軽微な場合には，境界紛争に係る土地を含まぬよう開発区域を暫定的に後退させておき，紛争解決後に開発区域に加えることとするような現実的な対応をすること（平元・12・19建設省経民発45号・住街発153号建設経済局長・住宅局長通達・国土交通省ウェブサイト）。

■道路に関する基準について

・　主として住宅の建築の用に供する目的で行う開発行為において，小幅員区画道路（幅員6メートル未満の区画道路をいう。）を導入する場合において，交通及び宅地サービスの機能確保，災害時の危険性の防止及び災害時の避難，救助，消防活動等の円滑な実施，住宅地としての日照，通風等の環境の確保等を図るために守るべき条件として定めるものとする。この基準は，開発区域がおおむね1ヘクタール以上の主として住宅の建築の用に供する目的で行う開発行為を適用対象とする。ただし，1ヘクタール未満であっても，開発区域が既に計画的開発が実施された区域に隣接していること，地区計画が定められていること等により，将来，道路の段階構成による整備が確実と見込まれること，又は，開発区域の周辺に幅員6メートル以上の道路が既にあり，当該開発区域内の道路がこの道路に接続する区画道路で延長される予定のない小区間のものである場合の開発行為についても適用対象とする。有効幅員は4メートル以上とし，L型側溝，コンクリート蓋等で車両通行上支障がない場合は当該側溝等を有効幅員に含めるものと

する。電柱，道路標識等の工作物の設置されている部分及びその外側の部分は有効幅員に含めないものとする。交差点は原則として直交させ，交差点の隅切りは，原則として，隅切り長が3メートルの二等辺三角形とすること（昭61・4・11経宅38号建設省建設経済局長通達・国土交通省ウェブサイト）。

・　再開発型開発行為（計画的な開発が行われた区域における2次的な開発行為）に関しては，幹線街路に面して既に中高層建築物が存する場合等道路拡幅用地の確保が事実上不可能と考えられる場合もあるため，予定建築物の用途が住宅以外のものであっても，予定建築物が建築基準法に基づく総合設計制度又は特定街区制度の適用を受けて行われるもので当該建築に際して総合設計の許可又は特定街区の都市計画決定に基づき，歩道状空地等が主要な前面道路に沿い，当該前面道路に接する敷地全長にわたって適切に確保されており，幹線道路への接続距離が短く，開発区域の2面以上が幅員6メートル以上の道路に接している場合は，小区間で通行上支障がないとして取り扱われる（昭62・8・18建設省経民発31号建設経済局長通達・『処理基準』3-1巻1291・63・52頁）。

・　開発区域の規模及び形状，開発区域の周辺の土地の地形及び利用の態様等に照らして，通常の基準によることが著しく困難と認められる場合であって，環境の保全上，災害の防止上，通行の安全上及び事業活動の効率上支障がないと認められる幅員4平方メートル以上で，開発区域内に新たな道路が整備されない場合の当該開発区域に接する道路が配置されている場合とは，開発区域外の既存道路に直接続して行われる一敷地の単体的な開発行為であることをいう（平5・6・25建設省経民発34号建設経済局長通達・『道例規』5Ⅲ2449・169・330頁）。

第4　開発道路

Q 27　開発道路の管理及び帰属はどうなるか。

A　原則として，市町村が管理し，市町村の所有に帰属することとなる。

解説　まず，開発許可を申請しようとする者は，あらかじめ，開発行為に関係がある公共施設の管理者と協議し，その同意を得なければならず，開発行為又は開発行為に関する工事により設置される公共施設を管理することとなる者その他政令で定める者と協議しなければならないとされている（都計32条）。

そして，都市計画法第29条の許可を受けて行った開発行為の開発行為又は開発行為に関する工事により公共施設（開発道路を含む。）が設置されたときは，その公共施設は，都道府県知事による工事完了の公告（都計36条3項）の日の翌日において，その公共施設の存する市町村の管理に属することとなる。ただし，他の法律に基づく管理者が別にあるとき，又は前記の協議（都計32条2項）により管理者について別段の定めをしたときは，それらの者の管理に属することとなる（都計39条）。

また，開発許可を受けた開発行為又は開発行為に関する工事により，従前の公共施設（開発道路を含む。）に代えて新たな公共施設（開発道路を含む。）が設置されることとなる場合においては，従前の公共施設（開発道路を含む。）の用に供していた土地で国又は地方公共団体が所有するものは，都道府県知事による工事完了の公告（都計36条3項）の日の翌日において当該開発許可を受けた者に帰属するものとし，これに代わるものとして設置された新たな公共施設（開発道路を含む。）の用に供する土地は，その日においてそれぞれ国又は当該地方公共団体に帰属するものとする。さらに，開発許可を受けた開発行為又は開発行為に関する工事により設置された公共施設の用に供する土地は，代替として設置されたもの及び開発許可を受けた者が自ら管理するも

69

第3章　公道の成立及び管理

のを除き，都道府県知事による工事完了の公告（都計36条3項）の日の翌日において，当該公共施設を管理すべき者（第1号法定受託事務として当該公共施設を管理する地方公共団体であるときは，国）に帰属することとなる（都計40条）。

　要するに，完成した開発道路については，原則として，市町村が管理し，市町村の所有に帰属することとなり，私人の設置した道路であるとはいえ，都市計画法に基づいて設置され，公に帰属し，公が管理する公道であるといえる。

　道路法による道路の認定の有無に関わらず，開発道路も，都市計画道路と同じく都市計画法に基づく道路として，建築基準法上の道路として認められることとなる。

　ただ現実には，特にかなり以前に設置された開発道路については，登記簿上のその所有名義が今もって開発行為をした民間業者のままで，市町村名義になっていないものも見られる。

　市町村道として認定された開発道路については，道路法による道路としての管理や通行が行われることになるが，その認定のないまま道路敷地所有者が私人のままで残されているものもあり，当該敷地が第三者へ転売された場合等において帰属手続の遅れに起因する係争の発生が，市町村及び地域住民の双方にとって大きな問題となっている場合も，現実には見受けられる。しかし，開発道路は建築基準法上の道路としての適用を受けるだけでなく，都市計画法の適用をも受け，その基本理念や目的に沿った開発許可の結果成立した道路であり，原則として市町村が管理すると定められており，あるいはそれ以外の者が管理するときにおいてもその管理要領が明確にされていることに加え，自由通行や車両通行に関しても十分な公益的配慮がなされていることから，もとより開発道路の公道性には問題はないと考える。

【先　例】
■公共施設について
　・　開発許可を受けた者に帰属した従前の公共の用に供していた土地の表示登記申請書に添付すべき所有権証明書としては，公共施設の管理者等に関する書類（設計説明書）及び開発行為に関する工事完了公告を証する書面

又は公共施設に関する工事完了公告を証する書面を添付すれば足り，それが里道であっても，用途廃止を行う必要はない（昭45・7・28計宅開発128号建設省計画局長通達・『処理基準』3-1巻467頁）。

・　公共施設については工事完了公告の翌日から市町村が引き継ぐが，特にやむを得ない事情により開発者にその管理を委ねざるを得ない場合にあっても，公共施設の用に供する土地の所有権のみは帰属を受け，基本的な管理権の所在を明らかにして，帰属の範囲，時期，方法等について開発者と明確な協定書を締結し，法の趣旨を踏まえた確実な管理及び帰属が行われるように配慮しなければならない。当該公共の用に供する土地の帰属手続に関しては，遅滞なく，当該土地の帰属に係る嘱託登記承諾書，印鑑証明書等の提出を行わせる等当該公共施設の管理者となるべき市町村等と密接に連絡調整を図り，確実な帰属に遺憾のないよう取り扱わなければならない（昭57・7・16建設省計民30号計画局長通知）。

Q28　開発道路に関する諸事項はどのように調査するか。

A　開発登録簿を閲覧するなどして調査する。

解説　まず，開発許可を受けた者は，当該開発区域の全部について当該開発行為に関する工事を完了したときは，その旨を都道府県知事に届け出なければならないとされ，都道府県知事は，検査の結果，当該工事が当該開発許可の内容に適合していると認めたときは，検査済証を当該開発許可を受けた者に交付しなければならない。そして，都道府県知事は，遅滞なく，当該工事が完了した旨を公告しなければならないことになっている

第3章　公道の成立及び管理

（都計36条）。

　また，開発行為に関しては，開発登録簿が備えられることになっているが，これは，都道府県知事が調製し，保管している（都計46条）。

　開発登録簿には，開発許可の年月日，予定建築物等（用途地域等の区域内の建築物及び第1種特定工作物を除く。）の用途，公共施設の種類・位置及び区域，その他開発許可の内容，建ぺい率等の制限の内容（都計41条1項），開発許可に基づく地位を承継した者の住所及び氏名（都計規35条）が記録され，都道府県知事が完了検査を行った場合において，当該工事が当該開発許可の内容に適合すると認めたときは，開発登録簿にその旨が付記される（都計47条1項，2項）。

　開発登録簿は，調書及び図面（土地利用計画図）をもって組成され（都計規36条），都道府県知事は，常に公衆の閲覧に供するように保管し，かつ，請求があったときは，その写しを交付しなければならないとされている（都計47条5項）。そこで，都道府県知事は，登録簿を公衆の閲覧に供するため，開発登録簿閲覧所を設けることとなる（都計規38条）。

【先　例】
■開発登録簿の目的及び保存期間
　　開発登録簿は，開発行為の利害関係人，善意の第三者等の権利利益の保護，開発行為と建築基準法による建築主事の確認との連携等を目的として調製され，その保存期間は，開発許可に係る土地の全部について，開発行為の廃止又は新たな開発許可があった場合を除き，原則として永久である（昭45・4・8建設省計宅開発91号計画局宅地部長通達）。

第5　市町村有通路

Q 29　市町村有通路とはどのような道路か。

A　道路法による道路の認定はされていないものの，市町村が所有し，管理する道路のことをいう。

解説　市町村道としての道路法による道路の認定基準に満たない私人所有の道であっても，一般公衆の通行の用に供されているようなときは，市町村に寄付することによって市町村通路として，公費で維持管理される場合がある。

この場合も，一般公衆の用に供される公の所有に帰属し，公が管理する道路であるため，公道といっても差し支えないだろう。

【判　例】
■市有通路の管理瑕疵による賠償責任者
　市有通路に堆積された補修用土砂に乗り上げ転倒し負傷した自動二輪車の交通事故について，市は道路管理者として損害賠償の責任主体となり得る（広島高判昭59・7・26交民17巻4号902頁）。

第3章　公道の成立及び管理

第6　認定外道路

Q 30　認定外道路とは，どのような道路か。

A　明治初期以前の旧来より存する道で，道路法による道路の認定を受けていない法定外公共用物としての道路をいい，里道，二線引畦畔，脱落地たる道路等がある。

解説　認定外道路とは，明治初期以前の旧来より存する道で，道路法による道路の認定を受けていない法定外公共用物としての道路をいい，里道，二線引畦畔，脱落地たる道路がある。

　これらは，未登記で地番が付されてない無番地（脱落地にあっては，公図上にその形跡すらない。）が多く，国有財産台帳にも登載されていないことが多い。

　そのため，その存否の確認は，登記所やその他の行政機関，土地改良区，水利組合等に保管されている地図，地図に準ずる図面，法務局作成による地図，国土調査による地籍図，公図，マイラー図，旧土地台帳附属地図，字図，字切図，字限図，地引図，1筆限図，番繰図，分間図，野取図，更正図（地押調査図），改租図，閉鎖旧土地台帳附属地図（和紙の旧図），官民境界査定図，旧陸軍参謀本部作成陸地測量図，旧国鉄作成測量図，航空測量図，地籍地図と呼ばれる図面等や，地籍帳，官有地調査簿，反別畝順帳，境界確定協議書等，さらには現地の状況や地元関係者の証言等を参考にして総合的に判断して識別するほかない。

　おそらくその多くは明治維新以前（近世）から道としてあったもので，明治維新後の近代化の中，明治6年から始まった地租改正及び地券発行作業に伴い官有地民有地が区別されたことにより（明治6年3月25日太政官第114号（布）地券発行ニ付地所ノ名称区別共更正，明治6年7月28日太政官第272号（布）地租改正条例，等々），認定外道路の所有は国に帰属した。その後，明治31年7月16日の

74

民法の施行によって民法上の所有権となった（民施36条）。

　明治32年4月17日に国有土地森林下戻法が制定され，明治33年6月30日の経過後は下げ戻しを許可しないこととされたため，その期限までに民有地と認定されなかった土地は，最終的に同年7月1日以後，国の所有が確定した。

　認定外道路であっても登記のあるものもあるが，登記のないもの（無番地）については，このような経緯から，その後，国から他へ譲渡されていたり，公図上の付番誤りや，眼鏡地表示の欠落等でない限り，国有地と考えて差し支えないと考えられる。

　本書は，認定外道路の成立過程とその所有権の帰趨について詳解することを目的としているわけではないので，以上のとおり概略をもってとどめるが，近世においては近代的所有権と同視し得る権利は存在せず，近代的所有権は，地租改正，官民有区分，下戻処分等の諸政策によって形成，創設されたという説以外にも他に有力な説や判例もあり，認定外道路の所有権の帰属については，判例や諸資料，当時の法令等を十分に調査して，総合的に判断する必要もあろう。

　なお，国又は地方公共団体によって直接，公の目的に供される物を公物といい，そのうち公用物とは国又は公共団体自身の公用に供されるもの（例えば，官公署の建物等。）を指す。また公共用物のうち公共用財産とは，国において直接公共の用に供し，又は供するものと決定したもので（国財3条2項2号），直接的に一般公衆の共同使用に供されるもの（例えば，道路，河川，公園等。）を指す。さらに，公共用物であっても，管理機能に関して法令がないものを法定外公共用物というため，認定外道路は法定外公共用物の一種であるといえる。

　また，これまで述べたとおり，認定外道路の所有権は，国に属していた。それが，平成12年4月1日に施行された地方分権の推進を図るための関係法律の整備等に関する法律によって改正された国有財産特別措置法の規定に基づいて，その多くが市町村に一括譲与（無償譲渡）された。その結果，現在では，認定外道路の所有者は，市町村となっている（市町村名義に登記がなされているものは少ないと思われる。）。

第3章　公道の成立及び管理

ただすべてのものが譲与されたわけではなく，現に道路の用に供されているものについてだけ一括譲与されたため，一般公衆のための道路としての機能を有しているものは市町村の所有に属したが，既に一般公衆のための道路としての機能を失っているものについては国の所有のままである。

【先　例】
■認定外道路の所有権の帰属等
・　二線引畦畔の所有権は，明治33年7月1日以降，国に帰属している（大7・1・26大蔵省11号主税局長回答）。
・　二線引畦畔は，大蔵省所管の国有財産であり，一般に農地の間に存し，一般公衆の用に供されている農道又は畦畔は公共用財産に属する（昭30・9・26蔵管3131号大蔵省管財局長回答・『国有財産関係例規集』4巻3601頁（新日本法規出版），昭35・8・25大蔵省関東財務局長発）。
・　二線引畦畔について，隣地所有者から境界線抹消の地図訂正申出があっても，国有地でない旨の権限ある官庁の証明がない限り，受理することはできない（昭35・8・31東京法務局登219号民事行政部長通達）。
・　明治33年6月30日までに民有地と認定されなかった土地は脱落地に該当し，その後は官有地として取り扱う（大7・1・26・大蔵省11号主税局長通達）。

【判　例】
■認定外道路の所有権の帰属
・　里道の所有権は，国に帰属している（福岡高宮崎支判昭31・3・26訟月2巻5号52頁）。
・　堤塘敷である二線引畦畔は，官有地と認められる（福岡高宮崎支判昭31・3・26訟月2巻5号52頁）。
・　土手状の傾斜地である二線引の無番地の土地は，明治初期の地租改正の沿革，地籍調査及び旧土地台帳編成の沿革等により，国有と認められる（横浜地小田原支判昭62・3・31訟月34巻2号311頁）。
・　無番地の土地は，特段の事情のない限り，国の所有であると推認することができる（熊本地判昭57・6・18訟月29巻1号47頁）。

■脱落地につき国有を否定した事例
　脱落地たる公共用水路の所有権は，官民有区分の際に具体的支配権を有していた者に帰属している（最一小判昭44・12・18，東京高判昭42・7・25。訟月15巻12号1401頁）。
■国有無番地の土地の一部に関する時効取得の可否
　無番地の土地は国の所有であると推認され，当該土地の所有権は国に属する（新居浜簡判昭46・2・10訟月17巻6号915頁）。

Q31 認定外道路はどこが管理しているか。

A 原則として，市町村が管理している。

解説　道路の管理という言葉には2種類の意味がある。
　一つは，道路としての機能を維持するために必要とされる機能管理，もう一つが道路の所有者としての財産管理である。
　まず，本書の趣旨にとって重要な意味を持つ機能管理について述べる。
　認定外道路の機能管理，すなわち，道路を一般公衆が通行することができる機能を維持するための管理，例えば人等が円滑に通行できるように道路を補修したりする行為等は市町村が行うものとされている。市町村は認定外道路の機能管理権を有する半面，機能管理をしなければならないという行政責任もあるといえる。
　市町村による認定外道路の機能管理は，前述の地方分権の推進を図るための関係法律の整備等に関する法律によって改正された国有財産特別措置法の規定に基づいた一括譲与後において初めて認められたものではなく，その前

の，その所有権が国にあった時から市町村が機能管理権を有するものとされていた。

　なお，認定外道路には，近隣住民や水利組合等が従来から事実上管理しているものもあるが，これらは事実上のものであり，法律上，慣習上も管理権が成立しているとはいえないと考えられる。

　認定外道路の財産管理は，所有者が行うこととなる。財産管理には，認定外道路と隣接する民有地との境界線（筆界）を確認するという行為が含まれる。

　市町村に一括譲与される前の認定外道路の所有者は国であったため，財産管理は国が行っていた。実際には，国の機関委任を受けた国有財産部局長たる知事が行っていた。

　したがって，認定外道路と隣接する民有地との境界の確認は都道府県に申請して行っていたが，一括譲与によって市町村の所有になったものについては，以後，当該市町村に申請して行うこととなった。

【先　例】
■法定外公共用物の機能管理者
　・　地方公共団体が条例を定めて法定外公共物を管理するときは，その管理権は当該地方公共団体にある（昭26・12・27蔵管61号大蔵省管財局長回答・『国有財産関係例規集』2巻159頁（新日本法規出版））。
　・　地方公共団体は，普通河川の管理条例を制定して，占使用料を徴収することができる（昭27・1・18建設省建河18号河川局長通達）。

【判　例】
■法定外公共用物の機能管理
　・　下水道法の指定は受けていないが事実上下水道としての機能を果たしている暗渠について，市が具体的管理行為を行っていないことや，その管理責任が法令上規定されていないことをもっても，市の管理責任を否定することはできない（奈良地判昭57・3・26訟月28巻11号2093頁）。
　・　市は，その固有事務として，その区域内の法定外公共物に対し，条例が存しなくても，機能管理を行う権限を有する（大阪高判昭62・4・10訟月33巻10号2464頁）。

・　法定外公共用物たる河川や湖沼等の普通河川（「青線」がその代表。）の管理について定める条例では，河川法より強力な河川管理の定めをおくことは許されない（最一小判昭53・12・21民集32巻9号1723頁）。

・　建設工事中の埋立地内の認定外道路を夜間通行中，自動車が前方岸壁から転落し，運転手が死亡した事例において，事故当時一般車両が当該埋立地内の道路に入ることが極めて容易である夜間の場合には岸壁から海中に転落するおそれがあった，危険標識等の安全施設の設置を欠いていたなどの状況では，管理に瑕疵があったといえる（最一小判昭55・9・11裁判集民130号371頁）。

・　法定外公共用財産の事実上の管理者たる市町村は，条例がない場合は，法律上の管理者でないときでも，その管理瑕疵による損害賠償の責任主体となり得る（最一小判昭59・11・29民集38巻11号1260頁）。

・　排水路への転落事故について，設置者たる県及び維持管理している土地改良区が責任主体となり得るが，底地所有者たる国は賠償責任を負わない（新潟地判昭61・5・23判タ623号153頁）。

・　里道から水路への転落事故について，里道及び水路の管理者たる市は責任主体となり得る（大阪高判平元・7・7判タ721号148頁）。

■境界確定協議及び境界決定の性格

　境界確定協議及び境界決定は，国有地と隣接地との所有権の範囲が定められる私法上の契約であり，双方の筆界が定められるわけではない（大阪高判昭60・3・29判タ560号205頁）。

第3章　公道の成立及び管理

Q32　里道とはどのような道路か。

A　認定外道路の一種で，登記所備付けの地図・公図に地番が付されていない長狭物として明示されている，従来から存する道で，一般に農道と呼ばれることもある道である。

解説　里道は，地租改正によって官民区分された当時から全国各地に存在する道であり，現在において道路法の適用がない認定外道路の一種で，一般的に道幅の狭いものが多く，農道（現在の農業用道路という意味とは別意）と呼ばれることもある。農地と農地を連絡する道として存在するものもあるが，現在においては，それだけでなく市街地に入り組んだ路地等として存在しているものも多い。

登記所備付けの地図・公図に地番が付されていない長狭物（細長い形状）として帯状に明示されているのが普通で，公図の元となった古い和紙の地図には赤色で塗られていることが多いことから，「アカミチ」，「赤線」と呼ばれることもある。もともとは登記簿のない無番地であり，今も登記のないものが多いと思われる（寳金敏明『境界の理論と実務』（日本加除出版，2012）208頁）。

道路法の適用はないが，現在においても，農村や，市街地において一般の公衆の通行の用に供され，あるいは供され得るものがある一方，既に現況において建物の敷地になっているなど，里道としての機能を喪失し，一般の公衆の通行の用に供され得ないものもある。

里道は，現在では明確な法律上の根拠をもたないが，地租改正当時は，明治9年6月8日太政官第60号達「道路等級ヲ廃シ国道県道里道ヲ定ム」によって，「里道　1等　彼此ノ数区ヲ貫通シ或ハ甲区ヨリ乙区ニ達スルモノ　2等　用水堤防牧畜坑山製造所等ノタメ該区人民ノ協議ニ依テ別段ニ設クルモノ　3等　神社仏閣及田畑耕耘ノ為ニ設クルモノ　右ノ内1道ニシテ各種ヲ兼ルモノハ其類ノ重キモノニ従フ（中略）里道ニ至テハ要スルニ該区ノ利

便ヲ達スルニ在テ其関係スル所随テ小ナレハ必ス之ヲ一定スルヲ要セス」と定められていたものの一部ということになる（寳金敏明『4訂版　里道・水路・海浜－長狭物の所有と管理』（ぎょうせい，2009）96頁）。

　これが今も里道と呼ばれる所以であるが，重要な里道は，旧道路法（大正8年4月10日法律第58号）の施行以来，市町村道として認定され，現在の道路法（昭和27年6月10日法律第180号）によって，道路法による道路としての適用を受けているため，認定外道路ではなくなっている。

　本書ではもとの里道のうち，道路法による道路の認定を受けていないものを里道として取り扱う。

Q33　二線引畦畔とはどのような道路か。

A　認定外道路の一種で，登記所備付けの地図・公図に地番が付されていない長狭物として明示されているが里道でない道で，従来から田畑の界に存する，いわゆる畦道（あぜみち）である。

解説　一般には，畦畔（けいはん）とは「あぜ」のことで，田畑の境界線上にある細長い盛土や，法地（のり），構造物であり，畦畔を挟んで隣接する土地の一方又は双方の一部分を構成している。公図上も，単なる筆界として境界線で表されているに過ぎず，道ではないため，仮に道状の構造をしていたとしても一般公衆が自由に通行することができる土地ではない。地域の慣習にもよるが，このような畦畔は，畦畔を挟んで隣接する土地のうち，上手（隣接する水路の上流側）の土地の一部分を構成することが多いと思われ，畦畔だけで独立した土地と認められるわけではない。

　ところが，地域的偏在はあるものの全国各地に，公図上，2本の実線の長

第3章　公道の成立及び管理

狭物で帯状に囲まれた畦畔があることがある。

　これが，二線引畦畔と呼ばれる道路である（寳金敏明『4訂版　里道・水路・海浜－長狭物の所有と管理』（ぎょうせい，2009）53頁）。

　二線引畦畔も無番地の土地であるが，里道と異なり，古い和紙の地図に赤色では塗られてはいない（青色又は緑色。土手代は薄墨色等で表示されている（河瀬敏雄『表示登記にかかる各種図面・地図の作製と訂正の事例集』（日本加除出版，1993）262頁））。

　里道と同様に地租改正の際の官民区分によって国有に帰したものであるが，以来，単なる「畦畔(けいはん)」ではなく，「畦道(あぜみち)」として，近隣の通行の用に供されてきたものである。単なる畦畔であれば畦畔を挟む二つの土地は共通する筆界をもって直接隣接することになるが，二線引畦畔であれば，畦畔を挟む二つの土地は共通する筆界を有さず，二線引畦畔を挟んで互いに対面地という関係になる。

　里道と同様，無番地の独立した土地で，以上のような畦畔道のうち，里道に（道路法による道路としても）認められなかったものについては，認定外道路ということができる。

　なお，畦畔には，私人所有である内畦畔（登記簿上「田　○○㎡（歩）内畦畔○○㎡（歩）」）や外畦畔（登記簿上「田　○○㎡（歩）外畦畔　○○㎡（歩）」）があるが，これは公図上では田畑の境界に存する二線引きの無番地であっても，既に畦畔の地積がその隣接地たる田畑の登記簿に計上されているものであり，単に登記上，公図上の処理未了であるにすぎないので二線引畦畔とはいえない。

第6　認定外道路

Q34 脱落地たる道路とはどのような道路か。

A 認定外道路の一種で，登記簿だけでなく，登記所備付けの地図・公図にもその形状すら表されていない道をいう。

解説　地租改正の際の官民区分によって，国有にも民有にも確認されず，登記簿だけでなく，公図上においてもその形状すら表示されていない土地で，内畦畔，外畦畔のように隣接地の公簿面積に算入された痕跡もない土地が非常に稀ではあるが存在する。要するに官民有区分の際にその土地の存在が見落とされたもので，官民区分から漏れた土地であり，脱落地といわれる土地である。

脱落地のうち，現況は，従来から事実上，一般公衆が自由に通行することができる道，農作業用の道，畦畔等として利用はされており，里道，二線引畦畔に（道路法による道路にも）該当しないものが脱落地たる道路と呼ばれ，いわば道路状の脱落地であるといえる。

このような土地には他に未定地がある。これは前述の官民区分未了のまま推移している土地で，脱落地と異なり，地租改正の簿冊上，未定地であることが記載されている。

第4章 公道の通行

第1　公道の通行概説

Q35　公道は誰でも自由に通行することができるか。

A　一般公衆は，公道の性格，設置目的等により，それぞれの道路の性質に応じた範囲で，かつ法令に則って，公道を自由に通行することができる。

解説　公道とは，国，地方公共団体，公法人等法律に基づき設立された公的組織や，公的免許を受けた者が，設置又は管理若しくはその監督をする公共的な道路で，道路の目的や性質に応じて一般公衆の通行の用に供する道路をいう。

したがって，原則として，一般公衆は，公道の性格，設置目的等により，それぞれの道路の性質に応じた範囲で，かつ法令に則って，公道を自由に通行することができる。

つまり，公道は一般公衆の用に供されることを本来の目的としており，何人も，他人の共同使用を妨げない限度で，その用法に従った範囲で，許可等を必要とせずに公道を自由に通行できるといえる。

しかし，常に無制限の方法で自由に通行が認められるわけではないことはいうまでもない。例えば自動車専用道路を徒歩で通行したり，逆に歩行者専用道路を車両通行することは認められず，幅員の狭い里道を無理やり大型車両が通行するわけにもいかない。

要するに，「交通の発達に寄与し，公共の福祉を増進する」という道路法の目的，「国土の均衡ある発展と公共の福祉の増進に寄与し，健康で文化的な都市生活及び機能的な都市活動を確保する」という都市計画法の目的，基

第1　公道の通行概説

本理念，その他公道の成立根拠たる種々の法律の目的に沿って，なおかつ道路交通法にしたがい，他人に迷惑のかからないよう社会通念上許される範囲，方法等で通行しなければならないということである。

　ということはとりもなおさず，そのように公道にふさわしい方法で通行する場合には，公道を自由に通行することができるということになる。

Q36　公道における通行を確保するための措置にはどのようなものがあるか。

A　公道の公共的目的を達成し，一般公衆の通行を確保するため，種々の公的制限が加えられている。

解説　公道に関してはその公共目的を達成するため，それぞれの根拠法令によって種々の公的制限が加えられている。

　以下，公道の代表格である道路法による道路について，道路法に規定されている通行確保のための措置を述べる。

　まず，道路の構造を保全し，又は交通の危険を防止するため，道路との関係において必要とされる車両の幅，重量，高さ，長さ及び最小回転半径の最高限度は，政令で定められており，それらの最高限度を超える車両の通行は禁止されている（道路47条1項・2項）。

　それから，道路管理者（国土交通大臣，都道府県，市町村）には，道路を常時良好な状態に保つように維持し，修繕し，もって一般交通に支障を及ぼさないように努めなければならないとの（道路42条），道路の構造を保全し，又は交通の安全と円滑を図るため，必要な場所に道路標識又は区画線を設けなければならないとの（道路45条），道路の通行を禁止し，又は制限しようとする場合においては，禁止又は制限の対象，区間，期間及び理由を明瞭に記載し

第4章　公道の通行

た道路標識を設けなければならない（道路47条の4）との義務が課せられている（通行の禁止又は制限の場合における道路標識）。

　また，道路管理者は，道路の構造を保全し，又は交通の危険を防止するため必要があると認めるときは，トンネル，橋，高架の道路その他これらに類する構造の道路について，車両でその重量又は高さが構造計算その他の計算又は試験によって安全であると認められる限度を超えるものの通行を禁止し，又は制限すること（道路47条3項・4項），車両の構造又は車両に積載する貨物が特殊であるためやむを得ないと認めるときは，当該車両を通行させようとする者の申請に基づいて，通行経路，通行時間等について，道路の構造を保全し，又は交通の危険を防止するため必要な条件を付して，政令で定める最高限度等，道路法第47条2項又は第3項に規定する限度を超える車両の通行を許可すること（道路47条の2），違反車両を通行させている者に対し，当該車両の通行の中止，総重量の軽減，徐行その他通行の方法について，道路の構造の保全又は交通の危険防止のための必要な措置をすることを命ずること（道路47条の4），車両の積載物の落下の予防等の措置を命ずること（道路43条の2），道路の構造に及ぼすべき損害を予防し，又は道路の交通に及ぼすべき危険を防止するため，道路に接続する区域を沿道区域として指定すること（道路44条1項・2項），道路の構造に及ぼすべき損害を予防し，又は道路の交通に及ぼすべき危険を防止するため特に必要があると認める場合においては，当該土地，竹木又は工作物の管理者に対して，その損害又は危険を防止するための施設を設け，その他その損害又は危険を防止するため必要な措置を講ずべきことを命ずること（道路44条4項），道路を通行している車両から落下して道路に放置された当該車両の積載物その他の道路に放置された物件（違法放置物件）が，道路の構造に損害を及ぼし，又は交通に危険を及ぼしていると認められる場合であって，当該違法放置物件の占有者，所有者その他当該違法放置物件について権原を有する者（違法放置物件の占有者等）の氏名及び住所を知ることができないため，これらの者に対し，その除却，道路の原状に回復することを命ずること（道路71条1項）ができないときは，当該違法放置物件を自ら除去し，又はその命じた者若しくは委任した者に除去させるこ

と（道路44条の２），道路の破損，欠壊その他の事由により交通が危険であると認められる場合，又は道路に関する工事のためやむを得ないと認められる場合においては，道路の構造を保全し，又は交通の危険を防止するため，区間を定めて，道路の通行を禁止し，又は制限すること（道路46条）ができるとされている。

　市町村にも道路管理上の措置が認められており，市町村は，当該市町村の区域内に存する道路（高速自動車国道，自動車専用道路，自転車専用道路及び当該市町村が道路管理者である道路を除く。）の道路管理者に対し，道路の附属物である自転車駐車場の道路上における設置その他の歩行者の通行の安全の確保に資するものとして一定の道路の改築（歩行安全改築）を行うことを要請することができることになっている（道路47条の５）。

　さらに道路法では，道路管理者，市町村以外の者に対して義務が課せられており，何人も道路に関し，みだりに道路を損傷し，又は汚損することや，みだりに道路に土石，竹木等の物件をたい積し，その他道路の構造又は交通に支障を及ぼすおそれのある行為をすることをしてはならず（道路43条），沿道区域内にある土地，竹木又は工作物の管理者は，その土地，竹木又は工作物が道路の構造に損害を及ぼし，又は交通に危険を及ぼすおそれがあると認められる場合においては，その損害又は危険を防止するための施設を設け，その他その損害又は危険を防止するため必要な措置を講じなければならないことになっている（道路44条）。

　道路法には，道路管理者等による監督処分に関する規定も定められている。道路管理者は，道路法若しくは道路法に基づく命令の規定又はこれらの規定に基づく処分に違反している者，道路法又は道路法に基づく命令の規定による許可又は承認に付した条件に違反している者，詐偽その他不正な手段により道路法又は道路法に基づく命令の規定による許可又は承認を受けた者に対して，許可若しくは承認を取り消し，その効力を停止し，若しくはその条件を変更し，又は行為若しくは工事の中止，道路に存する工作物その他の物件の改築，移転，除却若しくは当該工作物その他の物件により生ずべき損害を予防するために必要な施設をすること若しくは道路を原状に回復することを

第4章　公道の通行

命ずることができる。道路に関する工事のためやむを得ない必要が生じた場合，道路の構造又は交通に著しい支障が生じた場合，その外，道路の管理上の事由以外の事由に基づく公益上やむを得ない必要が生じた場合にも，道路法又は道路法に基づく命令の規定による許可又は承認を受けた者に対し，前述の処分をし，又は措置を命ずることができることになっている（道路71条）。

以上は道路法による道路として成立した，つまり供用開始がなされた道路に関するものであるが，道路予定区域についても一定の制限が課せられている。これは，道路の区域が決定された後，道路の供用が開始されるまでの間は，何人も，道路管理者が当該区域についての土地に関する権原を取得する前においても，道路管理者の許可を受けなければ，当該区域内において土地の形質を変更し，工作物を新築し，改築し，増築し，若しくは大修繕し，又は物件を付加増置してはならないとの制限である（道路91条）。

【判　例】
■市道に対する工事中止命令の発令と聴聞の要否
　市道を無断でゴルフコースの一部として造成しているとして，道路法第71条によりそのゴルフ場経営会社に対して市が工事中止命令を発令した際に，聴聞（旧道路71条3項，行政手続法13条）を行わなかった場合，当該命令は違法といえる（大阪地判平元・9・12行集40巻9号1190頁）。

Q37　道路を占用することができるか。

A　電柱や広告塔等について，道路の敷地外に余地がないためやむを得ないものであり，一定の基準に該当する場合に限り，道路管理者の許可を受ければ道路を占用することができる。

第1 公道の通行概説

解説 　道路に工作物等を設置することは交通に支障を及ぼす虞があるので許されないが，一定の場合には，道路を占用することができる場合があり，これは，電柱，電線，変圧塔，郵便差出箱，公衆電話所，広告塔等，水管，下水道管，ガス管等，鉄道，軌道等，歩廊，雪よけ等，地下街，地下室，通路，浄化槽等，露店，商品置場等一定の工作物，物件，施設に限って，道路管理者の許可を得て，それらの工作物等を設置し，継続して道路を使用すること（道路を占用すること。）ができるということになっている（道路32条1項）。

　道路占用許可を受けようとする者は，道路占用の目的，期間，場所等を記載した申請書を道路管理者に提出しなければならないが（道路32条2項），当該占用が道路交通法の使用許可の対象（道交77条1項）に該当するときは，当該地域を管轄する警察署長を経由して提出することができることになっており，道路交通法の使用許可の対象に該当する道路占用許可にあっては，道路管理者は，あらかじめ当該地域を管轄する警察署長と協議することになる（道路32条4項・5項）。

　許可申請があったときは道路管理者は，道路の敷地外に余地がないためやむを得ないものであり，かつ，一定の基準に適合する場合に限り，許可することができるとされている（道路33条）。

　道路占用者は，道路の占用の期間が満了した場合又は道路の占用を廃止した場合においては，道路の占用をしている工作物，物件又は施設（占用物件）を除却し，道路を原状に回復しなければならない（道路40条）。

　なお，道路管理者は，交通が著しく輻輳する道路若しくは幅員が著しく狭い道路について車両の能率的な運行を図るため，又は災害が発生した場合における被害の拡大を防止するために特に必要があると認める場合においては，区域を指定して道路の占用を禁止し，又は制限することができる（道路37条）。

　それから，道路管理者以外の者が占用物件に関し新たに道路の構造又は交通に支障を及ぼす虞のある物件を添加しようとする行為は，新たな道路の占用とみなされる（道路41条）。

89

第4章　公道の通行

【先　例】
■アーケード，看板の取扱について
・　アーケードの構造的な許可基準は，「歩車道の区別がある道路では，車道に突き出さないこと」，「歩車道の区別のない道路では，道路中心線から2メートル以内に突き出してはならない（構造上やむを得ない梁で，通行上消防活動上支障がないものは除く。）」，「高さ4.5メートル（3メートルまで緩和される場合もある。）までには柱以外の構造物を設けないこと」，「不燃材を用いること」，「階数は，1であること」，「壁を有しないこと」，「木造の側面建築物に支持させないこと」，「積雪，暴風等に対して安全であること」，「柱は，なるべき鉄管類で，安全上支障がない限り細いものとすること」，「側面建築物の窓等から避難の妨げとならないこと」，「電気工作物を設ける場合は，木造側面建築物と電気絶縁するよう努めること」である（昭30・2・1国消72号国家消防本部長通達・発住5号建設事務次官通達・発備2号警察庁次長通達・『処理基準』6‑1巻1761・258頁）。
・　高層建築物屋上から道路に突出する広告物の設置は，当然に道路を占用することとなる（昭29・4・5建設省回答）。

【判　例】
■看板，自動販売機の取扱について
・　自宅前の市道の上空に看板を設置することは，道路占用許可を要する行為であり，市の職員が道路占用許可申請書の提出を促す行政指導を行っても違法ではない（京都地判昭61・11・21判タ631号195頁）。
・　市道に面した建物の壁面の地上約2.5メートルから3.5メートルの間に，路上に約0.2メートルから0.8メートルほど突き出した看板は，道路占用許可を要する物件である（大阪高判昭62・4・28判時1254号74頁）。
・　自動販売機はほとんどが商品の広告，宣伝の機能も果たしているため，広告塔に類似するものとして，道路に設置するには道路管理者の許可を要し，無許可で公道を占用して得た利益は，不当利得であるといえる（東京地判平7・7・26行集46巻6・7号722頁）。

第1　公道の通行概説

■道路の違法占有に対する損害賠償の額
　道路が無権原で占有された場合には，道路管理者は，占有者に対し，占用料相当額の損害賠償請求又は不当利得返還請求をすることができる（最二小判平16・4・23民集58巻4号892頁）。

Q 38　道路法に違反する行為で刑事罰の対象となるものはあるか。

A　道路を損壊したり，違法に道路を占用したり，通行制限に違反して通行したりする等の行為は，刑事罰の対象となる。

解説　道路法の趣旨を実効あらしめるため，道路法違反の行為は刑事罰の対象となるものもある。
主なものは次のとおりである。

- みだりに道路を損壊し，若しくは道路の附属物を移転し，若しくは損壊して道路の効用を害し，又は道路における交通に危険を生じさせた者……3年以下の懲役又は100万円以下の罰金（道路99条）
- 道路占用許可の規定（道路32条1項，37条1項）に違法に道路又は道路予定区域を占用した者（道路100条1号・2号），みだりに道路を損傷し，又は汚損し，土石，竹木等の物件をたい積し，その他道路の構造又は交通に支障を及ぼす虞のある行為（道路43条）をした者（道路100条3号）……1年以下の懲役又は50万円以下の罰金（道路100条）。
- 通行の禁止又は制限（道路46条）に違反して道路を通行した者……6月以下の懲役又は30万円以下の罰金（道路101条）。
- 車両の幅，重量，高さ，長さ及び最小回転半径に関する最高限度（道路47条）を超えて車両を通行させた者……100万円以下の罰金（道路102条1項）。

91

第4章　公道の通行

第2　公道の自由通行

Q39 公道を通行することについてなんらかの通行権が認められるか。

A 日常生活に必要不可欠の範囲内で，人格権的通行権（通行の自由権）が認められる場合がある。

解説　前述のように，一般公衆は誰でも，公道の性格，設置目的等により，それぞれの道路の性質に応じた範囲（場所，方法等）で，かつ法令に則って，公道を自由に通行することができる。

では，公道を通行することについては，民事法上どのような権利が認められているのだろうか。

言い換えれば，公道の通行を妨害された者（私人）が，何らかの民事上の権利に基づいて，通行妨害の排除を請求，訴求することができるか否かということである。

まず，道路法による道路については，道路法の規定によって，直接的に一般公衆に民事法上の固有の通行権が認められることにはならない。ただ，道路法による道路については一般交通の用に供する道と定義されており，その性質ゆえに結果的に，誰でも通行することができていることになる。言わば道路管理者が，道路を一般公衆が通行することができるようにしておく措置をとっているということの反射的利益として通行することができるということである。

これによって通行することができる根拠を反射的利益による通行（権）ということもあるが，いずれにしても民事上認められる通行権ではなく，すなわち，道路法による道路の通行を妨害され者（私人）が，直ちに妨害者に対して通行妨害の排除を請求する権利を有するわけではないということである。

ということは，被妨害者は，市町村などの道路管理者に対して，妨害を除

去し，再び道路の通行が回復されるよう要請し，それが実現されることを期待するしかないということになる。

　以上は，一般的な公衆の通行に当てはまることであり，道路法による道路以外の公道についても，その性質，法令の範囲内において基本的に同様であると考えられる。

　次に，公道を通行する際には，反射的利益による通行（権）だけで，一切，民事上の権利は認められないかということについては，日常生活に必要不可欠の範囲内で通行権が認められることがあることが，大審院，最高裁を通して判示されている。

　これが，人格権的通行権とも，通行の自由権とも呼ばれる権利で，民法その他の民事法令に明文の規定はないが，人格権の一種として，近隣住民の日常生活にとって公道の通行が必要不可欠な場合において，その通行が妨害されたときは民法上不法行為の問題が生じ，この妨害が継続するときは，排除を求める権利が生じることになる。

　この人格権的通行権の性質についてはQ162を参照いただきたいが，公道を通行するものなら誰にでも認められるわけではなく，あくまでも，当該公道を通行することが日常生活において必要不可欠である者（近隣住民）について認められるということである。

　通行の自由権が認められる場合は，被妨害者は，単に市町村等の公道の管理者に対して妨害の除去を要請することができるだけでなく，直接的に妨害者に対して妨害の排除を請求し，訴求することができ，債務名義を得て妨害排除を実現すべく，強制執行を申し立てることもできる。

　なお，道路法による道路は，供用開始によって初めて道路として成立するので，たとえ道路の外形を備え，地域住民が通行を始めていたとしても，供用開始がなされるまでは，通行の自由権はもとより，反射的利益による通行（権）も発生することはない。他の公道についても，正式に成立していることが自由通行の前提となることはいうまでもない。

93

第4章　公道の通行

【判　例】
■道路法による道路の自由通行を認めた事例
　・　私人による公道の通行妨害は，被害者の自由権に対する侵害に当たり，賠償請求や妨害排除請求ができる（大判明31・3・30民録4輯3巻85頁）。
　・　村民は村道において通行の自由権を有し，私人による村道の通行妨害に対して，村民はその妨害排除を請求することができる（最一小判昭39・1・16民集18巻1号1頁）。
　・　市道において，一般通行の自由が認められる（東京高判昭43・11・29東高民時報19巻11号231頁）。
　・　町道において，一般通行の自由が認められる（東京高判昭59・12・25判タ552号171頁）。
■借地人の自由通行を認めた事例
　　市道の通行が妨害されたときは，借地人であっても，妨害の排除を請求することができる（東京高判昭56・5・20判タ453号93頁）。
■広義の都市計画に基づく道路の一般交通性
　　都市計画法，土地区画整理法等に基づく道路は，道路法による道路と同様，ひろく一般交通の用に供されるものである（東京高判昭49・11・26判タ323号161頁）。

Q40　開発道路について自由に通行することができるか。

A　公道として，その性質に応じた範囲で，かつ法令に則って，自由に通行することができる。

第2　公道の自由通行

解説　開発道路も公道として，道路敷地が私人所有であっても，一般公衆も自由に通行することができる。つまり，一般公衆には開発道路を通行することができるという反射的利益による通行（権）を有するだけでなく，日常生活に必要不可欠な範囲で通行の自由権が認められる場合がある。

　開発道路の自由通行に関する判例は，私道である指定道路や，みなし道路に比べて非常に少ない。これは道路所有者と道路通行者との間で，開発道路の公道性が非常に高いという共通認識のもとで，私道である指定道路等のような通行に関する紛争が稀であることによるものと思われる。

【判　例】
■開発道路における通行禁止の適否
　開発道路については，たとえ私人所有のものであっても都市計画法の基準に基づいて設置された以上，道路設置の経緯や，通行する者の目的にかかわらず，道路所有者が一般公衆の通行を全面的に禁止することは，合理的に必要な範囲でしか認められないので，営利目的の駐車場の契約車両が当該道路を通行することにより多少の騒音，粉塵，毀損が生じるときでも，その通行を妨げることはできない（横浜地決平3・7・5判時1404号103頁）。

Q41　認定外道路の自由通行についても自由に通行することができるか。

A　公道として，その性質に応じた範囲で，かつ法令に則って，自由に通行することができる。

解説　認定外道路は公共用財産たる法定外公共物であり，直接公共の用に供されることを前提としているため，他の公道と同様，一般

第4章　公道の通行

公衆が自由に通行することができる（反射的利益による通行（権））。
　さらに道路法の認定を受けていない里道は，日常生活や農作業上欠くことのできない道路として機能しており，近隣住民は，それらに必要な範囲において自由に通行することができる（通行の自由権）。ただし，里道敷が道路法による道路の認定を受けていればその適用のある道路における通行ということになり，農業用道路や林道等に認定されている場合は，通行に関して各々の規定が適用されることになる。
　二線引畦畔，脱落地たる道路についても同様に，現に一般公衆の用に供されているもので，日常生活や農作業上必要不可欠な道であれば，その範囲内で自由通行が認められると考えられる。
　認定外道路は，道路法による道路その他の公道に比べて幅員の狭いものが多く，自由通行といっても自ずと通行し得る人車には制限があり，より一層，地域との調和も求められようが，あくまでも現況が道路として機能のものに限られ，既に道路としての現況がなくなっている場所は，たとえ公図上において里道，二線引畦畔として表示されていても，住民が自由に通行することができるわけではない。

【先　例】
■二線引畦畔の公共性
　　二線引畦畔で，一般に農地の間に存し，一般公衆の用に供されている農道又は畦畔は公共用財産に属する（昭30・9・26蔵管3131号大蔵省管財局長回答・『国有財産関係法令例規集』4巻3601頁（新日本法規出版））。

【判　例】
■里道の通行妨害に対する排除請求の可否
　　・　農地の耕作に必要がある者は，里道を通行することができ，通行妨害に対しては，その妨害排除，予防，損害賠償を請求することができる（佐野簡判公刊物未登載）。
　　・　国民は，里道につき自己の生活に必要な通行をすることができ，通行妨害に対しては，その妨害排除を請求することができる（京都地判昭60・12・26判タ616号81頁）。

第2　公道の自由通行

■公図上のみの道の自由通行の可否
　公図上は道となっているが，実際には畑や工場敷地として使用されている土地は，自由に通行することができる公路とはいえない（東京高判昭48・3・6東高民時報24巻3号42頁）。

Q42　廃止された元道路敷地については通行が認められなくなるか。

A　正式に廃止された道路については，もはや通行は認められない。

解説　公道が一般公衆の用に供されるのは，ひとえにそれが公道であるが故であるため，公道が廃止されたときは，もはや一般公衆が通行することができるということにはならない。

したがって，正式に公道が廃止（廃道）されたときは，近隣住民にとっての通行の自由権も，一般公衆にとっての反射的利益による通行（権）も認められなくなる。

道路法による道路の廃止については，Q12を参照のこと。

【判　例】
■廃道後の通行
　正当な手続を経て公道の供用が廃止されたときは，反射的利益を基礎とする通行は認められなくなる（東京高判昭42・7・26行集18巻7号1064頁）。

第4章　公道の通行

第3　公道の自動車通行

Q43　公道を自動車で通行することはできるか。

A　法令及び公道の性質の範囲内で，自動車による通行をすることができる。

解説　一般に公道において自由通行が認められることは以上のとおりであり，さらに自動車による通行が許容されるか否かが問題になる。

現代社会においては自動車の利用は欠かせないものであるから，法令に基づく制限，幅員，周辺の状況による特別の支障の生ずるおそれ等のない限り，原則的に自動車による通行も認められるというべきである。

つまり，法令で自動車の通行が制限されていたり，道路の性質上，自動車の通行が困難であるような道路，例えば幅員の狭い認定外道路においては，公道であっても自動車による通行は認められない場合もあろうが，そうでなければ行動の自由通行には自動車通行も含まれるといえる。

まず，道路法に基づく道路（歩行者専用道路等を除く。）については，特別に自動車専用道路に関する規定が設けられていることから，自動車専用道路以外の道路（歩行者専用道路等を除く。）は自動車による通行も当然の前提となっているといえる。

次に広義の都市計画に基づく道路の自動車通行についてであるが，これも道路法による道路と同様に考えてよい。

また，開発道路における自由通行は，機能的な都市活動の確保という意義からも，自動車による通行も含まれると思われる。営利目的の駐車場の契約車両が開発道路を通行することも認められており，指定道路の場合に駐車場営業のための車両の出入りの禁止が許される場合（Q76）もあることと比し

第3　公道の自動車通行

ても，道路法による道路とほぼ同様の自動車通行が認められると考えられる。
【判　例】
■道路法による道路の自動車通行
　・　市道上において，四輪自動車による通行を妨害された者は，その排除を請求することができる（横浜地判昭59・12・26判タ550号176頁）。
　・　公式幅員が2メートルの町道については，その2メートルを超えて道路沿接私有地があっても，車幅2メートル以下の車両でなければ，自由に通行することはできない（東京高判昭59・12・25判タ552号171頁）。
■開発道路の車両通行
　　開発道路上の一般公衆の通行には，車両による通行も含まれる（横浜地決平3・7・5判時1404号103頁）。

Q44　自動車でしか通行することができない道路はあるか。

A　自動車専用道路などがある。

解説　道路法による道路は，一般公衆の人車による通行を前提としているが，自動車の通行のみが許され，歩行者による通行が認められない道路がある。
　まず，高速自動車国道がこれに該当する。
　高速自動車国道は，道路法による道路であり，自動車交通の発達に寄与することを目的として整備され（高速国道1条），自動車の高速交通の用に供する道路で，全国的な自動車交通網の枢要部分を構成する（高速国道4条1項）道路法による道路である。

99

第4章　公道の通行

　何人もみだりに高速自動車国道に立ち入り，又は高速自動車国道を自動車による以外の方法により通行してはならないことになっている（高速国道17条1項）。
　次に，自動車専用道路が該当する。
　道路法による道路（高速自動車国道を除く。）のうち，交通が著しく輻輳して道路における車両の能率的な運行に支障のある市街地及びその周辺において，交通の円滑を図るために必要があると認めるときは，道路管理者は，供用開始前において，自動車のみの一般交通の用に供する道路を指定することができる。さらに，このような事情（そのおそれを含む。）又は道路交通騒音による障害（そのおそれを含む。）があり，交通の円滑又は道路交通騒音の防止を図るため，道路（供用開始前に限る。）又は道路の部分について区域を定めて，同様の指定をすることもできるとされている（道路48条の2）。これらの規定によって指定された道路を自動車専用道路という（道路48条の4）。
　何人もみだりに自動車専用道路に立ち入り，又は自動車による以外の方法により通行してはならないことになっている（道路48条の11第1項）。
　なお，以上二つの道路（高速自動車国道，自動車専用道路）は道路法による道路であるものの，建築物の敷地の接道義務を満たす道路としては認められない（建基43条1項）。
　道路法による道路以外では，一般自動車道がある。
　一般自動車道とは，専ら自動車の交通の用に供することを目的として設けられた道で道路法による道路以外の道路をいい，専用自動車道は除かれる（運送2条8項）。
　一般自動車道についてはQ25を参照にしていただきたいが，自動車道事業者は，申込が供用約款によらないとき，供用制限に該当するとき，使用者から特別の負担を求められたとき，他の自動車の通行に支障を及ぼすおそれのあるとき，法令の規定又は公の秩序若しくは善良の風俗に反するものであるとき，天災その他やむを得ない事由により自動車の通行に支障があるときでなければ，一般自動車道の供用を拒絶してはならない（運送65条）。

第3　公道の自動車通行

Q45　自動車では通行することができない道路はあるか。

A　自転車専用道路等がある。

解説　道路法による道路には，自動車による通行が禁止され，歩行者又は自転車による通行のみが認められる道路がある。自転車専用道路，自転車歩行者専用道路，歩行者専用道路がこれに当たる（道路48条の14第2項）。

自転車専用道路とは，道路管理者が，交通の安全と円滑を図るために必要があると認めて，まだ供用の開始がない道路又は道路の部分（当該道路の他の部分と構造的に分離されているものに限る。）について，区間を定めて指定した，専ら自転車の一般交通の用に供する道路又は道路の部分をいい（道路48条の13第1項），自転車歩行者専用道路とは，道路管理者が，交通の安全と円滑を図るために必要があると認めて，まだ供用の開始がない道路又は道路の部分について，区間を定めて指定した，専ら自転車及び歩行者の一般交通の用に供する道路又は道路の部分をいい（道路48条の13第2項），道路管理者が，交通の安全と円滑を図るために必要があると認めて，まだ供用の開始がない道路又は道路の部分について，区間を定めて指定した，専ら歩行者の一般交通の用に供する道路又は道路の部分をいう（道路48条の13第3項）。

何人もみだりに自転車専用道路を自転車（自転車以外の軽車両その他の車両で国土交通省令で定めるものを含む。）による以外の方法により通行してはならず，自転車歩行者専用道路を自転車以外の車両により通行してはならず，歩行者専用道路を車両により通行してはならないことになっている（道路48条の15第1項～3項）。

第4章　公道の通行

Q46　歩道とはどのような道か。

A　一般に，専ら歩行者の通行の用に供するために区画された道路の部分をいう。

解説　歩道とは，一般に，人車が通行する道路のうち，専ら人が通行するために区画された道路の部分であり，通常は，道路の端の部分に設置される。

法令上の定義には，次のものがある。

一つは，道路構造令（昭和45年10月29日政令第320号）によるもので，道路法による道路におけるものを前提として，定義されている。ここで，歩道とは，専ら歩行者の通行の用に供するために縁石線又は柵その他これに類する工作物により区画して設けられる道路の部分をいい，自転車道とは，専ら自転車の通行の用に供するために縁石線又は柵その他これに類する工作物により区画して設けられる道路の部分をいい，自転車歩行者道とは，専ら自転車及び歩行者の通行の用に供するために縁石線又は柵その他これに類する工作物により区画して設けられる道路の部分をいい，車道とは，専ら車両の通行の用に供することを目的とする道路の部分（自転車道を除く。）をいう（道路構造令2条1号～4号）。

二つには，道路交通法によるもので，道路法による道路に限らず，道路運送法に規定する自動車道，一般交通の用に供するその他の場所を道路として，歩道とは，歩行者の通行の用に供するため縁石線又は柵その他これに類する工作物によって区画された道路の部分をいい，車道とは，車両の通行の用に供するため縁石線若しくは柵その他これに類する工作物又は道路標示によって区画された道路の部分をいい，本線車道とは，高速自動車国道又は自動車専用道路の本線車線により構成する車道をいい，自転車道とは，自転車の通行の用に供するため縁石線又は柵その他これに類する工作物によって区画さ

102

れた車道の部分をいい，路側帯とは，歩行者の通行の用に供し，又は車道の効用を保つため，歩道の設けられていない道路又は道路の歩道の設けられていない側の路端寄りに設けられた帯状の道路の部分で，道路標示によって区画されたものをいい，横断歩道とは道路標識又は道路標示（道路標識等）により歩行者の横断の用に供するための場所であることが示されている道路の部分をいい，自転車横断帯とは，道路標識等により自転車の横断の用に供するための場所であることが示されている道路の部分をいう（道交2条1項2号〜4号の2）。

　道路交通法において歩行者とは，身体障害者用の車いす，歩行補助車等又は小児用の車を通行させている者，大型自動二輪車若しくは普通自動二輪車，二輪の原動機付自転車又は二輪若しくは三輪の自転車（これらの車両で側車付きのもの及び他の車両を牽引しているものを除く。）を押して歩いている者も含まれる（道交2条3項）。

第4　公道と通行料

Q47　公道を通行する際に通行料が発生する場合があるか。

A　原則として無料であるが，法令の規定により通行料が徴収される道路もある。

解説　道路法による道路は，一般交通の用に供する道として，一般公衆が通行するに当たり通行料が発生することは前提としていないことはいうまでもない。

ただ，有料道路については，料金が設定されている。有料道路とは，通行又は利用について料金を徴収することができる道路法による道路をいい，道路の整備を促進し，交通の利便を増進することを目的とする道路整備特別措置法に基づいて，新設，改築，維持，修繕その他の管理が行われる（道路整備1条）。

通常，道路法による道路，つまり市町村道，県道，一般国道を通行するのに通行料は発生しないが，道路法による道路であっても有料道路については通行料が発生する。

実際には主に，東日本高速道路株式会社，首都高速道路株式会社，中日本高速道路株式会社，西日本高速道路株式会社，阪神高速道路株式会社若しくは本州四国連絡高速道路株式会社が高速道路（高速自動車国道，自動車専用道路等）について国土交通大臣の許可を受けて，又は地方道路公社が一般国道（当該一般国道の存する地域の利害に特に関係があると認められるものに限る。），都道府県道若しくは市町村道（高速道路以外の道路にあっては当該道路の通行者又は利用者がその通行又は利用により著しく利益を受けるものに限る。）について国土交通大臣の許可を受けて，新築，改築して，料金を徴収することとなる（道路整備3条・10条）。

第5章 公道と私権の関係

第1 公道における私権の制限

Q 48 公道の敷地の所有者は誰か。

A 原則として，国，都道府県又は市町村が所有者となる。

解説 道路法による道路については，その敷地は，国道，都道府県道，市町村道それぞれ，国，都道府県又は市町村が所有者となる。

これは，国道の新設又は改築のために取得した道路を構成する敷地又は支壁その他の物件（敷地等）は国に，都道府県道又は市町村道の新設又は改築のために取得した敷地等はそれぞれ当該新設又は改築をした都道府県又は市町村に帰属する（道路90条1項）とされていることに基づいている。

国道，都道府県道，市町村道はそれぞれ国，都道府県，市町村が道路管理者となることが原則であるが，例外として，国道を都道府県が，都道府県道を市町村が管理する場合もある。このような場合であっても，道路の敷地の所有権は，道路管理者ではなく，国道，都道府県道，市町村道それぞれ，国，都道府県又は市町村が所有者となる。

高速道路については，国土交通大臣が道路管理者となるが，その敷地の所有者は，設置者である東日本高速道路株式会社，首都高速道路株式会社，中日本高速道路株式会社，西日本高速道路株式会社，阪神高速道路株式会社又は本州四国連絡高速道路株式会社となる。

なお，政府は，常時，それらの会社の総株主の議決権の3分の1以上に当たる株式を保有していなければならず（高速道路株式会社法3条1項），それらの会社は，重要な財産の譲渡，担保に供しようとするときは国土交通大臣の

105

認可を受けなければならず（同法12条），定款の変更，剰余金の配当その他の剰余金の処分，合併，分割及び解散の決議は，国土交通大臣の認可を受けなければ，その効力が生じず（同法13条），国土交通大臣によって監督されている（同法15条）など，その公共性が保持されている。

Q49 公道の敷地が民有地であるときは所有者がフェンスを設置することができるか。

A 民有地であっても所有者がフェンス等を設置して，私権を行使することは許されない。

解説 有効な供用開始された公道の敷地については，その多くは国や地方公共団体の所有となっているが，道路敷地の登記名義が民有地のまま残されていることもある。

道路管理者等にあっては，その所有権等の道路供用の基礎となる権限を登記し，公道であることを公示しておくことが望ましいが，登記名義が民有地のままであったとしても公道性に問題はないことは前述のとおりである。

公道の敷地が民有地として残置されている原因としては，実体法上の所有者である国や地方公共団体等がその所有権移転登記を行っていない場合と，供用開始の基礎とされた権限が所有権以外の権利であり，実体法上の所有者は国や地方公共団体ではない場合等が考えられる。

いずれにしても，実体法上の所有者や登記上の所有者であっても，その所有地が公道の敷地に属する場合には，フェンス等を設置して，私権を行使することは許されない。

これは，公道の公道たる性格の大前提であり，「道路を構成する敷地，支壁その他の物件については，私権を行使することができない。」（道路4条）

第1　公道における私権の制限

と規定されていることによる。

　ただし，所有権を移転し，または抵当権を設定，移転することは許されるため（道路4条ただし書），公道の敷地に属している土地についても，売買や相続等によって所有権を移転し，あるいは抵当権を設定し，その旨の登記をすることもできるが，その所有権や抵当権に基づいて私権を行使することは許されないため，それらの権利は実質上は形式的なものに止まるだろう。つまり，公道は，その敷地の所有者の如何に関わらず，公共の道路としてのみ機能させることができ，所有者であってもその機能を阻害することは許されないのである。

　この私権の制限は，平面的には道路区域の範囲に適用され，空間的にはその全般の上下にわたり適用される（道路法令研究会編『道路法解説』（大成出版社，改訂4版，2007）43頁）。

　なお，供用開始前であっても，道路区域が決定された場合は，道路管理者が道路敷地に関する権原を取得する前であっても，供用開始までの間は，道路管理者の許可を受けなければ，道路区域内において土地の形質を変更し，工作物を新築，改築，増築，大修繕し，又は物件を付加増置することは許されない（道路91条1項）。また，道路区域が決定された後，道路管理者が道路敷地に関する権原を取得した場合は，供用開始までの間においても，道路予定区域（道路区域及び道路区域内に設置された道路の付属物となるべきもの。）については，道路予定区域を構成する敷地，支壁その他の物件については，所有権の移転，又は抵当権の設定，移転を除いて私権を行使することができない（道路91条2項）。

【判　例】
■広義の都市計画に基づく道路の私権の制限
　都市計画法，土地区画整理法等に基づく道路は，道路法による道路と同様一般交通の用に供され，道路敷地は所有権移転，抵当権設定・移転のほかは，一般交通を阻害するような方法で私権を行使することはできない（東京高判昭49・11・26東高民時報25巻11号184頁）。

第5章　公道と私権の関係

Q50 公道に囲繞地通行権が発生することは私権の設定に当たるのか。

A 私権の設定には当たらない。

解説　囲繞地通行権の発生の要件の詳細については後述するが（Q89），ある土地が他の土地に囲まれて，公道に接していないときは，他の土地に囲まれた土地の所有者に他の土地を通行することができる権利が発生する。

囲んでいる他の土地が公道であれば問題ないが，公共の土地であっても公道であるか否か明確でない場合もあり得る。

まず，国の負担において，又は法令の規定により，若しくは寄付により国有となった不動産，船舶，航空機，地上権，特許権，株券等の財産を国有財産といい（国財2条），国有財産のうち行政財産とは，省庁の施設等，国の事務，事業又はその職員の住居の用に供する公用財産，道路，公園，河川等，直接公共の用に供する公共用財産などを総称し，普通財産とは行政財産以外の一切の国有財産をいう（国財3条）。行政財産（法定外公共用財産を含む。）は原則として，貸付，交換，売払，譲与，信託，若しくは出資の目的とし，又は，私権を設定することができず，違反行為は無効となる（国財18条）。地方公共団体有の行政財産についても，同様に，私権を設定することができない（地自238条の4）。

そこで，ある土地に囲まれている土地について，ある土地が行政財産である場合に囲繞地通行権が発生するか否かが問題となるが，囲繞地通行権が発生することは私権の設定には当たらないので，所定の要件を満たせば私人の囲繞地通行権が成立することになる。

第1 公道における私権の制限

【判　例】
■行政財産上の囲繞地通行権発生の有無
　行政財産たる土地に囲繞地通行権が発生することは，私権の設定には当たらない（甲府地判昭46・9・21訟月17巻11号1715頁）。

第5章 公道と私権の関係

第2　公道の対抗要件

Q51 公道の敷地に属する私人名義の土地を買い受けて所有権移転登記を経た者は道路管理者に対抗することができるか。

A 道路管理者に対抗することはできない。

解説　私有財産が公道に認定されれば私権が制限されることになるが，道路敷地であっても所有権を移転し，又は抵当権を設定し，その旨登記をすることもできるので，登記を経た第三者に対しても公道であることを主張することができるか否かが問題となる。

公道について私権が制限されるのは，道路管理者による使用権限によるものではなく，道路法等の公法によって法定されていることによるものであり，あるいは「公道敷地たる旨の登記」なるものを登記して公示することもできないこともあり，適法な供用開始があれば，道路管理者による道路敷地の所有権等の登記の有無にかかわらず，第三取得者に対しても公道であることを主張することができる。またそうでなければ，公道を将来的に自由に通行することが困難になるおそれが生じる。

したがって，公道の敷地に属する私人名義の土地を買い受けて所有権移転登記を経た者であっても，道路管理者に対抗することができず，公道の機能を阻害するような形で私権を行使することはできない。

とはいえ，道路供用の基礎となる権限を登記し，地目を公衆用道路として，公道であることを公示しておくことは社会的に重要なことであろう。

【判　例】
■私権制限の対抗力の要件
・私道の無償譲渡を受けて，特別区道の路線認定，供用開始を行ったところ，その旨所有権移転登記をしないままであり，その後設定された抵当

第2　公道の対抗要件

権に基づいて競落し所有権移転登記を経た者がある場合，当該特別が道路敷地の所有権そのものは対抗できないとしても，適法に供用が開始されている以上，所有権移転登記を経た者は私権を制限された所有権を取得したにすぎず，それら私権の制限は，道路設置者の取得すべき権原そのものに直接の根拠があるのではなく，供用開始による公法関係に基づいて設定された特殊の絶対的規制である（東京地判昭42・10・21判タ215号170頁）。

・　道路法による私権の制限は登記による対抗力を必要としないので，道路管理者が道路敷地取得の登記をしてなくても，適法な供用開始があれば，所有権移転登記を受けた第三取得者の私権も制限されるし，道路管理者に対して損害賠償を請求することも許されない。また，それら私権の制限は，道路敷地の権原に基づいて発生するのではなく，道路敷地が新たに公の用に供された結果，新たに発生するといえる（最一小判昭44・12・4民集23巻12号2407頁）。

・　道路敷地につき権限の性質はともかくとして，道路管理者が当時の敷地所有者から適法に道路として使用することの承諾を得て供用開始をしたときは，その後の第三取得者にも道路法による規制が及び，損害賠償を求めることはできない（大阪地判昭63・8・8判時1324号83頁）。

・　既に適法に供用開始がなされた道路敷地については，後にその所有権を取得し移転登記を経た者があっても，道路管理者は従前と同様の状態で使用することができ，土地所有者は道路管理者に対して引渡請求をすることも，損失補償を請求することも許されない（大阪地堺支判平4・9・25判タ802号126頁）。

・　既に適法に供用開始がなされた道路敷地については，後にその所有権を取得し移転登記を経た者であっても，道路管理者に対して土地使用の禁止，不当利得返還，損害賠償はいずれも請求することは許されない（仙台高判平5・3・29判タ848号207頁）。

第5章　公道と私権の関係

第3　公道と取得時効

Q 52　公道敷地は時効取得の対象となるか。

A　公道敷地は原則として，私人による時効取得の対象にはなり得ない。ただし，公用が廃止されているものについては時効取得が認められる場合もある。一方，道路管理者は，公道敷地として占有管理していた場合には，その公道敷地の取得時効を援用することができる場合がある。

解説　公物である公道敷地は原則として，私人による時効取得の対象にはなり得ないが，黙示にせよ自主占有開始当時までに公用が廃止されているものについては，公道敷地の全部又は一部について時効取得が認められ得る。

時効取得に伴う所有権帰属の認定については訴訟によるほか，時効が完成していると認められる事例では，実務上の行政的処理がされることもある。公物の時効取得については本書の主論点ではないので，詳しい説明は省略するが，重要と思われる判例を掲載したので参考にしていただきたい。

一方，道路管理者が私人名義の土地を供用開始し，公道が成立した後に，供用開始の基礎となった権限の取得が成立していなかったことが判明した場合，公道として占有管理することによって時効取得の要件を満たすならば，その公道敷地の取得時効を援用することができることとなる。

【先　例】
■国有財産時効確認連絡会の設置運営について

法定外公共用財産に関し，時効取得の完成を主張する者がある場合には，用途廃止に引き継いで国有財産台帳に登録したうえ，大蔵省財務局に設置された国有財産時効確認連絡会に付議し，時効が完成していると認定されるものについては，国有財産台帳から除去することができる（昭41・4・22

第3　公道と取得時効

蔵国有1315号大蔵省国有財産局長通達・『国有財産関係法令例規集』4巻3631頁（新日本法規出版））。

【判　例】

- １筆の土地の一部の時効取得の成否

　　１筆の土地の一部にも，時効取得が認められる（大判大13・10・7大民集3巻509頁）。

- 占有者の年齢と時効取得の成否

　　・　15歳くらいに達した者は，特段の事情のない限り，不動産について所有権の時効取得の要件である自主占有をすることができる（最二小判昭41・10・7民集20巻8号1615頁）。

　　・　11歳くらいに達した者は，特段の事情のない限り，不動産について所有権の時効取得の要件である自主占有をすることができる（仙台高判平4・7・24判タ824号172頁）。

- 時効取得者による起算点の選択の可否

　　取得時効の基礎たる事実が法定の時効期間以上に継続している場合でも，必ず時効の基礎たる事実の開始したときを起算点として時効の完成時期を決定しなければならず，時効取得を援用するものが任意にその起算点を選択することはできない（最一小判昭35・7・27民集14巻10号1871頁）。

- 所有の意思の判断基準

　　所有の意思は，占有者の内心の意思により判断するのではなく，占有取得の原因である権原又は占有に関する事情により外形的客観的に判断しなければならない（最一小判昭58・3・24民集37巻2号131頁）。

- 公道敷地の時効取得の否定の原則事例

　　・　里道敷地は，時効取得の対象とならない（大判大8・2・24民録25輯336頁）。

　　・　官有の道路敷地は，時効取得の対象とならない（大判大10・2・1民録27輯160頁）。

- 地方公共団体による公物の時効取得の可否

　　地方公共団体等については，国の公物を時効取得することができる（仙

第5章　公道と私権の関係

台地判昭33・10・15訟月5巻4号481頁)。
■道路管理者以外の自治体の占有権の成否
　　地方公共団体による道路を一般交通の用に供するための管理が，社会通念上，当該道路が当該地方公共団体の事実的支配に属するものというべき客観的関係にあると認められる場合には，地方公共団体は，道路法上の道路管理権を有するか否かにかかわらず，当該道路を構成する敷地について占有権を有する（最三小判平18・2・21民集60巻2号508頁）。
■公道について時効取得が認められる要件
　・　公道が事実上，一般公衆のための道路として利用されなくなり，道路管理者も事実上管理をしていない場合は，公道であっても私人の時効取得の対象となり得るが，自主占有開始までに，公共用財産としての形態，機能をまったく喪失し，占有の継続によっても公の目的を害されることもなく，もはや公共用財産として維持すべき理由がなくなったという客観的状況が存在していなければならない（最二小判昭51・12・24民集30巻11号1104頁）。
　・　里道につき時効取得が成立するためには，里道が公共用財産としての形態，機能をまったく喪失し，もはや公共用財産として維持すべき理由がなくなった等の客観的状況が，自主占有開始までに存在していなければならない（広島高判昭61・3・20訟月33巻4号839頁）。
　・　県道の法面及び道路敷地の一部について時効取得が認められる黙示的な公用廃止の状況は，占有された部分のみでなく，全体的にみて道路としての形態，機能を維持しているか等を観察して判断すべきである（東京高判平3・2・26訟月38巻2号177頁）。
■黙示の公用廃止が認定された事例
　・　敷地が国有である特別区道について，長年事実上公の目的に供用されることなく放置され，道路としての形態，機能をまったく喪失し，私人のよる平穏公然の占有継続によっても公の目的が害されたこともないときは，時効取得が認められる（東京地判昭59・11・26判時1167号60頁）。
　・　里道の一部分につき，完全に宅地化され，周辺に道路が存在したことを伺わせる痕跡すらない状況にあること等の事情があるときは，黙示的に

114

公用が廃止されたものと認められる（東京地判昭63・8・25判時1307号115頁）。
・　里道について，占有開始の時既に木が植えられ，牛乳箱や物干しその他の品物が置かれ，ほとんど人が通っていなかったときは，黙示の公用廃止により時効取得が認められる（東京地判平2・11・13判夕761号219頁）。
・　道路法による道路の一部であっても，事実上沿道宅地の敷地の一部となっており，現実に通行の用に供用されている部分との境に高さ1メートルの擁壁が設置され，そのままでは道路と機能を発揮できず，長年公の目的に供されることなく放置され，道路としての形態，機能をまったく喪失している等の事情があれば，時効取得の対象になる（東京地判平2・7・20判時1382号90頁）。

■黙示の公用廃止が否認された事例
・　国有の市道敷地部分（寺参道）に，工作物，立木等があって一般の通行の用に供されず一応参道と区分されるとしても，それが寺側によって行われてきたこと，寺の参道は単に通行できればよいのではなく，参道と一体となって通行者に心理的余裕を与えるべき部分も必要であること，現況でも竹垣を撤去さえすれば通行の用に供せないこともないこと等の事情のもとでは，いまだ道路としての形態機能を全面的に喪失していないといえる（長野地判昭61・4・30訟月33巻7号1753頁）。
・　旧市道の拡幅工事が施行され，しかもそれが既に公共の用に供されていた旧市道の法面を伴っていた場合は，供用開始の手続が未了であったとしても，時効取得の対象にならない（東京高判昭63・9・22東高民時報39巻9〜12号61頁）。

■道路管理者自身による公道敷地の時効取得の援用の可否
・　国は，ある土地の寄付を受けたものとして所有の意思をもって公道敷地として占有管理していた場合には，自らその公道敷地の取得時効を援用することができる（最二小判昭42・6・9訟月13巻9号1035頁）。
・　固定資産税の賦課事務担当職員が当該土地の現況を道路管理担当者等に確認するなどして認識していた節が全くうかがわれない事情では，占有につき所有の意思に疑問を抱かせる特段の事情があるとはいえない（福岡

第5章　公道と私権の関係

高判昭55・6・10公刊物未登載)。

■道路管理者による公道敷地の時効取得と時効中断の成否
　国有の県道の敷地について，その買収承諾書には所有者名の印影が押印されてはいるが，実際には所有者が買収されたことを知らなかったときでも，道路管理者（当初は国から機関委任を受けた県知事，現在は市）が道路拡幅工事をするなどして道路敷地の一部として平穏，公然，善意に占有を開始したときは，その印影と実印の印影が一致していた等の事情のもと過失があったとはいえず，10年で道路敷地として時効取得したと認められ，市長から市税の賦課及び徴収事務の委任を受けた区長が固定資産税の滞納を理由に当該土地を差し押えたことがあっても，国による取得時効の中断事由には当たらない（名古屋地判昭50・6・17訟月21巻8号1561頁）。

第4　私人名義の公道

Q53　登記名義が私人となっている公道については一般公衆の通行は制限されるか。

A　一般公衆の通行は制限されない。

解説　公道の道路用地（敷地）については，適法な供用開始があれば道路管理者の管理となるが，道路管理者の権限が所有権以外の使用権であれば実体法上，道路敷地の一部の所有権が私人であることがあること，あるいは道路管理者等への所有権移転登記が未登記である等の事情により，供用開始された道路法による道路であっても，敷地の登記簿の所有権登記名義人が私人のままで残されていることもあることはこれまで述べたとおりである。

　公道に関する調査においては登記簿上の調査だけに頼らず，市町村等において道路敷地につき供用開始処分がされているか否かを調査する必要がある。適法な供用開始がなされていれば，私人名義であっても，Q51のとおり公道の対抗要件を具備することになるので，管理，自由通行，私権の制限等について道路法による道路として公道の扱いを受けることはいうまでもない。

【判　例】
■町道の私人名義の拡幅部分の通行の可否
　町道について，拡幅部分が私人所有であっても，その部分に杭を打って通行を妨害することは許されず，公式幅員の範囲内において，自動車による通行が認められる（東京高判昭59・12・25判タ552号171頁）。

Column 4
道と旧民法

　明治以降，多くの道の所有権は国に帰属していたため（コラム2，Q30），道の登記がないことが多いが，里道ではないものの，明治初期に，地域住民が日常的に共同で利用する道で，当該地域の代表者の名義，あるいは地域住民の共有の名義で登記され，そのまま現在に至っているものがある。

　この道の部分を含む一帯の土地に，例えば新たに国道が設置されるとき，当該土地について登記名義人から国（国土交通省）に所有権移転登記をする必要に迫られる。

　このような場合，往々にして登記名義人が明治期，大正期，あるいは昭和初期に死亡していることが圧倒的に多いと思われ，この場合の相続登記は現行民法ではなく，旧民法が適用されることとなる。

　つまり，明治時代に登記された個人の単独または共有名義の道の相続登記については，現行民法ではなく，旧民法を適用して処理すべき場合が多いことになる。

　古い時代の道路に関する登記について，旧民法の知識は欠かせない。

　ここでは，身分法・相続法の変遷について，新民法施行から過去に遡って簡単に述べてみる。

◎新民法：昭和22年12月22日法律第222号「民法の一部を改正する法律」により改正された明治29年4月27日法律第89号「民法」の「第4編第5編」
　※　昭和23年1月1日施行。その後，数次にわたり改正され，現行民法に至る。
◎応急措置法：昭和22年4月19日法律第73号「日本国憲法の施行に伴う民法の応急的措置に関する法律
　※　昭和22年5月3日施行，昭和22年12月31日廃止。旧民法中，家制度の規定が廃止された。
◎旧民法：明治31年6月21日号外法律第9号「民法中修正ノ件」により追加制定された明治29年4月27日法律第89号「民法」の「第4編

第5編」
※　明治31年7月16日施行，昭和22年5月2日廃止。家制度に基づいて，家督相続制度と遺産相続制度があり，継親子関係など，現行民法にない親族関係の規定もあった。

◎旧々民法：明治23年10月7日法律第98号「民法中財産取得編人事編」により追加制定された「民法財産取得編人事編」のうち「財産取得編」及び明治23年10月7日法律第98号「民法中財産取得編人事編」により追加制定された「民法財産取得編人事編」のうち「人事編」

※　明治23年10月7日公布（明治26年1月1日施行予定），明治29年4月27日及び明治31年6月21日廃止。旧々民法は公布されたが，施行されずに廃止されたため，成文法としての効力はないものの，概ね当時の慣例に基づいて制定されたと思われることから，相続実務上，特に慣例を補充する意味，あるいは慣例が不明である項目については，大いに参考になる。おおむね，旧民法と同様の家督相続制度と遺産相続制度があったが，遺産相続は家督相続に準じた規定であった。

◎華士族家督相続法：明治6年1月22日太政官第28号布告「華士族家督相續ノ條規ヲ定ム」による「華士族家督相續ノ儀」

※　明治6年1月22日発出，明治23年10月7日消滅，明治31年7月15日廃止。華士族家督相続法は，布告時は，長男以外でも戸主が自由に家督相続人を決めることができたが，明治6年7月22日太政官第263号で改正され，原則として長男が家督相続することとなり，その後明治8年5月15日太政官指令によって平民にも適用されることとなった。その他，旧民法の施行前に生じた相続については，旧々民法，華士族家督相続法の他，数多くの太政官布告等を踏まえたうえで，その後の司法省，法務省の先例，大審院，最高裁の判例等を参考にする必要があろう。

第6章 建築基準と道路

第1 建築基準の概説と道路の関係

Q 54 建築基準は道路の成否，通行等に影響を及ぼすか。

A 接道義務のほか，道路内建築制限等，建築基準は道路（特に私道）の成否，通行等に大きな影響を与えている。

解説 建築基準法において，まず，建築物などの用語が定義されている。建築物とは，土地に定着する工作物のうち，屋根及び柱若しくは壁を有するもの（類似の構造のものを含む。），附属の門・塀，観覧用工作物，又は地下・高架工作物内に設ける事務所・店舗・興業場・倉庫等（鉄道，軌道の線路敷地内の保安施設等を除く。）をいい，建築設備を含み（建基2条1号），建築設備とは，建築物に設ける電気，ガス，給水，排水，換気，暖房，冷房，消火，排煙・汚物処理設備，煙突，昇降機，避雷針をいい（建基2条3号），特殊建築物とは，学校・専修学校・各種学校，体育館，病院，劇場，観覧場，集会場，展示場，百貨店，市場，ダンスホール，遊技場，公衆浴場，旅館，共同住宅，寄宿舎，下宿，工場，倉庫，自動車車庫，危険物の貯蔵場，と畜場，火葬場，汚物処理場，その他類似の用途に供する建築物をいう（建基2条2号）。

また，特に道路との間の敷地とは，1の建築物又は用途上不可分の関係にある2以上の建築物のある1団の土地をいい（建基令1条1号），敷地面積とは，敷地の水平投影面積（道路後退部分（Q67）の面積は算入しない。）をいう（建基令2条1号）。

建築基準法においては特定行政庁という用語も定義されているが，それは，都道府県知事をいい，建築主事を置く市町村にあっては市町村長をいう（建

基2条35号)。

　建築基準と道路の関係では，次の接道義務に関する事項が最も重要になるが，このほか，道路内建築制限（Q73），地域区域別の前面道路の幅員による容積率の数値の決定（建基52条），地域区域別に前面道路の幅員による道路斜線制限の決定（建基56条）等があり，また，都市計画区域の内外を問わず，排水に支障がない場合又は建築物の用途により防湿の必要がない場合以外は，建物の敷地はその接する道の境より高くなければならず，建築物の地盤面はその接する周囲の土地より高くなければならないという義務（建基19条1項）もある。地方公共団体は，建築物の安全，防火，衛生の目的達成上必要があるときは，建築物の敷地に関して必要な制限を付加することもできる（建基40条）。

　それから，道路の性質に一部類似するものに「壁面線」があり，街区内における建築物の位置を整えその環境の向上を図るため必要があると認めるときは，特定行政庁は建築審査会の同意を得て，壁面線を指定することができる（建基46条）。壁面線は建築物と道路境界線の間に一定の空地を確保されるように，壁面線が指定されると建築物の壁，柱又は高さ2メートル以上の門，塀は，地盤面下の部分又は特定行政庁に許可された歩廊の柱等を除いて，壁面線を越えて建築することができない（建基47条）。

【判　例】

■建築基準法と民法の関係

・　建築確認申請の審査対象には，当該建築計画の民法234条第1項「建物ヲ築造スルニハ疆界線ヨリ50センチメートル以上ノ距離ヲ存スルコトヲ要ス」の規定への適合性は含まれず，その規定に違反する建築計画についてなされた確認処分も違法ではない（最三小判昭55・7・15裁判集民130号253頁）。

・　建築基準法第65条「防火地域又は準防火地域内にある建築物で，外壁が耐火構造のものについては，その外壁を隣地境界線に接して設けることができる。」は，民法第234条「①建物ヲ築造スルニハ疆界線ヨリ50センチメートル以上ノ距離ヲ存スルコトヲ要ス②前項ノ規定ニ違ヒテ建築ヲ為サントスル者アルトキハ隣地ノ所有者ハ其建築ヲ廃止シ又ハコレヲ変更セシ

121

ムルコトヲ得但建築著手ノ時ヨリ1年ヲ経過シ又ハ其建築ノ竣成シタル後ハ損害賠償ノ請求ノミヲ為スコトヲ得」の特則とされるため，防火地域又は準防火地域内にある建築物で，外壁が耐火構造のものについては，民事上も適法に境界線から50センチメートル未満のところに建築することができる（最三小判平元・9・19民集43巻8号955頁）。

■敷地の定義

建築基準法でいう敷地とは，建物と用途上不可分の関係にあり，これと共通の用途に現実に供されている土地であって，河川，道路，囲障等によって隔てられずに連続した土地をいい，登記簿上の地目，筆数，所有権の有無とは関係がなく，客観的に一団の土地をなしていることをもって足りる（福岡高判昭54・12・13判タ409号114頁）。

■敷地の重複利用の可否並びに他人の囲繞地通行権のある土地の部分の敷地算入の可否

既に建物の敷地として利用している路地状敷地の部分をさらに重複して，他の建物の敷地とすることはできない。また，路地状敷地に他人の囲繞地通行権が発生したからといって，路地部分を建物の敷地として算入できなくなるわけではない（東京高判昭59・4・24判タ531号158頁）。

■敷地の一部譲渡による新たな敷地の成否

既に他の建築物の敷地となっている土地について，その事実を知ってその土地の一部（更地部分）を購入した者が，購入した土地に建築物を建築する場合，建築確認申請に係る建築物を単位として敷地を認定するべきであるため，結果的に敷地の重複使用となり，既存の建築物について建ぺい率等の違反状態が生じるときであっても，購入した土地を新たな建築物の敷地とすることができる（東京地判昭52・4・22下民28巻1～4号412頁）。

第2 接道義務

Q55 接道義務とはどのような義務か。

A 原則として、都市計画区域内の建築物の敷地は一定の道路（幅員4メートル以上のもの）に、2メートル以上接しなければならないという建築基準法上の義務で、道路（特に私道）の成否、通行等に関連して最も重要な事項となっている。

解説 都市計画区域内の建築物の敷地は、原則として、建築基準法上の道路（幅員4メートル以上のもの）に、2メートル以上接しなければならない（建基43条、42条1項）。

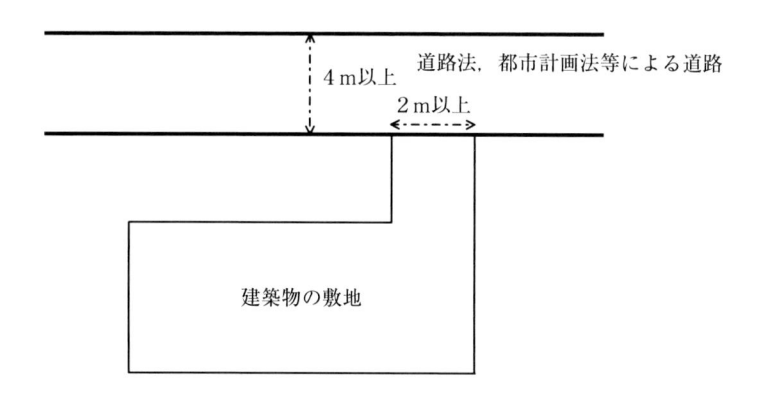

```
         4m以上    道路法、都市計画法等による道路
         ┊
         2m以上
    ┌────────────┐
    │            │
    │  建築物の敷地  │
    │            │
    └────────────┘
```

ただし、道路であっても、自動車のみの交通の用に供する道路や、特定高架道路等（高架の道路その他の道路であって自動車の沿道への出入りができない構造のものとして政令（建基令144条の5）で定める基準に該当するもの）で、地区計画の区域（地区整備計画が定められている区域のうち都市計画法第12条の11の規定により建築物

第6章　建築基準と道路

その他の工作物の敷地として併せて利用すべき区域として定められている区域に限る。）内のものでは，接道義務は満たされない（建基43条1項1号2号）。

　なお，複数の敷地を共同利用することによって接道義務が適用される場合がある。これは，建築物の敷地又は建築物の敷地以外の土地で2以上のものが1団地を形成している場合において，当該1団地内に建築される1又は2以上の構えを成す建築物（2以上の構えを成すものにあっては，総合的設計によって建築されるものに限る。）のうち，国土交通省令（建基規10条の16）で定めるところにより，特定行政庁が当該1又は2以上の建築物の位置及び構造が安全上，防火上及び衛生上支障がないと認めるものについては，当該一団地が当該1又は2以上の建築物の1の敷地とみなされることによる（建基86条1項）。つまり，敷地の共同利用が認められるときは，個々の建築物の敷地を基準とすることなく，1団地についてを基準として接道義務を満たすべきこととなる。

　接道義務が求められる建築物は都市計画区域内のものに限られるわけであるが，都市計画区域以外の区域であっても，都道府県知事が指定する区域内においては，一定の基準に従い条例で，敷地又は建築物と道路との関係等について，必要な制限を定めることができるとされている（建基68条の9）。

　ここで建築とは，建築物の新築だけでなく，その増築，改築，移転も含まれるので（建基2条13号），建築基準法が施行された昭和25年11月23日（ただし，その日以後に都市計画区域とされた場合はその指定の日，又は接道要件が強化された建築基準法改正施行日）以前から建っていた建築物であっても，それ以後に増築，改築等を行おうとする場合には増築，改築時における接道義務を満たす必要が生じる。

【先　例】

■敷地共同利用の技術基準（道路基準以外の基準は省略）

　　1団地の区域が，前面道路に接する長さ（2メートル未満で接している部分を除く。）の合計は，安全上支障がない場合を除き，1団地内の各敷地につき，建築基準法で通常必要とされる接道長を全敷地につき合計した値以上であること（平5・9・8住街114号建設省住宅局市街地建築課長通達・『都市法規』1A巻894ノ83頁）。

第2　接道義務

【判　例】
■建築基準法第43条（接道義務）の趣旨
　・　建築基準法第43条は，建築物の敷地につき一定の距離以上に接道義務を課すことによって，当該建築物及びその敷地利用につき，防火上，避難上，安全上支障なきを期し，もって安全良好な居住環境を確保しようとする公益保護を本来の趣旨とし，加えて，道路に一定の距離以上に接しない敷地に建物が建築されることによって，近隣居住者が火災等の災害時に不測の危難にさらされることのないよう，その生活上の利益を保護しようとする趣旨も含まれる。この利益は反射的利益にとどまらず法律上の保護に値する利益であるといえるが，近隣居住者の人的利益の保護を限界とし，その範囲を超えて周辺土地に関する物的，経済的利益までには及ばない（水戸地判昭61・10・30判自33号70頁）。
　・　建築基準法第43条は，敷地上の建築物について利用上の安全性等を確保する目的で設けられた規定であって，近隣建物についての日照権保護等を目的とするものではない（東京地判平3・9・30判時1416号104頁）。

■接道義務を縮小させる契約の有効性
　建築物の敷地は道路に2メートル以上接していなければならないが，これは強行法規であり，私人間の契約で2メートル未満とすることは許されない（東京高判昭55・9・11判タ431号83頁）。

■接道部分の個数
　建物の敷地が道路に接しなければならない2メートル以上の長さの部分は，1か所において連続して満たさなければならない（佐賀地判昭32・4・4行集8巻4号729頁）。

■接道部分における門扉設置の可否
　建物の敷地の接道部分は，当該部分の敷地が長さ2メートル以上であれば足り，そこに門扉等を設置することも認められるので，接道部分が14.53メートルでそのうち出入口としては0.7メートルである敷地も接道義務を満たす（東京高判昭49・11・26判タ323号161頁）。

Column 5
道と空き家問題

　平成26年11月27日法律第127号で「空家等対策の推進に関する特別措置法」が公布され，平成27年5月26日に完全施行された。

　同法では，市町村長による空家等への調査，空家等の所有者等を把握するために固定資産税情報の内部利用，空家等に関するデータベースの整備等，さらに特定空家等に対しては，除却，修繕，立木竹の伐採等の措置の助言又は指導，勧告，命令，行政代執行の方法により強制執行等に関する規定が定められた。これにより，少しでも空き家化の予防が図られ，空き家問題が一歩でも解決に向かうことが期待されている。

　そもそも，空き家が発生する原因は多種多様であるが，道との関係において空き家が発生する場合も少なくはないだろう。古い住宅を建て直そうと思ったところ，住宅に至る道が狭く，建築基準法の接道義務（Q55）を満たさないため建て直しができず，買い手もつかず，あるいは，住宅に至る通路部分において通行紛争があり，売買困難となって，空き家として放置されているような場合である。

　同法が施行されたからと言って，直ちに空き家問題が解決するわけでもなく，後述する所有者・相続人の特定を含む，関連するあらゆる施策を講じる必要があるが，その際の対応や相談においては，「道」に関する知識が欠かせないものになると思われる。

　ところで，日本司法書士会連合会では，平成25年から，全国の司法書士会，全国の司法書士，自治体，一般市民に対して，所有者の所在の把握が困難な不動産の典型である空き家，空き地，耕作放棄農地，管理放棄森林，登記未履行道路についてアンケート調査を行った。とくに，昨今，日本全国で大きな社会問題となっている空き家について，詳細に調査を行った。

　そのうち，自治体向けについては，空き家条例等を設けている自治体，都道府県庁所在地の自治体，人口30万人以上の自治体，合計218自治体に対して実施し，うち157自治体から回答を得た。

　なかでも，空き家問題が解決しない理由を尋ねたところ，二つの理由が圧倒的に多いことがわかった。一つは所有者の特定が困難であるとい

うことであり，二つ目が空き家問題に対する認識不足であった。さらに解決に苦慮した事案を尋ねると所有者の特定や相続人不存在が上位を占めていた。このような事情もあってか，司法書士に協力を求めたいものとしては，相続人を特定することが最も多く挙げられていた（日本司法書士会連合会総合研究所平成27年2月21日研究大会より）。

空き家問題は，保安上，衛生上，景観上，生活環境上の問題など，その解決に至る道筋は容易ではないが，他の，所有者の所在の把握が困難な不動産と同様，現在の所有者（相続人）を特定することが，その解決に向けた大きな一助となると考えられる。

所有者の所在の把握が困難な不動産が解消される，つまり，相続登記の申請を後押しするような施策が国土強靭化のためにも必要であろう。

Q56　接道義務が免除又は強化されることはあるか。

A　一定の場合で特定行政庁が許可した建築物にあっては接道義務が免除され，他方，地方公共団体の条例によって接道義務が強化されることがある。

解説　接道義務は，一定の場合免除されることがある。すなわち，建築物の敷地の周囲に広い空地を有する建築物その他の国土交通省令（建基規10条の2の2）で定める基準に適合する建築物で，特定行政庁が交通上，安全上，防火上及び衛生上支障がないと認めて建築審査会の同意を得て許可したものについては，接道義務を満たすことを要しないこととなる（建基43条1項）。

この場合の基準は，次のいずれかに該当することである。

第6章　建築基準と道路

1　その敷地の周囲に公園，緑地，広場等広い空地を有すること。
2　その敷地が農道その他これに類する公共の用に供する道（幅員4メートル以上のものに限る。）に2メートル以上接すること。
3　その敷地が，その建築物の用途，規模，位置及び構造に応じ，避難及び通行の安全等の目的を達するために十分な幅員を有する通路であって，道路に通ずるものに有効に接すること。

　他方，接道義務は一定の場合さらに強化される。すなわち，地方公共団体は，特殊建築物，階数が3以上である建築物，政令で定める窓その他の開口部を有しない居室を有する建築物，又は延べ面積（同一敷地内に2以上の建築物がある場合においては，その延べ面積の合計）が1000平方メートルを超える建築物の敷地が接しなければならない道路の幅員，その敷地が道路に接する部分の長さその他その敷地又は建築物と道路との関係についてこれらの建築物の用途又は規模の特殊性により，先述の原則的な接道義務によっては避難又は通行の安全の目的を充分に達し難いと認める場合においては，条例で，必要な制限を付加することができるとされている（建基43条2項）。

　具体的には路地状敷地（Q86）についての接道要件を強化している条例があり，路地状の部分が長くなることによって，道路に接する幅も大きくしなければならない場合もある（例えば，路地状の部分の長さが20メートルを超える場合には道路に接する幅は3メートル以上必要としている等）。

【先　例】
■敷地共同利用の認定基準（道路基準以外の基準は省略）
　　1団地及び1団地内の各工区の区域が，法定の容積率から見て適切な幅員を有する道路等に有効に接しているものであること（平5・9・8住街発113号建設省住宅局長通達・『都市法規』1A巻894ノ82頁）。

【判　例】
■接道義務が免除され得る広い空地と認められなかった事例
　　現在は田畑に面していても，その土地の周囲が将来宅地化する可能性があるときは，接道義務を免れることはない（和歌山地判昭56・12・21訟月28巻3号587頁）。

第3　建築基準法上の道路

Q57　建築基準法上の道路にはどのような種類のものがあるか。

A　道路法による道路，都市計画法等による道路，既存道路，計画道路，指定道路である。

解説　接道義務を満たすための道路を建築基準法上の道路といい，それは次のいずれかに該当する道路であって，かつ幅員4メートル以上のものをいう。この場合，特定行政庁がその地方の気候若しくは風土の特殊性又は土地の状況により必要と認めて都道府県都市計画審議会の議を経て指定する区域内においては，6メートル以上の幅員を要することとなる（建基42条1項）。

したがって，幅員が4メートル（6メートル）以上であっても道路法による道路等でないものや，道路法による道路等であっても幅員が4メートル未満であるものは，このままでは接道義務を満たさず，みなし道路（本章第7）に該当することがなければ，これに接することをもって都市計画区域内で建築物を建築することはできないこととなる。

都市計画区域内においては，たとえ，現実に幅員4メートル以上の道や通路に接している敷地であって，その道や通路に囲繞地通行権などの通行権を有するときであっても，その道や通路が建築基準法上の道路に該当しないならば，他に接道義務を満たさない限り，建築物を建築することはできない。反対に，その道や通路が建築基準法上の道路に該当するならば，その道や通路に囲繞地通行権などの通行権を有するか否かとは関係なく，接道義務を満たすこととなり，建築物を建築することができるのである。

なお，建築基準法上の道路の種類は以下の通りである（建基42条1項各号）。

(1)　道路法による道路

第6章　建築基準と道路

(2) 都市計画法，土地区画整理法，旧住宅地造成事業に関する法律，都市再開発法，新都市基盤整備法，大都市地域における住宅及び住宅地の供給の促進に関する特別措置法，密集市街地整備法による道路
(3) 既存道路
(4) 計画道路
(5) 指定道路

【先　例】
■6メートル指定区域の運用について
　地域の特殊性や土地利用の状況に応じて道路の幅員基準を強化する必要性があること等にかんがみ，特定行政庁は，その地方の気候若しくは風土の特殊性又は土地の状況により必要と認めて都市計画地方審議会の議を経て指定する区域内において，幅員6メートル以上のものに限り建築基準法上の道路として取り扱うことができる（平5・6・25住指発224号建設省住宅局長通知・国土交通省検索システム）。
■建築基準法上の道路の構造的要件
　道路としての効用を果たし得る程度の実態を備えていれば，必ずしも側溝や舗装が施されていなくても，建築基準法上の道路と認められる（昭45・10・6住街1039号建設省住宅局市街地建築課長回答）。

【判　例】
■囲繞地通行権と建築基準法上の道路該当性の関係
・　囲繞地通行権の対象たる通路が，直ちに建築基準法上の道路となることはない（横浜地判昭40・8・16行集16巻8号1451頁）。
・　他人の囲繞地通行権が発生している土地についても，それにより直ちに囲繞地所有者が当該通路部分について，建物の敷地として利用できなくなるわけではない（東京高判昭59・4・24判タ531号158頁）。
・　囲繞地通行権を行使することができることをもって，直ちに建築基準法上居住用建物敷地として利用できる要件を満たすものではない（名古屋地判昭59・12・7判タ550号206頁）。

第3　建築基準法上の道路

Q58　公道であればすべて建築基準法上の道路の種類に該当するか。

A　道路法による道路，都市計画法，土地区画整理法，旧住宅地造成事業に関する法律，都市再開発法，新都市基盤整備法，大都市地域における住宅及び住宅地の供給の促進に関する特別措置法による道路については，建築基準法上の道路の種類に該当する。

解説　一般的には公道であれば建築基準法上の道路の種類に該当する。ただ，前述のとおり厳格な意味での公道の定義はないため，建築基準法では公道の根拠となる法律が法定されており，それに当たるものだけが建築基準法上の道路の種類に該当することとなる。

最も代表的なものが，道路法による道路であり（建基42条1項1号），その他にも，都市計画法，土地区画整理法，旧住宅地造成事業に関する法律，都市再開発法，新都市基盤整備法，大都市地域における住宅及び住宅地の供給の促進に関する特別措置法又は密集市街地整備法による道路がある（建基42条1項2号）。

都市計画法による道路には都市計画道路（Q14）と開発道路（Q26）があり，土地区画整理法，旧住宅地造成事業に関する法律，都市再開発法，新都市基盤整備法，大都市地域における住宅及び住宅地の供給の促進に関する特別措置法（Q22）又は密集市街地整備法による道路（Q23）も，その多くが道路法による道路としての指定，認定を受けているため建築基準法上の道路の種類に該当し，その指定，認定を受けていないものがあったとしても，建築基準法上の道路の種類に該当することとなる。

これらは，建築の際には既に供用開始され，現に公道として成立していることが前提であり，幅員4メートル以上のものである必要がある。

131

第6章 建築基準と道路

第4 計画道路

Q59 完成前の公道は接道義務を満たす道路とすることはできるか。

A 計画道路に該当するものは接道義務を満たす道路とすることができる。

解説 　計画道路とは，道路法，都市計画法，土地区画整理法，都市再開発法，新都市基盤整備法，大都市地域における住宅及び住宅地の供給の促進に関する特別措置法又は密集市街地整備法による新設又は変更の事業計画のある道路で，2年以内にその事業が執行される予定のものとして特定行政庁が指定したものをいう（建基42条1項4号）。

通常は，接道義務を満たすことができる建築基準法上の道路は現に存在している必要があるが，計画道路に該当するものは，未完成ながら接道義務を満たす道路とすることができるのである。

計画道路は，完成し，供用が開始されれば自動的に，建築基準法第42条第1項第1号（道路法による道路）又は第2号（都市計画法等による道路）の道路となる。

【先　例】
■計画道路の指定
　計画道路は，必ずしも事業執行年度の決定されたもののみに限定されないが，指定に当たっては都市計画審議会等と協議し十分確実性のあるものについて指定すべきである（昭25・12・12住指700号建設省住宅局建築指導課長回答）。

【判　例】
■計画道路における事業執行予定の要件
　・計画道路としてされる要件は，2年以内に道路の予定位置についての

第4　計画道路

事業が執行されて道路が実際に築造されることが予定されていることを要するが，結果として2年を経過した後になって，なお現実には道路が築造されていなくても要件が充足されないとはいえず，事業施行者において事業執行の意思を確定的に放棄する等の場合に要件が充足されないといえる（東京地判昭62・10・7判時1252号32頁）。

・　2年以内の事業執行予定とは，2年以内に具体的に事業の執行に着手される予定があることをいい，2年以内に事業が完成されることが予定されていることを要するものではない（東京地判平3・3・28行集42巻3号485頁，東京高判平4・2・24行集43巻2号179頁）。

第5　既存道路

Q60 道路法等の法律に根拠のない道はいかなるものであっても接道義務を満たす道路とすることはできるか。

A 既存道路に該当するものは接道義務を満たす道路とすることができる。

解説　既存道路とは，建築基準法第3章が適用されるに至った際に現存する幅員4メートル（6メートル指定区域内では6メートル）以上の道をいう（建基42条1項3号）。

建築基準法第3章が適用されるに至った際とは，建築基準法が施行された昭和25年11月23日であるが，その日以後に都市計画区域とされた区域にあっては，都市計画区域となった日をいい，一般に基準日と呼ばれている。

それで，それに該当するすべての道が既存道路に該当することとなるため（特定行政庁による指定等は必要ない。），道路法，都市計画法，土地区画整理法，旧住宅地造成事業に関する法律，都市再開発法，新都市基盤整備法，大都市地域における住宅及び住宅地の供給の促進に関する特別措置法，密集市街地整備法による道路に当たらない道であっても，またそれが他の公道であろうが私道であろうが，幅員が4メートル（6メートル）以上ある限り，特定行政庁の指定手続を経ずして，当然に建築基準法上の道路とされる。

ここで道と認められるためには，基準日当時に，安全，防火，衛生，交通等の面で支障がないような状態を維持し保証するという道路が本来有すべき機能を果たすための必要最低限の実態を備えて，一般交通の用に供されていたことが必要である。

【判　例】
■既存道路の要件
・単に幅員が4メートル以上あれば既存道路に該当するというものでは

なく，安全，防火，衛生，交通等の面で支障がないような状態を維持し保証するという道路が本来有すべき機能を果たすための必要最低限の実態を備えて，一般交通の用に供されていたことも必要であるので，個人邸内の通路を，時間を限って開放していたにすぎないものは含まれないが，最低限2世帯以上の関係者の通行の用に供されていれば，行止りで，現実に通行するのは限られた者だけであっても，一般通行の可能性があれば，既存道路といえる（神戸地判平4・6・24判自101号77頁）。

・　基準日当時に，一般交通の用に供されていた道は，既存道路に該当し，その後，私人の事実行為によって道路が閉鎖されても，特定行政庁による廃道処分がなされていない限り，既存道路でなくなったとはいえない（奈良地判平8・11・6判自165号94頁）。

第6 指定道路

Q61 民間により築造された（る）道については建築基準法上の道路とはなり得ないか。

A 指定道路に該当するものは，建築基準法上の道路となる。

解説 　指定道路とは，土地を建築物の敷地として利用するため，道路法，都市計画法，土地区画整理法，都市再開発法，新都市基盤整備法，大都市地域における住宅及び住宅地の供給の促進に関する特別措置法又は密集市街地整備法によらないで築造する政令で定める基準に適合する道で，これを築造しようとする者が特定行政庁からその位置の指定を受けたものをいう（建基42条1項5号）。

もともと道路でない土地を建築基準法上の道路とすることによって，その接する土地を建築物の敷地として利用することができることになり，一般に，小規模な分譲地など，住宅地としての有効活用に資することができることになる。

この，建築基準法上の道路として位置の指定を受けることは道路位置指定といわれ，指定道路は一般に私道であることになる。

指定道路は特定行政庁が一方的に指定するものではなく，特定行政庁は申請がなければ道路位置指定をすることはできない。この場合，指定をするための基準が政令で定められており，それは次のすべての要件である。なお，地方公共団体は，その地方の気候若しくは風土の特殊性又は土地の状況により必要と認める場合においては，条例で，区域を限り，前項各号（次頁1号〜5号）に掲げる基準と異なる基準を定めることができ，政令で定める基準を緩和する場合においては，あらかじめ，国土交通大臣の承認を得なければならないとされている（建基令144条の4）。

───〈建築基準法施行令〉───

(道に関する基準)

第144条の4　(略)

　一　両端が他の道路に接続したものであること。ただし，次のイからホまでの一に該当する場合においては，袋路状道路（その一端のみが他の道路に接続したものをいう。以下この条において同じ。）とすることができる。

　　イ　延長（既存の幅員6メートル未満の袋路状道路に接続する道にあっては，当該袋路状道路が他の道路に接続するまでの部分の延長を含む。ハにおいて同じ。）が35メートル以下の場合

　　ロ　終端が公園，広場その他これらに類するもので自動車の転回に支障がないものに接続している場合

　　ハ　延長が35メートルを超える場合で，終端及び区間35メートル以内ごとに国土交通大臣の定める基準に適合する自動車の転回広場が設けられている場合

　　ニ　幅員が6メートル以上の場合

　　ホ　イからニまでに準ずる場合で，特定行政庁が周囲の状況により避難及び通行の安全上支障がないと認めた場合

　二　道が同一平面で交差し，若しくは接続し，又は屈曲する箇所（交差，接続又は屈曲により生ずる内角が120度以上の場合を除く。）は，角地の隅角をはさむ辺の長さ2メートルの二等辺三角形の部分を道に含むすみ切りを設けたものであること。ただし，特定行政庁が周囲の状況によりやむを得ないと認め，又はその必要がないと認めた場合においては，この限りでない。

　三　砂利敷その他ぬかるみとならない構造であること。

　四　縦断勾配が12％以下であり，かつ，階段状でないものであること。ただし，特定行政庁が周囲の状況により避難及び通行の安全上支障がないと認めた場合においては，この限りでない。

　五　道及びこれに接する敷地内の排水に必要な側溝，街渠その他の施設を設けたものであること。

第6章　建築基準と道路

　道路位置指定の申請者は建築基準法上明定されていないので，指定道路の予定地の所有者はもちろん，道路予定地の取得予定者，宅地開発業者，宅地建物取引業者や道路予定地に接して土地建物を所有したり居住している人達も申請することができると考えられている（沢井裕ほか『道路・隣地通行の法律紛争』（有斐閣，1982）225頁）。そのため，申請に当たっては，指定を受けようとする道路の敷地となる土地の所有者及びその土地又はその土地にある建築物若しくは工作物に関して権利を有する者の承諾書を添えて特定行政庁に提出しなければならないことになっており，その他，方位，道路及び目標となる地物を明示した付近見取図，縮尺，方位，指定を受けようとする道路の位置，延長及び幅員，土地の境界，地番，地目，土地の所有者及びその土地又はその土地にある建築物若しくは工作物に関して権利を有する者の氏名，土地内にある建築物，工作物，道路及び水路の位置並びに土地の高低その他形上特記すべき事項を明示した地籍図も提出しなければならないことになっている（建基規9条）。

　承諾を得なければならない者（関係権利者）には，その土地又はその土地にある建築物若しくは工作物の所有者，地上権者，賃借権者，地役権，使用借権，抵当権者，質権者等（仮差押・仮処分債権者，仮登記担保権者も含まれるとする見解（沢井裕ほか『道路・隣地通行の法律紛争』（有斐閣，1982））226頁）が該当し，登記を備えている必要はなく，他方，本権を有しない単なる占有者，道路予定地に接続する土地又はその地上建物に権利を有する者，既設の指定道路に，新たに道路を延長して指定する場合の，既設指定道路の所有者等は該当しないと解される（『私道』400頁）。関係権利者であるべき時期は，特定行政庁が道路位置指定処分をなす時点であるので，申請時から指定処分時までに，関係権利者に変動があった場合には，改めて，新権利者の承諾書を要する。

　道路位置指定は，通常は，築造される前に受けることとなり，それが望ましい。

　なお，地区計画等において道の配置及び規模が定められている場合，当該地区計画等の区域においては，建築物の敷地として利用しようとする土地の位置と現に存する道路の位置との関係その他の事由によりこれにより難いと

認められ場合以外は，地区計画等に定められた道の配置に即して，道路位置指定を行わなければならないとされている。(建基68条の6)。

　開発道路（Q26）は都市計画法による道路として自動的に建築基準法上の道路となるが，自己の居住に供する住宅建築の目的で築造されたものについては，道路位置指定を受けなければ建築基準法上の道路とすることはできないという見解もある（『私道』400頁）。

【先　例】
■指定基準に該当する場合に不指定とできる事例
　　道路位置の指定基準に該当する場合でも，道路の傾斜，屈曲，周囲の状況に照らして，避難，防火，安全などの上において支障が生ずると認められるときは，特定行政庁は指定しないこともできる（昭29・8・20建設省住指1000号住宅局建築指導課長回答）。
■自動車の転回広場に関する基準
　　自動車の転回広場は，道の中心線から水平距離が2メートルを超える区域内においては小型四輪自動車のうち最大のものが2台以上停車することができ，かつ，自動車が転回できる形状のものであることを要する（昭45・12・28建設省告示1837号，改正平12・12・26建設省告示2465号。国土交通省検索システム）。

【判　例】
■申請後に関係権利者となった者の承諾の要否
　　関係権利者であるべき時期は，特定行政庁が道路位置指定処分をなす時点であるので，申請時から指定処分時までに，関係権利者に変動があった場合には，あらためて，新権利者の承諾書を要する（東京高判昭50・12・26行集26巻12号1556頁）。
■土地所有者等関係権利者の承諾を欠く指定処分の有効性
　・　指定道路となる土地の所有者の内縁の妻名義の承諾書が添付されているが，本人や内縁の妻の承諾がなく，承諾を求める人にあたった者が勝手に署名捺印したものであるときは，道路位置指定処分は無効である（東京地判昭34・3・19行集10巻3号606頁）。

- 土地所有者等関係権利者の名義が冒用されて作成された承諾書によってなされた道路位置指定処分は，現場調査や関係者照会により容易に判明する事情にあるときは，無効である（東京地判昭34・11・11行集10巻11号2237頁）。
- 道路位置指定処分について土地所有者の承諾を欠いていたことは，重大な瑕疵に当たるといえる（東京地判昭39・5・28行集15巻5号900頁）。
- 道路位置指定処分をなすためには，土地所有者の承諾は重要かつ不可欠な前提要件であるので，承諾書が偽造され，全く承諾がなかったときは，当該土地に関する限り，位置指定処分は無効となる（東京地判昭42・8・16行集18巻8・9号1154頁）。
- 土地所有者の承諾を得た上で道路位置指定処分を受けたが，承諾後申請前に土地が売り渡されていたときは，改めて新所有者の承諾を得ていないことが違法であるとしても，申請当時の承諾者は登記簿上の所有者であり，新所有者への所有権移転登記が指定処分の十数日前になされていた等の事情では，その瑕疵をもって道路位置指定処分が無効であるとはいえない（東京高判昭50・12・26行集26巻12号1556頁）。
- 土地所有者が実際に承諾しているときは，その承諾書がないままなされた道路位置指定処分であっても，無効ではない（大阪地判昭54・4・17判タ395号124頁）。
- 土地所有者が道路位置指定処分を受けることにつき承諾していなかったのであればともかく，単に申請書に土地所有者の承諾書が添付されていなかったこと自体により，道路位置指定処分が重大な瑕疵を帯びるとはいえない（東京地判昭59・9・20判自11号110頁）。
- 土地所有者の承諾を欠いた道路位置指定処分は，現場の外観上承諾するとは通常考えられないことが明らかであり，承諾書の真正を疑わしめる異例な事実が存在していたときは，明白な瑕疵があったといえる（東京地判昭60・10・9判自19号74頁）。
- 土地所有者が道路位置指定処分を受けることにつき承諾していたときには，承諾書が添付されていなかった瑕疵をもって，道路位置指定処分が無効となるものではない（京都地判昭61・9・30判タ640号120頁）。

第6　指定道路

　　・　元1筆の土地を住宅用地として分筆分譲した際に，各分譲地購入者のために道路の開設が必要であり，その旨説明を受けた上で道路部分の土地を含めて分譲地を購入した者が，当時道路位置指定に必要な承諾を求められればそれに応じたことが推認され，自身も当該道路を接道として建築確認を受けている等の事情では，当該道路につきその者の承諾がないまま道路位置指定処分がなされた場合でも，そのものの意思に反するとはいえず，位置指定処分は無効ではない（浦和地判平5・8・26判自91号92頁）。

■土地所有者等関係権利者の承諾があったと認められた事例

　　・　指定道路となる土地所有者名義の承諾書は添付されていないが，その所有者から当該土地の管理，処分について一切を委ねられていた不動産業者名義の承諾書が添付されているときは，承諾権限者の承諾のもとに道路位置指定処分がなされたといえ，その処分に瑕疵は認められない（東京地判昭51・6・10ジュリ651号3頁）。

　　・　付近一体の土地を分筆して分譲した際，分譲の結果私道が生ずることが了承されており，道路位置指定申請書の承諾書に押印された印影が極めて特徴的であり，容易に入手できる市販の三文判によるものとは解しがたい等の事情のもとでは，道路位置指定について承諾を欠いていたとは認められない（東京地判昭62・4・20判自37号69頁）。

■不承諾により無効とされる指定道路の部分

　　複数所有者の土地にまたがって道路位置指定処分がされたがその一部について承諾がなかったときは，その一部分のみの無効確認を求めることができ，他人所有部分の無効確認まで求めることはできない（東京地判昭46・5・29行集22巻5号801頁）。

■道路位置指定に関する承諾を求める訴の適否及び不承諾の権利濫用との関係

　　・　土地所有者の承諾を得ずになされた道路位置指定処分は，重大な瑕疵があり，土地所有者が公簿上明らかである場合には無効であり，また，私道について，必要な関係土地所有者に対して，道路位置指定を受けることに関する承諾を求める訴えを提起することは，民事上適法であるといえ

141

第6章　建築基準と道路

（東京地判昭34・3・19行集10巻3号606頁）。

・　道路位置指定における利害関係人が，申請人に対し承諾をする旨約束をしているにも関わらず承諾書を交付しないときは，申請人は承諾請求の訴訟を提起することができ，勝訴後，承諾を命じる判決正本をもって承諾書に代えることができる。また，もし承諾をする旨の約束がなかったとしても，位置指定を受けることによる関係住民の利益と承諾者の不利益を比較して前者の利益が大きいときは，不承諾が権利濫用になる（横浜地判昭54・1・24判タ386号106頁）。

■無効な道路位置指定の瑕疵が治癒される事情

・　土地所有者が道路位置指定について承諾していなかったとしても，後に当該土地を譲り受けた者が積極的に指定道路を接道として建築確認を受け，長きにわたって指定道路を前提とした法律関係が構築されてきた事情では，その瑕疵が治癒されたものといえる（東京高判平4・6・29判自107号80頁）。

・　道路敷地につき土地所有者の承諾を経ない道路位置指定は瑕疵があるが，その所有者が，当該道路を接道として建築居住し，出入口として使用していた等の事情がもとでは，当該指定処分を黙示的に承諾したと認定され，その瑕疵が治癒されたと認められる（東京地判平5・4・12判タ838号204頁）。

■承諾の真実性の調査義務，処分の遅延と損害賠償責任の有無

・　真実に基づかない承諾による位置指定処分は当然に無効であり，関係者には何らの拘束力も及ぼさないが，道路位置指定の申請に必要な関係権利者の承諾について，特定行政庁はその真実性を調査する義務を負い，申請書のみの形式審査をしただけで印鑑証明書，土地登記簿謄本，公図，法人の場合に商業登記簿謄本の添付を要求せず，関係者への問合せも行わなかったため真実の承諾であると誤認し，位置指定処分がなされた結果，道路が築造され事実上一般公衆の通行が始まった場合，当該指定行為と道路所有者の自由な使用，収益が阻害されたという事実上の不利益に相当因果関係が認められ，特定行政庁は損害賠償責任を負う（神戸地判昭52・1・17判タ360号223頁）。

第6　指定道路

・　道路位置指定の申請があった場合には，特定行政庁は当該申請の審査に通常必要な相当期間内に処分をしなければならず，遅延したときは不作為の責任を負うが，建築基準法，住宅地区改良法，地方自治法等の趣旨，目的に顕現された快適な住環境の保全，維持を通じて住民の福祉の増進を図るとの行政目的の実現のため，2か月に満たない程度の期間，処分を留保し，極端なミニ開発に対して改善を勧告し，協力を求め，申請者に啓蒙活動を行うことは，申請者において受任すべき限度内の行政指導であり，なんら違法性はなく，損害賠償責任を負うことはない（東京地判昭54・10・8判タ413号139頁）。

■道路位置指定申請を分譲業者に委任したと認められた事例

　建物を建築のため宅地を購入した際，分譲地の私道と宅地部分とが造成され，出入りするには当該私道を利用することが不可欠であり，当該私道に道路位置指定がなされなければ宅地に建物を建てることが不可能であることが明らかであり，宅地購入者は道路位置指定の申請は分譲業者がするものと考え格別の関心を払わず詮議だてする必要もなかった等の事情のもと，宅地購入者が分譲業者に道路位置指定の申請手続を任せていたものといえる（大阪地判昭54・4・17判タ395号124頁）。

■不明確な道路位置指定の範囲の認定事例

　指定道路について，その範囲につき位置指定通知書，告示，縦覧図面に矛盾した記載がみられるとき，現に築造された道路に関する側溝等の固定物を用いて特定する方法によるものが最も正確，明確に処分対象土地の範囲を表示しているといえる（京都地判昭61・9・30判タ640号120頁）。

■路線認定等の違法と位置指定処分の違法の関係

　道路位置指定の前提となっている道路について，道路法による路線認定及び区域決定が違法であったとしても，当然に当該道路位置指定処分が違法となるものではない（東京地判平3・3・28行集42巻3号485頁）。

143

第7　みなし道路

Q62 幅員が4メートル未満の道にのみ接している敷地には建築物を建築することはできないか。

A できない。ただし、その道が建築基準法上の道路とみなされる場合には、一定の要件の下で建築物を建築することができる。

解説　建物の敷地は、幅員が4メートル以上である建築基準法上の道路に接していなければならない。

しかし、我が国の住宅地の事情をみた場合、基準日（Q60）以前から現在まで、必ずしも幅員4メートルの道路を中心に建物が配置されているだけではなく、むしろ狭隘（あい）な道に沿って建物が密集している地域も少なくない。そのため、建築基準法第42条第1項各号の規定された建築基準法上の道路だけを接道義務を満たす道路とすると、建物の建替えや改築ができないこととなり、そのような現状を鑑みると、却って良好な街づくりを阻害することにもなりかねない。

そこで、建築基準法では、一定の要件の下に建築基準法上の道路に当たらなくても、そのような道については建築基準法上の道路であるとみなすことができる特例を設けて、接道義務を満たし、建物の建替えや改築が可能となるようにしている。

このように、本来の建築基準法上の道路ではないものの、同法上の道路であるとみなされた道が「みなし道路」と呼ばれている。みなし道路は、建築基準法第42条第2項に規定されているため、「2項道路」とも呼ばれている。

みなし道路は、建築基準法第3章の規定が適用されるに至った際（基準日）現に建築物が立ち並んでいる幅員4メートル未満の道で、特定行政庁の指定されたもので、建築基準法第42条第1項の規定にかかわらず、同項の道路とみなされる（建基42条2項）。

第7　みなし道路

　みなし道路は，それが公道であると私道であるとを問わず，基準日当時に建築物が建ち並んでいる幅員4メートル未満の道を，特定行政庁が一方的に指定することによって建築基準法上の道路として取り扱われる。つまり，要件を満たす道であっても，特定行政庁の指定がなければ，みなし道路とはならない。

Q63 みなし道路の要件となる「現に建築物が立ち並んでいる」道とはどのような状況の道をいうか。

A 総合的に判断し，道に接して複数の建物が建っていて，一般交通の用に供され，公益上重要な機能を果たす等の状況にある道をいう。

解説　みなし道路として特定行政庁の指定を受けるべき要件に，「現に建物が立ち並んでいる」がある。
　これは，古くから，その付近一帯の建物の住人等が日常から通行している道について，建築基準法上の道路と同様に認めようというものであるから，単に建築物が道路を中心に2個以上建っているというだけでは足りず，総合的に判断して，一般の交通の用に供され，防災，消防，衛生，採光，安全等の面で公益上重要な機能を果たす状況にある道でなければならない。
　また，そのような道路としての機能を果たしているためには，一般的には，現況の幅員（4メートル未満）が2.7メートル（または1.8メートル）以上でなければ指定の対象とはならないと思われる（大正8年法律第37号市街地建築物法（廃止）参照）。

【判　例】
- 「現に建物が立ち並んでいる」の意義
  ・「現に建物が立ち並んでいる」とは，単に建築物が道路を中心に2個

第6章　建築基準と道路

以上存在しているということではなく，道を中心に建築物が寄り集まって市街の一画を形成し，道が一般の通行の用に供され，防災，消防，衛生，採光，安全等の面で公益上重要な機能を果たす状況にあることをいう（東京高判昭57・8・26，最判昭59・7・17。判自8号101頁）。
・　「現に建物が立ち並んでいる」道の要件の判断にあたっては，当該道の周辺の状況等を総合的に判断しなければならず，当該道の周辺はバラック建が散在し，空地，畑が広く，市街地が形成されていなくとも，当該道のみによって接道義務を充足する建築物が複数存在し，少なくとも2世帯以上の者及びその関係者が当該道を通行している場合は，原則として要件を満たすものといえる（東京地判昭58・8・25行集34巻8号1410頁）。
・　基準日において，幅員4m未満の道のうち一方の端から途中までの部分には現に建築物が立ち並んでいたが，そこから他方の端までの部分には建築物が存在しなかった場合においては，現に建築物が立ち並んでいる道には当たらない（最三小判平20・11・25裁判集民229号215頁）。

Q64　みなし道路はどのように指定されるか。

A　特定行政庁によって包括又は個別に指定される。

解説　みなし道路は，住民等の申請に基づいて指定されるわけではなく（関係者が指定を要望することを事実上申し出たり，相談することはあるが），特定行政庁が一方的に（職権で）指定するものである（幅員1.8メートル未満の道を指定する場合は，あらかじめ，建築審査会の同意を得なければならないことになっている。）。

第7 みなし道路

　みなし道路の指定は，特定行政庁が一定の基準を設けて告示等で包括的に指定されることが多いと思われるが，個別の道路毎に指定されることもある。
　道が包括的であっても，個別的であっても，みなし道路に指定されている場合は何らの手続を要さずに建築基準法上の道路として認められ，接道義務を満たすことができることとなる。ただ，包括的に指定される場合には，例えば「建築基準法施行の際に現に存在する幅員4メートル未満○メートル以上の道で，一般の通行の用に供されている」などのように規定されるため，具体的に敷地に接する道が2項道路に該当するものであると即断することが難しい微妙な事例も生じ易く，その判断には相当の作業と日数を要することもある。このような場合には，特定行政庁の担当部署（市の建築指導課等）に問い合わせるしか方法がない。
　なお，みなし道路に指定されると，その道に接道して建築物を建築することができることになるが，反対に，その道が私有地であっても，建築基準法上の道路として，当該道路内には建築することができなくなる。
　みなし道路の指定に際しては，当該道路所有者等の関係者の承諾は必要とされず，さらに指定に伴って当該私道内で建築制限（Q73）が適用されることに対して補償もされない。この点，憲法上の財産権の保障との関係が問題となるが，違憲であるとはされていない。

【先　例】
■2項道路の包括的指定の有効性
　・　建築基準法施行の際，現に存在する幅員4メートル未満2.7メートル以上の道で，一般の交通の用に供されており，道路の形態が整い，道路敷地が明確である等の道を，建築基準法第42条第2項の規定に基づいて包括的に指定することもできる（昭30・7・30東京都699号告示，改正昭50・4・1東京都355号。東京都例規集ウェブサイト）。
　・　私道を2項道路として指定することは，憲法に違反するとはいえない（昭38・3・28建設省住指29号住宅局建築指導課長回答）。

【判　例】
　・　告示をもって包括的に指定された結果，ある敷地について接道義務を

満たすための私道が同時に2本の2項道路に指定されたときでも，建築基準法違反であるとはいえない（東京地判昭57・3・23判タ475号157頁，東京高判昭59・2・8判自60号56頁）。

・　2項道路の包括的指定に関し「基準時において，現に存在する幅員4メートル未満1.8メートル以上の道で，一般交通に使用されており，その中心線が明確であり，基準時にその道のみに接する建築敷地があるもの」旨の告示が出された場合，基準時当時，公道へ至る通路として使用していたものの，その通路を使用していた者が2個の建物の居住者（通路所有者及び通路所有者から賃借した者並びにそれらの家族）に限定されており，その特定の関係者以外の者の自由に通行できる道として一般に開放されていたとはいい難く，またその賃借人も許諾を得て通行をしていることがうかがわれ，幅員も一定していない事情では，当該通路はその告示に基づく2項道路に指定されたとはいえない（東京地判平7・8・4判タ889号237頁）。

■包括的指定に基づく2項道路の認定と行政指導の関係

　　包括的に指定があった場合，当該道が2項道路であるか否かの認定には，その正確な位置や境界を確定する作業を伴い，極めて困難なもので，相当の日数を要すると推測されるため，建築確認において接道として申請された道が2項道路であることに疑問があるときに，確認の取得を急ぐ場合は隣接する他の土地について使用承諾を得て接道義務を満たすよう行政指導を行ったことには違法性はなく，その行政指導の方法によることが得策であると申請者自ら判断した場合は，使用承諾に費用を出損して確認を取得したが，その12年後に他の者が先の道を2項道路として確認申請をしたところ2項道路として認定されたときでも，特定行政庁は賠償義務を負わない（仙台地判昭63・5・25，仙台高判平2・9・27。判時1384号56頁）。

■2項道路の指定の合憲性

　　2項道路の指定に伴う道路内の建築制限によって私権の行使が一部制限されることは，公共の福祉に加えられた制限であり，日本国憲法第29条に違反しない（東京地判昭34・12・16訟月6巻1号96頁）。

第7　みなし道路

Q65　みなし道路は2項道路以外にもあるか。

A　建築基準法第42条第4項の規定により道路とみなされる場合がある。

解説　建築基準法上の道路は幅員4メートル以上であることが一般的な要件であるが，特定行政庁がその地方の気候若しくは風土の特殊性又は土地の状況により必要と認めて都道府県都市計画審議会の議を経て指定する区域内では，6メートル以上の幅員が求められている（建基42条1項本文括弧書）。

6メートル以上の幅員が求められる区域内にあっては，幅員6メートル未満の道（道路法による道路，都市計画法，土地区画整理法，旧住宅地造成事業に関する法律，都市再開発法，新都市基盤整備法，大都市地域における住宅及び住宅地の供給の促進に関する特別措置法又は密集市街地整備法による道路あっては，幅員4メートル以上のものに限る。）で，特定行政庁が次のいずれかに該当すると認めて指定したものについても，建築基準法上の道路とみなされる（建基42条4項）。

(1)　周囲の状況により避難及び通行の安全上支障がないと認められる道
(2)　地区計画等に定められた道の配置及び規模又はその区域に即して築造される道
(3)　6メートル以上の幅員が求められる区域が指定された際現に建築基準法上の道路とされていた道

その他，旧市街地建築物法第7条ただし書の規定によって指定された建築線で，その間の距離が4メートル以上のものは，その建築線の位置について，道路位置指定があったものとみなされる（建基附則5項）。

第6章　建築基準と道路

───〈旧市街地建築物法（昭和25年11月23日廃止（同日建築基準法施行））第7条ただし書〉───
　道路幅ノ境界線ヲ以テ建築線トス　但シ特別ノ事由アルトキハ行政官廳ハ別ニ建築線ヲ指定スルコトヲ得

【判　例】
■所有者の承諾のない建築基準法附則5項道路の有効性
　建築線指定について土地所有者の承諾がないときでも無効ではなく，他に接道義務を満たす道路があったとしても，道路位置指定があったものとみなされる効果は排除されない（東京地判平4・10・30判自108号87頁）。

Q66　みなし道路が指定された場合の道路の境界線はどのようになるか。

A　現況の境界線ではなく，原則として，その中心線からの水平距離2メートルの線が境界線とみなされる。

解説　2項道路として指定された道は，当該道路の中心線からの水平距離2メートルの線が，その道路の境界線とみなされる（建基42条2項本文）。つまり，現況の道路の境界よりもさらに道路の外側の部分（道ではない部分）が，建築基準法上の道路としての境界線となる。なお，この「2メートル」は，6メートル以上の幅員が求められる区域内においては，「3メートル（特定行政庁が周囲の状況により避難及び通行の安全上支障がないと認める場合は，2メートル）」として適用される。
　ただし，道が，その中心線からの水平距離2メートル未満で崖地，川，線路敷地その他これらに類するものに沿う場合においては，当該崖地等の道の

150

第7　みなし道路

側の境界線及びその境界線から道の側に水平距離4メートルの線が，その道路の境界線とみなされることになる（建基42条2項ただし書）。

つまり，みなし道路を前面道路とする場合は，みなし道路と建築物の敷地との境界線が本来の建築物の敷地内に食い込むということとなり，この食い込んだ部分，すなわち，本来の道路と建築物の敷地との境界線と，当該建築物の敷地の側へ後退して境界線とみなされた線との間の部分は，一般に，道路後退部分と呼ばれる。また，道路後退部分を設けることは，一般に，道路後退，あるいはセットバックと呼ばれる。

この場合，特定行政庁は，土地の状況によりやむを得ない場合においては，その道の中心線からの水平距離については2メートル未満1.35メートル以上の範囲内において，前述のがけ地等の境界線からの水平距離については4メートル未満2.7メートル以上の範囲内において，別にその水平距離を指定することができるとされている（建基42条3項）。この水平距離を指定するには，あらかじめ，建築審査会の同意を得なければならないとされている（建基42条6項）。

なお，建築基準法第42条第4項の規定によるみなし道路のうち，6メートル以上の幅員が求められる区域が指定された際現に建築基準法上の道路とされていた道にあっては，その区域が指定された際に道路の境界線とみなされていた線が，その道路の境界線とみなされる（建基42条5項）。

みなし道路として指定されるということは，建築基準法所定の幅員に満たない道を一定の境界線を定めて，建築基準法上の道路とみなすものである。みなし道路として指定されただけで直ちに，道路の境界線とみなされた道路の内側の部分を現況道路としなければならないわけではなく，その部分に既存の建築物があったとしても，取り壊さなければならなくなるというわけではない。すなわち，指定当時の幅員は4メートル（6メートル）未満であっても，将来建築物を建築（改築を含む。）する際には，建築基準法上の道路の境界まで道路部分が拡張され，究極的にはその道路全線において幅員が原則として4メートル（6メートル）となるように期待されているということである。

151

第6章　建築基準と道路

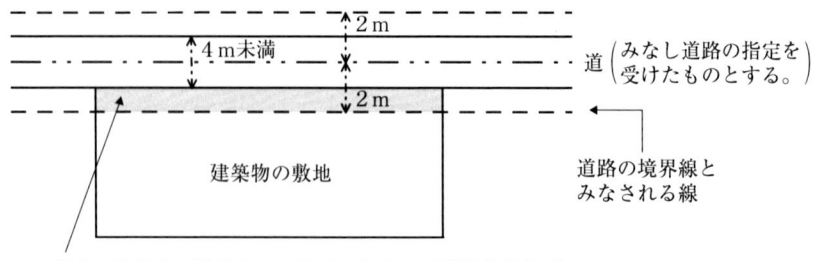

```
          ↕ 2m
┄┄┄┄┄┄┄┄┄┄┄┄┄┄┄┄┄┄┄┄┄┄┄
 ↕4m未満                    道 ⎛みなし道路の指定を⎞
┄┄┄┄┄┄┄┄┄┄┄┄┄┄┄┄┄┄┄┄┄┄┄    ⎝受けたものとする。⎠
          ↕ 2m
━━━━━━━━━━━━━━━━━━━━━━━
░░░░░░░░░░░░░░░░░░░░░      ← 道路の境界線と
                             みなされる線
        建築物の敷地
```

↑この部分に建築物を建築することはできない（道路後退部分）。

Q67 みなし道路の側面の一方が，崖地に接して沿う場合の道路と川の対面地の建築物の敷地との境界線は道路中心線から2メートル後退した線か。

A 道路と，崖地の境界線から当該建築物の敷地の側に4メートル後退した線が境界線とみなされる。

解説　みなし道路における中心線からの後退は2メートルが原則であるが，みなし道路の側面の一方が，崖地などに接して沿う場合には，実質的に4メートルの幅員が確保されることとなるよう，境界線に関する特例が設けられている。

それは，みなし道路がその中心線からの水平距離2メートル未満で崖地，川，線路敷地その他これらに類するものに沿う場合においては，当該崖地等の道の側の境界線及びその境界線から道の側（対面地の建築物の敷地の側）に水平距離4メートルの線がその道路の境界線とみなされるというものである（建基42条2項ただし書）。

なお，特定行政庁がその地方の気候若しくは風土の特殊性又は土地の状況により必要と認めて都道府県都市計画審議会の議を経て指定する区域（6

152

第7 みなし道路

メートルの幅員が要求される区域）内においては，みなし道路がその中心線からの水平距離3メートル未満で崖地，川，線路敷地その他これらに類するものに沿う場合においては，水平距離6メートルの線がその道路の境界線とみなされる。

　ただし，この区域内であっても，特定行政庁が周囲の状況により避難及び通行の安全上支障がないと認める場合，原則どおり，みなし道路の中心線からの2メートル未満にがけ地等があるときには，水平距離4メートルの線がその道路の境界線とみなされることになる。

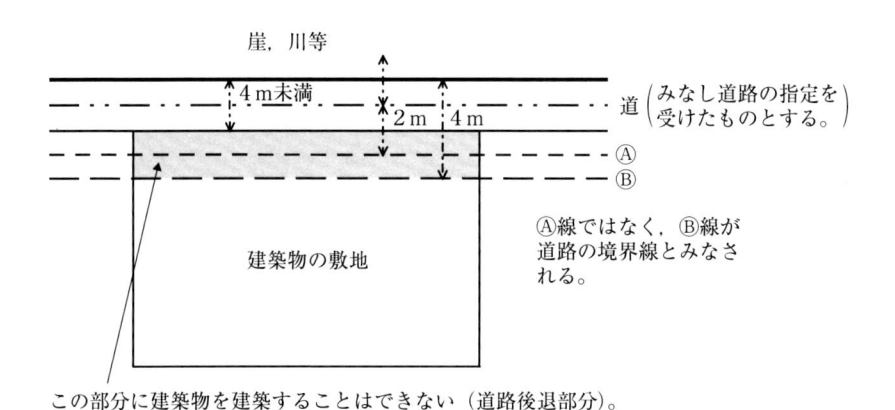

崖，川等
4m未満
2m　4m
道（みなし道路の指定を受けたものとする。）
Ⓐ
Ⓑ
Ⓐ線ではなく，Ⓑ線が道路の境界線とみなされる。
建築物の敷地
この部分に建築物を建築することはできない（道路後退部分）。

153

第6章　建築基準と道路

第8　接道義務の特例

Q68 建築基準法上の道路に接していない敷地に建築物を建築することができる特例はないか。

A 周囲に広い空地を有する敷地において，特定行政庁の許可を得た場合は，建築基準法上の道路に接していない場合であっても，建築物を建築することができる特例がある。

解説　建築物を建築することができるためには，接道義務，すなわち，建築物の敷地は，建築基準法上の道路（幅員4メートル以上）に2メートル以上接しなければならないという義務を満たさなければならない（みなし道路の場合もある。）。

ただ，一定の場合には，接道義務を満たさなくても，その敷地に建築物を建築することができる場合がある。

それは，その敷地の周囲に広い空地を有する建築物その他の国土交通省令で定める基準に適合する建築物で，特定行政庁が交通上，安全上，防火上及び衛生上支障がないと認めて建築審査会の同意を得て許可したものについて（建基43条）は，接道義務を満たすことを要しないという特例の場合である。

国土交通省令で定める基準は，次のいずれかに該当することである（建基規10条の2の2）。

(1) その敷地の周囲に公園，緑地，広場等広い空地を有すること
(2) その敷地が農道その他これに類する公共の用に供する道（幅員4メートル以上のものに限る。）に2メートル以上接すること
(3) その敷地が，その建築物の用途，規模，位置及び構造に応じ，避難及び通行の安全等の目的を達するために十分な幅員を有する通路であって，道路に通ずるものに有効に接すること

第9 道路の幅員

Q69 建築基準法において道路の幅員はどこからどこまでの距離をいうか。

A 原則として、道の形態を備えている土地のうち現実に一般の交通に使用されている部分の両側端線間の最短距離をいう。みなし道路の場合は特例がある。

解説 幅員とはいわゆる道路の幅のことであり、建築基準法上の道路のうち道路法による道路等については、その幅員は比較的明らかなものが多いと思われる。しかし、既存道路や、みなし道路等については、どこからどこまでが道路幅に該当するのか明らかでない事例も少なくないであろう。

通常は、現実に一般交通の用に供されている部分の幅を指すものと思われるが、とくに道路の端の部分についてはわかりにくい場合もある。一般的には、法面部分は幅員には含まれないが、側溝、有蓋水路部分については軒下直下であっても幅員に含まれることになる。

みなし道路については、Q66、67のとおりの特例がある。その敷地に建築物を建築するには、道路境界線まで後退しなければ、建築物を建築することはできない。この場合、現況の道路の幅員の敷地側の端から、その敷地内の道路境界線までの間の部分は一般に道路後退（部分）と呼ばれるが、敷地が接する道路の存する区域や、道路の種類によって後退距離が異なり、この部分は建築制限等の建築基準法による規制が及ぶこととなり、敷地面積には算入されないこととなる。

なお、みなし道路（幅員4メートル未満）に接した敷地において建築物を建築する際の道路境界線は当該道路の中心線が明らかにならなければ判明しないので、道路後退部分も判断することはできないことになる。道路の現況に

155

第6章　建築基準と道路

おける中心線を基準に境界線を判断することもあるが，地方自治体によっては，一定の基準（例えば，「狭あい道路等拡幅整備要綱」）を定めて本来の中心線を明らかにするようにしている。

【先　例】
■道路幅員の定義

　　幅員は側溝部分を含むが，道路両側の斜面（法敷）部分を含まない（昭27・1・12住指1280号建設省住宅局建築指導課長回答）。

【判　例】
■道路幅員の定義

　・　みなし道路における幅員とは，道の形態を備えている土地のうち現実に一般の交通に使用されている部分の両側端線間の最短距離をいい，地上2.6メートルにある軒その他の突出物の直下であっても，現実に一般の交通に使用されている場合は道路幅員に含まれる（東京地判昭56・6・29判時1020号75頁）。

　・　2項道路として認定する要件としての道路幅員には，沿道の民家の軒下直下，側溝，有蓋水路部分も含まれる（奈良地判昭62・12・3判自45号81頁）。

第10　予定道路

Q 70　予定道路とはどのような道路か。

A　地区計画等に道の配置及び規模又はその区域が定められている場合において，特定行政庁によって，一定の基準に従って，道の配置及び規模又はその区域に即して指定された道路をいう。

解説　特定行政庁は，地区計画等に道の配置及び規模又はその区域が定められている場合で，次のいずれかに該当するときは，当該地区計画等の区域において，地区計画等に定められた道の配置及び規模又はその区域に即して，政令（建基令136条の2の7）で定める基準に従い，予定道路の指定を（下記(2)又は(3)の場合は，あらかじめ，建築審査会の同意を得て。）行うことができる。

(1) 当該指定について，当該予定道路の敷地となる土地の所有者その他の政令（建基令136条の2の8）で定める利害関係を有する者の同意を得たとき

(2) 土地区画整理法による土地区画整理事業又はこれに準ずる事業により主要な区画道路が整備された区域において，当該指定に係る道が新たに当該区画道路に接続した細街路網を一体的に形成するものであるとき

(3) 地区計画等においてその配置及び規模又はその区域が定められた道の相当部分の整備が既に行われている場合で，整備の行われていない道の部分に建築物の建築等が行われることにより整備された道の機能を著しく阻害するおそれがあるとき

ただし，前記(2)又は(3)に該当する場合で当該指定に伴う制限により当該指定の際現に当該予定道路の敷地となる土地を含む土地について所有権その他の権利を有する者が，当該土地をその権利に基づいて利用することが著しく

157

第6章　建築基準と道路

妨げられることとなるときは，指定をすることはできない（建基68条の7第1項・2項）。

特定行政庁に指定された予定道路は，建築基準法上の道路とみなされ，当該予定道路内には建築制限（Q73）が課せられることとなる（建基68条の7第4項）。

なお，建築物の敷地が予定道路に接するとき又は当該敷地内に予定道路があるときは，特定行政庁が交通上，安全上，防火上及び衛生上支障がないと認めて許可した建築物については，当該敷地のうち予定道路に係る部分の面積は，敷地面積又は敷地の部分の面積には算入されない（建基68条の7第5項）。

第11 建築協定

Q71 地域の住宅環境を改善するため建築基準法を上回る基準を土地の所有者が定めることはできないか。

A 一定区域の土地所有者等は，建築基準法に定める基準を上回る基準を協定で定めることができる。この協定（建築協定）は，その後の土地の所有権等を取得した者にも効力が及ぶ。

解 説 建築協定とは，住宅地としての環境や商店街の利便を維持増進する等建築物の利用を増進し，土地の環境を改善するために，一定区域の土地所有者等が建築基準法に定める基準を上回る基準を定めて締結した協定（契約）のことであり，建築物の敷地，位置，構造，用途，形態，意匠又は建築設備に関する基準を定めることができる。建築協定を締結することができるためには，市町村が，その区域の一部について，住宅地としての環境又は商店街としての利便を高度に維持増進する等建築物の利用を増進し，かつ，土地の環境を改善するために必要と認める場合においては，土地の所有者及び借地権を有する者（土地の所有者等）が当該土地について一定の区域を定め，その区域内における建築物の敷地，位置，構造，用途，形態，意匠又は建築設備に関する基準についての協定（建築協定）を締結することができる旨を，条例で，定めていなければならない（建基69条）。

建築協定を締結しようとする土地の所有者等は，協定の目的となっている土地の区域（建築協定区域），建築物に関する基準，協定の有効期間及び協定違反があった場合の措置を定めた建築協定書を作成し，その代表者によって，これを特定行政庁に提出し，その認可を受けなければならず，その建築協定書については，土地の所有者等の全員の合意（当該建築協定区域内の土地に借地権の目的となっている土地がある場合においては，当該借地権の目的となっている土地の所有者以外の土地の所有者等の全員の合意があれば足りる。）がなければならない（建

159

第6章　建築基準と道路

基70条）。建築協定は，市町村の長による公告，20日以上の縦覧期間を経て（建基71条），その後，関係人の意見聴取等を行い（建基72条），特定行政庁が認可をする。

　特定行政庁は，次に掲げる条件に該当するときは，当該建築協定を認可しなければならない（建基73条1項）。
 (1)　建築協定の目的となっている土地又は建築物の利用を不当に制限するものでないこと
 (2)　建築協定の目的（建基69条）に合致するものであること
 (3)　建築協定において建築協定区域隣接地を定める場合には，その区域の境界が明確に定められていることその他の建築協定区域隣接地について国土交通省令（建基規10条の6）で定める基準に適合するものであること

建築協定が認可されると，その旨が公告され，その建築協定は当該市町村の事務所に備えられて，一般の縦覧に供される（建基73条2項・3項）。

　建築協定の認可の公告があった建築協定は，その公告のあった日以後において当該建築協定区域内の土地の所有者等となった者（合意をしなかった者（借地権の目的となっている土地の所有者）の有する土地の所有権を承継した者を除く。）に対しても，その効力が及ぶ（建基75条）。

　建築協定を設定することにより，その区域内の建築協定に基づく私道を設けることができ，そこに建築制限を設けることができるようになる。

　建築協定の廃止は，当該区域内の土地所有者等（建築協定の効力の及ばない者を除く。），借地権者の過半数の合意をもって定め，特定行政庁に申請して認可を受けなければならない（建基76条）。

160

第12 建築基準法上の道路の公示

Q72 建築基準法上の道路についてはどのように公示されているか。

A 原則として，特定行政庁において閲覧することができる。

解説　確認その他の建築基準法令の規定による処分等に関する書類のうち，当該処分等に係る建築物若しくは建築物の敷地の所有者，管理者若しくは占有者又は第三者の権利利益を不当に侵害するおそれがないものとして国土交通省令で定めるものについては，国土交通省令で定めるところにより，閲覧の請求があった場合には，特定行政庁は閲覧させなければならないとされている（建基93条の2）。

ここで，国土交通省令で定めるものとして閲覧の対象となる書類は，次のとおりである（建基規11条の4）。

(1) 建築計画概要書
(2) 築造計画概要書
(3) 定期調査報告概要書
(4) 定期検査報告概要書
(5) 処分等概要書
(6) 全体計画概要書
(7) 指定道路図
(8) 指定道路調書

閲覧の場所及び閲覧に関する規程を定めて告示されているが，市町村の窓口にあっては，例えば建築指導課等において閲覧することができ，これにより建築基準法上の道路の存否，内容等について調査することができる。

第7章 私道の通行と管理

第1 建築基準法による規制

Q73 建築基準法上の道路の敷地が私人であるときは，当該私人は道路を自由に使用することができるか。

A 原則として，当該道路内において建築することは建築基準法により許されない。

解説 私道の設置，管理，廃止等は，本来その所有者にまかされているのであるが，建築基準法等の公法的規制を受けると，種々の制限が発生する。各種の私道について，所有者がどの程度通行を制限し，管理することができるか，また反対に第三者によるどの程度の通行や使用が許容されるかは，各々の私道が受ける公法的規制の性質，私道の成立経緯，私道周辺の事情等を考慮して，社会通念に照らして個別的に判断されるべきであるといえる。

その公法的規制の典型が建築基準法である。

建築基準法では，都市計画区域内においては，建築物，擁壁は，道路内又は道路（私道，道路後退部分を含む。）に突き出して建築，築造することは許されていない。したがって，当該道路の敷地の所有者であっても，そのような建築，築造をすることは許されない。樹木等を植栽することも認められない。

ただし，地下建築物，通行に支障のない公益上必要な公衆便所，巡査派出所等，道路の上空に設けられる渡り廊下等で特定行政庁が許可したもの等の建築物は，建築することができる（建基44条，建基令145条）。もちろん，建築基準法の施行，適用，改正の際に，現に存する又は工事中の建築物，敷地それらの部分がこの規定に適合しないものとなっても，後に増改築をしない限り建築基準法の適用は受けない（建基3条2項）ので，直ちに撤去する義務は

生じない。したがって，建築基準法上の道路内に木を植えることは違法となろうが，道路内に残した既存の樹木については，建築基準法には違反しない。

建築基準法上の道路であっても，私道や道路後退部分については，それらの制限に該当しない限り，当該土地所有者の所有権が完全に消滅しているわけではないので，通行を妨げない範囲で，境界標を設置したり，グレーチング付きの側溝を設置したりすることはできる。

私道の変更の場合は，その変更によって，その道路に接する敷地が接道義務に抵触することとなる場合，特定行政庁は，私道の変更を制限し，禁止することができる（建基45条）。特定行政庁は，建築基準法違反行為に対して，是正措置を命ずることができ（建基9条），命令に従わない場合には，行政代執行により，自ら除去し，又は第三者に除去させることができ（建基9条12項），建築基準法違反者は，懲役又は罰金刑に処せられる（建基98条～102条）。

【先　例】
■道路に突き出して建築することの可否
　　・　出入口及び窓の扉は，開閉により一時的であったとしても，道路に突き出ることはできない（昭26・1・26住指42号建設省住宅局建築指導課長回答）。
　　・　既に道路に突き出している擁壁には手を触れずに，建築物のみを改築する行為は，道路内に突き出して建築・築造することにあたらない（昭27・12・12住指128号建設省住宅局建築指導課長回答）。

【判　例】
■違反建築物除去命令の可否
　　接道義務を満たさなくなるような私道の廃止に対しては，特定行政庁はその廃止を禁止または制限することができ，これに違反した場合には違反建築物を除去することも許容される（東京地判昭38・6・25下民14巻6号1209頁）。
■違法建物に対する是正命令の名宛人とその取消請求の適否
　　建築基準法違反建物に対する是正措置命令は，対物処分であるため，単なる当該建物の登記名義人にはその効力は及ばず，たとえその是正命令の名宛人として扱われたとしても，当該登記名義人はその是正命令の取消しを求める原告適格を有しない（大阪地判平元・11・1判時1353号55頁）。

第7章　私道の通行と管理

■建築制限の合憲性
　建築基準法により，私道内において建築が制限されたとしても，公共の福祉のために加えられた制約であるので，日本国憲法には違反しない（東京地判昭34・12・16訟月6巻1号96頁）。

■建築基準法違反と権利濫用の関係
　建築基準法上の道路内にその所有者がブロック塀を設置したことは建築基準法には違反するが，直ちに民法上の所有権行使の権利濫用に該当するものではなく，建築基準法との関連のほか，使用形態，沿道土地取得の経緯，通行の必要性と道路所有者の被害の程度，地域の特殊性等諸般の事情を考慮して判断することになり，ブロック塀の設置によって幅員が従前より狭められたわけではなく，もともと自動車により出入りすることが不可能であることを知って沿道土地を購入したものであり，また新宿副都心にあること等の事情のもと，ブロック塀の設置は権利の濫用であるとはいえない（東京高判昭59・12・18判時1141号83頁）。

第2　建築基準法上の道路と私権の関係

Q74 建築基準法上の道路の敷地においても私権は制限されるか。

A 道路法による道路と同様に私権が制限される。

解説　道路法と異なり、建築基準法には「一般交通の用に供する」旨、「私権を行使することができない」旨の条文はない。しかし、建築基準法の諸規定は、建築物の敷地に接続する建築基準法上の道路を一般公衆が公道と同様に通行することができるということが前提となっていることは明らかである。

そこで、その道路敷地は所有権移転、抵当権設定・移転のほかは、一般交通を阻害するような方法で私権を行使することはできないとされている。

【判例】
■建築基準法上の道路の公共的性格と私権制限

建築基準法上の道路は、公道であると私道であるとを問わず、災害等の緊急時に限らず平常時においても、道路法による道路と同様一般交通の用に供され、その道路敷地は所有権移転、抵当権設定・移転のほかは、一般交通を阻害するような方法で私権を行使することはできない（東京高判昭49・11・26判タ323号161頁）。

第3　指定道路の通行と管理

Q75 指定道路は一般公衆も通行することができるか。

A 指定道路敷地の所有者だけでなく，一般公衆も通行することができる。

解説　道路位置指定を受けた私道は，その指定の効力によって建築の制限を受け，その反射的利益（Q166）によって，一般公衆も指定道路を通行することができるようになり，これは，災害等の緊急時に限られないということである。

また日常生活に必要不可欠な範囲であれば，現実に道路が開設された部分については人格権的通行権―通行の自由権―（Q162）が認められる可能性が高いものと思われる。

つまり，現実に開設されている指定道路については，通行権原の根拠は個別事例に応じて種々考えられるであろうが，いずれにしても結果として，私道所有者以外の第三者も私道所有者の承諾を得ることなく通行することができる。

【判　例】
■道路位置指定による未登記通行地役権者の対抗力の成否
・　指定道路において通行地役権が成立している場合は，当該指定道路の所有権を取得した者が，建築基準法による制限がついたまま取得したものであることが明らかであるときは，その通行地役権につき対抗力が欠けていることを主張することができない（東京地判昭38・6・25下民14巻6号1209頁）。
・　未登記の通行地役権が設定されている通路が，道路位置指定を受けたからといって，それだけで直ちに通行地役権に対抗力が発生するわけではない（東京高判昭40・5・31下民16巻5号956頁）。

第3 指定道路の通行と管理

■指定道路における第三者の通行の可否
・ 道路位置指定を受けた私道は，災害時における防災・避難等のみのための一般の通行が許されるだけでなく，平常時においても一般公衆の通行が許される（東京高判昭49・11・26判夕323号161頁）。
・ 道路位置指定を受けた私道については，当該土地所有者以外の第三者も自由に通行することができる。ただし，位置指定処分当時から現実に道路として提供されていない部分については，通行することができない（最二小判平3・4・19裁判集民162号489頁）。
・ 現実に開設されている指定道路を通行することについて日常生活上不可欠の利益を有する者は，指定道路敷所有者の妨害に対して，その排除及び将来の妨害の禁止を求めることができ，その権利は人格権的権利であるといえる（最一小判平9・12・18民集51巻10号4241頁）。

■開設されていない指定道路上の妨害排除請求の可否
・ 現に道路が開設されていない土地については，単に道路位置指定処分を受けたことのみをもって，隣接地所有者に，当該土地上に建築された違反物の収去を求める私法上の権利が生じるものではない（最二小判平5・11・26裁判集民170号641頁）。
・ 道路位置指定処分直後から通路内に塀等が設置され，以後一般の通行の用に供されたことがないときは，一般公衆に通行の自由は認められない（東京高判平元・12・25東高民時報40巻9〜12号145頁）。
・ 特定行政庁の道路位置指定処分を受けた土地であっても，実際には道路が開設されたこともなく，一般の人が通行もしない場合には，第三者は通行妨害の排除を請求することができない（東京高判平2・8・30東高民時報41巻5〜8号76頁）。

第7章　私道の通行と管理

Q76　指定道路を第三者が自動車で通行することができるか。

A　指定道路敷地の所有者だけでなく，第三者も自転車で通行することができる場合もあるが，諸般の事情によっては通行することができない場合もある。

解説　指定道路において第三者の通行が認められることはQ75のとおりであるが，自動車による通行も含まれるかどうかは，市町村道や開発道路等の公道とは異なり，それがあくまでも私道であり，建築に関する最低の基準を定めた建築基準法の規制を受けるにすぎないので，必ずしも第三者の通行権益に自動車による通行が前提となっているわけではないと思われる。

指定道路における自動車通行の問題そのものズバリを示した判例の数は少ないが，他の建築基準法上の道路における当該問題の判例で示された考え方と差異があるべきものではないので，結局は私道所有者の私権と，国民の生命・健康・財産の保護を図り公共の福祉の増進に資する目的とを比較し，交通の安全，地形や地域の事情等を総合的に検討するなどして，個別的に判断されなければならない。

自動車の所有がまだ一般的になっていなかった時代に築造された指定道路は別としても，大半の世帯が自動車を所有している時代に，それを必要とすることが多い地域において築造された指定道路にあっては特別の事情のない限り，道路所有者の管理に従えば，原則的に自動車による通行は認められていいのではないだろうか。

【判　例】
■自動車通行が認められなかった事例
・もともと公道から直接自動車で出入りすることができなかった土地の所有者は，隣接地に指定道路が開設されたからといって，ただちに当該指

第3　指定道路の通行と管理

定道路を自動車で通行することができるようになるわけではない（東京高判昭49・11・26東高民時報25巻11号184頁）。
・　指定道路における第三者の軽自動車による通行は，他の公道を利用しても軽自動車によって出入りすることができる状況では認められない（東京地八王子支判平4・1・27判時1451号130頁）。

■自動車通行が認められた事例
・　指定道路においてその沿道借家人のための駐車場の利用に伴う車の出入りを禁じることはできないが，純粋な営業用としての駐車場の利用に伴う車の出入りを禁じることはできる（長崎地佐世保支判昭58・5・25判タ503号123頁）。
・　指定道路上にブロック塀が設置された場合，単に住民の通行が妨害されたときだけでなく，それが消防自動車等緊急車両の通行に支障が生じる可能性があるときも，指定道路の隣接地所有者は，ブロック塀の撤去請求ができる（東京地判昭60・5・9判タ605号73頁）。
・　指定道路に接してドライブ・スルー方式の営業店舗が開設されており，それを容認してその店舗が賃貸されている等に事情のもと，その営業自体が私権の実現として社会的に許容されるものである限り，現在の社会通念に照らせば，当該指定道路において車両による通行も認められ，また，幅員が5メートルである以上，一定の自動車の進入は避けがたく，ドライブ・スルー方式による営業により自動車の連続進入が頻発しても，他の当該指定道路沿接住民の生活が脅かされたとはいえない（東京地判平7・11・9判タ916号149頁）。
・　分譲住宅団地の中央を貫く通路として開設された指定道路（総延長100メートル，幅員4メートル，約20筆の土地にまたがるクランク状の道路で，両端が公道に接する。ただし一方は階段状。）に接する建物に居住する者が自動車で公道に出るには，当該指定道路を通行することが不可欠であるといえ（約40年間通行している。），指定道路敷所有者が階段状でない方の端付近に簡易ゲートを設置して居住者の通行を妨害した場合は，居住者は妨害排除及び将来の妨害の禁止を請求することができる（最一小判平9・12・18民集51巻10号4241頁）。

169

第7章　私道の通行と管理

Q77　指定道路は誰がどのように管理するか。

A　指定道路の性質に反しない範囲で，指定道路の所有者が管理する。

解説　指定道路は市町村等が管理するものではないことはいうまでもなく，原則的にその所有者に道路管理権があるのは当然であるが，管理権の範囲，程度，態様については自動車通行を許容するか否かと同様に個別的紛争事例に応じて判断されなければならない。一般公衆の通行を全面的に禁止することはできないが，仮に自動車通行を許容しなければならない場合であっても，居住の安寧，交通事故の防止等道路の性質を害しない程度において，管理権を行使できる。

【先　例】
■指定道路管理の原則と具体例
　指定道路所有者は，付近の平穏を保ち，道路の破損を防止する等の目的のために，場合によって自動車通行を制限することができる（昭30・2・1住指7号建設省住宅局建築指導課長回答）。

【判　例】
■指定道路管理の原則と具体例
　道路位置指定を受けた私道について当該土地所有者は，公衆の通行・立入を全面的に禁止し，阻害することはできないが，私道の性質を害しない程度で維持管理することができる。具体的には，第三者の駐車禁止，自動車の速度制限，重車両の進入禁止，道路保全のための側溝・側壁・標示の設置等が認められ，また団地居住者の自家用自動車以外の駐車禁止も認められる（東京高判昭49・11・26東高民時報25巻11号184頁）。

第3　指定道路の通行と管理

Q78　指定道路を自由に廃止することはできるか。

A　重要な関係者の承諾がない場合には，廃止が無効となる可能性がある。

解説　建築基準法には指定道路の廃止手続に関する規定がなく，法律上関係権利者の承諾は必要ないとする見解もあり，私道所有者が自由に廃止することができるのが原則ではあるが，条例によって関係者の承諾が必要とされていることが多い。

　承諾を要する関係者の範囲は，原則として道路位置指定において承諾を要する関係者の範囲（Q6）と同じであるとも考えられるが，それらの承諾を欠いた指定道路の廃止は，それが重大かつ明白な違法性が認められるときは無効とされる可能性があり，とくに指定道路の廃止によって接道義務を満たさなくなる建物敷地の所有者の承諾を欠いた道路位置廃止処分は無効とされる可能性が高いと思われる。

　私道の廃止によって，その道路に接する敷地が接道義務に抵触することとなる場合は，特定行政庁は，指定道路の廃止を制限，禁止し，是正命令を発することができる（建基45条）ので，関係権利者の承諾の有無にかかわらず，指定道路の他に接する道路がなく，当該指定道路の廃止によって接道義務を満たさなくなるような現に建築物の建っている敷地が生ずるような場合の申請に対しては，特定行政庁はその廃止を禁止すべきである。

【先　例】
■指定道路の廃止手続
　　指定道路を廃止しようとするときは，当該道に関する指定処分の撤回等の廃止処分及びその告示を行う必要がある（昭46・1・18建設省住街53号住宅局市街地建築課長回答）。

171

第7章　私道の通行と管理

【判　例】

■ 指定道路廃止における関係権利者の承諾の重要性の程度
　　指定道路の廃止処分の際の関係権利者の承諾は，指定処分の際と比べると重要なものとは考えられない（最三小判昭47・7・25民集26巻6号1236頁）。
■ 関係権利者の承諾のない廃道の有効性
　・　道路敷地の権利者の承諾を欠く申請に基づいてなされた廃止処分であっても，承諾の欠缺が申請関係書類上明らかな場合を除いては，当該廃止処分は無効ではなく，取消し得るに過ぎない（東京地判昭38・4・30行集14巻4号918頁）。
　・　指定道路の廃止によって接道義務を満たさなくなる建物敷地の所有者の承諾を欠いた道路位置廃止処分は瑕疵があり，その取消を待たずに当然無効である（東京高判昭41・2・21行集17巻2号134頁）。
　・　指定道路の廃道に関して，土地所有者，管理者，使用権者等の関係権利者の承諾を欠いたり，承諾書が偽造される等重大な瑕疵があるときは，指定道路の廃止処分は無効である（東京地判昭46・5・29行集22巻5号801頁）。
　・　指定道路の廃道に関して，関係権利者の承諾がないことのみをもって，指定道路の廃止処分が当然に無効になるというものではなく，その後の事情変更により，建築基準法違反の状態が解消するに至ったときは瑕疵が治癒されたといえ，もはやこれを理由として廃止処分を取り消すことはできない（最三小判昭47・7・25民集26巻6号1236頁）。
　・　道路位置指定を廃止する場合は，関係権利者の承諾は要しないと解される（岡山地判平2・5・30判タ754号152頁）。
■ 新道路の指定無効と旧道路の廃止無効の関係
　　指定道路の廃止処分と，新しい道路の位置指定処分が同時に行われた場合，位置指定処分が無効になったからといって，従前の指定道路の廃止処分が当然に無効になることにはならない（東京地判平5・4・12判タ838号204頁）。

第4 指定道路以外の建築基準法上の道路の通行と管理

Q 79 みなし道路等は一般公衆が通行することができるか。

A 現実に道路となっている部分については、一般公衆も通行することができる。

解説 建築基準法上の道路であっても、計画道路についてはまだ現実の道路にはなっていないわけであり、みなし道路の将来の後退見込の沿道部分も現況道路部分ではないので、建築制限を受けることは格別としても、事実上の一般公衆の通行に供されていない以上、第三者が自由に通行することができるものではない。

それに比して、みなし道路及び道路後退部分は、道路法による道路等に認定されていない私人所有の道路敷地であっても、建築基準法によって後退部分も含めて建築基準法上の道路とみなされているので、指定道路の場合と同じく、現実に道路となっている部分については、第三者である一般公衆も通行することができるといえよう。

既存道路についても、私人所有の道路敷地であっても、同様であると考えられる。

当該道路の管理についても、指定道路の場合と同様に考えることができよう。

指定道路以外の建築基準法上の私道を廃止するには、みなし道路のような特定行政庁の指定によって成立した道路の廃止は当然、既存道路のように特定行政庁による指定がなくても成立する道路の場合も、事実上の道路閉鎖行為だけでは足りず、特定行政庁による廃道処分が必要とされる。

第7章　私道の通行と管理

【判　例】

■既存道路の自由通行の可否

　既存道路において一般公衆の通行の自由を妨害することは不法行為に当たり，その所有権，管理権が国，地方公共団体，私人のいずれに属する場合であっても，通行者は妨害排除を請求することができる（大阪高判昭49・3・28高民27巻1号62頁）。

■既存道路における自由通行の可否と囲繞地通行権の内容

　既存道路においては何人もその所有者，管理者の許可を要することなく，自由に通行することができ，また，それが袋地へ通ずる幅員5メートルから6メートルの既存道路であって，そこにおいて囲繞地通行権が認められるとき，道路開設以来周辺住民及び一般人の通行の用に供され，その形状からみて通行の場所とする以外にほとんど利用価値がなく，建築基準法の適用を受ける道路としてその使用が極めて限定されているおり，付近の環境が住宅地として適当であり，近時における自動車保有の普及度が著しく，かつ，社会生活の機能を維持するうえで自動車の果たす効用が飛躍的に増大している状況では自動車による通行が不可欠であるので，既存道路の全部について囲繞地通行権が認められる（東京地判昭52・5・10判タ348号147頁）。

■2項道路の自由通行の可否

・　2項道路については私人所有地であっても，所有者，管理者の特別の許可を要せずに，一般公衆が自由に通行することができ，沿道所有者が自己敷地に車庫を造り，その道路に面して自動車の出入口を設けるときは，あらたに交通の安全に特別支障がないものかどうか判断するべきである（東京高判昭49・4・30東高民時報25巻4号74頁）。

・　2項道路においては，都心の商業地域，防災地域であるという地域的，地理的状況や沿接地の用途から日常生活上必要不可欠であれば，その通行権益は自由権（人格権）として保護され，一般人も自動車によって通行することもでき，妨害排除を請求することもできるが，工作物の形態，構造，通行妨害の形態のほか，沿接地所有者の生活，敷地利用，他の通行手段等諸般の事情によって妨害排除の内容が判断され，それが私人の駐車車両及

び建物の増築部分によって妨害されているときは，その駐車車両の排除は求め得るが，建物増築部分の使用の必要性が極めて高く，また当該車両の排除によって2.7メートルの通行幅が確保されれば，建物増築部分までは排除を求めることはできない（東京地判昭57・1・29下民33巻1〜4号69頁）。

・ 2項道路を接道として建物を建て替える際には道路境界線より内側に建築し，塀もその内側に設置すべきことを熟知し，その旨の建築確認を受けておきながら，実際にはその境界線の外側（当該建築主所有地）にブロック塀を設置した場合，ブロック塀の設置によって幅員が建て替え前よりより狭められたわけではなく，もともと自動車により出入りすることが不可能であることを知って沿道土地を購入したものであり，また新宿副都心にあること等の事情のもとでは，2項道路対面沿接地所有者はブロック塀の撤去を求めることができない（東京高判昭59・12・18判時1141号83頁）。

・ 2項道路において工事停止命令を無視して設置されたブロック塀について，通行の自由権に基づいてその撤去請求が認められる（東京高判平元・9・27判時1326号120頁）。

・ 2項道路においては，その所有者が全面的に一般公衆の通行，立入を禁止することはできないが，一般公衆が自由に自動車通行することができるということを前提としたものではない（東京地判平2・10・29判タ744号117頁）。

・ 2項道路については私人所有地であっても，従来から自動車による通行の用にも供されており，また，近時における自動車保有の普及度の著しさ，社会機能を維持するうえでの自動車の果たす効用の飛躍的増大を鑑み，一般公衆は日常生活上必須な利用の範囲で，自動車による通行も含めて自由に通行する権利を有する（東京地判平5・6・1判タ863号207頁）。

・ 2項道路は指定道路と同様専ら一般人の通行のために利用されるべきものであり，2項道路において日常生活上必要な通行をする者の利益は，民法上保護に値する自由権（人格権）であるといえる（東京地判平5・9・30判タ875号156頁）。

・ 2項道路における通行利益は，私人の日常生活に必須のものである場

合は，民法上保護されるに値する自由権といえ，侵害の排除を請求することができるが，当該2項道路が，沿道住民の洗濯物干し場や子供の遊び場等として利用されており，幅員が約2～3メートルしかなく，ほぼ中央部分で「く」の字型に曲がっているため，自動車の通行には必ずしも適せず，交通事故防止のため近隣住民の申し合わせにより自動車通行が自粛されている等の事情では，自動車による通行は日常生活上必須のものとは認められない（大阪地決平7・10・27，大阪高決平7・12・11。判タ919号160頁）。
・　2項道路を反射的利益を享受して通行する者であっても，通行を妨害された場合は，通行妨害の態様，道路の使用状況等によっては，通行妨害の排除を請求することができる（東京高判平8・2・29判時1564号24頁）。

■2項道路と囲繞地通行権，黙示的通行地役権の成否
・　2項道路であることは，囲繞地通行権の決定に直接制約を及ぼすものではなく，囲繞地通行権の存否及び範囲は専ら土地の用法に従った通行が可能であるか否かの観点から判断すべきである（東京地判昭58・4・25判タ502号124頁）。
・　戦前に，それぞれの土地からその一部を提供しあって作られた2項道路については，沿道の所有者・借地人等の利用者は，その道路敷地につき通行地役権を設定したとみることができ，その要役地たる沿道のそれぞれの土地に随伴する（東京地判平2・10・29判タ744号117頁）。

■2項道路と慣習上の通行権の成否
　　2項道路を生活道路として利用しているからといって，慣習上の通行権が認められるわけではない（東京地判平5・6・1判タ863号207頁）。

■みなし道路（建築基準法附則5項道路）の自由通行の可否
・　市街地建築物法により築造された私道は，その性質上一般人の通行に開放されたものと認めることができる（神戸地判昭11・6・25公刊物未登載）。
・　みなし道路（建築基準法附則5項道路）について，日常生活を維持するうえで必要不可欠な通行が妨害され，その妨害が重大かつ継続的なものであれば通行の自由権が発生するが，徒歩による通行や緊急車両の通行は認められており，さらに自己の通路を使用して十分に生活が維持され，自動車

第4 指定道路以外の建築基準法上の道路の通行と管理

による通行の必要性も従来の自動車使用方法から考えて決して高いものとはいえない場合は，自動車による通行が不可能となっても，妨害排除請求権は発生しない（東京地判昭61・8・26判時1224号26頁）。

・ 建築基準法附則5項道路においては，一般人は通行の自由を有し，日常生活に必要不可欠であるときは，他に人の通行できる幅員の通路があっても，現在は徒歩通行のみをなす者も，自動車の通行を困難にする妨害の排除，予防を請求することができる（東京地判昭62・1・12判タ656号158頁）。

・ 建築基準法附則5項道路としての指定を受けて以後一般交通の用に供されたことがない土地においては，隣地所有者は通行の自由権に基づく妨害排除を求めることはできない（東京高判平2・8・30東高民時報41巻5～8号76頁）。

■建築線指定承諾と通行地役権の成否

旧市街地建築物法に基づく建築線指定承諾書に承諾の記載をしたことは，特段の事情がない限り，通行地役権が設定された資料とはならない（東京地判昭55・2・18判時977号80頁）。

■既存道路の廃止の効力要件

基準日当時に，一般交通の用に供されていた道は，既存道路に該当し，その後，私人の事実行為によって道路が閉鎖されても，特定行政庁による廃道処分がなされていない限り，既存道路でなくなったとはいえない（奈良地判平8・11・6判自165号94頁）。

第7章　私道の通行と管理

第5　公開空地としての私道の通行と管理

Q 80　公開空地とはどのようなものか。

A　建築基準法の規制が一部緩和されることを前提に，敷地内に確保された空地（一般に開放された広場や歩道，通路等）をいう。

解説　建築基準法において，一般に開放された一定の空地（広場や歩道，通路等）を確保することによって，建築基準法の規制が一部緩和される場合がある。このような空地を公開空地といい，公開空地たる広場や歩道，通路等については，その空地の性質に応じて誰でも利用し，通行することができることとなる。

　高度利用地区において，敷地内に道路に接して有効な空地が確保されている等により，特定行政庁が，交通上，安全上及び衛生上支障がないと認めて許可した建築物については，斜線制限が適用されない（建基59条4項）。

　また一定規模以上の面積の敷地で，敷地内に一定の空地を有し，特定行政庁が交通上，安全上，防災上及び防火上支障がなく，建築面積や高さについて総合的な配慮がなされていることにより市街地の環境改善に資すると認めて許可したもの（総合設計制度）は，容積率，高さ制限及び斜線制限が一部緩和される（建基59条の2，建基令136条）。

　さらに，1団地内に2以上の構えを成す建築物を総合的設計によって建築する場合において，特定行政庁がその各建築物の位置及び構造が安全上，防火上及び衛生上支障がないと認めるものについては，それらの建築物は同一敷地内にあるものとみなして（敷地共同利用），斜線制限，接道義務，容積率，建ぺい率，高さ制限等が適用される（建基86条）。

　これらの規定により，公開空地については当該空地所有者以外の者も利用，通行することができることとなり，そのうち道路，通路状のものについては

178

第5 公開空地としての私道の通行と管理

私道に該当するといえる。

　公開空地としての私道のうち貫通通路と呼ばれるものは，マンション敷地内の通り抜け道で，近隣の居住者も含めて，道路・公園等公共施設相互間の連絡用道路として利用されるもので，自動車通行も前提として公開を義務づけられている場合もあり，マンション居住者以外の者も通行することができる。具体的には，「『公開空地』この広場及び通路は，建築基準法に基づく総合計画により設けられた公開空地で，歩行者が日常自由に通行又は利用できるものです。」，「この公開空地は，○○市市街地環境設計制度に基づく建築物の許可条件として設置されたもので，歩行者が日常自由に通行又は利用できるものです。」と表示されたものがある。

　その他にも，公開空地としての私道には歩道上空地があり，歩行者用の空地で，マンション居住者が利用するもので，マンション管理組合の規約により，マンション居住者以外の者の通行を禁止することができる。

【先　例】
■敷地共同利用の技術基準（通路，空地基準以外の基準は省略）

　　1団地内の各敷地に1団地の前面道路に至る，歩行者が日常自由に通行又は利用できる一定の要件の通路が少なくとも1本設けられていること。敷地内に歩行者が日常自由に通行又は利用できる空地を設ける等の配慮がなされていることにより安全上，防火上及び衛生上支障がないと認められるときを除いて，1団地の区域内の法定の建ぺい率の最高限度に応じて，1団地内の空地の面積の敷地面積に対する割合が一定の数値以上であること。通路内の適当な位置に，当該通路及び空地の位置を明らかにした平面図を付して，1団地内の各建築物が敷地共同利用の認定を受けたものである旨を標示すること（平5・9・8建設省住街114号住宅局市街地建築課長発）。

第7章　私道の通行と管理

第6　その他の私道の通行と管理

Q81 道路法や建築基準法等の適用がない道で一般公衆が通行することができるものはあるか。

A 固定資産税非課税の私道，補助金の交付を受けた私道などは，一般公衆が通行することができることが前提となっている。

解説　私道であっても，公共の用に供する道路と認められれば，固定資産税が非課税となる（地方税法348条2項5号）。また，非課税扱いとならない私道でも，一般的利用についてなんらの制限を設けていないものは，具体的事例により，減税される場合もある。

私道の固定資産税については，各市町村に若干の差があるが，概ね，1.8メートル以上の幅員があること，不特定多数の人の通行の用に供していること，一方の端が袋地に接していないこと，社会通念上不合理な制限（通行料や通行時間）を付していないこと，通行に障害となる門扉・さく・表示物等がないこと，通行以外の目的で土地を使用していないこと（物資集積場，車両置場，露店等）のような基準によって非課税と認定されている（沢井裕ほか『道路・隣地通行の法律紛争』（有斐閣，1989）235頁）。また，公道から他の公道に通じるもの又は公道の拡幅分（分筆されていること）については非課税として取り扱っているものもあり，その他の私道については，複数利用されている私道，回転広場（車の迂回が可能なロータリー）を有する私道，若しくは減免私道の後退部分にあっては利用形態等により評価し，私道部分が分筆されており，一般的利用についてなんらの制約も設けられていないものは減免の対象となることもある（長谷部謙『固定資産税の基礎知識』（日本加除出版，1994）75頁）。

固定資産税非課税の私道については，登記上の地目に関係なく所有者が通行禁止の措置をとることは権利濫用になる可能性が非常に高いと思われる。

また，私道であっても，常時一般公衆の通行の用に供されている道路につ

第6　その他の私道の通行と管理

いて，公益上必要があると認めて，その舗装工事に補助金を交付している自治体もある（地自232条の２）。

　例えば，○○市私道整備事業実施要綱を定めて，私道の整備，すなわち私道の路面の舗装について市の予算で施行するもので，路面の排水が良好で，平均幅員が1.2メートル以上であり，利用家屋が複数ある私道について適用されている。この場合でも，開発行為により特定業者の築造にかかるもの（舗装整備後10年以上経過し，老朽化が著しく路面が荒廃しているものを除く。），道路位置指定の告示後５年以上経過していないもの，他の整備事業の適用があるもの，特定の用途に供されているもの（工場内道路・借家内道路等）は，当該事業は適用されないとされている自治体もある。

　このような道，つまり補助金の交付を受けた私道については，私道所有者は，通常，一般交通の用に供する義務があるといえよう。

【先　例】
■公共の用に供する道路の定義
　　公共の用に供する道路とは，所有者において，なんらの制約を設けず広く不特定多数人の利用に供する道路をいう（昭26・７・13地方財政委員会地財委税1140号事務局税務部長通達）。
■非課税と認定された事例
　　道路法による道路は，公共の用に供する道路といえる（昭26・９・14地方財政委員会事務局市町村税課長回答）。
■非課税と認定されなかった事例
　　・　袋小路になっている私道や，同一公道のみを連絡するような私道は，沿道居住者等の利用者がきわめて多い等の事情が認められる事例でなければ，公共の用に供されているとはいえない（昭42・４・５自治省34号固定資産税課長回答）。
　　・　１筆の宅地内に十数個の家屋がある場合，公道からそれらの家屋に通じる路地は，公共の用に供する道路には当たらない（昭27・１・21地方財政委員会事務局市町村税課長回答）。

181

第7章　私道の通行と管理

【判　例】
■公共の用に供する道路該当性
・　直接公道に通じていない私道であっても，他の私道を通じて両側が公道へ通じ，幅員が1.8メートルあり，他の道路との関係からみて一般人の通行も充分考えられ，また事実上一般人の通行も認められている状況のもとでは，公共の用に供する道路といえる（大阪地判昭41・6・27行集17巻6号691頁）。
・　住居・店舗ビル敷地内の道路で，自動車通行はできず，一方がビルに面してあっても，他方は植込みを隔てて市道に接し，付近の駅への乗降客が多数通行に利用している場合は，公共の用に供する道路と認めることができる（大阪地判昭53・4・25判タ369号303頁）。

■非課税の私道の閉鎖と権利濫用の関係
　私道の固定資産税が非課税となっていることを知ったうえで通路部分を買い受けた者が通路を閉鎖することは，土地の形状や周辺の土地との位置関係から当該通路所有者に格別の不利益がなく，逆に通行者に極めて大きい不利益が生ずる事情のもとでは，権利の濫用になり認められない（東京地判昭61・7・29判タ658号120頁）。

■非課税の2項道路について2項道路であることを否認することが信義則上認められないとされた事例
　包括的に一括指定された2項道路について周辺の建物所有者が人格権的権利に基づき道路上の工作物の撤去を求める訴訟において，建物を建築するに際し，それがみなし道路であることを前提に建築確認を得，さらに，公衆用道路として非課税とされている等の事情の下では，道路所有者が，2項道路の要件を満たしていないと主張することは，信義則上許されない（最一小判平18・3・23裁判集民219号967頁）。

■補助金の交付を受けた私道の性質
　条例に基づいて公的資金をもって舗装された私道は，常時一般交通の用に供しなければならないが，必ずしも自動車による通行まで許容することを予定しているわけではない（東京地判平7・8・23判タ910号140頁）。

Q82 一般公衆が通行することができる私道は地目が公衆用道路となっているか。

A 地目が公衆用道路にはなっていない場合も少なくなく，登記上の地目に関わらず，建築基準法等の法令や，非課税等の状況によって私道の通行関係を判断する必要がある。

解説 公衆用道路とは，一般交通の用に供する道路（道路法による道路たると否とを問わない。）をいい，土地の現況及び利用目的に重点をおき，部分的に僅少の差違の存するときでも，土地全体としての状況を観察して定められ（不登34条，不登規99条，準則68条21号），市町村道認定を受けているとか，道路位置指定を受けているとか，非課税扱いであるとか，あるいは囲繞地通行権や通行地役権等が成立しているかどうかということ等は，参考とはなっても地目の公衆用道路の認定とは直接は関係ない。

私有地であっても一般公衆の交通の用に供されている限り，登記上の地目を公衆用道路と認定することができるが，特定人のみの交通の用に供することを目的としたものは，たとえ公有地であっても公衆用道路と認定することはできない（有馬厚彦『実務　表示登記総論』（民事法情報センター，1987）413頁）。

私道が一般交通の用に供する道路と認められ，その地目が公衆用道路として登記されているもの，つまり公衆用道路たる私道にあっては，道路法，建築基準法等の法令や固定資産税の非課税の適用の有無とは関わらず，私道所有者による通行禁止は，権利濫用になる可能性があると思われる。ただこれは，あくまでも，登記簿上地目が公衆用道路として登記され，且つ，現況においても一般交通の用に供されているような私道である場合に当たるということで，現況は既に一般交通の用に供されておらず，実際は宅地や雑種地，畑等になっているにもかかわらず，登記簿上のみ未だ公衆用道路となっているような土地は，当該土地所有者がそれ以外の者の通行を禁止することが権利濫用になるとはいえないであろう。

第7章　私道の通行と管理

　公衆用道路以外の地目である土地の地目が公衆用道路となった場合は，表題部の所有者又は所有権登記名義人は，1か月以内に地目に関する変更登記を申請しなければならないとされており（不登37条），もともと公衆用道路である土地の地目が別の地目として登記されていた場合には，表題部の所有者又は所有権登記名義人は地目に関する更正登記を申請することができる（不登38条）。もし，表題部の所有者又は所有権登記名義人が共有名義である場合は，保存行為としてそのうちの一人からも申請することができることになる。それから，公衆用道路以外の地目である1筆の土地の一部の地目が公衆用道路となった場合には，やはり，公衆用道路とその他の地目の部分に分割する一部地目変更分筆登記を申請しなければならず，その申請がない場合でも，登記官は職権でその旨分筆登記をしなければならないとされている（不登39条2項）。

　なお，登記上の地目が公衆用道路，あるいは登記上の地目は宅地等であっても固定資産税課税台帳における現況地目が公衆用道路であり，その固定資産評価額が0円となっている場合，当該土地の所有権移転登記申請の際には，課税価格も0円とするわけではなく，一般には，近傍宅地の1平方メートル当たりの評価額の100分の30として算出し，近傍宅地が山間部等のため見当たらない場合は隣接地を基準として算出することとなる（隣接地の評価額に差異がある場合は，「近傍宅地」の趣旨に従い隣接地を選定することとなる。）。

【先　例】

■公衆用道路の認定事例
　・　市町村から道路組成通知があったときに，公衆用道路とするのではなく，あくまでも現況により判定する（昭27・11・13徳島地方法務局会同決議）。
　・　道路が循環してない袋小路であり，沿道に数軒の家屋しか存しない私道でも，客観的にみて公衆用道路と認められる場合には，公衆用道路と認定して差し支えない（昭37・6・20民甲1605号民事局長回答）。

【判　例】

■非課税の2項道路について2項道路であることを否認することが信義則上認められないとされた事例

包括的に一括指定された2項道路について周辺の建物所有者が人格権的権利に基づき道路上の工作物の撤去を求める訴訟において，建物を建築するに際し，それがみなし道路であることを前提に建築確認を得，さらに，公衆用道路として非課税とされている等の事情の下では，道路所有者が，2項道路の要件を満たしていないと主張することは，信義則上許されない（最一小判平18・3・23裁判集民219号967頁）。

■公衆用道路たる私道の通行妨害と権利濫用の関係

地目が公衆用道路である私道に面して玄関を有する土地建物がある場合に，当該私道所有者が私道の地目を宅地に変更しても，正当理由がない限り，私道所有者が玄関の存在を無視して，建物所有者の玄関からの出入りを妨害することは，権利の濫用になる（仙台高判昭49・12・25判タ322号158頁）。

■公衆用道路たる私道買受人と未登記通行地役権者の関係

私道であることが一目瞭然で，登記簿上の地目が公衆用道路であり，非課税措置を受けていること等の事情のもとで時価よりも遥かに廉価で買った者は，通行地役権が未登記であることを主張することはできない（東京地八王子支判平元・12・19判時1354号107頁）。

Column 6
「道路」とは？「宅地」とは？

「道路」とは何か？まさしく本書のテーマであるが，実のところ，明確な定義はなく，その用いられる場面場面で微妙に意味が異なってくる（Q1）。

道路のほかに，司法書士業務において重要な土地の種類として宅地がある。司法書士にとって，宅地とは，登記記録上の地目を意味することが多いだろう。

つまり，宅地とは，建物の敷地及びその維持若しくは効用を果すため

第7章　私道の通行と管理

に必要な土地をいうことになる（準則68条3号）。都市計画法や建築基準法などの法令とは無関係に，現実に建物の敷地である土地や，建物は建っていなくても，建物の維持，効用を果たすべき土地が，宅地ということになる。

ところが，世間一般でいう「宅地」とは，必ずしも，前記の宅地を意味するものではない，という以上に，むしろ，前記の宅地を意味しない場合のほうが多いのかもしれない。

例えば，司法書士事務所に訪れた相談者から，地目が宅地と記載のある登記事項証明書を持参して，「この土地は宅地ですか？」と聞かれたとして，司法書士が登記事項証明書を見て，「この土地は宅地ですよ。」と回答することが，必ずしも相談者の意図するところと一致するとは限らないこともあるということである。相談者は，不動産登記法令において宅地であるか否かよりも，都市計画法や建築基準法などの法令に基づいて，相談者が意図する建物を建てることができる土地であるか否かの方に重きを置いていることも多かろう。

言い換えれば，「宅地」とは，登記簿上の地目に関わらず，「建物が建っている土地」ではなく，法令に基づいて「建物を建てることができる土地」を意味することも多いということがいえるだろう。

このように，「宅地」とは，社会生活や取引の場面で意味するところが異なることになるが，法令上においては，どのように定義されているのであろうか。

実は，Q1に記載した「道路」の定義と同じように，定義がない場合が多く，定義されている場合でも各法令によって異なる意味を持ち，法令上統一された定義はない。

そこで，ここでは「宅地」が定義されている主な法令及びその定義を掲げてみることにする。

様々な打ち合わせの場面において，使い分けていただきたい。

◎宅地建物取引業法（昭和27年6月10日法律第176号）第2条第1号

　宅地：建物の敷地に供せられる土地をいい，都市計画法第8条第1項第1号の用途地域内のその他の土地で，道路，公園，河川その他政令で定める公共の用に供する施設（広場及び水路（宅地建物取引業法施行

令1条))の用に供せられているもの以外のものを含むものとする。
　※　つまり，市街化区域，市街化調整区域等の別に関わらず，現実の宅地（建物の敷地）は当然に宅地であり，さらに，市街化区域内の土地であれば，原則として，駐車場用地，資材置き場用地等も，また農地であっても宅地に該当することとなる。

◎犯罪による収益の移転防止に関する法律（平成19年3月31日法律第22号）第4条別表第2条第2項第39号に掲げる者の中欄
　　宅地：宅地建物取引業法第2条第1号に規定する宅地をいう。

◎土地区画整理法（昭和29年5月20日法律第119号）第2条第6項
　　宅地：公共施設の用に供されている国又は地方公共団体の所有する土地以外の土地をいう。

◎新住宅市街地開発法（昭和38年7月11日法律第134号）第2条第6項
　　宅地：建築物，工作物又はその他の施設の敷地で，公共施設の用に供するもの以外のものをいう。

◎都市再開発法（昭和44年6月3日法律第38号）第2条第5号
　　宅地：公共施設の用に供されている国，地方公共団体その他政令で定める者の所有する土地以外の土地をいう。

◎新都市基盤整備法（昭和47年6月22日法律第86号）第24条第2項
　　宅地：同法第2条第7項第1号に掲げる土地（道路，広場，河川その他の政令で定める公共の用に供する施設の用に供されている土地で国又は地方公共団体が所有するもの）以外のものをいう。

◎大都市地域における優良宅地開発の促進に関する緊急措置法（昭和63年5月17日法律第47号）第2条第6項
　　宅地：建築物，工作物又はその他の施設の敷地で公共施設の用に供するもの以外のものをいう。

◎大都市地域における住宅及び住宅地の供給の促進に関する特別措置法（昭和50年7月16日法律第67号）第2条第7号
　　宅地：土地区画整理法第2条第6項に規定する宅地をいう。

第 7 章　私道の通行と管理

Q83　私道では道路交通法は適用されないか。

A　一般交通の用に供される私道であれば，道路交通法が適用される。

解説　道路交通法は，道路における危険を防止し，その他交通の安全と円滑を図り，及び道路の交通に起因する障害の防止に資することを目的としている（道交1条）。

道路交通法上の道路とは，道路法による道路（高速自動車国道，一般国道，都道府県道，市町村道），道路運送法による道路（専用自動車道，一般自動車道）及び一般交通の用に供するその他の場所をいう（道交2条1項1号）。したがって，私道であっても一般交通の用に供されている場所では，道路交通法が適用される。

公道はもとより一般交通の用に供されている場所であれば，私有地においてであっても徐行（道交42条），一時停止（道交43条），駐停車禁止（道交44条・45条）等の道路交通法の規定が適用され取締りの対象となり，事故等によって同法による処罰を受ける場合がある。なお，道路交通法上の道路以外の場所でも故意過失によって他人に障害を生じさせるなどした場合には，刑法の適用が考えられることはもちろんである。

道路交通法上の道路であるか否かの判断は，それが地上下，屋内外であるかを問わないが（沢井裕ほか『道路・隣地通行の法律紛争』（有斐閣，1989）29頁），道路交通法上の道路であるとされるには，道路としての形態や不特定多数の人の通行がまったく自由であることは必ずしも必要ではないが，客観的にみて，一般交通に利用されていなければならない（『私道』708頁）。

道路交通法上の道路においては，歩行者も，車両，路面電車も道路交通法が規定するルールに従って交通しなければならず，危険防止，交通の安全円滑，交通に起因する障害防止のため都道府県公安委員会によって設けられた

第6　その他の私道の通行と管理

交通規制（道交4条・5条）や，警察官等の交通整理（道交6条）に従わなければならない。また，何人も，交通の妨害となるような方法で物件をみだりに道路においてはならず（道交76条3項），道路において工事，作業をしようとする者（その請負人），道路に石碑，銅像，広告板，アーチ等の工作物を設けようとする者，場所を移動しないで道路に露店，屋台店等を出そうとする者，又は，道路において祭礼行事，ロケーション等一般交通に著しい影響を及ぼすような通行形態・方法により道路を使用する行為等で公安委員会が定めた行為をしようとする者は，その場所を管轄する警察署長の道路使用許可を受けなければならない（道交77条1項）。道路使用許可を受けようとする者は，申請書を所轄警察署長に提出しなければならないが，当該使用が道路法の占用許可の対象（Q37）に該当するときは，当該道路管理者を経由して提出することができる（道交78条1項・2項）。

　許可申請があったとき警察署長は，その行為が現に交通の妨害となるおそれがないとき，又は，交通の妨害となるおそれはあるが公益上又は社会慣習上やむを得ないものであるとき等の場合には許可しなければならないとされている（道交77条2項）。

　道路交通法適用の私道であれば，反射的利益として一般公衆も自由に通行することができる可能性があるが，私道所有者による道路の閉鎖は，原則として私道所有者において自由に閉鎖することができ，それが直ちに権利濫用にあたるとはいえないと思われる。そのときは不特定多数の者が自由に通行することができなくなったとして，道路交通法上の道路とはいえなくなる。

　また，刑事・警察関係の法令で私道に関係するものとしては，道路交通法のほか，刑法がある。つまり，刑法第124条の往来妨害罪の対象となる道であるかどうかということである。

　同罪の対象となる道であるとするならば，まさに刑法上の私道ということができるが，それは，刑法第124条「陸路，水路又は橋を損壊し，又は閉塞して往来の妨害を生じさせた者は，2年以下の懲役又は20万円以下の罰金に処する。2項　前項の罪を犯し，よって人を死傷させた者は，傷害の罪と比較して，重い刑により処断する。」の陸路に該当するということになる。

第7章　私道の通行と管理

陸路とは，公衆の往来に供する鉄道を除いた陸上の通路（浅田和茂＝井田良編『基本法コンメンタール　刑法』（日本評論社，2012）146頁）を意味し，不特定又は多数の人の通行の用に供されている道路（『私道』506頁）をいうが，公道であるか，私道であるかは問わない。閉塞とは，障害物を設置することをいい，部分的な閉塞も含むが，虚偽の標識を設けることは含まれない（浅田和茂＝井田良編『基本法コンメンタール　刑法』（日本評論社，2012）146頁）。

陸路と認められる道路を塞いで通行を妨害した者は，当該道路所有者であっても刑事上罰せられる可能性があるので，通行者にとっては一種の（弱い）反射的利益があるというべきであろうか。

【先　例】
■閉鎖された私道の道路交通法適用の有無

　　道路交通法上の道路に該当するとされていた私道が，その所有者により閉鎖されたときは，登記上の地目が公衆用道路で，固定資産税が非課税になっていても，道路交通法上の道路とはいえなくなる（昭34・7・17警察庁交通課長回答）。

【判　例】
■私有地の道路交通法上の道路該当性

　・　小学校の校庭は，道路交通法上の道路に該当する（高松高判昭27・3・29高刑5巻3号442頁）。

　・　私有工場の敷地内の空地は，道路交通法上の道路に該当する（東京高判昭28・4・27高刑6巻4号520頁）。

　・　未完成ではあるが道路形態を備えた海浜埋立地は，道路交通法上の道路に該当する（東京高判昭37・7・30東高刑時報13巻7号204頁）。

　・　事務所，倉庫等の用地に入るためには許可を要する場所は，道路交通法上の道路には該当しない（大阪高判昭38・12・23公刊物未登載）。

　・　指定道路は，道路交通法上の道路に該当する（東京高判昭40・5・31下民16巻5号956頁）。

　・　山の中腹にある作業現場は，道路交通法上の道路には該当しない（大阪高判昭41・7・22公刊物未登載）。

第6　その他の私道の通行と管理

・　通常の道路は，舗装工事のため片側通行止めの標識があったとしても，道路交通法上の道路に該当する（東京高判昭42・5・31高刑20巻3号341頁）。
・　たとえ私有地であっても，不特定の人や車が自由に通行できる状態になっている場所（すみ切り部分）は，一般交通の用に供するその他の場所として，道路交通法上の道路に該当する（最二小判昭44・7・11裁判集刑172号151頁）。
・　特段の用件を持った者以外の者が立ち入ることのない砂利選別作業所は，道路交通法上の道路には該当しない（東京高判昭45・6・3東高刑時報21巻6号199頁）。
・　岸壁に通じる私有宅地で木材置場，作業所等に囲まれた袋地は，道路交通法上の道路に該当する（東京高判昭46・1・9公刊物未登載）。
・　復旧工事中の通路で工事柵撤去後の部分は，道路交通法上の道路に該当する（大阪高判昭62・10・14判タ662号252頁）。
・　文化住宅の間にある袋地への通路は，現に人，自転車，自動二輪車等が自由に通行している事実によると，道路交通法上の道路に該当する（大阪高判昭62・10・27判タ662号252頁）。

■道路交通法上の道路における通行の反射的利益の可能性
　　一般人が私道を自由に通行することができるという反射的利益が発生するための公法的規制には，道路交通法に基づく規制も含まれ得る（東京地判昭52・5・10判タ348号147頁）。

■私道の陸路該当性
　　陸路であると認められるには，その敷地が公有であると私有であるとを問わない（大判昭11・11・6新聞4072号17頁，最二小決昭32・9・18裁判集刑120号457頁）。

■道路管理者による閉塞の可罰性
　　道路管理者による道路の閉塞であっても，罰せられ得る（大判昭2・3・30大刑集6巻145頁）。

■閉塞，往来妨害の程度，態様
・　閉塞によって往来の障害となるべき状態が生じた場合には，具体的に

191

第 7 章　私道の通行と管理

往来を阻止された者のあることを必要としない（大判昭 3・5・31 大刑集 7 巻 416 頁）。
・　設けられた障害物が通路を部分的に遮断するにすぎない場合でも，その通路の効用を阻害して往来の危険を生じたときは，通路を閉塞したことになる（最一小決昭 59・4・12 刑集 38 巻 6 号 2107 頁）。
・　道路上に立看板等を点々と放置して交通の妨害となるおそれのある行為をしても，付近を通過する車馬が僅かな注意を払うことにより，これらの障害物を回避し，あるいは乗り越え，または除去して往来することのできる場合には，まだ往来妨害の程度に達したとはいえない（名古屋高判昭 35・4・25 高刑 13 巻 4 号 279 頁）。

Q 84　大学構内の道を一般公衆が通行することはできるか。

A　一般公衆が自由に通行することができるとはいえない。

解説　大学やその他の公的施設の構内の道路は，いわゆる構内道路と呼ばれている。
　構内道路は，認定外道路（Q30）の一種ともいわれ，国有地・公有地内の道路で道路法等の適用のないものをいい，敷地内（構内）の通行が事実上黙認されているときでも，それは国や公共団体の恩恵にしか過ぎない（寳金敏明『4 訂版　里道・水路・海浜』（ぎょうせい，2009）11 頁）いわゆる公有の私道であるといえよう。
　公道と同様の通行権は発生しないが，囲繞地通行権が発生することはあり得る。

192

第6　その他の私道の通行と管理

【判　例】
■構内道路の通行
・　国有財産たる大学構内の道路につき，長期間一般公衆の通行が黙認されていたからといって，私人に自由に道路を通行することができるという公道と同様の権利が発生するものではない（東京地判昭40・12・17訟月11巻12号1757頁）。
・　自衛隊が管理している国有地内の通路は，公衆が自由に通行し得る公道であるとはいえない（京都地判昭38・3・30訟月10巻8号1116頁）。
■構内道路の管理
・　現行道路法施行（昭和27年12月5日）前から構内道路として国が管理している土地であっても，市町村等道路法所定の道路管理者に道路管理権が生ずるわけではない（京都地判平3・7・19行集42巻6・7号1173頁）。
・　道路法所定の道路の管理権が成立するためには，道路区域として指定された敷地が国有財産の場合にも，法定の道路管理者が所有権その他の権原を取得して供用が開始されることが必要であるところ，道路法施行法（昭和27年法律第181号）第5条第1項所定の「現に旧法の規定による府県道，市道又は町村道の用に供されている」国有地とは，道路法施行時において現実に道路の形態を有して現に一般に通行の用に供されていることを要し，一般人の通行を禁止したいわゆる構内道路として国が管理していた土地は，前記道路の用に供されていたとはいえないなどとして，当該土地について町が前記道路法施行法5条1項に基づいて権原を取得したとはいえず，町の道路管理権が成立したとはいえない（大阪高判平4・3・19行集43巻3号474頁）。
・　港湾施設の建設工事中である埋立地内の道路を夜間走行していた自動車が岸壁から海中に転落して運転者が死亡した場合において，右埋立地内の道路が一般車両の通行する都市計画幹線道路と舗装ずみの取付道路をもって結ばれているため，港湾施設工事に関係のない一般車両であっても取付道路を通って埋立地内の道路に入ることができるようになっており，とくに夜間には一般人が釣りやドライブの目的で立ち入ることがないでは

第7章　私道の通行と管理

ないのに，取付道路の入口付近には立入禁止，立入制限の掲示等は設置されておらず，また，現場付近の夜間照明も対岸の埋立地にあるものだけであるため，一般人にとって一般道路と埋立地内の道路との区別がつかず，夜間とくに雨天等の視界不良の状態が重なったときは，土地不案内の自動車運転者にとつて道路前方に岸壁があってこれが海面と接していることを識別することが必ずしも容易でない状況にあるなど，原判示の事実関係のもとでは，埋立地の管理には瑕疵がある（最一小判昭55・9・11裁判集民130号371頁）。

Q85 　法令等の適用を受けない私道の通行と管理はどのようになるか。

A 　私道所有者が，自由に維持，管理，使用することができ，第三者が自由に通行することはできない。

解説　法令等の適用をまったく受けない私道については，当該私道所有者が，自由に維持，管理，使用することができるのであって，私道の管理等に要する費用は，当然私道所有者が負担することになり，第三者は，なんらかの通行権を有さない限り通行することはできない。

　仮に，なんらの通行権も有しない第三者が事実上通行しているときでも，それは単なる好意的な事実上の通行（Q175）であるにすぎないといえる。したがって，私道所有者は私道を任意に閉鎖，変更することができ，通行者に不便が生じても，特段の事情がない限り，通常は直ちに権利の濫用や信義則違反に該当することにはならない。

194

【判 例】

- ■不法看板の収去請求の適否

　私道上に，他人がその所有者であるような誤解を与える看板を設置している場合，私道所有者がその管理権に基づいて当該看板の収去を求めることは，権利の濫用にはならない（神戸地判昭61・5・30判自38号78頁）。

- ■法の適用を受けない私道の通行権の成否

　公法的規制（道路位置指定等）をなんら受けない私道については，第三者に通行の自由権は発生しない（浦和地判昭63・9・9判タ695号211頁）。

- ■私道の閉鎖が権利の濫用，信義則違反といえない事例

　・　学校法人がその所有する私道を閉鎖した結果，当該私道を通行していた者が公道へ出るため少しく迂回路をとる必要が起こり，日常生活に不便を感じるに至ったが，付近の通路の状況によれば火災等の緊急事態のときにも危険が生じるおそれがなく，それが大学に昇格したことにより文部省より体育施設の緊急拡充を要求されたため閉鎖したものである事情のもと，私道の閉鎖は権利の濫用に該当するとはいえない（東京地判昭28・2・4下民4巻2号156頁）。

　・　汲取口及び勝手口が私道に面している居宅敷地について，その敷地の他の場所の生垣を取り除くことによって不自由ながらも汚物の搬出ないし勝手口に至る通路として使用可能の状況にあるときは，私道所有者が自宅の玄関に至るための通路として整備するため先の汲取口及び勝手口が面した私道の部分に板塀を設置したことは，人家稠密な東京都内においては権利濫用とはいえない（東京高判昭28・9・28東高民時報4巻4号132頁）。

　・　長年他人が通行している私道（囲繞地通行権，通行地役権は認定されず。）に，私道所有者がブロック塀を設置したからといって，直ちに権利の濫用には当たらない（東京高判昭43・2・27判タ223号161頁）。

　・　幅員1.8メートルの私道所有者が私道にブロック塀を設けた結果，数十年来当該私道を通行していた者が公道へ出るのが遠廻りとなり，緊急避難の際の通路を閉ざされることになったが，幅員1メートル前後の別の階段上の私道を通じて他の公道へ出られ，沿接地の広さ，形状，付近の状況

第7章　私道の通行と管理

等から緊急避難用として当該私道が不可欠のものであるといえない状況のもと，通行者，私道所有者双方の利害の調整と社会秩序の維持とを総合的に考えると，ブロック塀の設置が権利の濫用にあたるとはいえない（東京高判昭49・1・23東高民時報25巻1号7頁）。
・　私道所有者が道路上にブロック塀を設置した行為が建築基準法違反であるからといって，それが直ちに民法上所有権の濫用にあたるとまではいえない（東京高判昭59・12・18判時1141号83頁）。
・　住宅自治会費をもって私道の管理・補修にあたっている場合に，工事による私道破損部分を修復する旨の約束をしたがその約束を守らなかった者に対して，当該私道において自動車による通行を認めない行為は，権利の濫用になるとは解されない（東京地判昭61・8・26判時1224号26頁）。
・　長期間他人の土地を通路として公道へ出入りしていた場合，当該通路をその所有者が閉鎖した行為は，通行者が他の土地に囲繞地通行権を有し，当該通路部分の所有者に害意をもってブロック塀を設置するとの事実を認めるに足りない以上，通行者が自動車をもって通行できなくなるからといって，ただちに権利濫用に結びつくこともない（浦和地判昭63・9・9判タ695号211頁）。

■廃道と囲繞地通行権の関係
　私道が閉鎖された場合でも，囲繞地通行権が失われるものではない（東京地判昭36・8・15判タ125号64頁）。

Q86　路地状敷地とは何か。

A　接道義務を満たすための，建築物の敷地のうち道路に接する通路状の細長い部分で，広い意味では私道であるといえる。

第6　その他の私道の通行と管理

解説　路地状敷地とは，接道義務（Q55）を満たすための，建築物の敷地のうち道路に接する細長い部分で，建ぺい率等の算定の基礎となる通路状の土地の部分をいい，広い意味では私道であるといえる。

路地状敷地は，あくまでも建築物の敷地の一部であって，建築基準法上の道路ではない。当該敷地所有者以外の第三者は，なんらかの通行権を有さない限り通行することはできないことは，法令等の適用を受けない私道と同様であることは当然である。

路地状敷地については，条例で，路地状の部分が長くなることによって，道路に接する幅も大きくしなければならないなど接道要件が強化されている場合がある（Q56）。

なお，路地状敷地の幅員と囲繞地通行権発生の関係については，Q102を参照いただきたい。

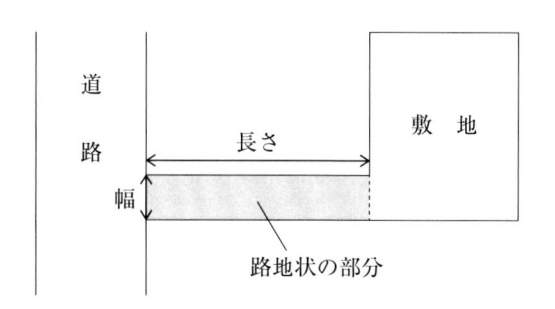

【判例】
■路地状敷地の幅員と囲繞地通行権の発生の関係
　路地状敷地の幅員が建築基準に満たないというだけでは，隣接地上に囲繞地通行権は発生しない（最一小判昭37・3・15民集16巻3号556頁）。
■路地状敷地への他人の囲繞地通行権の発生との関係
　路地状敷地に他人の囲繞地通行権が発生したからといって，路地部分を建物の敷地として算入できなくなるわけではない（東京高判昭59・4・24判タ531号158頁）。

第8章 公私中間道

Q 87　農道や林道等はどのような性質の道路か。

A 法令に基づいて公的に管理監督されているが、一般公衆の通行の用に供されているとまではいえない道路であり、公道と私道の中間的接点的な性質を有するといえる。

解説　農道や林道は、国、地方公共団体、公団等によって、あるいは補助金や公的融資によって設置され、法令に基づき公的に管理監督されているが、一般公衆の通行の用に供されているとまではいえない道路であり、その他にも、産業の育成発展や国土・資源の保全等の公の目的に資するため関係者以外の通行を制限してあり、道路も同様の性質を有する。

これらは、法令に基づく公的管理の面からは公道性を有し、一般公衆の通行が確保されておらず、通行関係者が制限されている面からは私道性を有しているという、いわば公道と私道の中間的接点的な性質を有している。このような道路を、本書では「公私中間道」と呼ぶこととする。

公私中間道はその性質から、一般公衆に通行に関する反射的利益もなく、たとえ地域住民が常時一般的に通行していたとしても管理者に恩恵的に黙認されているにすぎないので、原則として関係者以外の者に道路を通行する権利が発生する余地はないものと考える。

以下、代表的な公私中間道を挙げる。

◎　農業用道路—農道—
　　土地改良法は、この法律は、農用地の改良、開発、保全及び集団化に関する事業を適正かつ円滑に実施するために必要な事項を定めて、農業生産の基盤の

第8章　公私中間道

整備及び開発を図り，もって農業の生産性の向上，農業総生産の増大，農業生産の選択的拡大及び農業構造の改善に資することを目的としており（土改1条1項），土地改良事業とは，農業用用水排水路，農業用道路その他農用地の保全，利用上必要な施設（土地改良施設）の新設，管理，廃止，変更，区画整理，農用地の造成等農用地の改良，保全のために必要な事業をいい（土改2条2項），これにより設置された道路が農業用道路と呼ばれる。土地改良区は，土地改良事業が完了した場合は，事業によって生じた土地改良施設を管理しなければならないとされている（土改57条）。

　土地改良区には，土地原簿が備えられ，組合員その他当該土地改良区の事業に利害関係のある者から閲覧の請求があった場合には，理事は，正当な事由がある場合を除いて，これを拒んではならないとされている（土改29条）。

　社会一般には，農道と呼ばれている里道や，農作業の用に供されている道，農地の間に存する道で農道と呼ばれている道もあるが，土地改良法に基づかないものであれば，ここでいう農業用道路―農道―には当たらない。

　なお，巷間，農免農道（農免道路）と呼ばれる道路があるが，これは農林漁業用揮発油税財源身替農道整備事業によって設置された道路を言っている。

◎　林　道

　森林法は，森林計画，保安林その他の森林に関する基本的事項を定めて，森林の保続培養と森林生産力の増進とを図り，もって国土の保全と国民経済の発展とに資することを目的としており（森林1条），農林水産大臣・都道府県知事は，林道の開設を含む全国・地域森林計画をたて，公表しなければならないとされている（森林4条・5条）。

　これらの森林計画には，林道について定められることになっている（森林4条2項4号・5条2項5号）。

　林道は，森林の資源を開発し，林産物を搬出することを目的とする道路で，国有林林道，民有林林道に大別され，さらに民有林林道は，国庫補助林道，特定森林地域開発林道，林業構造改善事業林道，振興山村農林漁業特別開発事業林道，融資林道，県単林道，自力林道に区分される（建設省財産管理研究会『公共用財産管理の手引』（ぎょうせい，第2次改訂版，1995）21頁）。

　民有林林道ではあっても監督官庁から財政上の補助を受けている等により，

199

第 8 章　公私中間道

実際上は行政の監督のもとにあるといえ（沢井裕ほか『道路・隣地通行の法律紛争』（有斐閣，1989）21頁），民有の林道において監督地方公共団体に管理権が認められることは，明確に判示されている。

　なお，建設当初から一般車の通行を前提にした「スーパー林道」が一時期問題になった（高井和伸『道路をめぐるトラブル解決法』（自由国民社，1994）125頁）。

　社会一般には，林業の用に供されている道や山林の間に存する道で林道と呼ばれている道もあるが，森林法に基づかないものは，ここでいう林道には当たらない。

◎園　路

　都市公園法は，都市公園の設置及び管理に関する基準等を定めて，都市公園の健全な発達を図り，もって公共の福祉の増進に資することを目的としており（都市公園法1条），園路を含む公園施設が，都市公園の効用を全うするため当該都市公園に設けられる（都市公園法2条2項）。

　都市公園（公園施設としての園路を含む。）の管理は，地方公共団体の設置に係る都市公園にあっては当該地方公共団体が，国の設置に係る都市公園にあっては国土交通大臣が行い（都市公園法2条の3），都市公園を構成する土地物件については，私権を行使することができない。ただし，所有権を移転し，又は抵当権を設定し，若しくは移転することを妨げないとされている（都市公園法32条）。

　公園管理者は，その管理する都市公園の台帳（都市公園台帳）を作成し，これを保管しなければならず，都市公園台帳の閲覧を求められたときは拒むことができないことになっている（都市公園法17条）。

◎　自然公園道路

　自然公園法は，優れた自然の風景地を保護するとともに，その利用の増進を図ることにより，国民の保健，休養及び教化に資するとともに，生物の多様性の確保に寄与することを目的とし（自然公園法1条），国立公園に関する公園計画は，環境大臣が，関係都道府県及び審議会の意見を聴いて決定し，国定公園に関する公園計画は，環境大臣が，関係都道府県の申出により，審議会の意見を聴いて決定し，環境大臣は，公園計画を決定したときは，その概要を官報

第8章　公私中間道

で公示し，かつ，その公園計画を一般の閲覧に供しなければならない（自然公園法7条）。

◎　鉱業用道路

　　鉱業法は，鉱物資源を合理的に開発することによって公共の福祉の増進に寄与するため，鉱業に関する基本的制度を定めることを目的とし（鉱業法1条），鉱業権者・租鉱権者は，鉱区・租鉱区又はその付近で，他人の土地を道路開設等の目的のため必要で，他に代えることが困難なときは，その土地を使用することができ，その結果原状回復が困難になったときは，その土地を収用することができるが，使用，収用をするには，経済産業大臣の許可を受けなければならない。経済産業大臣は，その使用，収用を許可したときは，所在地，図面縦覧場所等を公告しなければならず，ただちに，市町村長に，その土地を表示する図面を送付することとなる（鉱業法104条～106条）。

◎　専用自動車道

　　専用自動車道とは，自動車運送事業者が専らその事業用自動車の交通の用に供することを目的として設けた道をいう（運送2条8項）。

　　専用自動車道を設置した自動車運送事業者は，その全部又は一部の供用を開始しようとするときは，国土交通大臣の検査を受けなければならず，国土交通大臣は，その路線等を公示しなければならない（運送75条・50条・53条）。

◎　港湾道路（臨港道路）

　　港湾法は，交通の発達及び国土の適正な利用と均衡ある発展に資するため，環境の保全に配慮しつつ，港湾の秩序ある整備と適正な運営を図るとともに，航路を開発し，及び保全することを目的とし（港湾法1条），国際戦略港湾，国際拠点港湾又は重要港湾の港湾管理者は，港湾の開発，利用及び保全並びに港湾に隣接する地域の保全に関する政令で定める事項に関する計画（港湾計画）を定めなければならず，国土交通大臣より計画変更不要の通知を受けたときは，港湾計画の概要を公示しなければならず，地方港湾管理者は港湾計画を定めたときは，港湾計画の概要を公示しなければならない（港湾法3条の3）。

　　港湾計画における港湾施設には，港湾区域及び臨港地区内の道路を含む臨港交通施設が含まれる（港湾法2条5項4号）。

　　これに基づいて設置された道路を，一般に港湾道路（臨港道路）と呼び，一

第 8 章　公私中間道

般公衆の利用に供することを要しないものもある。

【判　例】
■地方公共団体による林道開設の適否
　地方公共団体が私有地を買収して林道を開設することは，公益上の必要がある場合，森林法，地方自治法その他の関係法令に反するものではない（浦和地判平 5・10・18判自134号73頁）。
■民有林道における地方公共団体の管理権の範囲
　林道については一般公衆の用に供さなければならないものではないので，その管理者たる地方公共団体は，民有の林道であってもその管理権に基づいて，無許可業者の通行の差し止めを請求することができる（京都地決平 7・3・30判時1563号129頁）。
■管理瑕疵において機能管理について費用を負担する者の範囲
　国立公園内の周回路の設置費用について法律上負担義務を負う者のほか，この者と同等若しくはこれに近い設置費用を負担し，実質的には，この者とその周回路による事業を共同して執行していると認められる者であって，その周回路の瑕疵による危険を効果的に防止し得る者も，管理瑕疵による賠償責任を負う者に含まれる（最三小判昭50・11・28民集29巻10号1754頁）。
■専用自動車道の供用開始の有効性
　専用自動車道について，道路法の供用開始並びに障害物除去命令の代執行処分に藉口してなされた私有財産の公用収用処分は，違憲である（大阪高判昭36・3・30高民14巻 2 号139頁）。

第2編 通　行　権

第1章　法定通行権

第1　囲繞地通行権（袋地通行権）

Q88 他人の土地であってもその同意なく通行することができる場合があるか。

A 他の土地に囲まれて公道に至ることができない者は，公道に至るため，囲繞地通行権をもって，当該他の土地を通行することができるなど，法律（民法）の規定によって通行権が生じる場合には，他人の土地をその同意なくして通行することができる。

解説　他人の土地を通行するには，当該他人の土地の所有者の同意を得る等のほか，なんらかの通行権がなければ法律上許容されるものにはならない。

通行権とは，正当に通行をすることができる根拠となるべき権利であり，発生の原因・事情，権利の性質等を基準に種々に分類される。例えば，他の土地に囲まれて公道に至ることができない場合に公道に至るため当該他の土地を通行することができることとなり，その権利が囲繞地通行権（袋地通行権）である。他の土地に囲まれて公道に至ることができない土地は，袋地と呼ばれ，袋地の所有者は，袋地を囲んでいる土地を通って公道に至ることができるということになる。囲繞地通行権は，法律（民法）の規定に基づいて

第 1 章　法定通行権

発生する通行権の典型例であり，言わば法定通行権とも呼ぶことができるだろう。

　法定通行権以外では，契約に基づいて設定する物権としての通行地役権や，債権としての通行のための賃借権など，契約に基づく通行権もある。

　その他にも，発生の事情を基に，黙示的に発生する通行権，時効による通行権や法律上に成文の規定のない通行権などを分類することができる。

　囲繞地通行権は，民法の次の規定に基づいて発生する。

〈民法〉

(公道に至るための他の土地の通行権)
第210条　他の土地に囲まれて公道に通じない土地の所有者は，公道に至るため，その土地を囲んでいる他の土地を通行することができる。
2　池沼，河川，水路若しくは海を通らなければ公道に至ることができないとき，又は崖があって土地と公道とに著しい高低差があるときも，前項と同様とする。

　ここで，囲繞地とは，従前の民法第210条第1項「或土地カ他ノ土地ニ囲繞セラレテ公路ニ通セサルトキハ其土地ノ所有者ハ公路ニ至ル為メ囲繞地ヲ通行スルコトヲ得」の「囲繞地」であるが，平成16年法律第147号民法の一部を改正する法律によって改正（民法の口語化で，平成17年4月1日施行）された現行民法では，前記第210条第1項の「他の土地」を指すことになったため，囲繞地通行権とは「公道に至るための他の土地の通行権」を指すことになる。

　このように，ある土地について，なんらかの通行権を有する者は，その通行権の範囲内で当該土地を通行することができることになり，反対に，当該土地の所有者は，その通行権の範囲内で通行を受忍することが求められる。

【判　例】
■不測の災害のための囲繞地通行権の成否
　・　地震や火災のような万一の危険に対する防災のためより広い囲繞地通行権を認めることは，民法の趣旨に合致しない（東京地判昭32・12・20下民8

第1　囲繞地通行権（袋地通行権）

・　火災等の安全避難をも考慮して，袋地の成否を決定することも認められる（東京地判昭39・2・1下民15巻2号187頁）。
・　火災等災害時の避難，消火活動を考慮して，既存通路の拡張が認められる場合もある（大阪地判昭51・12・15判タ352号275頁）。

■囲繞地通行権に基づく通行の行き先の範囲
　分譲地内の道路を囲繞地通行権に基づいて通行する場合，単に公路へ出ることができるだけでなく，他の分譲地へ行くことも認められる（名古屋地判昭40・10・16訟月11巻12号1730頁）。

Q89　囲繞地通行権が発生する要件としての「公道」とは，道路法による道路などの公道を指すか。

A　道路法による道路などの公道とは同義ではなく，現に一般公衆の交通の用に供されている道であれば，私道であっても要件を満たす。

解説　囲繞地通行権が発生する要件としての「公道」とは，道路法による道路などの公道と同義ではない。
　ところで民法がQ88のように改正される前は，「公道」は「公路」とされていたが，公路と公道は単なる言い換えにすぎないと解されている（『私道』83頁）。
　そこで，現に一般公衆の交通の用に供されている道であれば公道（公路）の要件を満たすこととなり，私道であってもそのような要件を満たすものであれば公道（公路）に当たることになり，そこを利用することにより社会通念上囲繞されているとは認められない状況があれば，当該道路通路等も公道（公路）に該当する。

第 1 章　法定通行権

　反対に道路法による道路等の公道であっても，土地の用法に従った利用ができる程度の幅員や道路形態を有していないものは，公道（公路）であるとはいえない。

【判　例】
■公路の認定基準
　・　公路といえるには，一般人において自由に通行することを許容されている状態にある通路であることを要する（東京地判昭37・5・26ジュリ257号3頁）。
　・　公路とは，公道のみを指すのではなく，公衆が自由に通行することができる相当程度の幅をもった道路を指す（東京高判昭48・3・6東高民時報24巻3号42頁）。
■私道の公路該当性
　・　私道であっても，あたかも公衆の自由に通行し得る道路であると認められるときは，公路に該当する（東京高判昭29・3・25下民5巻3号410頁）。
　・　私道として一般交通の用に供されている間は，公路に該当する（高松高判昭32・6・8下民8巻6号1080頁）。
　・　公路とは公道に限らず公衆が自由に通行し得る道路であれば足り，私有地であっても私道として一般交通の用に供せられている限り，公路に含まれる（横浜地判昭40・11・10判タ185号148頁）。
　・　柵や開戸の設備があり，通行する者が数名で，その特定人に対してのみ通行を黙認している通路は，公路とはいえない（徳島地判昭26・11・27下民2巻11号1359頁）。
■自動車通行制限道路の公路該当性
　　建築基準法上の道路たる私道において，私道共有者が車両の通行を認めない方針をとっており，当該共有者の自治会が確認書をもって自動車通行の制限をしている場合は，その私道は公路とはいえない（東京地判昭60・4・30判時1179号85頁）。
■暗渠の公路該当性
　・　開渠の下水溝が埋められ，上部の幅が1.1メートルから1.2メートルま

第1　囲繞地通行権（袋地通行権）

でのコンクリート又は砂利敷の道路状になっており，一人が自転車で通行することが可能であっても，雨傘をさして歩いたり，大人二人が並んで歩くことがやや困難で，公共溝渠として管理され，地下に大きな下水管があり，ここにガス，水道管を埋め，電柱を建てることが不可能で，今後も道路認定を受ける程のものでない事情では，付近の住民が通行していても，公路であるとはいえない（東京地判昭41・5・23判時450号30頁）。

・　現に機能を果たしている幅員2.7メートル水路であっても，上部をコンクリートの構造物で被覆し，道路としての機能をも果たしている場合は，公路と認めることができる（東京高判昭56・9・9判タ455号106頁）。

■公図，公簿上のみの道路の公路該当性

公図上，公簿上は道となっているが，実際には畑や工場敷地として使用されている土地は，公路とはいえない（東京高判昭48・3・6東高民時報24巻3号42頁）。

■道路法による道路などの公道の公路該当性が否定された事例

・　市道であっても，付近の土地状況及び現在の社会生活の状況を考え居住地の利用の必要を満たすものとはないときは，公路であるとはいえない（米子簡判昭42・12・25判時523号72頁）。

・　里道であっても，土地の用法，形状，地域環境等から考えて，合理的な効用を全うし得ない場合は，公路であるとはいえない（福岡高判昭47・2・28判時663号71頁）。

Q90　公道に至る狭い通路がある土地は，袋地であるとはいえないか。

A　公道に至る通路があっても，狭すぎるなど，土地利用に堪えないようなときは，袋地であると認定されることもある。

207

第 1 章　法定通行権

解説　公路に通じることができない袋地であるかどうかは，単に通路が全く存在しないとか，物理的通行不能のみをもって認定するのではなく，袋地をどのように利用するかという目的との関連において，社会通念あるいは利用状況から不能とみなし得る場合についても認定すべきである。

ここで，「他の土地に囲まれて公道に通じない」とは，通行することができない他人の土地という意味であるから，ある土地が別の土地に囲まれて公道に接していなくても，自己の他の土地や，何らかの通行権をもとに他の所有地を通行して公道に至ることできるときは，その土地は袋地には当たらない。

【判　例】
■囲繞する土地の意味
・　同一人が 1 団の数筆の土地を所有している場合，その一団の土地のどこか一方側でも公道に面しており，1 団の土地のどこからでも同一人の所有地を通過して公道へ出ることができるときは，囲繞地通行権は発生しない（東京高判昭28・10・26下民 4 巻10号1538頁）。
・　取得した土地の筆界の全部が直接公路に接していないときでも，自己の隣接する別の土地を通って公路へ至ることができるときは，囲繞地通行権は発生しない（東京地判昭31・12・17下民 7 巻12号3661頁）。
・　袋地を囲繞する土地とは，他の筆の土地という意味ではなく，他人所有の土地という意味であり，取得した土地の筆界の全部が直接公路に接していないときでも，自己の隣接する別の土地を通り，さらにその隣接地を要役地とする通行地役権が設定されている再隣接地を通って公路へ至ることができるときは，囲繞地通行権は発生しない（最一小判昭43・3・28裁判集民90号813頁）。
■分筆による囲繞地通行権の成否
・　単に分筆しただけでそれらの土地が依然同一人の所有に属する間は，相隣関係の問題を生じる余地はなく，いまだ囲繞地通行権は発生しない（東京地判昭34・4・22判夕93号54頁）。

第1　囲繞地通行権（袋地通行権）

- 1筆の土地が分筆されたことにより筆界の上では袋地を生じても，同一所有者に属する間は，囲繞通行権が発生するわけではなく，分筆後の一部が他の所有者に帰属するなどして，初めて囲繞地通行権が発生する（最一小判昭44・11・13裁判集民97号259頁）。

■未分筆のままの土地の袋地該当性

　分筆しないまま譲り受けた土地の一部が公路に接していない場合は，その土地は袋地に該当する（東京地判昭32・12・20下民8巻12号2386頁）。

■袋地と囲繞地が同一所有で囲繞地が第三者に賃貸されている場合の袋地該当性

　袋地と囲繞地が同一所有者に帰属していても，公道に接する側の土地を他人に賃貸して，囲繞地を他人が排他的に利用している場合には，袋地所有者に無償囲繞地通行権が発生する（東京地判昭56・1・30判タ453号113頁）。

■袋地と囲繞地が同一所有で袋地と囲繞地が別人に賃貸されている場合の袋地該当性

- 公路に接しない土地と公路に接する土地が同一所有で，公路に接しない土地と公路に接する土地が別人に賃貸されている場合，公路に接する土地の借地人が自己の借地を，公路に接しない土地の借地人に対して公路に至るまでの通行をさせる義務を負担しているときは，その公路に接しない土地は袋地であるとはいえない（札幌地判昭50・12・23判タ336号303頁）。

- 第三者に賃貸された土地に囲繞された結果，事実上袋地となった場合は，袋地借地人は囲繞地通行権を主張することができる。この場合，袋地と同一所有者に属する囲繞地があるときは，その土地のみを無償通行することができることになる（東京地判昭56・4・20判タ464号121頁）。

■袋地と囲繞地が同一所有で袋地が賃貸されてされる場合の袋地該当性

- 袋地と囲繞地が同一所有で袋地が賃貸されてされる場合，囲繞地には建物が建っていて袋地の借地人が囲繞地を通って公路へ出るとすればその建物を一部取り壊さなければならず，反対に，公路に接する袋地の隣接地（第三者所有）には何もないような事情のもとでは，当該袋地が第三者所有の隣接地との関係においても袋地に当たらないと断定することはできず，

第1章　法定通行権

　むしろ，袋地にとって本来の囲繞地の所有者と袋地の所有者が同一であり，その第三者所有の隣接地とは所有者が異なることを，囲繞地通行の場所の判断材料として考慮すべきである（東京地判昭44・3・29下民20巻3・4号160頁）。
・　公路に接しない土地の借地人は，特約がない場合でも，賃貸人の所有する公路に通じる土地を，賃貸借契約の内容として通行することができるので，この場合当該借地は袋地であるとはいえない（最一小判昭44・11・13裁判集民97号259頁）。
・　公道に面する1筆の土地の所有者が，その内公道に面していない部分を賃貸しているときは，当該借地人が他の好意に基づいて他の隣接地を通って公道へ出ている場合でも，その通行が第三者にも主張し得る程の強い効力のある通行権として確立しているわけではない事情では，なお賃貸人は公路に面する自己所有地を，当該借地人に通行させる賃貸借契約上の義務を負っている（東京地判昭62・5・27判時1269号89頁）。

■袋地と囲繞地が別人所有で囲繞地が袋地所有者に賃貸されてされる場合の袋地該当性
　　公路に通じる既存の通路に賃借権を有していても，他人所有の土地（当該通路を含む。）に囲繞されていれば，袋地といえる（東京高判昭56・8・27高民34巻3号271頁）。

■袋地が賃借され囲繞地が袋地所有者と第三者の共有である場合の袋地該当性
・　袋地が賃借されており，隣接する囲繞地が賃貸人所有で，さらに接続する公路に面する囲繞地が賃貸人と第三者の共有であるときは，袋地の賃借人は囲繞地通行権を有する（名古屋地判昭56・7・10判時1028号88頁）。
・　袋地が賃借されており，囲繞地が賃貸人と第三者の共有であるときは，対抗力を有する袋地の賃借人に囲繞地通行権が発生する（東京地判昭62・5・27判時1269号89頁）。

■袋地における既存通路の通行権原の要否
・　夫婦の一方が袋地の所有者であり，それに隣接するもう片方所有の土

第1　囲繞地通行権（袋地通行権）

地を通って公道へ出られるときでも，それは夫婦関係に基づく事実上の自由であって，法律上の権利ではないので，袋地であることにはかわりがなく，囲繞地通行権が成立する（東京地判昭30・9・12下民6巻9号1967頁）。
・　公路に通じる既存の通路に地役権や借地権と言った囲繞地通行権に匹敵する通行権が確立されているといえない限り，袋地でないといえない（東京地判昭39・2・1下民15巻2号187頁）。
・　公路に通じる既存道路に自己のための通行地役権が設定されている場合は，袋地には該当せず，また，既に，無償囲繞地通行権の発生している袋地の所有者が，その袋地に隣接する土地の公路に通じていない一部を譲り受けた場合も，譲り受けた土地は袋地とはいえない（最一小判昭43・3・28裁判集民90号813頁）。
・　他人所有の既存の通路を通って公路へ至ることができるときであっても，その通行が土地所有者の恩恵による好意的な事実上の通行にすぎない場合には，囲繞地通行権が成立し得る（東京高判昭48・10・30東高民時報24巻10号187頁）。
・　公路に通じる既存の通路に通行権原が証拠上認められなければ，袋地であることを否定することはできない（東京地判昭56・1・28判時1009号80頁）。
・　建物賃借人が賃借建物の敷地に隣接する土地の公路に通じていない一部を譲り受けた場合，建物敷地から借家契約の目的達成の他必要な範囲で建物賃貸人所有の土地を通って公路に出ることができるときでも，当該譲り受けた土地は袋地であり，一部譲渡の残余地に無償囲繞地通行権が発生する（横浜地判昭57・12・13判タ498号153頁）。

■悪意の袋地取得者の囲繞地通行権主張の適否

　袋地であることを知りながら当該袋地の所有権を取得した者が，囲繞地通行権に基づく妨害排除請求をすることは，権利の濫用に当たるということにはならない（宇都宮地栃木支判昭55・4・10判時1016号64頁，東京高判昭56・8・27高民34巻3号271頁）。

■袋地作出と信義則違反の関係

　自ら袋地を作出したということのみをもって，袋地所有者による囲繞地

第 1 章　法定通行権

通行権の主張が，信義則に反するということにはならない（東京地判平 2・4・24判時1366号60頁）。

■潜在的な囲繞地通行権と土地明渡の権利濫用の関係

裁判によって公路へ至る土地の明渡しが認容されることによって袋地が生ずる事態を招くとしても，囲繞地通行権が民法上考えられているので，当該明渡しが権利濫用になるとはいえない（最三小判昭39・5・26裁判集民73号657頁）。

■違反建築と囲繞地通行権の関係

袋地上に違反建築物を建築する場合でも，囲繞地通行権は発生する（東京地判昭39・6・30判時388号39頁）。

■遺産分割の結果と囲繞地通行権の関係

・　土地の分割によって公路に通じない袋地となった場合，その分割が遺産分割によるものであっても，囲繞地通行権が発生する（東京高決昭52・3・7東高民時報28巻3号54頁）。

・　遺産分割により公道へ通じるように分筆して相続した場合に，当該通路部分が建築基準を満たす幅員がないからといって，路地状部分を通じて公道に接しており，袋地に当たらない場合は囲繞地通行権が発生しない（東京地判平2・11・19判時1393号105頁）。

■共有物分割により袋地が生じる場合の金銭分割の可否

共有地を分割したならば袋地が生じ，建築基準法上の接道義務を満たさなくなるときは，当該土地の価格を著しく損なうこととなるので，共有者の一部の者の共有物分割請求に対しては，競売に付したうえ売得金を分割する方法が相当である（東京地判平3・7・16判時1419号75頁）。

第1 囲繞地通行権（袋地通行権）

Q91 公道に至る既存の通路があるときでも袋地であると認められるのはどのような場合か。

A 袋地の利用状況，囲繞地の様態，既存の通路の位置，幅員，囲繞地の受忍の限度等が総合的に考慮されて判断される。

解説 囲繞する土地（公路に接する土地）と囲繞される土地の関係，特に囲繞する土地の一部が既存通路であるような場合との関係において，囲繞されている土地が袋地であるか否かの判定に関しては，袋地の利用状況，囲繞地の様態，既存の通路の位置，幅員，囲繞地の受忍の限度等が総合的に考慮されて判断されることになるが，一般的には，まず，囲繞する土地の全部が公道でない他人の土地であるケースでは，その囲繞されている土地は袋地に該当し，自己所有地を通って公道へ至ることができるケースや土地に接する公道を通って別の公道へ至ることができるケースでは袋地には該当しないといえる。

詳しく分類してみると，囲繞する土地の全部が公道でない他人の土地であるケースでは，囲繞する土地が空地又は物件，工作物，建築物等のある土地で，通路がないケースや，囲繞する土地の一部に通路があるが，その通路について無権原であるケースでは袋地に該当するといえる。

一方，囲繞する土地の全部が公道でない他人の土地であるケースで，その通路について権原をもって通行することができるケース，自己所有地を通って公道へ至ることができるケース，土地に接する公道を通って別の公道へ至ることができるケースについては，権原をもって通行することできる他人所有の通路の幅員，自己の土地の公路へ至る部分の幅員，土地に接する公道の幅員が狭く，あるいは急傾斜である等の状況があるため通行に困難が伴う状況があるとき，それらの既存通路によって一応公道へ至ることができることを理由に袋地ではないと即断すると，事実上その土地が死地となり相隣関係の精神に反することになるおそれもあり得る。一般的には，既存通路におけ

213

第1章　法定通行権

る通行状況，周囲の状況，生活や作業等の利便性等，囲繞地所有者の受忍の限度等を考慮し，社会通念に照らして，より便利な通行の必要性が土地の用法に従った利用に基づいているのかを視点に，個別的事例に応じて袋地であるか否かを判断しなければならない。

つまり，いくら公道へ至る既存通路があったとしてもその通路が先の諸般の事情のもとであまりにも狭すぎる等利便に耐え得ない不充分な場合であると認められるときは袋地に該当し，囲繞地通行権が発生する。

反対に，その通路が土地の用法にとって充分である場合には，袋地には該当しないので囲繞地通行権は発生せず，既存通路の拡張や，別の通路の創設を求めることはできない。

囲繞地通行権が発生する位置（Q98）や幅員（Q101）は，別途個別的に考慮すべき問題として浮上する。

なお，囲繞地通行権の判定材料として建築基準との関係や自動車通行との関係等については，Q102，Q103を参考のこと。

【判　例】
■囲繞地通行権が認められた事例
・　畦道があって人の通行が可能でも，肥料・収穫物等の運搬に支障をきたすような場合には，袋地に該当する（大判大3・8・10新聞967号31頁）。
・　公道に通じる山道があるが，傾斜が急で石材を搬出することができないような場合には，袋地に該当する（大判昭13・6・7大民集17巻1331頁）。
・　公路へ通じる既存通路があっても，土地の用法に従った利用を図るためにはなお狭窄であってそのために土地の利用をすることができないときは，袋地に該当するが，現在の通路の幅員で既存建物の利用上支障がない場合は，袋地であるとは認められない（東京高判昭34・8・7高民12巻7号289頁）。
・　既存通路がかろうじて歩行できる（幅約2.5尺（75センチメートル））としても，とうてい日常生活の利便に堪えない場合には，袋地に該当する（東京高判昭37・1・30下民13巻1号104頁）。
・　公路との間に空地があって，そこを通行できるとしても，その空地が

214

第1　囲繞地通行権（袋地通行権）

かつて存した通路が廃されたところに築造された建物と建物との間隙地にすぎない場合は，充分な通路とはいえず，袋地に該当する（甲府地判昭38・7・18下民14巻7号1458頁）。

・　幅1.5メートルで約30度の傾斜のある石段だけで公路に通じている場合には，袋地に該当する（東京地判昭38・9・9判タ156号91頁）。

・　既存通路の幅員が4尺（約1.2メートル）位である事情で，建築基準法令その他の社会的要請を考慮すると，袋地に該当することもあり得る（東京地判昭39・2・1下民15巻2号187頁）。

・　公路に至る幅2尺の里道があるが，土地の用法，形状，地域環境等から考察して，営業上役に立たず，消防自動車，屎尿汲取り車の出入りが困難であるなど，合理的な効用をまっとうし得ない場合には，袋地に該当する（福岡高判昭47・2・28判時663号71頁）。

・　既存のハイキング道路を経て公道に至ることができるが，それが山林の絶壁とブロック塀に挟まれ，ひと一人が通行できる程度で，狭いところは幅65センチメートルしかなく，急斜面で粘土質のため滑りやすい道であるときは，袋地に該当する（東京地判昭47・3・24判時678号62頁）。

・　公道に通じる既存通路があるが，当該土地の利用方法からしてその必要性を満たすことができないような通路であるときは，袋地に該当する（最二小判昭47・4・14民集26巻3号483頁）。

・　既存通路の幅が1メートル前後で，農作業に必要なリヤカー等の通行ができない場合には，袋地に該当する（福岡高判昭48・10・31下民24巻9〜12号826頁）。

・　既存通路があるが，それが裁判上の和解によって暫定措置として10年間使用できるにすぎず，狭いところで1メートル，公路まで45メートルあり，鍵型に屈曲しているときは，袋地に該当する（岡山地判昭49・12・26判時787号97頁）。

・　既存通路の幅員が0.6メートルである事情があり，日常の建物の出入り，引越し等の家財道具の出し入れ，火災等災害時の避難，消火活動を考慮すると，袋地に該当することもあり得る（大阪地判昭51・12・15判タ352号

第 1 章　法定通行権

275頁）。
・　幅員2メートルの暫定的通路がある事情で，建築関係諸法を参酌すると，袋地に該当することもあり得る（東京高決昭52・3・7東高民時報28巻3号54頁）。
・　別の自己所有地上の建物の内部を通って公路へ至ることができるが，その土地との接続面が1.66メートルで，土地の用法に従った利用のためには狭窄であるときは，袋地であるといえる（大阪高判昭55・5・30判時981号81頁）。
・　分筆，譲渡した結果，幅員1.637メートルの通路で公路に接しているに過ぎない袋地となった場合，その通路に接する譲渡人所有地側に拡張して，無償囲繞地通行権が認められる（横浜地判昭61・12・23判時1232号141頁）。

■公路に通じる通路が市道である場合
　　甲地は直接市道（幅員0.5メートルから1.1メートル）に接しており，さらにその市道を通って別の広い幅員（2.7メートル）の市道に至ることができる場合でも，木造住宅の密集した市街地である付近の土地状況及び現在の社会生活の状況を考えると，前者の市道は居住地の利用の必要を満たすものとはいえず，甲地は袋地に該当する（米子簡判昭42・12・25判時523号72頁）。

■囲繞地通行権が認められなかった事例
・　既存通路の幅員が3尺から4尺で樒の生垣が植えられ，通路所有者も通行を認容し，通行上格段の支障がないときは，その通路が幅狭であっても，土地の価格の上昇の激しい昨今，より広い部分に囲繞地通行権を認めることはできない（東京地判昭32・12・20下民8巻12号2386頁）。
・　製綿工場や燃料，自動者置場として利用している賃借地について，自己の通路を通って公道へ出られる限り，その通路が狭く自動車の通行が不可能であっても，当該賃借地は袋地であるとはいえない（横浜地判昭48・9・17判タ304号226頁）。
・　囲繞地通行権の判定にあたっては形式的，画一的に判断するべきではなく，土地の一関係，形状，用法等諸般の事情を総合考慮して判断しなければならず，もともと住宅用地であり，自動車乗り入れが不可能でも，既

216

第1　囲繞地通行権（袋地通行権）

存通路が公道へ出るために十分であるとすれば，袋地であるとはいえない（東京高判昭48・12・25東高民時報24巻12号228頁）。

・　公道に通じる幅員1.8メートルの通路が，自動車での乗り入れは不可能であり，消防車救急車等が進入できないときでも人の通行に差し支えないときは，袋地とはいえない（東京地判昭58・4・25判タ502号124頁）。

・　幅90センチメートルの里道が通じている農地で，大型農業機械の通行は不可能だが，永年在来の農法により耕作を続けられる場合は，袋地とはいえない（京都地判昭58・7・7判タ517号188頁）。

・　建築法令によって，一戸建住宅を建てることができる2メートル幅員の既存通路があれば，共同住宅は建てられない場合でも袋地とはいえない（浦和地判平5・10・29判時1511号118頁）。

・　既存通路の幅員が1.38メートルから2.36メートルある場合は，その通路が位置的に当該土地から公道へ至るのに最も遠い場所に設置されているときでも，袋地であるとはいえない（最三小判昭30・12・26民集9巻14号2097頁）。

Q92　公道に接してはいるが公道に至るためには崖を通らなければならない土地も袋地といえるか。

A　著しい高低差がある場合は，袋地に該当する。その他，水路等を通らなければ公道に至ることができないときには，袋地に該当する。これらの袋地は，準袋地と呼ばれる。

解説　ある土地が全部は他人の土地に囲繞されてはいないが，池沼，河川，水路又は海を通らなければ公道に至ることができないときや，あるいは崖があって土地と公道とに著しい高低差があるときも，当該ある土地の所有者は，公道へ至るために，囲んでいる他の土地を通行すること

217

第1章　法定通行権

ができる（民210条2項）。

この場合の「当該にある袋地」は，準袋地と呼ばれる。

どのような状態であれば準袋地に該当するか否かは，通常の袋地のように，諸般の事情によって社会通念に照らして，個別的事例に応じて判断される。

【判　例】
■崖岸による準袋地の認定基準
　「崖岸アリテ土地ト公路ト著シキ高低ヲ為ス」とは，当該土地の位置，形状，公路に至るための階段設置工事の難易度，費用，工事により被る影響その他諸般の事情を斟酌して，社会通念にしたがって決する（東京高判昭54・5・30下民30巻5～8号247頁）。

■囲繞地通行権が認められた事例
　・　隣接する堤防の上に出るのに，幅3尺の水路があり，5尺から6尺の高低差がある場合は，準袋地に該当する（東京高判昭28・10・26下民4巻10号1538頁）。
　・　2メートルの高低差のある崖側に幅30メートルの石段があるだけで非常用としてはともかく，日常生活に使用できるものではない場合は，準袋地に該当する（福島地判昭40・1・28下民16巻1号147頁）。
　・　直接は公路に接せず，その一方の面が運河に接している土地は，運河に桟橋，ウィンチ等を有して海上運送による交通の便があるとしても，準袋地に該当する（横浜地判昭40・11・10判タ185号148頁）。
　・　高低差10メートルの崖で県道に接している場合は，準袋地に該当する（東京高判昭53・9・21判タ373号65頁）。
　・　高低差3メートルの崖で公道に接している場合に，平屋建ての建物しかないときは，準袋地に該当する（東京地判昭57・3・15判タ475号117頁）。
　・　山頂付近の土地で，公道に出るのにロープウェイがあるが，人が何時でも歩行若しくは車両で通行して移動できる設備ではなく，それが敷設されていた索道敷も平均勾配が50.4％で，歩行若しくはジープを含む車両による交通手段では通行が不可能である場合は，準袋地に該当する（大阪地判平4・4・22公刊物未登載，大阪高判平5・4・27判時1467号51頁）。

218

第1　囲繞地通行権（袋地通行権）

■囲繞地通行権が認められなかった事例
・　3.8～5.6メートルの高低差のある崖で公道に接しているが，階段施設設置工事が容易である場合には，準袋地とはいえない（東京高判昭54・5・30下民30巻5～8号247頁）。
・　2.5メートルの高低差のある崖で公道に接している場合に，階段の設置が容易であるときは，準袋地とはいえない（鹿児島地判昭60・11・15判タ585号63頁）。
・　3.4メートルの高低差のある崖で公道に接している場合に，階段の設置が相応の出費で可能であるときは，準袋地とはいえない（横浜地判昭62・11・12判時1273号90頁）。
・　公道に接する高低差4.5メートルの崖にコンクリート製の堅固な階段が設けられている場合には，準袋地とはいえない（福島地郡山支判平5・11・11判自123号102頁）。
・　約4メートルの高低差で公道に接している場合に，階段を設けることにより公道に出ることができ，もともと公道側に玄関があり，公道側から出入りしていたときは，準袋地であるとはいえない（名古屋地判平8・1・25判タ939号160頁）。

Q93　袋地でない土地が後発的に袋地となることがあるか。

A　公道に至るための道が廃止され，公道に至ることができなくなった土地は，袋地化する。

解説　袋地は，原始的に生じている場合のほか，後発的に生じる場合もある。

第1章　法定通行権

　公道に接する側の土地が分譲されたことにより袋地が生じることもあり，あるいは，公道に通じる道が廃止されたことによって，公道に至ることができなくなった場合も，袋地が生じ，囲繞地通行権が発生することがある。

【判　例】
■私道の廃止によって袋地が生じた事例
　一般公衆の通行用として利用されてきた私道が廃止されたことにより公道に至ることができなくなった場合は袋地に該当することになり，それはその私道の端に有刺鉄線を張り，売地の立札を立てたときから袋地化したといえる（高松高判昭32・6・8下民8巻6号1080頁）。

Q94 囲繞地通行権を時効取得することができるか。

A 囲繞地通行権は，独立しては時効取得の対象とはならない。

解説　囲繞地通行権は，袋地の所有権等の物権的請求権の一態様であるので，囲繞地通行権のみ所有権等から独立して時効取得されることもない。
　また他の原因によっても独立して取得されることはない。

【判　例】
■囲繞地通行権の時効取得の可否
　囲繞地通行権は，独立して取得時効の対象とはならない（横浜地判昭48・9・17判タ304号226頁）。

220

第1　囲繞地通行権（袋地通行権）

Q95　囲繞地通行権の権利者となり得るのは袋地の所有者だけか。

A　袋地の地上権者等には独自に囲繞地通行権が認められる。袋地の賃借権者も，対抗力を備えた者には囲繞地通行権が認められる。

解説　袋地の地上権者にも，独自に囲繞地通行権が認められる（民267条）。

その他，永小作権者等の物権の権利者にも囲繞地通行権が認められ，袋地の賃借権者は対抗力を備えた場合に限り，囲繞地通行権が認められる。つまり，登記を経た賃借権者，農地について引渡しを受けた賃借権者（農地16条1項），袋地上の建物を自己名義に登記をした借地権者たる賃借権者（借地借家法10条1項）は，独自に囲繞地通行権が認められることになる。

一方，袋地の単なる占有権者は，本権がない以上，囲繞地通行権は認められない。

なお，袋地の賃借人で，賃貸人所有地を通って公道に至ることができる者は，賃貸人の所有する公道に通じる土地を賃貸借契約の内容として通行することができるので，独自に囲繞地通行権を主張することはできない。

袋地上の建物の所有者（借地人ではない。）にも，独自の囲繞地通行権が認められる可能性がないとはいえないとする判例もある。

【判　例】
■占有権者の囲繞地通行権主張の適否
　・袋地における本権を有しない単なる占有権者には，囲繞地通行権は認められない（最二小判昭36・3・24民集15巻3号542頁）。
　・囲繞地通行権を主張し得る者は袋地所有者のみならず地上権者，永小作権者，賃借権者も含まれるが，物権的効力を有する権利者に限られるので，対抗力を有さない袋地の賃借権者は，囲繞地通行権を主張することができない（大阪地決昭38・11・18下民14巻11号2237頁）。

221

第1章　法定通行権

■賃借権者の囲繞地通行権主張の適否
- 登記等の対抗力を有しない袋地の賃借権者も，囲繞地通行権を主張することができる（東京地判昭31・9・25下民7巻9号2606頁）。
- 囲繞地通行権は土地利用の正常な機能を発揮するため認められるものであるから，対抗力を有しない袋地の賃借人の主張する囲繞地通行権であっても，権原をもって袋地を利用する以上，囲繞地所有者がそれを否認することはできない（東京地判昭32・12・20下民8巻12号2386頁）。
- 農地である袋地の引渡しを受けたことにより対抗力を得た賃借権者は，囲繞地通行権を主張することができる（最二小判昭36・3・24民集15巻3号542頁）。
- 袋地の賃借人所有の地上建物が登記されているときは，登記簿上の所在の地番の枝番に誤りがあるが，それが明らかな誤記であると認められれば囲繞地通行権を主張することができる（東京地決昭37・10・3判タ141号61頁）。
- 袋地の賃借人に囲繞地通行権が認められるためには，賃借権の登記，地上建物登記，その他第三者対抗要件を具備し，対世的に自己の利用権原を主張することができる物権的効力を有する場合に限られる（大阪地決昭38・11・18下民14巻11号2237頁）。
- 囲繞地通行権を主張することができる袋地の賃借権者は，対抗力を備えた者に限られる（東京地判昭44・3・29下民20巻3・4号160頁）。
- 対抗力を備えていない袋地の賃借権者は，固有の囲繞地通行権を主張することができない（大阪地判昭48・1・30判タ295号281頁）。
- 囲繞地通行権は物上請求権的権利であるから，袋地の賃借権者は第三者に対する対抗要件を具備している場合でなければ，囲繞地通行権を主張することはできない（札幌地判昭50・12・23判タ336号303頁）。
- 相隣関係の規定は不動産相互間の利用の調整を図ることを目的とし，不動産取引の安全を目的とする公示制度とは関係ないので，対抗力を有しない袋地の賃借人も囲繞地通行権を主張することができる（名古屋地判昭56・7・10判時1028号88頁）。
- 袋地賃借人に囲繞地通行権が認められるためには，当該賃借権が物権

第1　囲繞地通行権（袋地通行権）

的妨害排除力を是認される程度のものでなくてはならない（東京地判昭56・8・27判タ464号113頁）。
・　囲繞地が賃貸人と第三者の共有であるときも，対抗力を有する袋地の賃借人は，囲繞地通行権を主張することができる（東京地判昭62・5・27判時1269号89頁）。
・　建物所有を目的とする袋地の賃借人は，土地の引渡しを受け，現に建物を所有し袋地を占有しているときは，囲繞地通行権を主張することができる（東京高判昭63・6・29東高民時報39巻5～8号35頁）。

■袋地上の建物所有者の囲繞地通行権主張の適否
・　袋地上の建物所有者も，囲繞地通行権の類推適用の余地がないとはいえない（大阪地判昭28・12・25下民4巻12号1996頁）。
・　妻所有の袋地上に建物を有する夫も，袋地所有者に準じて囲繞地通行権を有する（東京地判昭47・3・24判時678号62頁）。

■袋地上の建物の借家人の囲繞地通行権主張の適否
・　袋地上の建物の借家人は，対抗力を具備することにより当然に囲繞地通行権を主張することができる（東京控判大13・8・11新聞2317号15頁）。
・　引渡しによって対抗力を取得した袋地上の建物の借家人は，囲繞地通行権を主張することができる（米子簡判昭42・12・25判時523号72頁）。
・　袋地上の家屋の借家人は，その敷地部分について対抗力を有しているとはいえないので，固有の囲繞地通行権を主張することはできない（大阪地判昭48・1・30判タ295号281頁，大阪高判昭49・3・28高民27巻1号62頁）。

■同居者の囲繞地通行権主張の適否
　　袋地上の他人所有の建物に同居している者には，固有の囲繞地通行権は発生しない（大阪地判昭48・1・30判タ295号281頁）。

■囲繞地通行権代位行使の可否
・　賃借権者は，賃貸人（袋地所有者）の囲繞地通行権を，代位行使することができる（東京地判昭36・8・15判タ125号64頁）。
・　袋地上の借家人は，袋地の借地人の囲繞地通行権を代位行使することができ，借地人が囲繞地通行権に基づく妨害排除請求訴訟を提起している

223

第 1 章　法定通行権

ときであっても，借家人は別の妨害者に対してもその囲繞地通行権を代位行使して排除を請求することができる（東京高判昭53・11・29東高民時報29巻11号253頁）。

■賃貸人所有地を通って公路に至ることができる借地人の囲繞地通行権主張の適否

　公路に接しない土地の借地人は，特約がない場合でも，賃貸人の所有する公路に通じる土地を，賃貸借契約の内容として通行することができるので，独自に囲繞地通行権を主張することはできない（最一小判昭44・11・13裁判集民97号259頁）。

【実　例】

■永小作権者の囲繞地通行権主張の適否

　袋地を永小作権者が利用する場合も，囲繞地通行権が生じる（大12・6・1法曹会決議（『法曹会決議要録　上巻』（清水書店，1931）116頁））。

Q96　囲繞地通行権を主張する袋地所有者の所有権は登記されていなければならないか。

A　袋地の実体法上の所有者であれば，登記を経ていなくても，囲繞地通行権を主張することができる。

解説　袋地の実体法上の所有者であれば，登記を経ていなくても，囲繞地通行権を主張することができる。

これは，囲繞地通行権に関する規定が相隣関係に関する規定であって，袋地の効用のため，囲繞地の所有者に一定の範囲の通行受忍義務を課すためであり，不動産取引の安全保護をはかるための登記制度とは関係がないと解されているからである。

第1　囲繞地通行権（袋地通行権）

【判　例】
■未登記所有権者の囲繞地通行権主張の適否
　実体上袋地の所有権を取得した者は，所有権移転の登記を経なくても，囲繞地通行権を主張することができる（最二小判昭47・4・14民集26巻3号483頁）。

Q97　囲繞地通行権を主張する相手方は囲繞地の所有者でなければならないか。

A　囲繞地の所有者に限られず，囲繞地を利用する者に対しても主張することができる。

解説　袋地所有者が囲繞地通行権を主張する場合，囲繞地がその所有者によって利用されているときには，囲繞地所有者に対して主張することになるが，囲繞地が借地されている場合などは，その借地人に対しても主張することができるか否かが問題となる。
　囲繞地通行権に関する規定は相隣関係に関する規定であり，相隣接する不動産相互間の利用の調整を目的とする規定であるため，囲繞地の所有者に対してだけでなく，囲繞地に利用権を有する者に対しても，囲繞地通行権を主張することができると解されている。
　よって，囲繞地が借地されている場合は，その借地人に対しても主張することができる。

【判　例】
■同一所有者に属する袋地の賃借人の囲繞地の賃借人に対する主張の適否
　・　囲繞地通行権に関する民法の規定は，明文上は土地所有者間の規定であるが，不動産の利用の調整に基づく社会的制度である趣旨から考え，不

第1章　法定通行権

動産賃借権者間にも類推適用すべきである（東京地判昭37・10・3判タ141号61頁）。
・　同一所有者に属する複数の土地が二人以上の者に賃貸された結果袋地が生じた場合，袋地の借地人は囲繞地の借地人に対して無償囲繞地通行権を主張することができるが，袋地に接する他人の土地においては，囲繞地通行権を主張することはできない（足立簡判昭47・12・11判時706号77頁）。
・　借地権の一部譲渡により袋地が生じた場合，借地権の一部譲渡を受けた者は，公路へ至るため，その譲渡者の借地を無償で通行することができる（東京地判昭52・2・25判タ360号213頁）。
・　1筆の土地の一部がそれぞれ賃借され，その賃借地が第三者の賃借地に囲まれた場合も袋地に当たると解され，袋地賃借権者は，袋地と同一所有に属する囲繞地の一つである賃借地を通行することができる（東京地判昭56・4・20判タ464号121頁）。
・　2筆の借地のうちの一つの借地権が譲渡され，それが袋地であるような場合，不動産賃借権者間にも囲繞地通行権が類推適用されるべきである（大阪地決昭58・5・26判タ503号100頁）。

■袋地所有者の袋地と同一所有に属する囲繞地の賃借人に対する主張の適否
　　袋地と囲繞地が同一所有者に帰属していても，公道に接する側の土地を他人に賃貸するなどして，囲繞地を他人が排他的に利用している場合には，袋地所有者は囲繞地の賃借人に対して無償囲繞地通行権を主張することができる（東京地判昭56・1・30判タ453号113頁）。

【実　例】
■永小作権者に対する囲繞地通行権主張の適否
　　囲繞地を永小作権者が利用する場合も，袋地所有者には囲繞地通行権が生じる（大12・6・1法曹会決議（『法曹会決議要録　上巻』（清水書店, 1931）116頁））。

第1　囲繞地通行権（袋地通行権）

Q 98　囲繞地通行権は囲繞地のどの場所に成立するか。

A　通行の場所は，囲繞地通行権者のために必要であり，かつ，囲繞地のために損害が最も少ないところとなる。

解説　囲繞地通行権の場所のことを法定通路と呼ぶが，この法定通路の場所の選定については，囲繞地通行権者のために必要であり，かつ，他の土地（囲繞地）のために損害が最も少ないものを選ばなければならないと定められている（民211条1項）。

具体的には，袋地所有者等のために必要で，かつ囲繞地のために最も損害の少ない場所を，個別事例に応じて，土地の用法，位置関係，利用や通路開設の経緯，付近の状況等諸般の事情が考慮されて選定されることとなる。

なお，一度定まった法定通路であっても，相隣関係の事情に変動があった場合には，法定通路も移動が生じることもあり得る。

【判　例】
■囲繞地通行通路の数
　袋地に通ずる通路が三つある場合においては，囲繞地通行権者は，その全部について通行することができる（大阪地判昭57・8・13判タ486号110頁）。
■公有地における囲繞地通行権成立の可否
　・　大学構内の国有の私道たる行政財産の上においても，囲繞地通行権が成立する（東京地判昭40・12・17訟月11巻12号1757頁）。
　・　行政財産たる土地に囲繞地通行権が発生することは，私権の設定には当たらず，場合によっては法定通路となることもある（甲府地判昭46・9・21訟月17巻11号1715頁）。
■囲繞地通行権の空間的上下の範囲
　・　囲繞地通行権は，社会生活上相当と認められる範囲において土地の上空に及ぶので，袋地上の看板を公道から見えなくするため通路所有者が通

227

第 1 章　法定通行権

路に設置した看板（広さ約 8 畳）について，その撤去を求めることができる（東京高判昭50・1・29高民28巻 1 号 1 頁）。
・　囲繞地通行権に基づき，囲繞地所有者の承諾なしに，通路の地下に上下水道管，ガス管を設置することができる（神戸簡判昭50・9・25判時809号83頁）。

■法定通路の移動，変動
・　相隣地使用関係に事情の変更があったと認められるときは，通行の範囲も変更後の新たな事情に基づいて認定すべきである（東京地判昭38・9・9判タ156号91頁）。
・　囲繞地通行権による通行の場所は，特定の囲繞地の特定の場所に不変のまま存続するものではなく，囲繞地所有者がその用法に従いその土地の使用法を変えた（法定通路を含む囲繞地が宅地に造成され，地上に旅館が建築され，法定通路が旅館の敷地内を分断することとなった。）ときは，囲繞地のため，より損害の少ない他の場所に移動することを余儀なくされることもあり得る（福岡高判昭50・5・12判タ328号269頁）。

■囲繞地通行権の本来の対象地以外に通行権が認められた事例
　本来囲繞地通行権の対象となる土地ではなく，直接公路に通じるために必要とされるものでもないが，その分筆，分譲の経過及び現在の使用状況に照らし，囲繞地通行権に準じた通行権を有するといえる場合もある（東京地判平 3・1・29判時1400号33頁）。

■囲繞地通行権の場所的範囲の一般的基準
・　囲繞地の中の既存の通路が部分的に閉鎖されたがその閉鎖部分が小さく，残りの部分はなお通路所有者自身が通路として利用しているとき，他の囲繞地に通路を開設するには先の通路の閉鎖部分を復元するよりも大きな面積を必要とし，その部分の地価も先の通路部分の地価より遥かに高いときには，新たな通路を開設することが囲繞地のため最も損害の少ない場所を定めるとはいえない（山口地判昭37・7・30判タ140号130頁）。
・　囲繞地通行権は袋地の利用のため囲繞地の利用を制限するものであるから，囲繞地通行権の認められる場所は，その範囲は袋地利用に必要でか

第1　囲繞地通行権（袋地通行権）

つ囲繞地のため最も損害の少ない限度で認められるにすぎず，その限度は結局社会通念に照らし，付近の地理状況，相隣地利用者の利害得失，その他諸般の事情により具体的事例に応じて判断すべきである（東京地判昭38・9・9判タ156号91頁）。
・　囲繞地通行権は，袋地の使用上必要であって，かつ囲繞地所有者にとって損害の最も少ない範囲にとどまるべきである（東京高決昭43・7・10高民21巻4号370頁）。
・　囲繞地通行権の認められる場所は，囲繞地通行権者のために必要にして，かつ囲繞地ために最も損害の少ない場所を選ぶべきであるが，同時に，袋地と囲繞地の沿革，袋地を生ずるに至った経緯，従前の通路及び実際に行われてきた通行の状況，現在の通路の状況及び通行の実情，各土地の地形的位置的な状況等諸般の事情を考慮し，具体的な事情に応じて最も適当な通行範囲を定めるべきである（奈良地判昭55・8・29判時1006号90頁）。
・　1筆の土地を数筆に分筆して順次譲渡するにあたって，共同の通路に供する目的で各分筆地に順次隣接する帯状の土地が設けられた場合，仮に，分筆地の一つについてその帯状地が狭窄であり，実質的に公路に通ぜざる袋地に該当し囲繞地通行権が成立するとしても，それはその帯状地のみでは通路として不足する分だけを他の分筆地に求めることが囲繞地のため最も損害が少ないと判断することができ，分筆と無関係な土地に囲繞地通行権を求めるのは相当でない（札幌高判昭58・6・14判タ508号114頁）。

■囲繞地通行権の場所的範囲に2項道路がある場合の影響
　　2項道路であることは，囲繞地通行権の決定に直接制約を及ぼすものではなく，囲繞地通行権の存否及び範囲は専ら土地の用法に従った通行が可能であるか否かの観点から判断すべきである（東京地判昭58・4・25判タ502号124頁）。

229

第 1 章　法定通行権

> **Q99**　袋地から公道に至る既存の通路があるときは法定通路の位置も既存通路の位置と重なることになるか。

A　既存通路の位置が法定通路の位置と重なることが多いと思われるが，囲繞地通行権者のために必要であり，かつ，囲繞地のために損害が最も少ないところという基準に沿って別の位置で選定されることもある。

解説　囲繞地通行権が発生する事例の場合，法定通路の位置は，囲繞地通行権者のために必要であり，かつ，囲繞地のために損害が最も少ないところという一般的基準に沿って選定される。
　具体的には，既存通路の位置を法定通路の位置として認める事例のほか，諸般の事情により個別的に新たに通路を開設する事例，既存通路を閉鎖して別の位置に法定通路を認める事例や，既存通路はそのままで他の位置にも法定通路を認める事例がある。
　囲繞地に既存通路がある場合との関係においては，既存通路の位置を法定通路の位置として認めた現状維持事例が大多数であり，既存通路はそのままで他の位置にも法定通路を認めた事例でも，従前から通行に利用されていた場所が新通路の位置として考慮される要因となったということである。もちろん，既存通路の位置よりも，囲繞地に，他に囲繞地通行権者のために必要であり，かつ，囲繞地のために損害が最も少ないところがあれば，その位置に法定通路が認められ，既存通路は閉鎖を余儀なくされることもあり得る。
　なお，法定通路の位置とも関連があるが，その幅員の具体的な数値については，Q101に譲り，囲繞地通行権の判定材料として建築基準との関係や自動車通行との関係等については，Q102，Q103を確認いただきたい。

【判　例】
■法定通路の位置的基準
　・　袋地から公路へ至る法定通路は，他の建物の敷地でありかつ袋地から見て屈折することとなる土地よりも更地であり，かつ袋地から見て直線で

230

第1　囲繞地通行権（袋地通行権）

前者よりも短い距離で公路に至ることができる土地の方に認められる（東京高決昭52・3・7東高民時報28巻3号54頁）。
・　袋地の周囲には建物が建っており，他の囲繞地のうちの一つは空地ではあるが独立した使用に価する宅地であり，残りの囲繞地は袋地所有者の夫が通路用として購入したもので，その地積形状からみて通路以外の独立した合理的用途に使用することが困難である事情では，先の空地を利用する方が商店街や市中央部に出るのに便利で今まで利用し馴れている場合でも，その空地を法定通路とみることはできない（福岡地判昭46・5・24判タ266号244頁）。
・　囲繞地の一つに少年鑑別所の敷地がある場合，当該敷地を私人の通行に開放することは公益上看過しえないので，袋地所有者は他の適当な囲繞地を通行すべきである（甲府地判昭46・9・21訟月17巻11号1715頁）。
・　囲繞地の縁先等を通行することが囲繞地にとって最も損害の少ない箇所に見えても，囲繞地居住者の私生活が直接通行者に曝露されることが避けられない場合には，当該縁先は法定通路とはいえない（熊本簡判昭39・3・31判時371号56頁）。

■既存通路の位置を法定通路の位置として認めた事例
・　公路へ通じる既存通路があっても，土地の用法に従った利用を図るためには狭窄であってそのために土地の利用をすることができないときは，隣地の利用関係その他相隣関係における諸般の事情を考慮してその必要が認められれば，既存通路を拡張することが認められる（東京高判昭34・8・7高民12巻7号289頁）。
・　既存の幅約3尺の空地を通って公路へ出ており，その空地が囲繞地にとって最も損害が少なく，袋地にとって便利である場合，建築基準や一般車両通行を考慮すると，当該通行部分を拡張した範囲で法定通路が認められる（甲府地判昭38・7・18下民14巻7号1458頁）。
・　2メートルの幅員の既存通路があったが，その通路の新所有者が板塀を設置し通路が狭まった場合，袋地が住宅地であって他に特段の利用状況が認められない事情では，現在の幅員でも日常社会生活上に支障を生じな

第 1 章　法定通行権

いと思われる程度であれば，狭まった通路の範囲でのみ囲繞地通行権が認められる（東京地判昭38・9・9判タ156号91頁）。

・　既存通路の幅員が4尺位である事情で，建築基準法令その他の社会的要請を考慮すると，既存通路の拡張が認められる（東京地判昭39・2・1下民15巻2号187頁）。

・　高級住宅地として分譲された開設された道路について，自動車の出入りを必要とし，道路位置指定を受けている等の事情のもと，当該道路全部につき囲繞地通行権が認められる（東京高判昭40・5・31下民16巻5号956頁）。

・　囲繞地の中で，既に通路の形体を備え，従来より通行の用に供されている場所は，囲繞地のため最も損害の少ない場所であると考えられる（東京地判昭43・9・2判時553号57頁）。

・　既存通路にその所有者が廃木，岩石等を置いて幅員をせばめた場合でも，袋地所有者の自動車通行の必要性と通路所有者の岩石等の置場としての必要性を比較衡量すると，元の既存通路全体に囲繞地通行権が認められる（大阪地判昭48・1・30判タ295号281頁）。

・　囲繞地の新所有者が囲繞地を取得する以前から，袋地で電気工事業を営んでおり，既存通路において営業用小型貨物自動車で出入りしていた事情のもと，既存通路全体がそのまま法定通路として認められる（東京高判昭50・1・29高民28巻1号1頁）。

・　幅員2メートルの暫定的通路がある事情で，建築関係諸法を参酌すると，既存通路の拡張が認められる（東京高決昭52・3・7東高民時報28巻3号54頁）。

・　従来大型トラック等の通行に利用していた私道が歩道橋の設置によって，その幅員が縮小され，通行が困難になっても，企業活動と公共的利益とを比較衡量すると，縮小された範囲でのみ囲繞地通行権が認められ，歩道橋の撤去を求めることはできない（大阪地判昭52・5・27判タ365号300頁）。

・　既存通路の幅員が0.6メートルである事情で，日常の建物の出入り，引越し等の家財道具の出し入れ，火災等災害時の避難，消火活動を考慮すると，既存通路の拡張が認められる（大阪地判昭51・12・15判タ352号275頁）。

第1　囲繞地通行権（袋地通行権）

・　既存通路の幅員では日常の通行の用に供することは不十分であるときは，袋地であるといえるが，通行権の確認が訴訟の提起の動機や囲繞地所有者の受任の限度を考慮して権利の濫用に当たると認められると，既存の通路の範囲以外に囲繞地通行権を認めることはできない（東京地判昭55・12・19判タ449号83頁）。

・　分譲地内に開設された通路について，住宅用地としての建築基準適合性や，普通自動車の通行等を考慮し，周辺居住者の共同の通路として開設された経緯を考えれば，その道路としての外観を備えた通路全体に，囲繞地通行権が認められる（奈良地判昭55・8・29判時1006号90頁）。

・　既存通路周辺にはその通路際まで従前から建築物が存する事情のもと，袋地所有者が建物を建築する必要があるときでも，既存通路の現況部分のみに囲繞地通行権が認められる（東京地判昭56・1・28判時1009号80頁）。

・　囲繞地の中で，直線かつ最短で公道へ出られ，相当幅員のある私道様の通路が存し，付近住民や袋地所有者が長い間通行していた場所は，囲繞地の他の場所には付近住民が恒常的に公道へ至る通路として利用した形跡がないことからも，囲繞地のため最も損害の少ない場所であると認められる（名古屋地判昭56・7・10判時1028号88頁）。

・　長年にわたり居住者が利用している既存通路は，繁華街である付近の状況等諸般の事情を考慮すれば，袋地利用のため必要最低限のものであり，通路所有者としても受任しなければならない場所であるといえる（東京地判昭56・8・27判タ464号113頁）。

・　囲繞地通行権に基づいて通行し得べき土地の位置は，建造物の取毀しや，道路開設の必要の全くない既存通路において認められるのが相当である（東京高判昭56・8・27高民34巻3号271頁）。

・　既存通路にその通路所有者が物件を設置することにより部分的に狭くなったが，未だ人の通常の通行に支障がなく，従前の通行の使用方法，対価の支払の有無，物件設置の必要性等を考慮すると，現状の範囲でのみ囲繞地通行権が認められる（東京地判昭57・4・28判タ481号81頁）。

・　従前から袋地において向上を営み，既存通路において常時4トント

233

第1章　法定通行権

ラックをもって製品等の搬出，搬入しており，その供用形態が現在も変わっていない事情で，通路開設の経緯や通路所有者の負担を考慮すると，既存の通路全体において囲繞地通行権が認められる（東京地判昭57・4・28判タ481号81頁）。
・　公道に出るため従前から自動車で通行していた既存通路については，幅員を減ずることは自動車による通行等に支障を来すので，なお既存通路全体に囲繞地通行権が認められる（東京高判昭58・4・24公刊物未登載）。
・　分筆，譲渡した結果，幅員1.637メートルの通路で公路に接しているに過ぎない袋地となった場合，その通路に接する譲渡人所有地側に拡張して，無償囲繞地通行権が認められる（横浜地判昭61・12・23判時1232号141頁）。
・　囲繞地のうち公道との段差が最も少なく，従来から出入りのため通行されている部分は，囲繞地のため最も損害の少ない場所であると考えられる（広島地判平元・8・30高民44巻2号68頁）。
・　袋地から公道への最短距離ではないが，コンクリート舗装がしてあり一般に通行の用に供されている私道と接続し，長年奥の農道に通じる私道として使用されている場所は，囲繞地のため最も損害の少ない場所であるといえる（高松高判平元・12・13判時1366号58頁）。
・　以前から通路として用いられており，その地下には水道管及びガス管が埋設されている場所は，囲繞地の他の場所には建物が建ち並んでいることからも，囲繞地のため最も損害の少ない場所であるというべきである（東京地判平2・4・24判時1366号60頁）。

■既存通路を閉鎖して別の位置に法定通路を認めた事例
・　既存通路が囲繞地の真中を貫通しているときに，囲繞地所有者が事業を拡張するため当該通路を閉鎖する場合，以後囲繞地の端部に袋地所有者の通行が認められるのであれば，両者の被害を比較して袋地所有者の被害がはるかに少ないので，既存通路の閉鎖が認められる（東京高判昭28・10・26下民4巻10号1538頁）。
・　既存通路が囲繞地の真中を貫通しているときに，それにより囲繞地所有者が囲繞地を建物敷地として利用する権利を奪われることによる損害が

234

第1　囲繞地通行権（袋地通行権）

大である場合，囲繞地所有者が袋地所有者のため公路へ至る他の土地の通路を提供する事情においては，袋地所有者は既存通路を通行することは許されない（最三小判昭30・12・26民集9巻14号2097頁）。

・　既存通路が囲繞地を大きく分断し，面積も過大であり，逆にその端部は物置，水槽及び2，3の樹木があるだけで，かつ公路への最短距離である場合は，既存通路ではなくその端部に囲繞地通行権が認められる（東京地判昭38・9・4判タ152号85頁）。

・　袋地所有者が囲繞地である通路を通行しており，袋地所有者がその通路において通行権確認の訴訟を提起したところ，口頭弁論終結時囲繞地所有者がその通路上に建物を建築してしまったが，他の囲繞地について所有者の承諾を得て通行することができ，その方が囲繞地にとって最も損害が少ないものであるときは，法定通路は既存通路から新通路へ移動したといえる（福岡高判昭50・5・12判タ328号269頁）。

■既存通路はそのままで他の位置にも法定通路を認めた事例

・　既存通路の幅員が約2.5尺で，かろうじて人が通行できる程度の狭隘かつ脆弱にして，公道まで甚だしく迂回しなければならず，到底日常生活に耐え得ない事情のもと，別の幅員2.8尺の通路において囲繞地通行権が認められる（東京高判昭37・1・30下民13巻1号104頁）。

・　既存のハイキング道路を経て公道に至ることができるが，それが山林の絶壁とブロック塀に挟まれ一人が通行できる程度で，狭いところは幅65センチメートルしかなく，急斜面で粘土質のため滑りやすい道である事情では，他の幅員1メートルの通路において囲繞地通行権が認められる（東京地判昭47・3・24判時678号62頁）。

・　既存通路があるが，それが裁判上の和解によって暫定措置として10年間使用できるにすぎず，狭いところで1メートルであり，公路まで45メートルあり，鍵型に屈曲している事情では，元当該袋地と1筆であった土地において囲繞地通行権が認められる（岡山地判昭49・12・26判時787号97頁）。

・　別の自己所有地を通って公路へ至ることができるが，その土地との接続面が1.66メートルで土地の用法に従った利用のためには狭窄ではあると

235

第1章 法定通行権

き，その既存通路を拡張するためには通路に隣接する囲繞地所有者のブロック塀を撤去しなければならないのみならず，境界線近くまで家が建てられており拡張が困難である事情のもと，別に，1.2メートルの段差はあるが，既に共用の通路として利用されており，袋地所有者の負担で通行の妨げにならない限度において危険防止のための障壁を設置することがさほど困難ではない土地がある場合は，この土地において囲繞地通行権が認められる（大阪高判昭55・5・30判時981号81頁）。

■既存通路はそのままで従前から通行に利用していた他の位置にも法定通路を認めた事例

・　直接市道（幅員1.1メートルから0.5メートル）に接しているが，木造住宅の密集した市街地である付近の土地状況及び現在の社会生活の状況や，自動車により農業に従事している事情等を考え，居住地の利用の必要を満たすものといえないときは，従前から通行に利用されていた別の神社の境内地内の土地に，囲繞地通行権が認められる（米子簡判昭42・12・25判時523号72頁）。

・　公路に至る幅2尺の里道があるが，土地の用法，形状，地域環境等から考察して，営業上役に立たず，消防自動車，屎尿汲取り車の出入りが困難であるなど，合理的な効用をまっとうし得ない場合には，通路の利用及び開設の経緯等を斟酌して，別の従前から通路として利用されていた土地において囲繞地通行権認められる（福岡高判昭47・2・28判時663号71頁）。

Q100　囲繞地通行権に基づいて通路を開設することができるか。

A　囲繞地通行権者の負担で，囲繞地（法定通路の位置）に通路を開設することができる。

第1　囲繞地通行権（袋地通行権）

解説　囲繞地通行権者は必要があれば，囲繞地の法定通路の位置に通路を開設することができる（民211条2項）。つまり，囲繞地通行権者は自己の負担で法定通路の障害物を取り除いたり，小砂利を敷くなどの方法によって，囲繞地に通路を開設することができるのである。

この場合，通路の開設には囲繞地所有者の承諾を要しないが，ただその場所や方法について協議が調わないときは，裁判所に確定を求めることができることになる。

通路の開設には，囲繞地通行権者のために必要であり，かつ，囲繞地のために損害が最も少ない方法として，一定の看板，照明設備等の設置が含まれることもあり得る。

【判　例】

■囲繞地通行権の内容の変化

囲繞地通行権の内容は，時代の進化に伴い変化するものである（東京高決昭43・7・10高民21巻4号370頁）。

■囲繞地通行権者による通路開設の適否

囲繞地通行権者は必要があれば囲繞地上に通路を開設することができ，その場合は，囲繞地所有者の承諾を要せず，ただその場所や方法について協議が調わないときは，裁判所に確定を求めることができる（東京地裁判決明治年月日不明新聞753号25頁）。

■通路開設行為の負担

囲繞地通行すべき場所に家屋・物置等があるときは，囲繞地所有者はその一部を除去・撤去して通行を妨害しないようにしなければならないが，通路開設行為自体は，囲繞地通行権者の負担で行なわなければならず，囲繞地所有者に対して通路の開設を求めることはできない（熊本簡判昭39・3・31判時371号56頁）。

■法定通路への看板，照明設備等の設置の適否

一般に通行権を有する者は，安全に通行するための設備を当該通路に設置し，暗い通路へ照明設備を設置し，通行権のあることを対外的に表示することができるが，狭い（0.6メートル）通路の地表から2メートル以上の

第1章　法定通行権

高さの所へ，営業用の及び占用通路なる表示をするための電気看板（0.54×0.3メートル）を設置することは，通行権に基づき認められる表示手段の限界を超えている（東京地判昭60・6・24判タ614号76頁）。

Q101 法定通路の幅員はどこまで認められるか。

A 法定通路の幅員については，明確な判定基準はなく，既存通路の幅員を現状のままを認めた事例のほか，拡張した事例，縮小した事例，新たに通路を創設し幅員を認定した事例がある。

解説 法定通路の幅員については，その明確な判定基準は見当らないが，事例としては，新たに通路を創設し幅員を認めた事例，既存通路を拡張した事例，既存通路の幅員を現状のままを認めた事例及び既存通路を縮小した範囲でのみ認めた事例に分類することができる。

裁判例において具体的事例に応じて様々な幅員が認定されているが，既存通路の幅員を適当なものとしてそのまま承認している事例が圧倒的に多い。既存通路の幅員を拡張したものや縮小した判例もあるが，特に既存通路の縮小は事情変更による特段の事情が存しない限り認められず，既存通路を縮小した範囲でのみ認めた事例でも，既に現況において通路が狭められてしまっている事例が大多数で，現状のままで縮小を請求して認められる事例はほとんどないといえるだろう。

【判　例】
■囲繞地通行通路の幅員の基準
・囲繞地通行権による通路の幅員は，袋地囲繞地双方の利用状況，利用目的，社会，経済上の必要性等から客観的に判断されなければならず，囲

第 1　囲繞地通行権（袋地通行権）

繞地通行権者の主観的必要に応じて通路の幅員が増減することはない（東京地判昭37・10・3判タ141号61頁）。
・　囲繞地通行権による通路の幅員は，社会通常の観念に照らし，付近の地理状況，相隣地利用者の利害得失，その他諸般の事情を斟酌した上，具体的事例に応じて判断すべきものである（東京地判昭38・9・9判タ156号91頁）。
・　囲繞地通行権による通路の幅員は，一義的に決し得るものではなく，関係土地の利用の現況と従来の経緯を検討し，更に土地利用に関する行政法規の内容も参酌し，信義誠実の原則をふまえながら判断すべきである（山口地徳山支判昭52・12・13判時894号103頁）。

■新たに通路を創設した事例としての幅員
・　1メートルの幅員の通路を一部，新たに認めた（名古屋地判昭59・12・7判タ550号206頁）。
・　2メートルの幅員の通路を，新たに認めた（甲府地判昭38・7・18下民14巻7号1458頁，東京地判昭38・9・4判タ152号85頁，仙台高判昭46・3・10民集26巻3号492頁）。
・　3メートルの幅員の通路を，建物を収去して新たに認めた（東京地判昭56・1・30判タ453号113頁）。
・　4メートルの幅員の通路を，空地に新たに認めた（東京高決昭52・3・7東高民時報28巻3号54頁）。

■既存通路を拡張した事例としての幅員
・　既存通路を拡張して，0.363メートル（既存を含めると2メートル）の幅員を認めた（横浜地判昭61・12・23判時1232号141頁）。
・　既存通路を拡張して，2メートル弱の幅員を認めた（東京地判昭39・2・1下民15巻2号187頁）。
・　既存通路を拡張して，2メートルの幅員を認めた（最三小判昭49・4・9裁判集民111号531頁）。
・　既存通路を拡張して，2メートルから3.5メートルの幅員を認めた（福岡高判昭48・10・31下民24巻9〜12号826頁）。

第 1 章　法定通行権

■既存通路の幅員を現状のままを認めた事例としての幅員
　　・　幅員0.47メートルから0.58メートルの既存通路につき，現状の幅員をそのまま認めた（松山地判昭58・4・27判時1088号124頁）。
　　・　既存通路の幅員の1.8メートルを，そのまま認めた（東京地判昭52・2・25判タ360号213頁）。
　　・　既存通路の幅員の2.44メートルを，そのまま認めた（山口地徳山支判昭52・12・13判時894号103頁）。
　　・　既存通路の幅員の4メートルを，そのまま認めた（東京地判昭41・5・23判時450号30頁，東京高判昭62・6・3東高民時報38巻4～6号42頁，東京地判平3・1・29判時1400号33頁）。
　　・　既存通路の幅員の22メートルを，そのまま認めた（東京地判昭40・12・17訟月11巻12号1757頁）。

■既存通路の縮小と幅員の判定
　　もともと幅員2メートルの他人の通路を通行していたが，通路所有者による板塀の設置でその幅員が1.3メートルに縮小された場合，法定通路の幅員は，板塀の設置による相隣地使用関係の変化後の新たな事情に基づいて認定すべきであるので，日常生活上の必要を満たすに足りると認められるときは，囲繞地通行権は1.3メートルに減じた幅員のみに有するといえる（東京地判昭38・9・9判タ156号91頁）。

■法定通路の幅員の縮小の原則否定例
　　いったん既存の通路に囲繞地通行権が成立した以上，袋地の利用目的等に変更が生じたことにより袋地所有者のために従来どおりの幅員を維持すべき必要性がなくなったような特段の事情が存在しない限り，通路所有者が通路の幅員の縮小を求めることはできない（東京地判平2・2・27判時1366号65頁）。

■既存通路を縮小した範囲でのみ認めた事例としての幅員
　　・　既存通路を縮小した，1メートルの幅員しか認めなかった（東京地判昭47・3・24裁判集民105号333頁）。
　　・　既存通路を縮小した，1.06メートルから1.45メートルの幅員しか認め

第1　囲繞地通行権（袋地通行権）

なかった（東京地判昭57・4・28判タ481号81頁）。
・　既存通路を縮小した，1.2メートルの幅員しか認めなかった（大阪地判昭51・12・15判タ352号275頁）。
・　既存通路を縮小した，1.3メートルの幅員しか認めなかった（東京地判昭38・9・9判タ156号91頁，東京地判平2・4・24判時1366号60頁）。
・　既存通路を縮小した，4.5メートルの幅員しか認めなかった（大阪地判昭52・5・27判タ365号300頁）。

Q102　法定通路の幅員の判定には建築基準法が考慮されるか。

A　建築基準法の接道義務に関する規定が考慮されて法定通路の幅員が判定される場合もあるが，考慮されない事例もある。

解説　法定通路の幅員の判定基準は見当たらず，具体的事例に応じて判断されることになるが，この際，建築基準法の接道義務に関する規定が考慮されて法定通路の幅員が判定される場合もあるが，考慮されない事例もある。

例えば，袋地である宅地上の建築物を建て替える際に，その囲繞地通行権が生じる法定通路の幅員について，建築基準法の接道義務を満たすべき幅員が認められるか否かが問題となる。

このような場合，建築基準法の規定を考慮して法定通路の幅員を認めることも違法ではないと考えられ，実際に，その充足をする幅員を認めた裁判例も多い。

一方，既存通路の幅員で既存建物の利用上支障がない場合，増築の建築確認を受けるために必要な幅員に拡張することは認められないとするなど，建

241

第1章　法定通行権

築基準適合の必要性は通行権そのものとは別問題であるため，建築基準法の規定を考慮して法定通路の幅員を認めることは否定した裁判例もある。
【判　例】
■通路の幅員について建築基準を考慮するべきとする判例
・　袋地が宅地である場合，囲繞地通行権を認めるに当たっては，建築物の敷地は2メートル以上道路に接しなければならないことをも考慮して，通路の幅員を判定すべきである（甲府地判昭38・7・18下民14巻7号1458頁）。
・　囲繞地通行権の及ぶ範囲について，建築基準法等の規制を考慮に加えて判断することとなっても，その規制を考慮に加えないで判断する場合に比して不利益を被ることがあっても，憲法の趣旨に反するものではない（東京地判昭39・2・1下民15巻2号187頁）。
・　建築基準法によれば建物の敷地は2メートル以上道路に接していなければならないので，袋地である建物の敷地に関する法定通路の幅員は，2メートルを要すると認められる（米子簡判昭42・12・25判時523号72頁）。
・　袋地上に新たに建物を建築するための建築基準法に定める道路の要件をみたさないというのであれば，囲繞地所有者に通路の拡張を求めることができる可能性がある（最一小判昭43・3・28裁判集民90号813頁）。
・　通路の幅員について，建築基準法所定の基準を判断資料としたからといって，違法であるとはいえない（最三小判昭49・4・9裁判集民111号531頁）。
・　囲繞地通行権を認めるに当たっては，建築法令や条例をも考慮して通路の幅員を判定すべきであり，袋地を宅地として利用する以上，幅員4メートルの通路の開設を求めることができる（東京高決昭52・3・7東高民時報28巻3号54頁）。
・　都市計画区域内において，建物の敷地として建築許可を受けた袋地に関する法定通路の幅員は，建築基準法を考慮して決する（山口地徳山支判昭52・12・13判時894号103頁）。
・　建築基準法は防災等公益的見地から宅地の用途を制限するものではあるが，旧建物を取毀した後，新建物を建てるため通路部分の所有者に通行許諾を求めたところ拒否されたため空地となっている袋地について，袋地

第1　囲繞地通行権（袋地通行権）

　の用法に従った利用ができないときは，公益的見地から土地の利用関係を調整するため囲繞地の利用状況その他相隣関係における諸般の事情を勘案した上で，既存通路の拡張又は新たな通路の開設が認められる（大阪高判昭55・5・30判時981号81頁）。

・　建築基準法による制限は行政取締役上の問題ではあるが，その制限に私法上の意味を持たせることが妥当であるので，袋地が住宅用地として利用するに適したものである場合には，従来通行の必要の充足という観点のみならず，住宅用途としての用途を全うさせるため，建築関係諸法も考慮すべきである（浦和地判昭58・12・26判時1127号123頁）。

・　土地の分筆・譲渡の経緯及び相互の位置関係に鑑みて，袋地の宅地としての利用が可能になり，かつ，囲繞地の損害が軽微・最小であれば，当該袋地は建築基準法上の敷地として通行する権利を有するといえる（横浜地判昭61・12・23判時1232号141頁）。

・　袋地上に建物を建築しようとする場合に，当該袋地が建築基準法により公道に2メートル以上接しなければならないことが袋地所有者と囲繞地所有者間で争いがないうえ，過去に話合いで2.5メートル幅員の通路を認めた経緯により，2.5メートルの幅員の法定通路を認めることができる（広島地判平元・8・30高民44巻2号68頁）。

■建築基準法上の道路の法定通路としての幅員

・　指定道路において囲繞地通行権が認められるとき，その指定道路が通行以外の用に利用する価値がほとんどなければ，囲繞地通行権の通路としての幅員は，指定道路の幅員の4メートル全部に認められる（東京高判昭40・5・31下民16巻5号956頁）。

・　道路位置指定処分を受けたことのみをもって，そこに幅員4メートルの囲繞地通行権が認められるわけではない（東京地判昭44・10・15判時585号57頁）。

・　既存道路において囲繞地通行権が認められるとき，道路開設以来周辺住民及び一般人の通行の用に供され，その形状からみて通行の場所とする以外にほとんど利用価値がなく，建築基準法の適用を受ける道路としてそ

第1章　法定通行権

の使用が極めて限定されている場合は，道路の幅員5メートルから6メートルの全部について囲繞地通行権が認められる（東京地判昭52・5・10判タ348号147頁）。

■建築基準を満たす幅員を制限的に認めた事例
・　建築条例によれば路地状敷地の幅員について，延べ200メートル以上の建物を建てるためには4メートル以上，200メートル未満の建物を建てるためには3メートル以上を必要とする場合，袋地から公路に至る法定通路の幅員は3メートルを限度とする（東京地判昭56・1・30判タ453号113頁）。
・　建築条例によれば囲繞地を敷地延長として建物を建築するにはその幅員2.5メートルを要求されるところ，袋地及び囲繞地の利用状況，その経緯，利用の必要性及び囲繞地の損失を総合考慮すると，条例で必要とされる2.5メートルまでは認められないが，既存の通路の幅員の60センチメートルから89センチメートルでは甚だ不十分であるので，1.3メートルの法定通路の幅員を認めることができる（東京地判平2・4・24判時1366号60頁）。
・　囲繞地通行権に関しては建築基準法等の規制も一応考慮に入れて判断すべきであるが，近隣の環境が宅地化されているとはいえ山林も存し，集合住宅もそれほど多くない状況では，建築基準法上少なくとも一戸建の建物を建築できる幅員があれば足り，相続税対策や有効活用による収益等のため共同住宅を建築するに必要な幅員まで拡張することは認められない（浦和地判平5・10・29判時1511号118頁）。

■通路の幅員について建築基準を考慮不要とする判例
・　建築基準適合の必要性は通行権そのものとは別問題であり，現在の通路の幅員で既存建物の利用上支障がない場合，増築の建築確認を受けるために必要な幅員に拡張することは認められない（最一小判昭37・3・15民集16巻3号556頁）。
・　袋地所有者は，建築基準法や建築条例で必要とされる幅員を，当然に要求し得るものではない（東京地判昭38・9・4判タ152号85頁，熊本簡判昭39・3・31判時371号56頁）。
・　囲繞地通行権の幅員は，建築基準法上の制約によって決定されるべき

第1　囲繞地通行権（袋地通行権）

ではなく，袋地所有者とその家族の日常生活に支障を生じない程度をもって必要かつ十分と認められる0.9メートルの現況の限度で決定するのが相当である（東京高判昭52・6・13判時863号59頁）。
・　囲繞地通行権は現に存する住居への通行を確保するためのものであるから，自家用自動車，消防自動車や救急車等が進入できない場合でも，袋地所有者及びその家族の日常の通行に支障のない幅員で足りる（東京地判昭58・4・25判タ502号124頁）。
・　建て替えのため旧建物を取り壊したところ，既存通路の幅員が建築基準を満たさないため，新建物の建築確認が得られないときでも，囲繞地通行による通路の幅員判定と建築法令は無関係である（高知地判昭60・3・26判タ625号187頁）。
・　袋地が宅地である法定通路について，建築法令や条例を考慮した幅員を認める必要はない（東京地判平2・4・24判時1366号60頁）。

■結果的に建築基準を満たす幅員を認めた事例
　　袋地が建築基準法上建物を建築できない敷地であっても，直ちにその基準を満たす幅員の法定通路の開設につながるわけではないが，囲繞地の利用状況その他相隣関係における諸般の事情を勘案した上，隣人の被る損害が僅少と認められる限り，建築基準を満たす幅員の通路の開設が認められ得る（大阪高判昭55・5・30判時981号81頁）。

■囲繞地通行権を認めなかった事例
　　公道に1.45メートル接する土地（袋地）の上に建築基準法が施行されるよりも前から存在した建築物が老朽化したために取り壊されたが，その当時，その土地に隣接し，公道に接する他の土地（囲繞地）は同法の規定が適用される建築物の敷地とされていたなど事情の下では，袋地の所有者のために，囲繞地について，接道義務の要件を満たすべき内容の囲繞地通行権は，認められない（最三小判平11・7・13裁判集民193号427頁）。

■違法建築のための幅員についての判断
　　袋地に違法建築物があるからといって，これにより囲繞地通行権の範囲が考慮されるわけではない（東京地判昭39・2・1下民15巻2号187頁）。

第1章　法定通行権

■建築基準による囲繞地通行権の訴えの適否
　建築基準法を理由に囲繞地通行権確認に関する仮処分及び本案提起並びに訴訟行為は，全体として違法性はない（東京地判昭40・7・15判タ181号155頁）。

Q103　法定通路の幅員の判定には自動車による通行が考慮されるか。

A　自動車による通行が考慮されて法定通路の幅員が判定される場合もあるが，考慮されない事例もある。

解説　法定通路の幅員の判定基準は見当たらず，具体的事例に応じて判断されることになるが，この際，自動車による通行が考慮されて法定通路の幅員が判定される場合もあるが，考慮されない事例もある。
　例えば，袋地に出入りするために徒歩だけでなく，自動車をもって法定通路を通って公道に至ることができるための幅員が認められるか否かが問題となる。
　このような場合，自動車の通行を考慮して法定通路の幅員を認めた裁判例も，自動車の通行を考慮しなかった裁判例もある。自動車の通行を考慮した場合であっても，考慮すべき車両を制限して幅員を判定した裁判例もある。

【判　例】
■囲繞地通行権の内容に自動車通行を考慮する一般基準
　自動車による通行を前提とする囲繞地通行権の通行権の成否及び内容は，公自動車による通行を認める必要性，周辺の土地の状況，通行権が認められることにより他の土地の所有者が被る不利益等の諸事情を総合考慮して判断すべきである（最一小判平18・3・16民集60巻3号735頁）。

246

第1　囲繞地通行権（袋地通行権）

■自動車の通行を認めた事例
・　市街地において，建築基準法上の建物の敷地は2メートル以上道路に接している必要があり，一般に車両等の通行には2メートルくらいの道幅が必要なことを考慮して，囲繞地通行権の幅員を定めるべきである（甲府地判昭38・7・18下民14巻7号1458頁）。
・　もともと道路の形状をなした土地で，通行の場所とする以外にほとんど利用価値がなく，道路位置指定処分もなされており，沿接宅地はその坪数や環境から自動車の出入りを要する高級住宅の敷地として適当な土地であり，自動車により通行されてもさしたる損害もない場合は，幅員4メートルの当該既存通路において自動車による通行が認められる（東京高判昭40・5・31下民16巻5号956頁）。
・　行政財産たる国立大学の講内道路について，自動車で通行しても騒音で学内の静穏が害されるおそれもなく，大学関係者の通行に特別困難を招来するおそれがないときは，自動車による囲繞地通行権が認められる（東京地判昭40・12・17訟月11巻12号1757頁）。
・　袋地の賃借人が自動車を使用して農業に従事していること，建築基準法によれば建物の敷地は2メートル以上道路に接していなければならないこと，一般に車両の通行には2メートル程度を必要することから，袋地の法定通路の幅員は，2メートルを要すると認められる（米子簡判昭42・12・25判時523号72頁）。
・　通路を利用する居住者には資料販売業者，牛乳販売業者，氷販売業者がおり，営業用自動車の出入りが頻繁で，近隣住民が通勤，通学等のために利用している状況では，消防自動車あるいは屎尿汲取車等の出入りを確保するためにも，自動車の通行に必要な範囲で囲繞地通行権が認められる（福岡高判昭47・2・28判時663号71頁）。
・　袋地所有者はもともと幅員1.6メートルの町道を利用していたが，町の幅員が1メートル前後に縮小されたためリヤカーによる通行が不可能になったところ，囲繞地所有者が幅員3.5メートルの新通路を開設した場合，現代社会生活上，できるだけ多くの居住者に各種自動車の乗り入れができ

第1章　法定通行権

ることが居住者だけでなくその地域社会全体の利益にも合致するときは，新通路が自動車も通行し得る現況にある限り，囲繞地所有者は往来する他の自動車（車両の種類を制限する理由はない。）の通行を拒否することはできない（福岡地久留米支判昭48・1・16判タ294号360頁，福岡高判昭48・10・31下民24巻9～12号826頁）。

・　数十年の長きにわたって道路として利用され，荷物の集配，集塵作業，その他日常生活において何かと自動車の利用されることが多くなった現今において，その道路全体を道路として使用すべき必要性が往年に比して増大し，道路として利用できないとしたときの不便，不利益が軽視できず，反対に，囲繞地である道路所有者の道路を使用する必要性の存在に疑問があるときは，自動車による囲繞地通行権が認められる（大阪地判昭48・1・30判タ295号281頁）。

・　都市計画区域内において，自動車の利用が普遍化した現今の社会にあっては，それが妨げられると土地の利用価値が格段に落ちることとなる事情のもと，建築基準法等諸般の経緯を考慮すれば，自動車利用の可否をも十分に斟酌すべきである（山口地徳山支判昭52・12・13判時894号103頁）。

・　工場敷地である袋地においてビニール原料製造業を営んでおり，原材料，製品の搬入，搬出に常時4トントラックの運行の必要があり，そのためには最低4メートル程度の幅員が要求され，通路は当該工場購入の際に協議によって開設されたものであり，以来その通路を原材料，製品の搬入，搬出のため使用してきた等の事情では，その通路において囲繞地通行権が認められる（東京地判昭57・4・28判時1051号104頁）。

・　自動者による通行は，その普及，性能の向上等からして時代の要請でもあるが，徒歩による通行だけでなく，車両による通行を認める場合には，袋地の客観的利用状況，他の手段による通行運搬による不便さの程度，通路の従来の利用状況，車両による通行を認めることによる囲繞地所有者の損害の程度，地域環境等を総合的に勘案し，その必要性と不利益の程度を比較衡量して決定すべきである（大阪高判平5・4・27判時1467号51頁）。

第1　囲繞地通行権（袋地通行権）

■建築基準法上の道路における自動車による囲繞地通行の可否
　・　指定道路に面する袋地について，他に自動車によって通行できる道路がなく，袋地と公道を結ぶ自動車等の通行可能な道路として当該指定道路を通行する必要があるときは，他の囲繞地に新たな道路を開設するよりも指定道路における方が損害の少ないことが明白であるといえる（岡山地倉敷支判昭50・2・28判タ332号323頁）。
　・　幅員5メートルから6メートルの既存道路において囲繞地通行権が認められるとき，道路開設以来周辺住民及び一般人の通行の用に供され，その形状からみて通行の場所とする以外にほとんど利用価値がなく，建築基準法の適用を受ける道路としてその使用が極めて限定されている場合は，自動車による通行が不可欠である（東京地判昭52・5・10判タ348号147頁）。
■自動車の通行に必要な幅員を認めなかった事例
　・　複数の袋地がもともと木造建物の敷地として利用されていたときは，後にそのほとんどの土地を取得した者があり，10年来自動車による通行をし，通路所有者の異議がなかったからといって，直ちにその者が自動車部品販売業用の事務所・倉庫の敷地として利用するため認められる既存通路（最大幅員3.63メートル，実効幅員3.16メートル）上の囲繞地通行権に，自動車通行が含まれるとはいえない（東京高決昭43・7・10高民21巻4号370頁）。
　・　別荘が散在する地域にある袋地について，別荘を訪れる者が普通途中で自動車を止め，駐車地点から各別荘地まで歩いて行くような事情で，近隣の別荘所有者の利用状況及び通路とされる囲繞地所有者の不利益を考慮すれば，徒歩で通行することができる1メートルの幅員があれば足り，自動車による通行までも認めるのは相当でない（東京地判昭47・3・24判時678号62頁）。
　・　袋地へ自動車では出入りできず，通路の途中で駐車しなければならないときでも，幅員が1.5メートルあり，さらに袋地所有者の有する別の土地を駐車場に改造することも可能であれば，袋地所有者は1.5メートルより広い幅員での囲繞地通行権を主張することはできない（東京地判昭48・5・14判時721号40頁）。

第1章　法定通行権

- 製綿工場や燃料，自動車置場として利用している土地について，自己の通路を通って公道へ出られる限り，その通路が狭く自動車の通行が不可能であっても，その土地が袋地であるとはいえない（横浜地判昭48・9・17判タ304号226頁）。
- 副都心新宿区に位置する土地について，現在のような都心部の過密な土地利用のもとにおいては自動車が進入できない私道も多く存在し，また，土地所有者及び家族にとって自動車による通行が喫緊の必要事ではなく，土地購入の際も自動車による乗り入れが不可能であることを知悉していた事情では，自動車による通行がいまだ土地の用法にしたがった利用に含まれるとはいえない（東京地判昭58・4・25判タ502号124頁）。
- 自動車が入らなければ生活に困るような状況ではなく，旧建物当時から他に駐車場を借りており，土地所有者自身も住宅自治会の承諾なく当然に自動車で通行できるとは考えておらず，建物建て替え工事の際も事前に様々な約束をしたうえ工事車両の通行を認めてもらった等の事情を考慮すると，自動車による通行を確保するために囲繞地通行権が発生するとは到底認められない（東京地判昭61・8・26判時1224号26頁）。
- 2項道路が沿道住民の洗濯物干し場や子供の遊び場等として利用されており，幅員が約2〜3メートルしかなく，ほぼ中央部分で「く」の字型に曲がっているため，自動車の通行には必ずしも適せず，交通事故防止のため近隣住民の申し合わせにより自動車通行が自粛されている等に事情では，囲繞地通行権としても，自動車による通行は認められない（大阪高決平7・12・11判タ919号160頁）。

■通行車両制限と駐停車制限の事例

- 袋地の所有者（印刷業者）が関係者に無断で4メートル幅員の道路位置指定をとっていても，実質の幅員が2メートルであり，オートバイ，軽四輪自動車，リヤカーの通行が可能であるなら，大型トラックの通行に必要な幅員までは認められない（東京地判昭44・10・15判時585号57頁）。
- 法定通路の幅員は，社会環境や生活事情の変化等を考慮して判断すべきであり，現代の社会生活，大都市における営業活動のためには自動車の

250

第1　囲繞地通行権（袋地通行権）

利用が重要であり，袋地所有者，通路所有者双方の利益，不利益の比較衡量，従前からの土地利用方法を考えれば，20年来幅員2.67メートルの通路を家族，来客の出入り，営業用機材の運搬，積卸し，人の乗降のため小型自動車を出入りさせており，今後もこの必要性があり，囲繞地所有者にとくに被害，苦痛が生じない等の事情のもと，当該通路における囲繞地通行権の内容として小型自動車の通行及び停車は認められるが，駐車は認められない（東京高判昭50・1・29高民28巻1号1頁）。

・　スーパーマーケットへの商品運搬用の車両の通行を禁止している私道であっても，袋地上の建物新築工事のため工事用車両の通行は認められ，袋地所有者は，当該工事用車両及び工事関係者の通行の妨害禁止及び損害賠償を求めることができる（大阪地判昭57・8・13判タ486号110頁）。

Q104　法定通路の幅員の判定には農業用機械の搬入が考慮されるか。

A　農業用機関の搬入が考慮されて法定通路の幅員が判定される場合もあるが，考慮されない事例もある。

解説　例えば，袋地となっている農地で農作業を行うため，その出入りするために徒歩だけでなく，農業用機械を搬入させることができるための幅員が認められるか否かについては，通常の耕耘機程度のものであれば認められる可能性があるが，大型の機械については具体的事例に応じて判定されることになる。

【判　例】
■通常の耕耘機の事例
　農地について，人が通行できる畦畔（約1メートル幅）がある場合でも，

251

第1章　法定通行権

通常の方法で用いる耕耘機の通行に必要な範囲で囲繞地通行権が認められる（高松高判平元・12・13判時1366号58頁）。

■大型農業用機械の事例
　近年，農業経営の工場のため機械化され，コンバイン等が利用されるようになったことが公知の事実であっても，面積が218㎡しかなく，当該農地の状態によれば在来農法によることも可能であり，コンバイン等が使用できなくても著しい支障を来すわけではないときは，大型農業用機械の搬入に必要な幅員の囲繞地通行権は認められない（京都地判昭58・7・7判タ517号188頁）。

Q105　公有地において囲繞地通行権は発生しないか。

A　公有地であっても囲繞地通行権は発生することがあるが，その場合であっても，公有地の公益的目的によって，制限されることがある。

解説　囲繞地が公益目的をもつ国公有地である場合は，その公共的機能を充分果たさせるため必要な限度で公法的な規律の対象とする必要があり，少なくともその目的を妨げるような限度においては，私法的規律の適用が排除されるので，そこに囲繞地通行権が発生する場合であっても，合理的な範囲で通行を制限することが認められる。

【判　例】
■国有囲繞地における合理的な通行制限の可否
　・　公用財産である火薬倉庫のある国有の囲繞地について，公共の安全から袋地所有者のため通路に遮断機を設け，通行証を発行して通行制限をすることが認められる（京都地判昭38・3・30訟月10巻8号1116頁）。

第1　囲繞地通行権（袋地通行権）

・　公共用財産たる河川区域の土地の上に囲繞地通行権が成立しても，河川区域は河川について洪水等の災害を防止し，河川が適正に管理され，流れの正常な機能を維持する目的で設けられかつ管理されることに鑑みると，トラックによる通行は許されない（札幌地判昭51・9・29判時871号71頁，札幌高判昭54・5・31訟月25巻10号2589頁）。

Q 106　囲繞地通行権は対抗要件を備える必要があるか。

A　囲繞地通行権は，対抗要件（登記）とは関係なく，主張することができる。

解説　囲繞地通行権はその登記の方法がなく，相隣関係に基づく袋地所有権の内容に含まれる権利であるので，実体法上の袋地の所有者であれば主張することができる。

登記とは無関係に，すなわち，袋地の所有者は，その所有権移転登記を経ていなくても，囲繞地の当初の所有者に対してだけでなく，その後に囲繞地を取得した者に対してでも，囲繞地通行権を主張することができることとなる。

【判　例】
■囲繞地通行権の対抗力
・　囲繞地通行権は，囲繞地所有者に変動があっても，登記なくして対抗することができる（徳島地判昭26・11・27下民2巻11号1359頁）。
・　囲繞地通行権は袋地について法律上当然生ずる所有権の一作用であり，かつ不動産登記法はこれについて登記を認めていないから，囲繞地通行権は登記なくして第三者に対抗することができる（名古屋地判昭40・10・16訟月

253

第1章　法定通行権

11巻12号1730頁）。
・　囲繞地所有権は袋地所有権の移転に当然随伴し，登記なくして第三者に対抗することができる（奈良地判昭55・8・29判時1006号90頁）。
■未登記の袋地所有権者の囲繞地所有者に対する対抗力
　実体上袋地の所有権を取得した者は，所有権移転の登記を経なくても，囲繞地所有者らに囲繞地通行権を対抗することができる（最二小判昭47・4・14民集26巻3号483頁）。

Q107　囲繞地通行権が消滅することはあるか。

A　公道に通ずる他の通路を取得するなど，袋地でなくなった場合には囲繞地通行権は消滅する。

解説　袋地であるため囲繞地通行権が生じたときであっても，事後的に袋地でなくなった場合は，囲繞地通行権は消滅する。例えば，公道に通ずる他の通路を取得したときなどは，囲繞地通行権は消滅する。
　これは，囲繞地通行権の存在が確定判決で認められている場合であっても同様の結果であり，その後に袋地でなくなったときには，当該囲繞地通行権は消滅することとなる。

【判　例】
■公道への接地と囲繞地通行権の消滅の関係
　袋地が，袋地の南側に存した川が埋められ公道に接したときは袋地でなくなり，囲繞地通行権は消滅する（大阪地決昭58・5・26判タ503号100頁）。
■囲繞地所有権の取得と確定した囲繞地通行権の消滅及び幅員の関係
・　過去に確定判決によって認められた囲繞地通行権（幅員1.5メートル）で

第1　囲繞地通行権（袋地通行権）

あっても，袋地の所有者が法定通路に帯状に隣接する公路に面する土地（幅員0.6メートル）の所有権を（その確定判決の口頭弁論終結後に）取得した場合には，当該囲繞地通行権はその範囲で消滅し，法定通路の幅員は0.9メートルに縮減される（東京地判昭48・5・14判時721号40頁，東京高判昭48・10・30東高民時報24巻10号187頁）。

・　袋地の所有者が隣接する公路に面する囲繞地の所有権を取得した場合には，その取得した時をもって，囲繞地通行権は消滅したといえる（山口地判昭59・9・27判タ544号188頁）。

■不完全な囲繞地又は新通路の取得若しくは開設と囲繞地通行権の消滅の関係

・　妻が囲繞地通行権を有している場合に，夫が公路へ通ずる地続きの別の土地を取得したことによって，妻が夫の土地を通行することができるようになっても，それは夫婦関係に基づく事実上の自由であるにすぎず，法律上の権利ではないので，妻の囲繞地通行権は消滅しない（東京地判昭30・9・12下民6巻9号1967頁）。

・　袋地に接する開渠の下水溝が埋められ，付近の住民が一人で自転車で通行することが可能となっても，雨傘をさして歩いたり，大人二人が並んで歩くことがやや困難で，公共溝渠として管理され，地下に大きな下水管があり，ここにガス，水道管を埋め，電柱を建てることが不可能で，今後も道路認定を受ける程のものでない事情では，既発生の囲繞地通行権は消滅しない（東京地判昭41・5・23判時450号30頁）。

・　袋地の所有者が，後に袋地に隣接する土地を取得して，その土地上の建物内部の通路を利用して公道へ出られるようになっても，相隣関係における諸般の事情を考慮すると，既発生の囲繞地通行権は消滅しない（大阪高判昭55・5・30判時981号81頁）。

・　袋地が賃借されている場合，隣接する囲繞地を賃貸人が取得し，さらに接続する公路に面する囲繞地の共有持分を取得したときでも，袋地の賃借人の囲繞地通行権は消滅しない（名古屋地判昭56・7・10判時1028号88頁）。

第1章　法定通行権

■準袋地と囲繞地通行権の消滅の関係
　公道との間に著しい高低がある準袋地であったが，その準袋地上の建物の2階部分から公道へ出られるようになったときは，囲繞地通行権は消滅する（東京地判昭57・3・15判タ475号117頁）。
■袋地所有者の囲繞地所有権取得と袋地賃借人の囲繞地通行権の消滅の関係
　袋地賃借人が囲繞地通行権を有する場合は，袋地所有者が袋地から公路に至る新通路を取得しても，借地人の囲繞地通行権は消滅しない（名古屋地判昭56・7・10判時1028号88頁）。
■袋地の旧所有者の囲繞地通行権の消滅と新所有者の囲繞地通行権の関係
　無償囲繞地通行権の発生している袋地の所有権を，それに隣接する公路に通じている土地の所有者が取得した場合は，当該囲繞地通行権は消滅し，後日当初の袋地所有権を取得した第三者は新たに一般の囲繞地通行権を有することになる（東京地判昭40・12・17訟月11巻12号1757頁）。
■通路の一部分の取得と残余部分に対する囲繞地通行権の存否
　幅員4メートルで囲繞地通行権が認められていた者が，当該通路の2メートルの部分の所有権を取得した場合，なお残り2メートルの部分に囲繞地通行権を有する（東京高判昭59・4・24判タ531号158頁）。
■契約による通路使用権の消滅と囲繞地通行権の消滅の関係
　囲繞地通行権により通行できる通路部分に，通行者のために無償の使用権が設定されていた場合に，当該使用権が消滅したとしても，囲繞地通行権は消滅しない（大阪高判平5・4・27判時1467号51頁）。

第1　囲繞地通行権（袋地通行権）

Q108　囲繞地通行権を放棄することはできるか。

A　合意により囲繞地通行権を消滅させたり，放棄したりすることはできない。

解説　囲繞地通行権は民法上，袋地所有者に当然に認められる権利であるため，隣人相互の合意によって消滅させたり，廃止することはできず，また，放棄をすることもできない。

【判　例】
■囲繞地通行権の放棄，廃止・消滅の合意の適否
・隣人相互の合意により囲繞地通行権を消滅させたり，放棄したとしても，無効である（東京地判昭42・11・7判タ215号171頁）。
・隣人相互の合意により囲繞地通行権を消滅させることはできないので，相隣関係者と隣地所有者との三者協議によって囲繞地通行権を廃止し，代わりに隣地に通路を開設する契約が成立しても無効である（神戸簡判昭50・9・25判時809号83頁）。

Q109　法定通路を通行するには通行料を支払わなければならないか。

A　通行料を支払う義務が生じる（無償囲繞地通行権の場合を除く。）。

第1章　法定通行権

解説　民法第212条では，第210条の規定による通行権（囲繞地通行権）を有する者は，その通行する他の土地の損害に対して償金を支払わなければならない。ただし，通路の開設のために生じた損害に対するものを除き，1年ごとにその償金を支払うことができると規定されている。

償金とは，囲繞地通行にともなって袋地所有者が囲繞地所有者に支払わなければならない通行料のことで，通路開設によって生じた損害（舗装や，建築物，物件等の除去に伴う損害）に対する償金はその際に支払わなければならないが，それ以外の場合，つまり通行を継続することによる積極的損害には当たらない損失に対する通行料に相当する償金は1年ごととなる。

前者の損害に対する償金の額については実際に発生した損害額ということになり，後者の通行料に相当する償金の額については，後述する（Q173）。

袋地が賃借されている場合の通行料については，袋地所有者と袋地借地人の双方が連帯して負担し，また逆に，囲繞地に賃借人がいる場合については，囲繞地所有者が通行料を請求できると考えられる（沢井裕ほか『道路・隣地通行の法律紛争』（有斐閣，1989）100頁）。

仮に袋地所有者が一括して通行料を支払っていたときは，後に囲繞地所有者に変動が生じても，袋地所有者は新たな通行料を支払うことなく新囲繞地所有者に対して囲繞地通行権を主張できるものと考えられる（沢井裕ほか『道路・隣地通行の法律紛争』（有斐閣，1989）102頁）が，前払をもって囲繞地譲受人に対抗できないとする考えもある（『私道』177頁）。

また，袋地所有権が移転した場合には，履行期が到来している償金を除いて，袋地の新所有者に償金支払義務も移転すると解される（『私道』177頁）。

袋地所有者が支払わなければならない通行料の支払をしなかった場合でも，その幅員判定の考慮要因とされることはあり得るかもしれないが，囲繞地所有者は，通行の停止を求めることはできず，通行料の支払を請求できるにすぎない。

償金の発生時期は，通行権行使の時からとする見解もあるが，通行権ならびに被通行地の忍容義務確定の時からとする見解もある（『私道』175頁）。

無償囲繞地通行権については後述する。

第1　囲繞地通行権（袋地通行権）

【判　例】
■囲繞地通行料支払滞納と通行拒否の適否
　袋地所有者が支払うべき償金の支払いを怠っているとしても，囲繞地通行権は消滅せず，囲繞地所有者は通行を拒否できない（宇都宮地栃木支判昭55・4・10判時1016号64頁）。
■通行対価の未払いと幅員判定の関係
　既存通路において袋地所有者が何らの通行の対価も支払っていないことは，その通路において囲繞地通行権の認められる幅員を判定する場合に，考慮される一要因になり得る（東京地判昭57・4・28判タ481号81頁）。
■裁判上の償金請求の方法
　裁判所において通行権者に償金の支払を命ずるためには，囲繞地所有者が，裁判所に対して一定額の償金の支払を申し立て，かつ償金の適正額を主張，立証しなければならない（東京高判昭56・8・27高民34巻3号271頁）。
■障害物除去に伴う損害を償金の対象とすることの可否
　囲繞地通行権が成立している場所に設置されているポンプも囲繞地通行権に基づく妨害排除請求の対象になるが，それに伴う囲繞地所有者の受けた損害は償金によって賄われるべきである（松山地判昭58・4・27判時1088号124頁）。

Q110　法定通路を通行料を支払うことなく通行することができる場合はないか。

A　分割によるなどして生じた囲繞地通行権については，通行料の支払義務は生じない。

259

第 1 章　法定通行権

解説　　分割によって公道に通じない土地が生じたときは，その土地の所有者は，公道に至るため，他の分割者の所有地のみを通行することができ，この場合においては，償金を支払うことを要しない（民213条1項）。これは，土地の所有者がその土地の一部を譲り渡した場合についても同様である（民213条2項）。

つまり，ある土地が共有物分割や一部譲渡によって袋地となった場合には，一般の囲繞地通行権ではなく無償囲繞地通行権が発生する。同時分譲の場合，土地の一部を賃貸した場合，同一人所有地を数人に賃貸した場合，同一人所有地の一部を賃貸し残りを別人に譲渡した場合に袋地が生じたときにも，同様に無償囲繞地通行権が発生する。このような場合には，袋地所有者（借地人）はそれぞれ次のように通行できる囲繞地が制限されるようになるが，反面，通行料を支払う義務はなくなる。

これは，分割又は一部譲渡の当事者は，袋地の生ずることを予期しながら敢えて分割等を行ったのであるから，その結果発生する通行権の問題は，それらの当事者内部で処理すべきであり，他に影響を及ぼすべきではないという理由に基づいている。

無償となるべき償金には，通路開設のために生じた損害も含まれると解されている（境界・私道等実務研究会編『問答式境界・私道等の法律実務』（新日本法規出版，1989）1001頁）。

【判　例】

■無償囲繞地通行権が発生する理由

　　分割又は一部譲渡によって袋地が生じた場合には一般の囲繞地通行権が発生せず，無償囲繞地通行権のみが発生するという趣旨は，分割又は一部譲渡の当事者は，袋地の生ずることを予期しながら敢えて分割等を行ったのであるから，その結果発生する通行権の問題は，それらの当事者内部で処理すべきであり，他に影響を及ぼすべきではないという理由に基づいている（東京高判昭56・8・27高民34巻3号271頁）。

■無償囲繞地通行権が発生する場合の通行場所的範囲の原則

　・　無償囲繞地通行権が認められる袋地が生じたときは，その残余地のみ

第1　囲繞地通行権（袋地通行権）

を通行することができ，そこに人車の通行し得る余地がないからといって，隣接する第三者の所有地を通行することは許されない（東京高判昭43・9・20東高民時報19巻9号190頁）。

・　無償囲繞地通行権が認められる袋地が生じたときは，囲繞地のうち，他の分割者の取得地又は譲渡人若しくは譲受人の取得地のみにおいて通行が認められる（最三小判平2・11・20民集44巻8号1037頁）。

■無償囲繞地通行権が例外的に否定された事例

・　本来の袋地と，それに接続する袋地でない土地を所有する者が，たまたまその袋地を第三者に譲渡した場合は，一般の囲繞地通行権が発生する（東京地判昭40・12・17訟月11巻12号1757頁）。

・　分割，一部譲渡によって，本来はそれらに係る土地のみに無償囲繞地通行権が発生する事例であっても，当該囲繞地に余地がない等の事情により，関係者以外の別の囲繞地に通行が認められる場合がある（東京地判昭44・3・29下民20巻3・4号160頁）。

■無償通行の負担につき善意の者に対する無償囲繞地通行権の成否と瑕疵担保責任の関係

　分割，一部譲渡によって無償囲繞地通行権が発生する場合，当事者において分割，一部譲渡に当たって通路負担が予定されておらず，その負担に対応する減価の措置がとられていなかったときは，瑕疵担保責任が発生するとしても，無償囲繞地通行権の物的負担は免れない（東京高判昭53・11・29東高民時報29巻11号253頁）。

261

第 1 章　法定通行権

Q111 土地を分筆したことにより公道に直接接しない土地が生じたときは囲繞地通行権が発生するか。

A 土地を分筆しただけでは囲繞地通行権は発生しないが，共有物分割等によって公道に接しない土地が生じた場合には，無償囲繞地通行権が発生する。

解説　単独所有地を分筆した結果，公道に直接接しない土地が生じた場合でも，それだけで直ちに囲繞地通行権が発生することはない。民法第213条第1項の「分割」とは共有物分割のことをいい，共有物分割によって共有者の一方の単独所有となった土地が公道に直接接しない場合には囲繞地通行権が発生する。この場合の囲繞地通行権は，無償囲繞地通行権である反面，法定通路の場所が共有物分割前に共有地であった土地（共有物分割によって他の共有者の単独所有となった土地）の内に限られることとなる。

遺産分割によって公道に直接接しない土地が生じた場合も，同様に，無償囲繞地通行権が発生する（民213条）。

その他の場合では，土地の一部譲渡によって公道に直接接しない土地が生じたときにも無償囲繞地通行権が発生する。この場合も，単独所有の土地を分筆しただけでは囲繞地通行権は発生せず，その一方を譲渡した結果，袋地が生じた場合に，無償囲繞地通行権が発生し，法定通路の場所も公道に通じる残余の土地の内のみとなる。

これらのことから，通常，共有の土地を現物分割の方法で共有物分割や遺産分割する場合や，譲渡の可能性のある土地を分筆する場合には，公道に直接接しない土地を設けるべきではないであろう。

なお，無償囲繞地通行権が発生する一部譲渡には，1筆の土地を分筆して一部を譲渡する場合に限らず，同一所有者に属する数筆の土地の一部の譲渡の場合も含まれる。

第1　囲繞地通行権（袋地通行権）

【判　例】

■共有物分割による無償囲繞地通行権の成否
　・　無償囲繞地通行権の発生する分割とは共有地の分割をいい，単独所有地を分筆することは当たらない（東京地判昭32・12・20下民8巻12号2386頁）。
　・　無償囲繞地通行権の発生する分割とは，土地の共有物分割をいう（東京地判昭34・4・22判タ93号54頁）。
　・　共有地につき，現物をもって共有物分割をなした結果，袋地が生じた場合，残余の土地のみに無償囲繞地通行権が発生する。無償囲繞地通行権の発生する分割とは所有者の変動を生ずる共有物分割をいい，所有関係に何ら変動を生じない単なる分筆は当たらない（最三小判昭37・10・30民集16巻10号2182頁）。

■袋地の発生する可能性と共有地の分割方法の関係
　　共有地を分割するに当たって，分割の結果生ずる土地のいずれかが建築基準法上の接道義務を満たすように分割することが不可能である場合は，ただでさえさほど広い面積でない土地をより小さく分割することが全体としての使用価値，交換価値を減少させるような事情のもと，現物分割することは認められず，競売による売得金の分割方法が相当である（東京地判平3・7・16判時1419号75頁）。

■分筆後の一方の譲渡による無償囲繞地通行権の成否
　・　単有の土地を分筆して，その一方を譲渡した結果，袋地が生じた場合，無償囲繞地通行権が発生する。分筆しただけでは，囲繞地通行権は発生しない（最一小判昭44・11・13裁判集民97号259頁）。
　・　土地を分筆した場合でも，同一人の所有に属している間は囲繞地通行権の成否を論ずる余地はない（東京地判昭50・4・15判時798号55頁）。

■数筆の一部の譲渡による無償囲繞地通行権の成否
　・　土地が分筆されただけでは囲繞地通行権は発生しないが，譲渡に先立って分筆されていた土地の一部が譲渡されて袋地が生じた場合も，他の土地のみに無償囲繞地通行権が発生する（東京地判昭32・12・20下民8巻12号2386頁）。

263

第1章　法定通行権

・　同一人の所有に属する数筆の一団の地続きの土地の一部譲渡により袋地が生じた場合であっても，公道に通じる残余の土地のみに無償囲繞地通行権が発生する（横浜地判昭43・11・6判時566号80頁）。
・　無償囲繞地通行権が発生する一部譲渡とは，1筆の土地を分筆して一部を譲渡する場合に限らず，既に分筆されている同一所有者に属する数筆の土地の一部の譲渡も含まれる（奈良地判昭55・8・29判時1006号90頁）。
・　無償囲繞地通行権が発生する一部譲渡とは，1筆の土地を分筆して一部を譲渡する場合に限らず，同一所有者に属する数筆の土地の一部の譲渡も含まれる（最三小判平5・12・17裁判集民170号877頁）。

■一部譲渡による無償囲繞地通行権の発生場所
　　1筆の土地を分筆してその一部を譲渡した結果袋地となったときは，譲渡の残余地のみを通行することができる（浦和地判昭58・12・26判時1127号123頁）。

■一部競売による無償囲繞地通行権の成否
・　無償囲繞地通行権が発生する一部譲渡には，一部競落も含まれる（東京地判昭30・9・12下民6巻9号1967頁）。
・　同一人所有の数筆の1団の土地の一部が担保権実行により競売されて袋地を生じた場合，無償囲繞地通行権が発生する（最三小判平5・12・17裁判集民170号877頁）。

■通行権の存在を考慮しない金額による一部払下げによる無償囲繞地通行権の成否
　　国有財産の一部を囲繞地通行権の存在を考慮しない金額で払下げした結果，袋地が生じた場合でも，無償囲繞地通行権が発生する（東京高判昭53・11・29東高民時報29巻11号253頁）。

■一部譲渡人たる袋地所有者の無償囲繞地通行権の成否
・　土地の一部譲渡により譲渡人所有地が袋地になった場合であっても，譲渡人に，譲受人の土地のみに無償囲繞地通行権が発生し，これは，譲渡人において譲渡時に譲受人の土地に通行地役権等を設定しておくことが妥当であったとしても，無償囲繞地通行権の成否に影響はない（東京地判昭

第1 囲繞地通行権（袋地通行権）

39・6・30判時388号39頁）。

・ 所有者が，公道に接する側の土地を他人に賃貸した場合は，所有者に無償囲繞地通行権が発生する（東京地判昭56・1・30判タ453号113頁）。

■既存通路がある場合の無償囲繞地通行権の場所

分筆，譲渡した結果，幅員1.637メートルの通路で公路に接しているに過ぎない袋地となった場合，その通路に接する譲渡人所有地側に拡張して，無償囲繞地通行権が認められる（横浜地判昭61・12・23判時1232号141頁）。

■残余地が袋地となった場合の無償囲繞地通行権の成否

一部譲渡により譲渡人所有地たる残余地が袋地となった場合，譲渡人は譲受人所有地たる囲繞地のみを無償通行することができる（東京地判昭39・6・30判時388号39頁）。

Q112 分譲地が同時に分譲された場合にも無償囲繞地通行権が発生するか。

A 一部譲渡の場合だけでなく，同時に分譲された場合であっても，無償囲繞地通行権が発生する。

解説 民法上では同時分譲の場合の規定はないが，一部譲渡によって無償囲繞地通行権が認められるのと同様に，同時分譲によって袋地が生じたときにおいても，分譲元地について，無償囲繞地通行権の発生が

第1章　法定通行権

認められることは，最高裁，下級審において判示されている。

　分譲地内のすべての土地が同一日付をもって譲渡された場合が典型的な同時分譲であるが，譲渡の前後に時間的なズレがある場合にそれが同時分譲と認められるか否かが問題となる。判例においては譲渡の前後が4か月から10か月程度ある場合でも同一機会の譲渡ではないとしているが，分譲地内の土地が同時に分筆され同時に売り出されていれば，実際には，一部が売れ残ったり，かなりの期間が経って売却されたとしても，同時分譲であるといえるのではないだろうか。

　同時分譲とは認められないような時間的感覚があるような順次分譲の場合であっても，同時分譲と同様に無償囲繞地通行権が発生する場合も考えられ，あるいは，共有物分割，一部譲渡，同時分譲の時点では袋地ではなかったとしても，共有物分割，一部譲渡，同時分譲の時点で既に袋地化することが予期されていた場合には，共有物分割，一部譲渡，同時分譲に係る土地のみにおいて無償囲繞地通行権が認められると考えられる（沢井裕ほか『道路・隣地通行の法律紛争』（有斐閣，1989）。113頁）。

　また，共有物分割，一部譲渡，同時分譲の時点では公道に至ることができるため袋地ではなかった土地が，後に通路が廃止されるなどして公道へ至ることができなくなり袋地となったときは，無償囲繞地通行権ではなく，一般の囲繞地通行権が成立することとなる。

【判　例】
■分筆後の同時分譲による無償囲繞地通行権の成否
　・　1筆の土地を分筆して，それぞれを同時に数人に譲渡して袋地が生じた場合は，同時分譲に係る元1筆の土地のみに無償囲繞地通行権が発生する（最三小判昭37・10・30民集16巻10号2182頁）。
　・　1筆の土地を分筆して全部を同時に譲渡したことによって袋地を生じた場合，分筆前1筆であった土地のみに無償囲繞地通行権が発生する（岡山地判昭49・12・26判時787号97頁）。
■同時分譲の時間的ズレの許容範囲
　・　前後の譲渡時期が4か月程度ずれている場合は，同時に分譲されたと

第1　囲繞地通行権（袋地通行権）

はいえない（東京地判昭47・5・30判時687号65頁）。

・　無償囲繞地通行権が発生する同時分筆譲渡とは，必ずしもすべてが同一日時になされる必要はなく，時期的に若干のズレがあっても同一の機会になされたものといえれば足りる。前後の分筆譲渡時期が10か月程度ずれている場合は，同時に分筆譲渡されたとはいえない（東京地判昭50・4・15判時798号55頁）。

・　分筆の前後１年にわたって払下げが行われたが，その登記はほとんど同じ日になされ，分筆登記は同一日付で行われているときは，同時に分譲されたものと認められる（東京地判昭56・8・27判タ464号113頁）。

■同時払下げによる無償囲繞地通行権の成否

　　大蔵省から同一機会に分筆され数人に払い下げられた場合（一部の払下原因日付は分筆前）も，同時に分譲されたといえる（東京地判昭56・8・27判タ464号113頁）。

■同時分譲と一部分譲が併存する場合の通行場所

・　１団の土地の一部である複数の土地を数人に対してそれぞれ同時譲渡したことよって袋地を生じた場合，無償囲繞地通行権が発生する場所は，譲渡人の残余地及び他の譲受人の土地を一体としてその内のいずれかの部分に定めるべきである（広島高判平3・5・29高民44巻2号60頁）。

・　同一人所有の，数筆の一団の土地の一部を譲渡した結果，袋地が生じた場合でも無償囲繞地通行権が発生し，数人に対する土地の一部譲渡によって袋地を生じた場合の袋地所有者は，土地の一部譲渡人もしくは他の譲受人の土地のみに，無償囲繞地通行権を有することになる（最三小判平5・12・17裁判集民170号877頁）。

■順次分譲による無償囲繞地通行権の発生場所

　　数回に亘る分筆譲渡が相当期間をおいてなされている場合，後で行われた分筆譲渡によって袋地が生じたときは，元々は１筆の土地であったとしても，初めに譲渡された土地は囲繞地通行の対象とならず，後で譲渡された土地のみについて無償囲繞地通行権が発生する（東京地判昭34・4・22判タ93号54頁）。

第1章　法定通行権

■順次分譲による囲繞地通行権発生の場所と相隣関係の調和
　　順次一部譲渡を行い最終の譲渡で袋地になった場合であっても，分筆譲渡の経緯によっては相隣関係を律する協調の精神にしたがって，最終の譲渡の関係土地の部分のみにしか囲繞地通行権を定め得ないということはできない場合もあり得る（甲府地判昭38・7・18下民14巻7号1458頁）。
■袋地化の時期
　　分筆譲渡された当初は，直接は公路に接していないが，その分筆地に接する通路があり，その所有者を始めとして付近住民も自由に当該通路を通行している等の事情があるため通路は確保されていると安心してその土地が譲渡された場合は，当該通路所有者との間に明確な合意があったわけではないときでも，分筆譲渡時に通路の閉鎖まで予期することは困難であったとうかがわれる限り，分筆譲渡時に袋地になったとはいえない（岡山地判昭49・12・26判時787号97頁）。
■通路閉鎖による袋地と無償囲繞地通行権の成否
　・　土地の一部譲渡の時点においては，奥の土地には，隣接して通路があったことにより袋地とは認められなかったものが，後日通路が閉鎖されて袋地になった場合は，無償囲繞地通行権は発生せず，一般の囲繞地通行権が発生するにすぎない（高松高判昭32・6・8下民8巻6号1080頁）。
　・　土地の一部を賃借したときは袋地ではなかったが，後に土地区画整理により公道が廃止されて袋地となったときは，無償囲繞地通行権は発生せず，一般の囲繞地通行権が発生するにすぎない（熊本簡判昭39・3・31判時371号56頁）。
■二次的な袋地化による囲繞地通行権の発生場所
　　土地が一部譲渡された時点では袋地ではなく，後に既存通路が廃止されて袋地となった場合に成立する一般の囲繞地通行権は，諸般の事情により，元々1筆であった土地の内に認められるべきである（甲府地判昭38・7・18下民14巻7号1458頁）。

第1　囲繞地通行権（袋地通行権）

Q 113　土地の一部が賃借された場合にも無償囲繞地通行権が発生するか。

A　土地の一部の賃借によって，公道に直接至ることができない土地が生じた場合にも，無償囲繞地通行権が発生する。

解説　袋地と囲繞地が同一所有者に帰属している場合であっても，公道に接する側の土地を他人に賃貸した結果，公道に直接至ることができなくなった袋地所有者は，賃貸した囲繞地においてのみ，無償囲繞地通行権を主張することができることになる。

【判　例】
■一部賃借による無償囲繞地通行権の成否
・　賃借地の一部を分割譲渡したことにより譲渡賃借地が袋地となった場合，袋地賃借権者は，分割者の賃借地を無償で通行することができる（東京地判昭37・10・3判タ141号61頁）。
・　1筆の土地の一部がそれぞれ賃借され，その賃借地が第三者の賃借地に囲まれた場合も袋地に該当する場合，袋地賃借権者は，袋地と同一所有に属する囲繞地の一つである賃借地を無償で通行することができる（東京地判昭56・4・20判タ464号121頁）。
・　借地権の一部譲渡（賃貸人の承諾を得ている。）により袋地を生じた場合，借地権の一部譲渡を受けた者は，公路へ至るため，その譲渡者の借地を無償で通行することができ，さらにその借地権を譲り受けた者も対抗力を有する限り，借地権一部譲渡人（もともとの全体の借地人）に対して囲繞地通行権を主張することができる（東京地判昭52・2・25判タ360号213頁）。
・　袋地と囲繞地が同一所有者に帰属していても，公道に接する側の土地を他人に賃貸するなどして，囲繞地を他人が排他的に利用している場合には，袋地所有者は賃貸した囲繞地を無償で通行することができる（東京地判昭56・1・30判タ453号113頁）。

第1章　法定通行権

Q114　無償囲繞地通行権が発生した囲繞地が特定承継された場合は当該特定承継人に対しても無償囲繞地通行権を主張することができるか。

A　当該特定承継人に対しても無償囲繞地通行権を主張することができる。

解説　分割又は一部譲渡によって袋地を生じた場合の無償囲繞地通行権は，袋地に付着した物権的権利であり，また囲繞地に課せられた物権的負担であるから，囲繞地が特定承継された事情が生じても，囲繞地の特定承継人に対する囲繞地通行権はなお消滅しない。

【判　例】
■袋地又は囲繞地の特定承継後の無償囲繞地通行権の消長
・　無償囲繞地通行権は，袋地所有権の一作用即ち一効力たるにほかならないから，囲繞地所有者の変更によってなんらの影響も受けず，囲繞地の特定承継人は，無償囲繞地通行権の存在につき善意でその囲繞地を取得した場合であっても，償金を請求することはできない（大阪地裁判決年月日不詳新聞412号8頁）。
・　無償囲繞地通行権は，囲繞地の特定承継人には対抗することを得ない（朝鮮高判昭12・11・12判評27号民112頁）。
・　無償囲繞地通行権が発生している袋地の特定承継人は，当然に袋地所有権に随伴して囲繞地通行権を承継取得したものといえる（東京地判昭30・9・12下民6巻9号1967頁）。
・　無償囲繞地通行権の発生している袋地所有者は，囲繞地に特定承継が生じた場合でも，なおその囲繞地を通行することができるが，それ以外の土地を通行することはできない（東京地判昭31・12・17下民7巻12号3661頁）。
・　無償囲繞地通行権が発生している囲繞地の買受人は，通行耐忍の土地負担をも承継する（高松高判昭32・6・8下民8巻6号1080頁）。

第1　囲繞地通行権（袋地通行権）

・　分筆された各土地が所有者を異にするに至ったことにより袋地を生じた場合，囲繞地譲受人からその所有権を譲り受けた者は，譲受人が袋地所有者に対して負う通行許容義務を承継する（東京地判昭32・12・20下民8巻12号2386頁）。

・　一部譲渡によって袋地が生じた後，当該囲繞地が特定承継されたときでも，袋地所有者は，なおこれまでの法定通路において，当該特定承継人に対して無償囲繞地通行権を主張することができる（東京高判昭37・1・30下民13巻1号104頁）。

・　袋地の借地人が無償囲繞地通行権を有する場合，その借地権の特定承継者は，なおこれまでの法定通路のみにおいて囲繞地通行権を主張することができる（東京地判昭37・10・3判タ141号61頁）。

・　袋地のために生じた無償囲繞地通行権は袋地の特定承継人には承継されないが，法定通路の場所が適当であると認められれば，これまでの法定通路に一般の囲繞地通行権が認められる（渋谷簡判昭38・6・24判時350号34頁）。

・　分譲によって袋地が生じた後，当該囲繞地が譲渡され，さらに譲渡されたときでも，袋地所有者はなおこれまでの法定通路において，それらの譲受人に対して，無償囲繞地通行権を主張することができる（名古屋地判昭40・10・16訟月11巻12号1730頁）。

・　無償囲繞地通行権が発生している場合は，袋地，囲繞地の一方又は双方に特定承継が生じたとしても，袋地の現所有者は，なおこれまでの法定通路において，無償囲繞地通行権を主張することができ，隣接する第三者の土地においては囲繞地通行権を主張することができない（東京高判昭41・10・14東高民時報17巻10号229頁）。

・　無償囲繞地通行権の発生している袋地及び囲繞地にそれぞれ特定承継が生じた場合，各特定承継人相互間においても，なお囲繞地通行権が及ぶ（横浜地判昭43・11・6判時566号80頁）。

・　無償囲繞地通行権の対象である囲繞地が特定承継された場合に依然としてその無償囲繞地通行の関係が継続するとすることは，相隣関係の理念に反するので，あらためて囲繞地通行権を定める適当な場所を検討すべき

第2編　通行権

271

第1章　法定通行権

である（東京地判昭44・3・29下民20巻3・4号160頁）。
・　無償囲繞地通行権の負担のある囲繞地であることを知ってその土地を競落した者がある場合は，袋地所有者はなお無償囲繞地通行権をその競落人に対抗することができ，その競落人の償金請求に応ずる義務はない（名古屋地判昭47・8・17判時692号73頁）。
・　一部譲渡による無償囲繞地通行権は譲渡の直接の当事者間にのみ成立するのが原則であるが，一旦袋地所有者が無償囲繞地通行権を主張した後で囲繞地が特定承継された場合は，当該特定承継人はその通行の負担を承継する（東京高判昭50・2・27東高民時報26巻2号26頁）。
・　無償囲繞地通行権は袋地について法律上当然に生ずる所有権の一作為であり，袋地の所有権に随伴して当然に移転する（東京地判昭50・4・15判時798号55頁）。
・　無償囲繞地通行権は，袋地が特定承継された場合にはその承継人にもそのまま承継されるが，囲繞地が特定承継された場合にはその承継人にもそのまま承継されるとは限らない（神戸簡判昭50・9・25判時809号83頁）。
・　借地権の一部譲渡（賃貸人の承諾を得ている。）により袋地を生じたことにより無償囲繞地通行権が発生した場合，さらにその借地権を譲り受けた者も対抗力を有する限り，借地権一部譲渡人（もともとの全体の借地人）に対して囲繞地通行権を主張することができる（東京地判昭52・2・25判タ360号213頁）。
・　袋地又は囲繞地の所有権に特定承継があっても，無償囲繞地通行権の関係には影響を及ぼさず，袋地の現所有者は引き続き償金を支払うことを要しない（山口地徳山支判昭52・12・13判時894号103頁）。
・　無償囲繞地通行権の対象たる囲繞地につき特定承継が生じたからといって，袋地が囲繞されないことになるわけではないので，特定承継後にそれまでの囲繞地通行権が適用されなくなるわけではない（東京高判昭53・11・29東高民時報29巻11号253頁）。
・　無償囲繞地通行権は分割，一部譲渡による袋地であることによって当然生ずる権利であり，袋地所有権の内容をなすので，袋地所有権の移転に

第1　囲繞地通行権（袋地通行権）

当然随伴し，登記なくして第三者に対抗することができるため，一旦生じた無償囲繞地通行権は袋地若しくは囲繞地の特定承継人に，そのまま承継される（奈良地判昭55・8・29判時1006号90頁）。

・　同時分譲によって袋地が生じた後，当該囲繞地が特定承継されたときでも，既に通路が開設されている場合は，袋地所有者はなお当該特定承継人に対して，その通路において囲繞地通行権を主張することができ，新たに他に囲繞地通行権が成立することはない（東京高判昭56・8・27高民34巻3号271頁）。

・　無償囲繞地通行権は，袋地，囲繞地のいずれに特定承継が生じたときでももはや適用されなくなり，以後一般の囲繞地通行権としてその場所及び方法を判断することとなる（東京高判昭56・8・27高民34巻3号271頁）。

・　無償囲繞地通行権は，分割又は一部譲渡の当事者内部にのみ成立する（松山地判昭58・4・27判時1088号124頁）。

・　分割又は一部譲渡によって袋地を生じた場合の無償囲繞地通行権について，囲繞地が特定承継された事情が生じても，袋地の所有者は，引き続き囲繞地の特定承継人に対して囲繞地通行権を主張することができる（浦和地判昭58・12・26判時1127号123頁）。

・　分割又は一部譲渡によって袋地を生じた場合の無償囲繞地通行権については，袋地所有者の囲繞地の特定承継人に対する囲繞地通行権はなお消滅しないので，他に便利な別の囲繞地があるからといって，そこに一般の囲繞地通行権を主張できるようになるわけではない（最三小判平2・11・20民集44巻8号1037頁）。

・　数筆の土地の一部の担保権の実行によって袋地を生じた場合の無償囲繞地通行権は，囲繞地が特定承継された場合でもなお消滅しないので，一般の囲繞地通行権によって他の土地を通行できるようになるわけではない（最三小判平5・12・17裁判集民170号877頁）。

第 1 章　法定通行権

Q115　共有物分割により無償囲繞地通行権が発生している場合に，元の共有地以外の他の土地に通行料を支払って囲繞地通行権を主張することができるか。

A　無償囲繞地通行権が発生している場合は，通行料を支払うこととなる一般の囲繞地通行権を他の土地において主張することはできない。

解説　無償囲繞地通行権が発生する場合は，他に通行に適当な囲繞地があっても，一般の囲繞地通行権は発生しない。

　例えば，共有物分割によって共有者の一方の単独所有となった土地が公道に直接接しない場合には無償囲繞地通行権が発生するが，この囲繞地通行権の発生場所は，共有物分割前に共有地であった土地（共有物分割によって他の共有者の単独所有となった土地）の内に限られることとなる。この場合は，無償囲繞地通行権のみが発生するのであって，一般の囲繞地通行権が発生することはない。

　したがって，共有物分割によって他の共有者の単独所有となった土地以外に，袋地になった土地から公道に至るために適した他の土地があったとしても，その土地において一般の囲繞地通行権を主張することは，通行料を支払うこととしても認められない。

【判　例】
■袋地の旧所有者の囲繞地通行権の消滅と新所有者の囲繞地通行権の関係
　無償囲繞地通行権の発生している袋地の所有権を，それに隣接する公路に通じている土地の所有者が取得した場合，当該囲繞地通行権は消滅し，後日当初の袋地所有権を取得した第三者は新たに一般の囲繞地通行権を有することになる（東京地判昭40・12・17訟月11巻12号1757頁）。
■既存通路のある土地の分割・一部譲渡と囲繞地通行権の関係
　一部譲渡によって公路に接しない土地が生じても，それに隣接する所有地（要役地），更に接する承役地を通って公路へ至ることができる場合は，

第1　囲繞地通行権（袋地通行権）

当該土地は袋地であるとはいえず，囲繞地通行権は発生しない（最一小判昭43・3・28裁判集民90号813頁）。

■無償通行に係る法定通路の閉鎖と一般の囲繞地通行権の関係

　分譲宅地所有者にとって分譲地内の道路が無償囲繞地通行権に係る法定通路ではあるが，分譲宅地所有者が別の土地を通行するのが便利なため当該法定通路を利用せずにいるうちに当該法定通路が閉鎖され，さらに便利な方の土地の通行も拒否された場合は，元の法定通路においてのみ囲繞地通行権が認められ，便利な方の土地について通行権を主張することはできない（東京地判昭36・8・15判タ125号64頁）。

第1章　法定通行権

第2　隣地立入権

Q116 囲繞地通行権に基づかずに隣地に立ち入ることができる場合はあるか。

A 土地の境界付近において，塀や建物を築造，修繕する等の場合には，そのために必要な範囲内で隣地へ立ち入ることを請求することができる。

解説　隣地立入権とは，民法第209条第1項において，「土地の所有者は，境界又はその付近において障壁又は建物を築造し又は修繕するため必要な範囲内で，隣地の使用を請求することができる。ただし，隣人の承諾がなければ，その住家に立ち入ることはできない。」と規定されていることに根拠を置く権利であり，囲繞地通行権と同様相隣関係に基づく権利であり，隣地使用権ともいう。

通行そのものを主たる目的とするものではなく，あくまでも自己の土地上の建物等の修築のために隣地に立ち入ることを請求することができる権利であるが，立ち入って隣地内を移動することができるため，広義には通行権であるともいえる。

隣地立入権は，所有者だけでなく，地上権者も請求することができ，あるいは，地上権者に対しても請求することができ（民267条），永小作権者や対抗力を得た賃借権者も同様に主張できるものと解される。

隣地立入権が認められる場合とは，土地の境界（またはその付近）で障壁，建物を築造，修繕する場合だけでなく，導管，工作物等の設置や，植樹等の場合も含まれ，工事の規模，緊急性，隣地の利用状況または隣地所有者の受ける損害等諸般の事情を考慮して必要な範囲であるかどうかが決定され，必要な範囲であれば，隣地への立入だけでなく，足場を組んだり，一時的に材料等を置いたり，穴を掘ること等も認められる。土地の形状を著しく変える

第2　隣地立入権

行為で，隣地所有者に著しい損害が生ずるおそれの高いものについては，よほど強い必要性がなければならない（『訴訟』502頁）。

隣地立入権の行使によって隣人が損害を受けたときは，隣人は償金を請求することができる（民209条2項）。

【判　例】
■隣地立入請求の相手方適格者
　　隣地立入権請求の相手方は，隣地の所有者，地上権者，賃借権者等の占有者でなければならず，たとえ隣地所有者であっても，駐車場として賃貸している者に対しては請求することができない（高松高判昭49・11・28判タ318号254頁）。
■隣地立入請求が認められる工事等の範囲
　　石垣のセメント充填行為及び石垣の一部削除を行う場合は，その隣地所有者は当該工事に必要な範囲での隣地立入及び使用を承諾する義務を負うが，その隣地上に崩壊した残土の除去や花壇の造成を行う場合は，隣地立入請求は認められない（横浜地判昭38・3・25下民14巻3号444頁）。

Q 117　隣地立入権を請求しても隣地所有者が承諾しないときは隣地に立ち入ることはできないか。

A　隣地所有者が立ち入りの承諾をしないときは，承諾に代わる確定判決を得て，隣地に立ち入ることができる。ただし，隣人の住家には必ず隣人の承諾がなければ立ち入ることはできない。

解　説　囲繞地通行権と異なり，隣人（隣地所有者，地上権者，賃借権者等）に立入りを請求することができるにすぎず，隣人の承諾があってから現実に立入権が発生する。

第1章　法定通行権

　もし隣人の承諾が得られないときには，その承諾に代わる確定判決（意思表示の擬制）を得れば，直ちに隣地に立ち入ることができるようになる。

　隣人の住家に立ち入る場合は隣人（現にその住家に居住する所有者又は借家人）の任意の承諾が必要であり，確定判決をもって承諾に変えることはできない。これらの場合に隣人が損害を被ったときはその隣人は償金を請求することができるが，この償金には純粋な損害賠償だけでなく，不当利得返還の性質を有するものも含まれ（『訴訟』503頁），隣地使用料に相当するものも含まれると考えられ，この償金は隣人による使用，立入承諾があった場合でも請求することができる（境界・私道等実務研究会編『問答式境界・私道等の法律実務』（新日本法規出版，1989）564頁）。

　なお，必要な範囲で隣家の屋根に登ることは，隣家への立入ではなく，隣地の使用であると考えられる（境界・私道等実務研究会編『問答式境界・私道等の法律実務』（新日本法規出版，1989）563頁）。

第3 本権に含まれる通行権

Q118 共有の通路の通行を他人に妨害されたときは，共有者は一人で妨害排除請求を行うことができるか。

A 共有者は単独で妨害排除請求を行うことができる。

解説　土地の所有者は，法令や公序良俗に反しない限り，その土地を自由に使用することができるのであるから，当然の権利としてその土地内を自由に通行し，導管等を設置し，妨害行為に対しては排除を請求することができることはいうまでもない。また，地上権等の用益権を有する者も，その用益権の範囲内でその土地内を通行し，妨害行為に対しては排除を請求することができる。

通路等の土地の所有者，用益権者は，それらの権利の行使の一環として当然に通行することができるわけであり，通行権として独立した権利とは言えないものの，いわば，それらの権利（本権）に含まれる通行権ともいうことができよう。

その土地が共有に属している場合，各共有者は，その土地の全面について自由に通行することができ，単独で妨害排除を請求することができる。

【判　例】
■共有地の不法占拠に対する共有者単独の妨害排除請求の可否
　共有地が不法占拠された場合，各共有者は単独で妨害排除，明渡請求をすることができる（大判大7・4・19民録24輯731頁）。
■共有者の通行妨害に対する他の共有者の共有持分権に基づく妨害排除請求の可否
　共有私道の共有者の一部が自動車を放置し，また竹木の枝を張り出して通行を妨害することはその共有持分に応じた使用の範囲を超えており，当

第1章　法定通行権

該共有私道の使用に関する明確な協議が成立していなくても，他の共有者は，その共有持分権に基づき，通行妨害の排除を請求することができる（横浜地判平3・9・12判タ778号214頁）。

■共有持分に基づく通行における通行料請求の適否
　付近の住民の共通の通路として使用されている分譲地内の私道の補修維持のために要する費用については，道路を共通の生活道路として利用している付近住民ら各自が応分の負担をしなければならないが，当該私道の共有者の一人が，他の住民に対して通行料を請求することは，権利の濫用に当たる（仙台高判昭61・10・29判タ625号174頁）。

■区分所有者集会の決議による通路の通行制限の適否
　ビル内の通路について，営業時間以外は閉鎖する旨の区分所有者集会の決議が合理的なものであれば，一部の区分所有者の通行妨害の排除請求は許されない（大阪地判昭58・10・28判タ517号166頁）。

■区分所有者の通行妨害に対する他の区分所有者の区分所有権に基づく妨害排除請求の可否
　商品置場として専用使用権を有する者が，門扉の鍵を独占的に管理し，常時施錠して，他の区分所有者の通行を妨害している場合は，他の区分所有者は，建物の区分所有等に関する法律第18条，第21条に基づいて，違反行為の停止，除去，予防を請求することができる（東京地判昭63・5・26判時1303号87頁）。

■区分所有ビル用の昇降車路の共用施設該当性
　市が建設し，市民が区分所有しているビルの地上3階，地下3階の各駐車場の進入路となっている昇降車路について，ビル建物と構造上一体となっているといえないときは，建物の一部を構成する共用施設であるとはいえず（つまり，区分所有者の所有に属さない。），市が当該車路の使用料を徴収することも違法ではない（大阪地判平5・3・25判タ858号168頁）。

第4　密接した本権に含まれる通行権

Q119　公道に石が置かれるなどして公道に接する土地への出入りが困難になった土地の所有者は，妨害者に対して排除請求を行うことができるか。

A　当該土地への直接の妨害行為ではないが，当該土地に密接に関係する道路における妨害行為を自己の土地における妨害行為として，その排除請求を行うことができる可能性がある。

解説　自己所有地が道路に接して当該道路を通行しなければ自己所有地を利用できない場合には，道路上の妨害物件を自己の土地所有権自体に対する妨害とみて，土地所有権に基づく妨害排除請求をすることができる可能性がある。

密接した本権（所有権等）に基づく通行権であるといえよう。

【判　例】
- 里道隣接者による妨害排除請求の可否
　里道の隣接者は，当該里道の占有者に対して，建物収去を請求することができる（千葉地判平4・3・24公刊物未登載）。
- 密接した所有権に基づく通行妨害排除請求の可否
　公道に接している土地の所有者が，第三者に公道からの出入りを妨害されたときは，所有権に基づいて通行妨害の排除を請求することができる（大阪地判昭41・12・19判タ202号188頁）。

第1章　法定通行権

第5　占有権に基づく通行権

Q120　権限はないが通路を占有して通行している者は通行妨害に対して排除請求を行うことができないか。

A　占有権を有していると認められる状況にあれば，占有権に基づいて妨害排除請求を行うことができる。

解説　他人の土地であっても占有権を取得した者は，占有権に基づいて通行することができ，通行妨害（土地所有者による妨害も含む。）に対しては占有回収，占有保持，占有保全の訴えによりその妨害の排除，予防を請求することができるようになる（もちろん，本権に関する訴訟での勝敗の結果は別問題ではあるが。）。

ただ，物の通常の占有とは異なり，通路を通行するという状態は断続的であるところから，いかなる状態が自己のための意思をもって通路を事実上支配しているかということが，時効による通行権（Q157）の成立と関連して重要な問題となる。単に通路を通行しているだけでは何十年経過しても占有権を取得したものとはいえず，さらに，次の判例のように排他的支配が認められるような状況がなければ，通路について占有権を取得したとものはいえないであろう。

【判　例】
■占有権取得の判断基準
　数年間土地を通行していたということだけでは当該土地の占有権を取得したとはいえず，柵・塀による通行範囲の標示や，排他的に自己の通行する土地であることを一般に認識させる方法をとっていたかどうか等具体的かつ客観的に総合判断して，占有権の取得を判断する（東京高判昭30・11・25東高民時報6巻12号282頁）。

第5　占有権に基づく通行権

■占有権が取得されたと認められた事例
　・　先祖代々（江戸時代以来）他人の土地を住居の出入口として通行し，通路に橋を渡し，馬車が通りやすいよう通路を整備していたこと等の事情がある場合，占有していたと認められる（水戸地判昭54・7・18判タ398号136頁）。
　・　戦前から，公道へ出るためにその奥の居住者のために特に設けた通路があり，その通路には門，表札，門柱，竹垣が設置され，その奥の居住者のみが専ら常に通行していた等の事情がある場合，占有していたと認められる（東京地判昭25・12・14下民1巻12号1978頁）。

■占有権が取得されたとは認められなかった事例
　・　他人の空地を無断で便所の汲取りのために通行利用しているときでも，その通行は不表現，不継続の極めて短い時間の土地使用であるので，その土地を占有しているとはいえない（東京高判昭30・11・25東高民時報6巻2号282頁）。
　・　店舗の経営者が店舗前面の私道を清掃したり，看板・空瓶・空箱を置いているからといって，その私道の占有権を取得したとはいえない（東京地判昭36・3・24判時255号27頁）。
　・　数十年付近の住民とともに他人の土地を通行していたことをもって，通行者が占有権を取得したとは認めることは到底できない（東京高判昭49・1・23東高民時報25巻1号7頁）。

■通行地役権準占有者による妨害排除請求の適否
　　通行地役権を準占有する者は，妨害排除の請求，予防の請求をすることができる（大判昭12・11・26大民集16巻1665頁）。

283

第2章 契約通行権

第1　物権的契約通行権　—通行地役権—

Q 121　通行目的の地役権について徒歩に限定する契約も可能か。

A　通行の目的を徒歩に限定して，地役権設定契約を締結することができる。

解説　地役権者は，設定行為で定めた目的に従い，他人の土地を自己の土地の便益に供する権利を有する（民280条本文）。

ここで，自己の土地，すなわち地役権により便益を受ける土地のことを要役地，他人の土地，すなわち地役権の負担を負う土地のことを承役地という。

地役権の設定行為で定め得る目的は，民法第3章第1節（所有権の限界）の規定（公の秩序に関するものに限る。）に違反しないものであれば（民280条ただし書），特段の制限がないため，要役地のために承役地を通行することを目的とすることももちろん可能であり，地役権の目的としては送電や引水等とともに，目的としては一般的なものとなっている。

通行の目的を有する地役権を通行地役権というが，契約によって発生する物権としての通行権である。

一般的に通行の目的に供する地役権のほか，徒歩等に限定した通行地役権も認められる。

【先　例】
■徒歩及び軽自動車通行を目的とする地役権設定登記の可否

「徒歩及び軽自動車による通行」又は「水道管の埋設」を目的とする地役権設定登記をすることができるが，目的を「徒歩及び軽自動車（長さ382センチメートル以下，幅153センチメートル以下，高さ137センチメートル以下の小型自

第1　物権的契約通行権　―通行地役権―

動用乗用車1台）による通行」とすることはできない（昭59・10・15民三5157号民事局第三課長回答）。

■通行以外の地役権の目的の事例
・「特別高圧送電線の架設，保守のため，その特別高圧送電線の最下垂時における電線から（何）米の範囲内に建造物築造の禁止及び送電線保守のための土地立入り」（昭38・10・5民甲2808号民事局長通達）。
・「発電所ダム運営による浸かん水の忍容および住居その他工作物の建築の禁止」（昭42・9・29民甲2511号民事局長回答）。
・「日照の確保のため高さ何メートル以上の工作物を設置しない。」（昭54・5・9民三2863号民事局第三課長依命回答）。
・「一　越流堤の設置に起因する浸水及び冠水の認容　二　遊水池の機能の保全の妨げとなる工作物の設置その他の行為の禁止」（昭54・11・16民三5776号民事局長回答）。

【判　例】
■通行目的の地役権設定の可否
　要役地の通行の便益に供するため，地役権を設定することができる（大判大10・1・24民録27輯221頁）。

Q 122　地上権者は地上権が設定されている土地に出入りするため他の土地に通行地役権を設定することができるか。

A　地上権者も，自己の（土地の便益の）ために，地役権を設定することができる。

解説　地役権の主体は地役権者と呼ばれ，要役地，すなわち便益（通行による利益）を享受する土地のために，承役地を利用する（通行

第2章　契約通行権

する）権利を有する者であり，要役地の所有者は当然として，要役地の地上権者，永小作権者自身も地役権者となることができる（『精義中』309頁）。賃借権者自身も少なくとも登記を受けるなどして対抗力を取得した者は地役権者となることができると解される。

このように要役地の所有者以外の者が地役権者となるときは，その地上権，永小作権，賃借権自体が要役地となる。

なお，地上権者等が地役権者でなく，要役地の所有者が地役権者であるときは，要役地に設定された用益権者も，後述する承役地の地役権を附従性により，地役権を行使することができることとなる。

要役地の共有持分のみのために，地役権を設定することはできない。つまり，要役地が共有であるときは，共有者の一部の者のみが単独で地役権者となることはできないことになる。また，要役地の土地の一部分（場所的に限定された範囲）の便益のためにのみ地役権を設定することもできない。

【先　例】
- 要役地の地上権登記名義人も，その存続期間の範囲内において地役権者になり得る（昭36・9・15民甲2324号民事局長回答）。
- 要役地の賃借権登記名義人も，その存続期間の範囲内において地役権者になり得る（昭39・7・31民甲2700号民事局長回答）。

【判　例】
■地上権者等の地役権者適格の存否
- 要役地を直接支配できる物権者は，地役権者となることができる（東京地判昭30・9・21下民6巻9号2040頁）。
- 要役地に地上権等の物権を有する者は，地役権者となることができる（東京地判昭32・2・8ジュリ131号122頁）。

■賃借権者の地役権者適格の存否
- 要役地の賃借権者は，地役権者になることができない（大判昭2・4・22大民集6巻198頁）。
- 地役権者になり得る者は地上権のような物権を有する者に限られるので，要役地の賃借権者は地役権者になり得ない（東京地判昭28・2・4下民4

第1　物権的契約通行権　—通行地役権—

巻2号156頁)。

・　要役地の借地人は地役権者になり得ないので，通行地役権の時効取得を主張することはできない（東京地判昭30・9・21下民6巻9号2040頁)。

・　要役地の賃借権者も，地役権設定契約を締結することができる（東京地判昭45・9・8判タ257号238頁)。

・　土地賃借人は対抗力を有していても，地役権者にはなり得ない（東京高判昭50・1・29高民28巻1号1頁)。

・　土地賃借人は，地役権者になり得ない（東京高判昭62・3・18判時1228号87頁)。

■承役地所有者である要役地所有者の地役権者適格の存否

　　承役地所有者である要役地所有者も，要役地の地上権者・賃借権者のために，承役地に地役権を設定することができる（東京地判昭45・9・8判タ257号238頁)。

■建物賃借人の地役権者適格の存否

　　要役地上の建物賃借人は，地役権者になることができない（大阪高判昭49・3・28高民27巻1号62頁)。

■夫婦間における通行地役権設定の可否

　　夫婦の一方が承役地所有者，他方が要役地所有者である場合でも，通行地役権を設定することができる（福島地判昭40・1・28下民16巻1号147頁)。

■市の通行地役権者適格の存否

　　市も，通行地役権者になることができる（東京高判昭58・4・27判タ498号101頁)。

【実　例】

■賃借権仮登記権利者の地役権者適格の存否

　　土地の賃借権仮登記権利者は，地役権者として地役権を設定することは認められない（登研603号135頁)。

■建物を要役地とする地役権設定の可否

　　建物を要役地として，地役権設定登記はすることができない（登研487号167頁)。

第2章　契約通行権

■共有持分のための地役権設定の可否
　共有持分のために，地役権設定登記をすることはできない（登研309号77頁）。

Q123　既に通行地役権が設定されている通路に重ねて別人（要役地）のための通行地役権を設定することができるか。

A　同一の通路に重ねて複数の通行地役権を設定することができる。

解説　地役権は，承役地に設定されるものであるが，要役地と承役地は，必ずしも位置的に接している必要はない。通行地役権に関しては，通常は，要役地と承役地とは，直接，間接に接しているはずである。
　通常，物権は目的物の全体に設定されるが，地役権が設定される（地役権の負担を負う。）土地を承役地というところ，地役権は承役地の土地の一部分（場所的に限定された範囲）に設定することも認められている。
　一方，承役地の共有持分のみの上に地役権を設定することはできない（『精義中』307頁）。つまり，承役地が共有であるときは，共有者の一部の者のみが単独で地役権設定者となることはできないということになる。
　地役権は排他的に，独占的に承役地を占有するわけではなく，要役地の特定の便益のために利用することを内容としているため，利用目的によって承役地に2重に地役権を設定することも認められる。通行地役権にあっては，同一の通路において複数人の通行の目的を達成することができることから，既に通行地役権が設定されている通路に，重ねて別人（要役地）のための通行地役権を設定することも許される。
　地役権は，地役権の客体である承役地の所有者が地役権設定者となること

第1　物権的契約通行権　―通行地役権―

は当然として，承役地の地上権者，永小作権者（『精義中』309頁）自身も地役権設定者となることができ，賃借権者自身も少なくとも登記を受けた等対抗力を取得した者は地役権設定者となることができる（これらの場合はその地上権，永小作権，賃借権自体が承役地となる。）と解される。

　また，普通地上権の設定された土地を承役地とする地役権は，当該普通地上権自体を地役権の客体としなければならず，所有権に地役権を設定することはできない。つまり，普通地上権の設定されている土地について，普通地上権者自身を地役権者とする別の地役権は設定することができないこととなる。

【先　例】
■通行地役権を２重に設定することの可否
　　甲地の一部を承役地とするＡのための通行地役権設定登記後，重ねて甲地の同一部分を承役地とするＢのための通行地役権の設定登記をすることができる（昭38・2・12民甲390号民事局長回答）。

【判　例】
■通行地役権を２重に設定することの可否
　　既に通行地役権が設定している土地に，別の者も，重ねて通行地役権を設定することができる（東京地判昭62・1・12判タ656号158頁）。
■承役地が要役地所有者の所有に属する場合の地役権設定事例
　　要役地と承役地が同一人の所有であっても，要役地が賃貸されている場合は，その賃借人が地役権設定契約を締結することができる（東京地判昭45・9・8判タ257号238頁）。
■承役地の共有者の一人による共有持分を承役地とする地役権設定の可否
　・　共有地について共有者の一人は，他の共有者全員の同意がない限り，その共有地を承役地とする地役権を設定することはできず，その締結した契約は全面的に（その共有者についても）無効である（東京地判昭48・8・16判タ301号217頁）。
　・　共有地について共有者の一人は，単独でその共有地を承役地とする地役権を設定することはできず，当該共有者の持分のみを承役地とする地役

第２章　契約通行権

権を設定することもできない（名古屋地判昭61・7・18判タ623号108頁）。
・　共有持分の上に，地役権を設定することは許されない（大阪高判平2・6・26判タ736号183頁）。

【実　例】
■通行地役権を２重に設定することの可否
　　甲地の一部を承役地とするAのための通行地役権設定登記後，重ねて甲地の同一部分を承役地とするBのための通行地役権の設定登記をすることができる（登研501号153頁）。
■用益権を承役地とする地役権設定の可否
・　賃借権設定登記のある土地について，地役権設定登記をすることができる（登研215号68頁）。
・　要役地の地上権者を権利者，承役地の地上権者を義務者とする地役権設定登記を申請することができる（登研282号73頁）。
・　A・B共有の通路を承役地として，A単有の土地を要役地とする通行地役権は設定することができる（登研548号113頁）。
■承役地に地上権が設定されている場合の承役地所有者を地役権設定者とする地役権設定の可否
　　普通地上権の目的（「目的　電線路の支持物を施設し保持するため」）と地役権の目的（「目的　電線路（支持物を除く。）を施設・保持しその架設・保守のために土地に立ち入ること」）が異なる場合であっても，当該普通地上権者は，当該土地の所有者を地役権設定者として地役権を設定することはできない（登研602号161頁）。
■根抵当権の極度額増額の登記につき後順位の地役権登記名義人の利害関係人該当の有無
　　先順位の根抵当権の極度額増額の変更登記について，後順位の地役権変更（送電線の範囲の変更）の主登記がある場合，当該地役権者は利害関係人に該当しない（登研518号116頁）。
■承役地について地上権設定登記の可否
　　承役地については，当該地役権の内容と抵触しない限り，地上権設定の

第1　物権的契約通行権　─通行地役権─

登記の申請はでき，この場合，地役権者の承諾書の添付は不要である（登研369号82頁）。
■地役権の登記のされている土地を工場財団の組成物件とすることの可否
　地役権の登記のされている土地について，要役地は工場財団の組成物件とすることができるが，承役地はすることができない（登研286号77頁）。

Q124 要役地の所有権が移転したときは，当該地役権は誰が行使することになるか。

A 何らの手続を要せずに，要役地の新たな所有者が地役権者として，地役権を行使することとなる。

解説　地役権は，特約（Q132）がない限り，要役地の所有権の移転にともなって当然に移転し，あるいは要役地上の権利の目的となる（民281条1項）。また，地役権のみを要役地とは別に，譲渡したり他の権利の目的とすることはできない（民281条2項）。したがって，どのような特約をしようと，地役権のみを処分することはできない（随伴性，附従性）。
　つまり，特約のない限り，要役地の所有権（要役地たる地上権，永小作権，賃借権も同様）が移転することによって，何らの手続を要せずに，承役地における地役権も新所有者に移転し，要役地に担保権や用益権が設定されたときは，承役地における地役権にもその担保権や用益権の効力が及ぶこととなる。
　後述（Q135）のように，承役地の登記記録には要役地が記載されるのみで地役権者が記載されない（不登80条1項1号，2項）代わりに，要役地の登記記録に承役地が記載され（不登80条4項，不登規159条），地役権移転の登記もなされない。ある時点における要役地の所有権等登記名義人が，その時点における地役権者とされるので，もともと承役地の登記簿において地役権の移転登

第2編　通行権

291

第2章　契約通行権

記をする必要性もない。あるいは，承役地の地役権に要役地に設定された担保権や用益権の効力が及ぶ場合でも，承役地の登記簿にはその旨の登記はされない。

【先　例】
■地役権移転登記の可否
　・　承役地について地役権の移転登記は，することが必要ないだけでなく，本来的にすることができない（昭35・3・31民甲712号民事局長通達）。
　・　昭和35年不動産登記法改正（昭和35年法律第14号）前に登記された地役権についても，その後は要役地所有権が移転された場合であっても，承役地について地役権移転登記をすることができない（昭36・4・4民甲812号民事局長通達）。

【判　例】
■要役地移転の場合の地役権移転の合意の要否
　　地役権は，要役地の移転にともなって当然に移転するので，地役権が移転する旨の合意は必要ない（大判大10・3・23民録27輯586頁）。
■要役地所有権移転登記と地役権移転の対抗力の関係
　・　要役地の所有権を譲り受け，その移転登記を経た者は，承役地所有者に対して，地役権の譲り受けをも対抗することができる（大判大13・3・17大民集3巻169頁）。
　・　要役地が特定承継されたがその旨所有権移転登記が未了である間は，要役地の新所有者は承役地所有者に対して通行地役権を対抗することができないが，承役地所有者がその要役地の売買を承認した場合には，特別の事情のない限り，通行地役権の承継も承認したものと認められる（神戸簡判昭50・9・25判時809号83頁）。

第1 物権的契約通行権 ―通行地役権―

Q 125 通行地役権が設定されている通路について通路所有者自身は通行することができないか。

A 通行地役権者の通行の妨げにならない範囲において、通路所有者自身も通行することができる。

解説 承役地の所有者は、地役権の行使を妨げない範囲内において、その行使のために承役地の上に設けられた工作物を使用することができ、この場合には、承役地の所有者は、その利益を受ける割合に応じて、工作物の設置及び保存の費用を分担しなければならない（民288条）。

地役権者による承役地の利用は、地役権者が完全に排他的に支配できるものではなく、所有者や要役権者との共同使用権的性質を有するので、承役地の所有者等が通行地役権者の通行を認容しなければならないことは当然としても、通行地役権者の通行の権利を害しない程度において、承役地の所有者等は承役地を利用、通行することができ、それから、地役権の登記後に登記された承役地の用益権者は、承役地について地役権の負担を甘受しなければならないこととなる。また、袋地所有者の有する囲繞地通行権を妨げるような地役権の設定も許されない（『精義中』304頁）。

通行地役権は、たとえ設定契約で排他的利用とする旨を合意して設定されたものであっても、同一承役地に2重に通行地役権を設定することができ、それぞれの通行地役権者はお互いの通行の権利を害しない程度において、承役地を通行することができるのである。

【判　例】
■通行地役権による利用原則

承役地たる通路所有は、通行地役権の内容として認められる範囲の通行の負担は受け入れなければならないが、通行地役権の範囲を超える通行は、承役地所有権を妨害するものであるので、承役地所有者はその妨害の停止を請求することができる（東京地判平2・10・29判タ744号117頁）。

第2章　契約通行権

Q 126　通行地役権が設定されている通路に地役権者は表札を設置することができるか。

A　表札の設置について通路所有者との特段の特約はなくても，表札を設置することができる場合もある。

解説　通行地役権の設定契約において詳細にその内容について定められていれば，相隣関係に反しない限りその規定に従うことになるが，通常は単に通行を目的とするだけ定められている場合も多い。そのような場合や黙示的に発生した場合にその通行権の内容として表札の設置等が含まれるのか否かが問題となる。

　一般的には，公道から要役地上の居宅を望見できないなどの場合には，表札の設置について通路所有者との特段の特約はなくても，表札を設置することができるであろう。

【判　例】

■通行地役権の利用内容に関する判断基準

　黙示的に設定されたものも含み，通行地役権の利用内容は，その設定当時行なわれていた道路通行の態様，方法等を基礎として定められるべきであり，内容が時代の推移に伴う土地利用の変化や社会情勢の変動により変化するとしても，当初の設定を基礎とし，承役地所有者の合理的意思を推認し，合致し，承認を得られるものでなければならない（東京高判平4・11・25判タ863号199頁）。

■通行地役権者による承役地への表札設置の適否

　公道から要役地上の居宅を望見できないときは，通行地役権者は承役地上の公道よりの部分に適正規模の表札及びその支柱を設置することができる（東京地判昭62・11・30判時1282号130頁）。

第1 物権的契約通行権 ―通行地役権―

Q 127 単に「通行」を目的とする通行地役権が設定されている通路を自動車で通行することはできるか。

A 自動車通行の必要性，通路の幅員，地域社会の情勢，地役権設定の事情等から総合的に考慮して，自動車の通行が許される場合もある。

解 説 　通行地役権の設定契約において詳細にその内容について定められていれば，相隣関係に反しない限りその規定に従うことになるが，通常は単に通行を目的とするとだけ定められている場合も多い。そのような場合や黙示的に発生した場合にその通行権の内容として自動車による通行が含まれるのか否かが問題となる。
　このような場合にも，囲繞地通行権の場合と同様の基準（Q103）で考えるべきものと思われるが，地役権者の自動車通行の必要が高く，当該通路部分の幅が自動車通行に十分であり，設定時のその地域における社会的事情として自動車の利用が一般的になっている等の事情があれば，特段の支障がない限り，自動車通行も認められるべきである。なお，前述のように地役権は，完全排他的支配力はなく共同使用権的な性質の権利であるので，一時的にせよある部分を排他的に占拠することとなる駐車は，特段の契約のない限り通行地役権の内容には含まれないものと思われる。
　また，通行地役権者が利用することができる承役地の幅員（通行地役権による通路の幅員）についても明確に定められていないとき，自動車通行との関係が考慮されるべきであるか否か，同様に考えられる。
　いずれにしても，地役権設定契約の中で明確に定めておくことが望ましい。

【判　例】
■通行地役権者による自動車通行が認められた事例
　・　従前公道と段差なく平坦に接続していた幅員2.25間の通路に通行地役権が設定されている場合，通常期待できる通行の利益の内容は，人間のみならず車馬の通行も許されているとみることができ，この通路においては

295

第2章　契約通行権

自動車による通行も認められる（東京地判昭43・10・11下民19巻9・10号602頁）。
・　幅員が4メートルあり，当今の社会情勢からして自動車による通行が一般的に必要で，常識化されている現在の状況に鑑みると，通行地役権に基づいて自動車による通行も認められる（千葉簡判昭45・7・13判タ256号239頁）。
・　土地を分譲する際に，各分譲地がいずれも接するように通路を開設し，公道への通路として通行することの承諾を受け，以来車両も含めて通行に供されている事情のもと，それぞれ分譲の都度，各分譲地を要役地とし，当該通路を承役地とする無償の通行地役権が黙示に設定されたものと認められる（東京地八王子支判平元・12・19判時1354号107頁）。
・　共有地を互いにの通路として利用する合意は，将来分割する際に各自帰属部分につき相互に通行地役権を発生させ，その利用内容には，自動車による通行も含まれる（東京高判平4・12・10判時1450号81頁）。

■通行地役権者による自動車通行が認められなかった事例
・　幅員が1.7メートルで，一時期は自動車を通行させてはいたがそれは徐行しながらであったことが推認され，現在は特別の場合以外は自動を通行させていない状況では，通行地役権に基づく承役地の利用方法として，自動車による通行は含まれない（横浜地判昭62・11・12判時1273号90頁）。
・　通路の開設当時は平坦な道ではなく，段差があって自転車やベビーカーもそこでは担いで通らなければならない状況にあって，後に平坦になり舗装されたが，現在も幅員が2.24メートルから2.61メートル（電柱，踏石等のあるところでは最狭1.64メートル）で，周辺住民も専ら徒歩，自転車，バイク等によっている等の事情のもとでは，今日自動車の利用が一般化し，自動車による通行が時代の要請として，一部の個人にとって必須のものとなっていたとしても，当該通路上の通行地役権には，自動車による通行は含まれない（東京地判平7・8・23判タ910号140頁）。

■通行地役権者による自動車通行が制限的に認められた事例
・　幅員約2メートル（最狭部分は自動車通行不可。）の2項道路について，現在では自動車の利用は一般化しているといっても，通路開設当時は自動

第1 物権的契約通行権 ―通行地役権―

車が珍しい時代であり、現在も一般的に自動車通行を許容するための道路設備が欠けている事情では、通行地役権に基づく承役地の利用方法としての自動車による通行は、沿道住民が従前利用している頻繁とはいえない程度の限度内でのみ認められるにとどまる（東京地判平2・10・29判タ744号117頁）。

・　戦前から、道路に接した土地の居住者や周辺住民の日常の通行の用に供されており、現在も日常の通行や散歩に主として利用されている道路について、幅員が狭く、両側に塀の続く部分も多いため通行者に危険であるとともに、通行の著しい妨げになることがあっても、自動車の一般化に伴い自動車を所有して通行するものもあるなか、居住者は1台を各々の敷地内に駐車させ、家庭生活の必要上自動車を使用し、営業用自動車を当該道路に面した敷地に駐車させる者はなく、自車、他車を問わず営業のために自動車で通行することは重い荷物の場合等ごく例外に過ぎず、当該道路に停車して荷物の上げ下ろしをするのは通行妨害になるとしてできるだけ避けようとしており、また外部の自動車の出入りは、道幅が狭いうえ通り抜けが不可能なこともあってほとんどないような事情のもと、当該道路沿接地所有者等が自動車をもって通行する態様、方法としては、せいぜい1住宅あたり1台の自動車を各々の敷地内に駐車させ、家庭生活の用に供する程度の頻度で通行することが、当該道路における通行地役権の内容といえる（東京高判平4・11・25判タ863号199頁）。

第 2 章　契約通行権

> **Q 128**　単に「通行」を目的とする通行地役権が設定されている通路の幅員が明確でないときは建築基準を考慮した幅員が認められるか。

A　事案によっては，建築基準を考慮した幅員が認められる場合もある。

解説　通行地役権の設定契約において詳細にその内容について定められていれば，相隣関係に反しない限りその規定に従うことになるが，通常は単に通行を目的とするとだけ定められている場合も多い。そのような場合や黙示的に発生した場合にその通行権の内容として建築基準を考慮した幅員が認められるのか否かが問題となる。

このような場合にも，その通行権の内容として建築基準を満たす幅員が認められるのか否かは，囲繞地通行権の場合と同様の基準（Q102）で考えるべきものと思われる。

いずれにしても，地役権設定契約の中で明確に定めておくことが望ましい。

【判　例】

■通行地役権による幅員について建築基準が考慮された事例

通行地役権設定において，承役地である通路の幅員について1.8メートルないし2メートルであることまでは判断できるが，それ以上の確認ができないときは，通路幅が2メートル未満となると建築確認が得られない等，設定目的による諸般の事情を合目的的に解釈して，当初から2メートルの範囲で通行地役権が設定されていたものと認定される（神戸簡判昭50・9・25判時809号83頁）。

Q 129　未登記の通行地役権は通路の新所有権に対して通行地役権を行使することができないか。

A　通行地役権は未登記であっても，通路の新所有者に対して通行地役権を行使することができる場合がある。

解説　地役権者は，物権的請求権として承役地所有者に対して当然にその設定登記を請求することができるが，その反面，地役権は登記をしなければ第三者に対抗することができず（民177条），これは通行地役権に関しても大原則である。したがって，通行地役権も，登記を経なければ，通路部分の新所有者等の第三者に対抗することができない。

ただ，通行地役権は通行目的という特殊性から，未登記ではあっても事実上対抗力が発生する事例も多々考え得る。権利濫用や背信的悪意等の場合はもちろんであるが，結果的には現実に通路が開設されているという状態が，明認方法的に事実上対抗力を付与していることになっている事例が多いと考えられる。通路の位置，形状，構造等の物理的状況から客観的に，通行地役権者によって継続的に通路として利用されていることが明らかで，かつ，通路の譲受人がそのことを認識していたか，認識することが可能であったときは，たとえ通行地役権が設定されていることを知らなかったとしても，特段の事情がない限り，通路の譲受人は，通行地役権が未登記であることを主張することができない。

なお，民法施行（明治31年7月16日）前からの地役権については，民法施行から1年以内に生じた第三者に対しては，登記なくして対抗することができる（民施37条）。

【判　例】
■通行地役権の対抗力の原則
・　未登記の通行地役権者は，当該通路部分について登記を備えた所有権取得者に対抗することはできない（最三小判昭30・12・26民集9巻14号2097頁）。

・　通行地役権は，登記をしなければ第三者に対抗することができない（福岡高判昭47・2・28判時663号71頁）。
■要役地所有権移転登記と地役権移転の対抗力の関係
・　要役地の所有権を譲り受けた者は，要役地の所有権移転登記を経ることによって，地役権についても対抗力を取得する（大判大13・3・17大民集3巻169頁）。
・　分譲地について黙示的な通行地役権が成立した後，分譲地が転売されたがその旨所有権移転登記が未済のため分譲者に対抗できない場合でも，分譲者が転売を承認した場合には，通行地役権を転得者が承継することを承認したものと解することができる（神戸簡判昭50・9・25判時809号83頁）。
■地役権時効取得者と承役地特定承継人の対抗関係
　　地役権の時効取得完成後に承役地を譲り受けた者に対しては，登記をしなければ地役権を対抗することができない（大判昭14・7・19大民集18巻856頁）。
■道路位置指定による未登記通行地役権者の対抗力
・　指定道路において通行地役権が成立している場合は，当該指定道路の所有権を取得した者が，建築基準法による制限がついたまま取得したものであることが明らかであるときは，その通行地役権につき対抗力が欠けていることを主張することができない（東京地判昭38・6・25下民14巻6号1209頁）。
・　未登記の通行地役権が設定されている通路が，道路位置指定を受けたからといって，それだけで直ちに通行地役権に対抗力が発生するわけではない（東京高判昭40・5・31下民16巻5号956頁）。
■未登記の通行地役権設定について悪意の承役地取得者の背信性の存否
・　地役権設定の事実及び公道に通じる唯一の道路であることを知りながら買い受けたことのみをもって，承役地取得者に背信的悪意があったとはいえない（横浜地判昭43・11・6判時556号76頁）。
・　単に未登記の通行地役権の設定された土地であることを知って買い受けた者は，それだけでは背信的悪意者には当たらない（福岡高判昭47・2・28判時663号71頁）。
・　付近の住民により長年道路として使用されていたことを知りながら買

い受けても，通行地役権の登記がないことを奇貨として窮地に落し入れ高く売りつけ暴利を貪る意図を有していない限り，背信的悪意があったとはいえない（大阪地判昭48・1・30判タ295号281頁）。

・ 未登記の通行地役権の設定された土地を，その地形も充分調査しないまま債権回収のため代物弁済を受けた者は，未登記であることに乗じ通行地役権を侵害し，通行を妨害しようとの意思で取得した場合でない限り，背信的悪意者であるとはいえない（名古屋地判昭57・8・25判タ486号120頁）。

■未登記通行地役権者に対抗力が発生する事情

・ 甲地，乙地から公路へ出るために通行地役権の設定された通路について，甲地所有者がその通路を賃借しても，甲地所有者は，乙地所有者のその通路における通行地役権が未登記であることを主張することはできない（東京地判昭33・3・22下民9巻3号476頁）。

・ 通行地役権の設定された通路を使用することを強制して，当該通行地役権を積極的に承認する態度に出た通路所有者が，その後態度を一変させ，未登記であることに乗じて通行を妨害することは，禁反言の原則に反し許されない（広島高判昭29・3・11高民7巻3号277頁）。

・ 通行地役権の存する通路がそもそも囲繞地通行権の通路でもある場合は，承役地所有者は通行地役権が未登記であることを主張することは許されない（福島地判昭40・1・28下民16巻1号147頁）。

・ 通路の新所有者が実質的には旧所有者である通行地役権設定者と同じであるといえる場合は，新所有者は通行地役権が未登記であることを主張することができる第三者とはいえない（大阪地判昭40・7・29判タ181号168頁）。

・ もとから通路として利用されていることを十分知りながら通路を閉鎖した場合，承役地の新所有者が受ける利益と，地役権者が被る損害とを比較衡量した場合，未登記の通行地役権者であっても，新所有者に対抗することができる場合があり得る（東京地判昭41・10・29判タ200号153頁）。

・ 従来から近隣者の通行の用に供されていた土地の所有権を取得した者が，近隣者に対し通行地役権についての登記の欠缺を主張することは，信義則に反する（東京地判昭41・11・12判タ200号160頁）。

第 2 章　契約通行権

・　通行妨害だけを目的に通路を買い受けたわけではない者でも，通路部分はそれ程広くなく，独立して使用収益に供し得るものでもなく，通行を禁止することが通路所有者側に必要不可欠でなく，逆に通行者に過大な苦痛を強いる（公道へ出るために他に山道があるが，木がうっそうとしているうえ，距離も相当ある。）ことになるときは，地役権が未登記であることを主張することは権利の濫用にあたる（横浜地判昭43・11・6判時556号76頁）。

・　境内地から公道へ通じる唯一の通路である表参道について，未登記の通行地役権者は，境内地のための通路として使用されていることを重々承知してその参道の所有権の移転を受けた者に対して対抗することができる（東京地判昭48・3・16判タ306号207頁）。

・　未登記の通行地役権が設定されていることを知りながら，さらに当該地役権の確認訴訟の継続中であることを知って承役地を買い受けた者（都内有数のビル賃貸業者）は背信的悪意者に該当し，未登記の通行地役権者に対抗することができない（東京高判昭48・6・28東高民時報24巻6号117頁）。

・　昭和22年以前から開設された通路を付近の居住者が通行しており，当該通路の所有権を譲り受けその旨登記も経た者には他の通路もあるのでそれほど迷惑ではなく，18年間も当該通路における通行を黙認し，当該通路は日常生活上不可欠であり，通行を認めても盗難や火災の危険が増大することはなく，建築にも不利が生ずることがない等の事情で，他の者には通路を存置する必要があるのに特定人に対してのみ通行を許さないことは，その通行地役権が未登記であっても許されない（東京地判昭48・8・16判タ301号217頁）。

・　承役地に通路が開設され通行地役権が設定されていることを知りながら，しかも地役権が未登記であることに乗じて承役地の所有権を取得した者（元建売住宅建築会社社長）に対しては，未登記の通行地役権者であっても，対抗することができる（大阪高判昭49・3・28高民27巻1号62頁）。

・　相互交錯型の黙示の通行地役権が発生している分譲地の通路については，原則として登記をしなくても通行地役権を対抗することができるが，私道敷であることは承知していたが，その一部分については私道負担はな

第1　物権的契約通行権　―通行地役権―

い旨の説明を受け通行地役権はないものと思って取得した者に対しては，その部分については登記がなければ通行地役権を対抗することができない（東京地判昭51・1・28下民34巻9～12号1029頁）。
・　分譲地に開設された私道が分筆登記されており，大谷石と金属性フェンスを組み合わせた塀により截然と区別され，私道の存在が明らかな状態で当該私道敷地を取得した者は，私道負担付きであることを知りながら買い受けたといえ，各分譲地所有者の通行を受任しなければならず，各分譲地所有者の通行地役権が未登記であることを主張することはできない（東京地判昭52・4・28下民34巻9～12号1106頁）。
・　分譲地の中央に通路として開設され，通行の用に供され，その位置，形状から道路用地として分筆設定されたものであることが客観的に明白である事情のもと，当該通路敷地を買い受けた者は通行地役権が存する土地であることを知悉して取得したと推認され，その土地を承役地としておかなければならない不利益と，通行地役権者の不利益を比較衡量した結果，通行できなくなることによって通行地役権者が多大の不便を強いられるときは，当該通路所有者は，通行地役権が未登記であることを主張することができない（仙台高判昭55・10・14下民34巻9～12号1184頁）。
・　都営住宅の敷地であった分譲地の通路について相互交錯的な黙示的通行地役権が成立した場合，当該分譲地から至近距離に居住する者が，その通路が都営住宅時代から居住者の通路として利用され分譲後も従前どおりその居住者の通行の用に供されていたことを熟知してその通路を買い受けた場合は，通行権の負担があることを認識していたと推認することができ，通路所有者は未登記通行地役権者の対抗力を否定することはできない（東京地判昭56・3・19下民34巻9～12号1207頁）。
・　分筆及び売渡にともなって各買受地附属の帯状の土地を承役地とする各買受地のための通行地役権が相互交錯的に発生した場合に，それが共同の通路に供された土地であることを十分承知してその帯状地を買い受けた者は，当該帯状地における未登記の通行地役権につき，その登記がないことを主張することはできない（札幌高判昭58・6・14判タ508号114頁）。

第 2 章　契約通行権

・　登記された賃借権者であっても，未登記通行地役権者との通行紛争に関する訴訟提起後にその賃貸借がなされ，それが地役権設定の事実を知悉した上で契約したものであり，その後の訴訟継続中にも仮装の仮登記や，建物を建築するなどした事情のもと，当該賃貸借は通行地役権を妨害する目的であるというほかなく，未登記通行地役権者は賃借権設定登記の抹消を請求することができる（大阪地判昭59・3・27下民34巻9～12号1287頁）。

・　分譲地に開設された私道について，当該私道が通行の用に供されていることを知って買い受けた者は，相互に交錯する通行地役権の未登記であることを主張することは許されず，通行地役権者相互間では，登記なくして通行地役権を対抗することができる（京都地判昭60・9・24判時1173号106頁）。

・　通行地役権を害する目的で承役地に賃借権を設定した者に対しては，未登記の地役権者であっても，賃借権設定登記の抹消を求めることができる（大阪高判昭60・9・26公刊物未登載）。

・　私道が戦前から付近住民の通行の用に供され，当該私道を買い受けた際も現況道路と明示され，さらに買受価格が低廉であり，買受後も2年以上通行を黙認していた等の事情のもと，私道買受人は，当該私道が一貫して付近住民の通行の用に供されていることを知悉していたものといえ，当該私道を通行する者の通行地役権が未登記であることを主張することができない（東京地判昭62・1・12判タ656号158頁）。

・　分譲地において相互交錯的な黙示の通行地役権が成立してもその旨登記がされることがまれであり，当該通路を取得した者が，その当時通路状部分が現に通路として使用されていることを客観的に認識することが可能であり，通路部分も含めて分譲地一体を買収すれば通路状部分を通路として使用する必要がなくなるであろうとの期待をもって買収しようとしたが，一部買収できなかった場合，当該未売却者は登記なくしてその通路における通行地役権を通路買収者に対抗することができる（東京地判昭63・1・28判タ664号96頁）。

・　相互交錯的な通行地役権が成立している道路について前所有者から当該道路敷の一部及び宅地を購入した者は，既存の相互の地役権関係にその

304

第1　物権的契約通行権　─通行地役権─

まま入り込み，地役権関係の直接の当事者となるため，登記を必要とする第三者ではないといえる（浦和地判平元・3・20判時1328号92頁）。
・　私道であることが一目瞭然で，登記簿上の地目が公衆用道路であり，非課税措置を受けていること等の事情のもとで時価よりも遥かに廉価で買った者は，通行地役権が未登記であることを主張することはできない（東京地八王子支判平元・12・19判時1354号107頁）。
・　通路敷地が宅地部分と明確に区分され，私道として利用されており，買受当初その形状等から通行権の存在が容易にうかがわれ得たと考えられる上，一時は通行を容認しており，自らも当該通路を自動車で通行し利便を得ており，通行を認めても通路所有者の不利益が僅かである等の事情では，通路所有者は，通路を通行する者の通行地役権が対抗要件を備えていないことを理由に通行妨害をすることはできない（東京地判平2・11・27判時1397号28頁）。
・　相互交錯的な通行地役権が成立している私道については，その成立経緯を考慮すると，当該私道に沿接する宅地の所有権移転登記を受ければ，その通行地役権についても対抗力を生じることとなる（東京高判平4・12・10判時1450号81頁）。
・　黙示の通行地役権の成立が認められ，公衆が長年通行している道路について，第三者がその敷地の一部を取得した場合でも，その取得した土地につき公衆が通行していることを充分認識しており，通行地役権を保護すべき利益が多大であるときは，その第三者は通行地役権が未登記であることを主張することはできない（広島高判平8・10・22判タ944号150頁）。
・　未登記の通行地役権の承役地が譲渡された時に，要役地所有者によって継続的に通路として利用されていることがその位置，形状，構造等の物理的状況から客観的に明らかで，かつ，譲受人がそのことを認識していたか認識することが可能であったときは，通行地役権が設定されていることを知らなかったとしても，特段の事情がない限り，譲受人はその通行地役権が未登記であることを主張することができない（最二小判平10・2・13民集52巻1号65頁）。

第2編　通行権

305

第2章　契約通行権

・　通行地役権の承役地が譲渡された場合において，譲渡の時に，承役地が要役地の所有者によって継続的に通路として使用されていることがその位置，形状，構造等の物理的状況から客観的に明らかであり，かつ，譲受人がそのことを認識していたか又は認識することが可能であったときは，譲受人は，通行地役権が設定されていることを知らなかったとしても，特段の事情がない限り，地役権設定登記の欠缺を主張するについて正当な利益を有する第三者には当たらない（最二小判平10・2・13民集52巻1号65頁）。

・　通行地役権の承役地が担保不動産競売により売却された場合において，最先順位の抵当権の設定時に，既に設定されている通行地役権に係る承役地が要役地の所有者によって継続的に通路として使用されていることがその位置，形状，構造等の物理的状況から客観的に明らかであり，かつ，上記抵当権の抵当権者がそのことを認識していたか又は認識することが可能であったときは，特段の事情がない限り，登記がなくとも，通行地役権は上記の売却によっては消滅せず，通行地役権者は，買受人に対し，当該通行地役権を主張することができる（最三小判平25・2・26民集67巻2号297頁）。

■未登記地役権の既登記抵当権に対する対抗力の事例

　　地役権の設定されている通路を含む造成工事資金調達のため融資を受け，その担保として設定され登記を経た抵当権について，抵当権者たる信用金庫が仮にその資金目的を知らなかったとしても，抵当権者としてはその内容に関心のあるところであると考えられ，現場を見るなどの調査をすれば，当該通路を含む造成部分について認識できたはずであり，またその造成工事を行った結果，担保土地の歩行が増加した利益を得ることになった等の事情のもと，抵当権者は，通行地役権について未登記であることを理由に否定することはできず，この抵当権に基づく競売によっても通行地役権は消滅しない（東京高判平6・9・29判タ876号180頁）。

■未登記通行地役権の転得者に対する登記請求の可否

　　黙示的に通行地役権が成立した後，通路の形状や重要事項説明書等によりその負担のある通路であることを十分に承知し，当該通路を買い受けた者は，通行地役権が未登記であることを主張することができないが，通行

第1　物権的契約通行権 ―通行地役権―

地役権の時効取得も成立しない事情では，通行地役権者も，他に特段の登記原因が存しない限り，その買受人に対して通行地役権設定登記を請求することができない（東京高判平8・7・23判時1576号44頁）。

■ 地役権者の地役権設定登記手続申請の可否

通行地役権の承役地の譲受人が地役権設定登記の欠缺を主張するについて正当な利益を有する第三者に当たらない場合には，地役権者は，譲受人に対し，地役権設定登記手続を請求することができる（最二小判平10・12・18民集52巻9号1975頁）。

■ 背信的悪意者から転得した者の対抗力

事実上市道となり，長年一般市民の通行の用に供されていたことを知りながら，所有権移転登記が経由されていないことを奇貨としてこれを買い受け，道路を廃止して自己の利益を計ろうとした者は背信的悪意者ということができるが，その者から所有権移転を受けた者は，自身が背信的悪意があると評価されなければ，登記をもって第三者に対抗することができる（最三小判平8・10・29民集50巻9号2506頁）。

Q 130 通行地役権に基づいて通行する際は通行料を支払う必要があるか。

A 地役権に基づく承役地の使用は無償が原則であり，通行料を定めても登記することはできない。

解説　通行地役権の設定契約において通行料について定めていなければ，地役権者が通行料を支払う必要のないことは当然であるが，設定契約において当事者間で通行料を支払う旨の合意が成立した場合はどうであろうか。

第2章　契約通行権

　大審院の判例では通行料支払の旨の合意は地役権の内容とはならないと判示しているが，この判例でも債権契約としては有効であるとしているので，現実には当事者間において通行料支払いについて合意することができ，その合意が成立することによって法的にも通行料支払の債権債務関係が発生するものと思われる。

　ただ，通行料については地役権設定登記においてその旨登記することができない（不登80条）。この場合に有償の旨を対抗できるか否かについては，登記できない以上は対抗できないとする考え（沢井裕ほか『道路・隣地通行の法律紛争』（有斐閣，1989）138頁）と，登記事項として法定されていない以上，登記なくして第三者に対抗することができるとする考え（『精義中』305頁）がある。

【判　例】
- ■地役権の無償性の原則
  - ・　地役権は無償で承役地を要益地の便益に供する土地使用権であり，使用の対価として地代その他の報酬を支払う約束をしても，地役権の内容とはならない。ただし，有償の旨は，債権契約としての効力は有する（大判昭12・3・10大民集16巻255頁）。
  - ・　通行地役権設定の際に有料である旨の約束がない限り，通行料の支払がないからといって通行を拒否することはできない（大阪高判昭60・10・24判タ588号72頁）。
- ■通行地役権時効取得者に対する使用料等の請求の適否
  　地役権の時効取得者に対し，承役地の所有者が法律上当然に承諾料や使用料を請求できるという根拠はない（東京地判昭48・11・30下民24巻9～12号876頁）。
- ■有償の通行地役権であると認定された事例
  　通行地役権設定契約締結の際に，一時金として通行料を支払ったと推認された場合，実質的に有償で通行地役権を取得したものと認定され得る（東京地判昭48・8・16判タ301号217頁）。
- ■対価の支払方法
  - ・　通行地役権の対価については，地役権設定契約締結の際一時金として

第1　物権的契約通行権　―通行地役権―

一括して支払うことができる（東京地判昭48・8・16判タ301号217頁）。
・　通行地役権の対価については，分割金として支払うことができる（東京地判昭62・1・12判タ656号158頁）。

Q 131　通行地役権の存続期間を定めることはできるか。

A　存続期間を定めることはできるが，登記することはできない。

解説　地役権に存続期間を定めることができ，有期の期間を定めることも，期間を定めないこともできる。有期の期間を定めたときは，その期間の満了により地役権は消滅し，また存続期間を定めなかったときは，他の原因によって地役権が消滅しない限り，要役地のある間存続する。また，設定契約においては存続期間を「永久」と定めることもできると考えられている（『私道』265頁）。

存続期間の合意があっても，それは登記事項ではない（不登80条）。この場合に存続期間を対抗できるか否かについてであるが，登記できない以上，対抗できないとする考え（『私道』265頁）と，登記事項として法定されていない以上，登記を必要とせずに対抗できるとする考え（『精義中』305頁，登研540号136頁）がある。

【先　例】
■存続期間の定の登記の可否
　「この地役権の存続期間はこの契約の日から送電線鉄塔の存続中とする」旨の特約は，地役権の存続期間として登記することができない（昭33・4・10民甲768号民事局長心得電報回答）。

第２章　契約通行権

【実　例】

■ 存続期間の定の登記の可否

地役権設定登記において，存続期間の定は登記することはできないので，「永久」とすることも登記できない（登研444号105頁）。

Q 132　要役地が売却されたときに通行地役権を要役地の新所有者に移転させないことはできるか。

A　「地役権は要役地と共に移転しない」旨の特約を定めることにより，要役地の新所有者に移転させないことができ，この場合は当該通行地役権は消滅する。この特約は，登記することができる。

解説　地役権設定契約において，附従性，随伴性を排斥し，要役地の所有権の移転が移転しても地役権は移転せず，あるいは要役地に権利が設定されても地役権はその権利の目的とはならないとする定めをすることができ，さらにその特約は登記事項となり（民281条１項ただし書，不登80条１項３号），登記しなければ第三者に対抗することができない。

まず「地役権は要役地と共に移転しない」旨の特約があり，この場合に要役地の所有権（要役地たる地上権，永小作権，賃借権も同様。）が移転されたときは地役権は消滅するが，その所有権移転の登記がされるまでは対抗力の関係で要役地と共に他の権利の目的となる。ただし，その特約の登記前に登記された要役地の所有権移転に関する仮登記に基づく本登記がされたときは，地役権は消滅せずに要役地と共に移転し，その特約の登記前に登記された要役地の用益権があるときは，要役地所有権が移転されたときでもその用益権の効力はなお地役権に及び，その特約の登記前に登記された要役地の担保権に基づいて競売が行われたときは，競落人はその所有権とともに地役権を取得

第1　物権的契約通行権　―通行地役権―

する。なお，相続などの包括承継によって所有権が移転した場合には，この特約があっても地役権は消滅せず，新所有者に移転する（『精義中』316頁）。

次に「地役権は要役地上の他の権利の目的とならない」旨の特約があり，この場合に，その特約の登記後に要役地に設定された他の権利についてはその効力が地役権には及ばないが，その特約の登記前に登記された要役地の他の権利の効力は，なお地役権に及んでいる。

そして，「地役権は要役地と共に移転せず要役地の上の他の権利の目的とならない」旨の特約があり，この場合は，その特約の登記前に登記された要役地の所有権移転に関する仮登記の権利者又は登記若しくは仮登記のされた他の権利の権利者には，その特約を対抗できないが，その特約の登記後に登記又は仮登記のされた所有権移転その他の権利の権利者には対抗でき，要役地の所有権と共に移転せず，要役地に設定された他の権利の目的とはならない（『精義中』306頁）。

Q133　通路所有者が通路設置義務及び修繕費を負担すること定めたときは通行地役権者は買受人に対しても当該義務を履行するように主張することができるか。

A　民法第286条の定めをし，その旨の登記をすることによって，通路の買受人に対して当該義務を履行するよう主張することができることとなる。

解説　通行地役権が設定されても，通常は，承役地である通路所有者は，地役権者の通行を受忍するだけで，何か積極的に義務を負うことはない。

それが，設定行為又は設定後の契約により，承役地の所有者が自己の費用

311

第2章　契約通行権

で地役権の行使のために工作物を設け，又はその修繕をする義務を負担したときは，承役地の所有者の特定承継人も，その義務を負担することとなる（民286条）。

　つまり，このような特約を定めたときには，承役地である通路所有者は，地役権者の通行を忍容する義務以上に，通路等の開設，修繕等の積極的義務を負うことになる。

　この特約を定めた場合は，その旨を登記することができる（不登80条1項3号）。

　この特約に基づく義務は，登記しなければ承役地の特定承継人に負担させることができない。

　その他，地役権について解除条件を付することも認められるが，袋地の囲繞地通行権を妨げるような特約（『精義中』304頁）や，承役地所有者が承役地への影響に一切異議を述べない旨の特約は認められない。

【先　例】
■承役地所有者が意義を申し立てない旨の特約の登記の可否

　　承役地の所有者は承役地の浸冠水その他の影響について一切異議請求等を申し立てない旨の特約は，登記することができない（昭36・9・15民甲2324号民事局長回答）。

【判　例】
■通行地役権設定に解除条件を付すことの適否

　　将来要役地に隣接する農業用水路が道路となったときは，通行地役権は消滅するという，解除条件付通行地役権の設定も認められる（東京地判昭52・4・28下民34巻9～12号1106頁）。

第1　物権的契約通行権　―通行地役権―

Q134　A・B共有の通路のA持分に抵当権が設定されている通路（抵当権に遅れる通行地役権が設定されている。）について当該抵当権が実行されたときは，通行地役権はA持分についてだけ消滅するか。

A　通行地役権はA持分についてだけでなく，通路全体について（B持分についても），消滅することとなる。

解説　通行地役権は，地役権者の放棄，第三者による時効取得，消滅時効の完成，解除条件成就，存続期間満了，混同，承役地あるいは要役地の滅失，通行目的の消滅，合意解除，不随伴地役権の要役地の譲渡，収用，用益権が要役地であるときの用益権の消滅等によっても消滅する。

地役権に特有の消滅原因として，承役地所有者による所有権の放棄（委棄）がある。これは，承役地の所有者に工作物の設置義務等がある場合において（Q133），承役地の所有者は，いつでも，地役権に必要な土地の部分の所有権を放棄して地役権者に移転し，これにより当該前条の義務を免れることができるという規定に基づいている（民287条）。

消滅時効については，通行地役権も債権，所有権以外の財産権として20年間の不行使によって時効消滅するが，消滅時効の期間は，継続的でなく行使される地役権については最後の行使の時から起算し，継続的に行使される地役権についてはその行使を妨げる事実が生じた時から起算するため（民291条），通路を開設していない通行地役権では最後の通行が終了した時から，通路を開設している通行地役権では通路の廃止等通路において通行を全部妨害される事実が生じた時から時効期間が進行する。地役権者がその権利の一部を行使しないときは，その部分のみが時効によって消滅するため（民293条），一部分の範囲を除いた部分しか通行しないときや一部分の範囲のみ通行を妨害されているときは，その一部分についてのみ消滅時効が進行する。さらに，要役地が数人の共有に属する場合において，その一人のために時効の中断又

313

は停止があるときは，その中断又は停止は，他の共有者のためにも，その効力を生ずることとなる（民292条）。

その他にも，承役地の占有者が取得時効に必要な要件を具備する占有をしたときは，地役権は消滅し（民289条），この場合の地役権の消滅時効は，地役権者がその権利を行使することによって中断する（民290条）。

また，地役権には不可分性という性質があり，土地の共有者の一人は，その持分につき，その土地のために又はその土地について存する地役権を消滅させることができないとされている（民282条1項）。そこで地役権は，地役権に優先する担保権の実行に伴う競売によっても消滅するが，共有の通路の共有者の一人の持分に抵当権が設定されている通路があり，その抵当権に遅れて通行地役権が（通路全体に）設定されている場合において，その当該抵当権が実行されたときは，通行地役権は抵当権が設定されている持分だけでなく，他の共有持分についても，つまり通路全体について消滅することとなる（登研524号143頁）。

なお，対価支払の特約がある地役権について，対価の不払を消滅事由として特約したとき以外は，2年以上支払の遅延があるときでなければ，地役権消滅を請求することができないと解されている（『私道』373頁）。

【判　例】
■通行地役権の存する通路が時効取得された場合の通行地役権の消長
　第三者が承役地に他人の通行地役権があることを認めて占有した結果取得時効が成立したときは，その第三者は通行地役権の付いたままの承役地所有権を取得することとなるので，通行地役権は消滅しない（大判大9・7・16民録26巻1108頁）。

■通行地役権を放棄したものと認められる事例
　お互いに出しあって作った道路について相互に通行地役権を設定したと認められた場合，自己の土地部分に建物を増築して他の通行地役権者の通行を不能にしたときは，その者は自己の通行地役権を放棄したものと認められる（東京地判昭47・5・30判時687号65頁）。

第 1　物権的契約通行権　―通行地役権―

■通行地役権を放棄したものと認められなかった事例
　　通行地役権の存する私道について，通行地役権者がそこを自動車保管場所とすることを承諾し，関係官庁に提出すべき承諾書を作成しても，駐車部分以外になお人の通行可能な幅員が残される場合は，通行地役権を放棄する意思表示をしたものとは認められない（東京地判昭52・4・28下民34巻9～12号1106頁）。

■通行地役権設定契約の解除の適否及び通行目的の消滅による通行地役権の消滅
　・　通行地役権設定契約は，承役地所有者の自己使用の必要性の事情及び要役地所有者の通行の必要性がなくなったという事情変更の原則に基づいても，承役地所有者が一方的に解除することはできないが，要役地所有者が，要役地（別の部分で公道に接している。）から承役地への出口部分に，出入口のない堅固な建物を敷地いっぱいに建て，当該部分には防犯上からも出入口を設けることはあり得ない場合には，承役地について，社会通念上要役地の通行の便益に供することがなくなったと認められるので，通行目的の消滅によって通行地役権が消滅する（大阪高判昭60・7・3高民38巻2号77頁）。

　・　通行地役権設定契約は物権契約であり，履行という観念がないので，事情変更によっても解除することはできない（京都地判昭60・9・24判時1173号106頁）。

　・　通行目的や承役地を用益する必要が永続的に消滅した場合には地役権が消滅するが，建物を倉庫として代用したことにより従来の生活用通路としての意味は失われたが，なお，代用倉庫への連絡通路としての利用価値を留め，また，当該通路の両端の出入口が著しく狭められているものの，その余の部分は依然通路としての形状を保っていることが明らかである場合は，通行地役権が消滅したとはいえない（大阪高判昭62・3・18判タ660号132頁）。

■解除条件が成就したとは認められなかった事例
　　将来要役地に隣接する農業用水路が道路となったときは，通行地役権は

第2章　契約通行権

消滅するという解除条件付通行地役権において，水路が暗渠化され事実上人の通行が可能になっただけでは法律上は水路のままなので，解除条件が成就したとはいえない（東京地判昭52・4・28下民34巻9～12号1106頁）。

■相互交錯型通行地役権の一部の者による廃止の可否

　分譲地内の通路につき相互交錯型の通行地役権が成立したときは，後に各土地を買い受けた者も地役権を承継し，その一部の者を除いて通路の一部をずらす旨の協定ができても，協定に参加しなかった者は，旧通路部分の全部について通行地役権を主張することができる（京都地判昭60・9・24判時1173号106頁）。

Q135　地役権の登記には他の登記にない特徴があるか。

A　権利者（地役権者）が登記されない。承役地における地役権設定登記だけでなく，必ず要役地にも登記がされる。

解説　通常，登記可能な物権等が登記されるときは，その権利者が登記名義人として登記される。

　しかし，地役権にあっては，地役権者は登記されない（不登80条2項）。代わりに地役権の（承役地における）登記には，必ず要役地の表示が記載される（不登80条1項1号）。これにより，承役地に対する要役地が判明し，要役地の所有権の登記を確認することによって，地役権者である所有権登記名義人（その他要役地たる用益権登記名義人）が特定されることになっている。つまり，承役地における地役権の登記には，地役権者たる登記名義人が記載されないため，「何番地役権移転」，「何番地役権登記名義人表示変更更正」なる登記をすることが本来的にできず，要役地の所有権（その他要役地たる用益権）の移

第1 物権的契約通行権 —通行地役権—

転登記，要役地の所有権登記名義人（その他要役地たる用益権登記名義人）表示変更更正登記によって，地役権移転，地役権登記名義人表示変更更正があったことを確認することができるのである。

　一方，登記官は，承役地に地役権の設定の登記をしたときは，要役地について，職権で要役地地役権である旨の登記をしなければならず（不登80条4項，不登規159条），要役地に所有権の登記がないときは，そもそも承役地に地役権の設定の登記をすることができないのである（不登80条3項）。

　要役地に担保権や地上権，永小作権，地役権，賃借権，採石権が設定され，それらの効力が承役地の地役権に及んでも，「何番地役権抵当権設定」や「何番地役権地上権設定」，「何番地役権転地役」等なる登記をすることはできない。

　要するに，地役権は，それが設定された土地，つまり承役地において設定登記がなされ，その土地の利用をもって便益を受ける土地，つまり要役地にも登記がなされ，それが連動して登記されることによって，地役権者その他の内容が公示されることになるのである。

　地役権の登記における特有の登記事項には次のとおりである（不登80条1項）。
(1)　要役地
(2)　地役権設定の目的及び範囲
(3)　民法第281条第1項ただし書若しくは第285条第1項ただし書の別段の定め又は同法第286条の定めがあるときは，その定め（特約）

　地役権の登記には，登記の目的として「地役権設定」が記録されるほか，地役権の目的も記録される。

　地役権の目的とは，要役地が受けることとなる便益のことで，通行地役権の場合には，通常，「通行」となる。その他，「徒歩及び軽自動車による通行」や「通行及び水道管の埋設」など，当該便益を記録することとなる。

　地役権の範囲については，次のQ136のとおり。

　通行地役権の登記については，次の特約がある場合は，その旨登記することができる（不登80条1項3号）。

第2章　契約通行権

◆民法第281条第1項ただし書の定め（附従性，随伴性の排斥）
　「地役権は要役地と共に移転しない」
　「地役権は要役地上の他の権利の目的とならない」
　「地役権は要役地と共に移転せず要役地の上の他の権利の目的とならない」
◆民法第286条の定め（承役地所有者の積極的義務負担）
　「承役地の所有者は地役権行使のための工作物の設置又はその修繕の義務を負う」　等

　地役権の登記については，要役地の表示を登記しなければならない（不登80条1項1号）。
　承役地に地役権の設定の登記をしたときは，要役地について，登記官の職権で，次の事項が登記される（不登80条4項，不登規159条）。
(1)　要役地の地役権の登記である旨
(2)　承役地に係る不動産所在事項及び当該土地が承役地である旨
(3)　地役権設定の目的及び範囲
(4)　登記の年月日

【先　例】
■地役権者及び地役権図面番号記載の要否
　承役地登記簿には，地役権者の表示を記載する必要がなく，また，地役権図面が添付されている場合は，地役権の目的たる部分を記載し，地役権図面の番号を付記する（昭35・3・31民甲712号民事局長通達）。
■要役地登記簿への一般的登記事項
　要役地登記簿へは，不動産登記法第51条（旧）による一般的な登記事項ではなく，不動産登記法第114条（旧）による承役地の表示，地役権の目的たる旨，目的，範囲及び受付年月日を記載する（明33・8・2民刑798号民刑局長回答）。
■従前の地役権登記事項の処理及び通知の要否
　承役地について昭和35年不動産登記法改正（昭和35年法律第14号）前に登

記された地役権者の表示は，要役地所有権移転登記の有無にかかわらず，その表示を単に朱線で消除するだけの朱抹をすることができ，また，昭和35年不動産登記法改正（昭和35年法律第14号）前に地役権登記のされた要役地について，その後要役地所有権移転登記がされた場合でも，他の管轄の承役地の登記所にその旨通知することを要しない（昭36・4・4民甲812号民事局長通達）。

■要役地又は承役地登記簿に記載する承役地又は要役地の表示

　要役地又は承役地の登記簿に記載する承役地又は要役地の表示は，所在地番のみ記載すれば足り，地目，地積の記載を要しない（昭38・1・16民甲35号民事局長一部変更認可（津地方法務局会同決議））。

【実　例】

■共に権利の目的たる旨の記載の要否

　数個の不動産を目的とする地役権設定登記においては，共に権利の目的たる旨の記載は不要である（登研141号46頁）。

Q 136　承役地又は要役地の一部分に又は一部分のために地役権設定登記をすることはできないか。

A　承役地の一部分に地役権設定登記をすることはできるが，要役地の一部分のために地役権設定登記をすることはできない。

解説　地役権は，通常の物権と同様，承役地の全部に成立するもののほか，承役地の一部分のみにも成立し，1個の不動産の一部についての登記であっても，承役地についてする地役権の登記に関しては登記することができる（不登令20条4号）。したがって，地役権の登記には，地役権設定の範囲を登記しなければならない（不登80条1項2号後段）。

319

第2章　契約通行権

　その範囲は，承役地の1筆の全部であるときは「全部」，1筆の一部であるときは「東側何平方メートル」等その位置と面積をもって記載し，それは地役権図面と符合していなければならない。
　一方，要役地は，その土地の全部でなければならず，土地の一部分のために地役権を設定することはできない。

【実　例】
■地役権の範囲の登記方法
　　地役権設定登記において，範囲を「別紙のとおり」として登記することはできない（登研453号124頁）。
■承役地の地積を超える地役権の範囲の可否
　　登記簿上の地積が100平方メートルの承役地について，「範囲　東側200平方メートル」とする地役権の登記は認められない（登研579号169頁）。

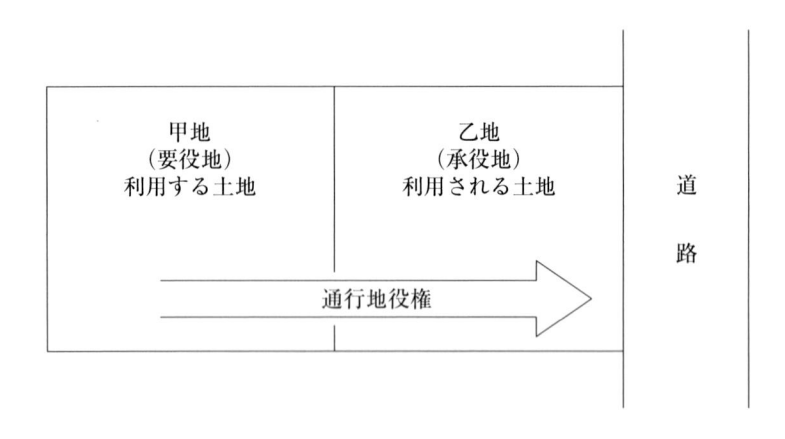

```
┌──────────────┬──────────────┐│
│     甲地     │     乙地     ││
│   (要役地)   │   (承役地)   │道
│  利用する土地 │ 利用される土地 │路
│              │              ││
│      ────────通行地役権───▶ ││
└──────────────┴──────────────┘│
```

320

第1　物権的契約通行権　—通行地役権—

Q 137　通行地役権設定登記申請の添付情報は何か。

A　用益権設定に必要な通常の添付情報のほか，地役権図面，要役地の登記事項証明書を添付しなければならない場合がある。

解説　新たに地役権が発生した場合，あるいは既に発生している地役権について，設定登記をすることによって，対抗力を得ることができることになる。

登記の目的については，通常の場合（承役地の所有権に設定する場合）は「地役権設定」とし，例えば承役地の地上権に設定する場合は，「何番地上権地役権設定」とする。

登記原因及びその日付は，設定契約によるときは「　年　月　日設定」，時効によるときは「　年　月　日時効取得」であり，原則として地役権設定契約を締結した日（期限又は条件を定めた場合は，その到来又は成就した日）が「設定」の日付であり，農地について設定契約締結後に都道府県知事の許可があった場合には，許可の到達した日であり，時効取得の場合には事項の起算日となる。

添付情報については，登記原因証明情報，義務者の登記識別情報，所有権の登記名義人たる義務者の印鑑証明書など，用益権設定登記申請に必要な通常の添付情報（不登令7条）のほか，地役権設定の範囲が承役地の一部であるときは地役権図面，そして要役地が他の登記所の管轄区域内にあるときは，当該要役地の登記事項証明書が必要とされる（不登令別表35項下段）。

地役権図面には，地役権設定の範囲を明確にし，方位，縮尺，地番及び隣地の地番並びに申請人の氏名又は名称を記録し，作成の年月日を記録し，書面である地役権図面には，地役権者が署名し，又は記名押印しなければならないが，縮尺については，適宜の縮尺により作成することができることになっている（不登規79条）。

第2章　契約通行権

　書面申請において提出する地役権図面（電磁的記録に記録して提出するものを除く。）は，日本工業規格B列4番の丈夫な用紙を用いて作成しなければならず（不登規80条2項），電子申請において送信する地役権図面は，法務大臣の定める方式に従い，作成（書面申請において図面を電磁的記録に記録して提出する場合についても同様）し（不登規73条1項），書面である地役権図面は，0.2ミリメートル以下の細線により，図形を鮮明に表示しなければならない（不登規74条1項，不登規80条1項）。

　地役権図面において，登記所備付けの地図，公図と，境界，隣接地番，承役地の地番，方位が符号しない場合は，登記官が承役地の目的物件に誤りがないかを慎重に調査し，地役権図面に誤りがないことが確認された場合は，そのまま受理される（河瀬敏雄＝筒井英行『3訂版　表示登記にかかる各種図面・地図の作成と訂正の事例集』（日本加除出版，2013）86頁～89頁）。

【先　例】
■地役権図面の添付の要否及び保存方法
　　地役権の範囲が土地の一部である場合は，地役権の部分を明らかにした図面を添付しなければならず，その地役権図面は申請書類綴込帳ではなく，地役権図面綴込帳に編綴して保存する（昭35・3・31民甲712号民事局長通達）。
■地役権図面の作成方法
　・　地役権図面においては，地役権の範囲以外の部分は，見取図的なもので差し支えない（昭37・6・11民甲1559号民事局長通達）。
　・　地役権図面への申請人の署名捺印は，地役権設定契約締結及び登記申請の委任を受けた者がしても差し支えない（昭44・12・18民甲2731号民事局長回答）。
　・　地役権図面は，できる限り用紙の右半面に作図し，求積方法等は右半面の余白又は左半面に記載し，図面の用紙の左右の両端には，二つ折りにして編綴することが可能となるようのそれぞれの端と図画線との間に1.5センチメートル程度の幅の適当な余白を設けるよう配意しなければならない（昭52・9・3民三4472号民事局長通達）。

第1　物権的契約通行権　―通行地役権―

■地役権図面への申請人等の押印
　地積測量図，土地所在図，地役権図面，建物図面，各階平面図に，申請人，作製者の署名捺印に代えて，記名押印又は署名だけでも差し支えない（平10・12・21民三2456号民事局第三課長依命通知）。
■要役地の所有権登記がなされていることを証する書面の添付の要否
　要役地が他の登記所の管轄に属する場合は，その要役地について地役権者のための所有権の登記がされていることを証する書面として要役地の登記簿謄本等を添付しなければならない（昭35・3・31民甲712号民事局長通達）。
■地役権図面の作成方法
　地役権図面には，辺長を記載しなければならない（昭36・1・23民甲181号民事局長指示（大阪法務局会同決議））。

【実　例】
　・　地役権図面への申請人の署名捺印は，地役権者及び設定者（法人の場合は代表者）がすべきで，申請代理人はすることができない（登研155号49頁）。
　・　地役権図面は，登記所備付けの地積測量図と整合性があり，範囲が明確で，範囲の地積測量の結果が記載されていなければならない（登研451号123頁）。
　・　地役権図面には，範囲の地積及び求積の方法を記載しなければならない（登研453号124頁）。
■要役地登記簿謄本の有効期間
　要役地の登記簿謄（抄）本は，最新のものを添付すべきである（登研155号48頁）。

第2章　契約通行権

Q138 要役地が表題部しかない場合に承役地に地役権設定登記をすることができるか。

A 承役地も，要役地も，所有権の登記がなければ，地役権設定の登記をすることはできない。

解説　地役権設定登記は，承役地所在地を管轄する法務局，地方法務局又はその支局，出張所に対して申請することになり（不登6条1項），承役地の不動産の個数1個につき1,500円の登録免許税を納付しなければならない（登録免許税法別表第一1(4)）。

地役権設定の登記の申請がされると，まず承役地において登記されるため，承役地について所有権の登記がなければ地役権設定の登記をすることができない。また，承役地について地役権設定の登記がなされたならば，登記権の職権で要役地において要役地地役権たる旨の登記がなされることになるが，要役地につき所有権の登記がないときは，要役地における要役地地役権たる旨の登記だけでなく，承役地における地役権設定登記もすることができない（不登80条3項）。

要役地の地上権者，永小作権者又は賃借権者が地役権者となる場合も，要役地においてその地上権，永小作権又は賃借権が登記されていなければ，地役権設定登記をすることができない（『精義中』309頁）。

【先　例】
■承役地又は要役地が未登記である地役権設定登記の可否
　承役地が登記されていなければならないことは当然であるが，要役地が未登記である場合も地役権設定登記をすることができない（昭35・3・31民甲712号民事局長通達）。

第1　物権的契約通行権　―通行地役権―

Q139　農地に通行地役権設定登記をすることができるか。

A　許可の除外事由に該当しない限り，農地法所定の許可書を添付することができれば，登記することができる。

解説　農地に通行地役権を設定するには，農地法所定の許可を受けなければ効力が生じないため，農地について通行地役権設定登記を申請するには，農地法所定の許可書の添付が必要とされる（不登令7条1項5号ハ）。

農地に通行地役権を設定するということは，通常は，農地を通路（農地以外）にするために，地上権，永小作権，質権，使用貸借による権利，賃借権若しくはその他の使用及び収益を目的とする権利（農地3条1項本文）を設定することになり，この場合は，除外規定に該当しない限り，都道府県知事の許可（一定の場合には農林水産大臣の許可）を受けなければならないことになる（農地5条1項本文）。市街化区域にあっては，農地法第5条の届出となる。

農地と登記手続との関係の詳細については，拙著『Q&A　農地・森林に関する法律と実務―登記・届出・許可・転用―』（日本加除出版，2013）第1編，2編を参照していただきたい。

【先　例】
- ■農地の地下について地役権の設定について農地法所定の許可の要否
  農地の地下に工作物を設置することを目的とする地役権を設定する場合にも，農地法所定の許可を要する（昭44・6・17民甲1214号民事局長回答）。
- ■農地に対する電線路のための地役権設定登記の農地法所定の許可書の要否
  電気事業者の農地等を目的とする電線路のための地役権設定の登記申請書には，地法による許可書の添付を要せず，目的は「電線の支持物の設置を除く電線路の施設」と目的を記載する（昭31・8・4民甲1772号民事局長通達）。

325

第２章　契約通行権

【判　例】
■農地の通行地役権設定における許可の要否
　市街化区域内の農地に通行地役権を設定するには，農地法第５条の届出を要し，通行地役権を設定する旨約束した者は，届出手続に協力すべき義務を負う（大阪高判昭60・10・24判タ588号72頁）。
■農地，非農地の判定基準
　農地非農地の判定は現況によってなされるので，通行地役権者自身が農地を舗装して現況道路に転用したとしても，それ以後は知事の許可を要することなく有効な通行地役権となる（水戸地判昭54・8・15判タ400号188頁）。
【実　例】
■農地の通行地役権設定における許可の要否
　農地を承役地として通行地役権を設定する場合は，農地法の許可を要する（登研492号119頁）。

Q 140　承役地又は要役地が共有の場合に持分のみに対して又は持分のみのために地役権設定登記をすることができるか。

A　承役地の共有持分のみに地役権設定登記をすることはできず，要役地の共有持分のみのためだけに地役権設定登記をすることもできない。

解説　権利者は地役権者たる要役地の所有権登記名義人，地上権登記名義人，賃借権登記名義人又は永小作権登記名義人であり，義務者は地役権設定者たる承役地の所有権登記名義人，地上権登記名義人，永小作権登記名義人又は賃借権登記名義人であり，判決による場合を除いて，権利者義務者が共同して申請することとなる（不登60条）。
　他の用益権の設定登記と同様，義務者の住所，本店，主たる事務所又は氏

第1 物権的契約通行権 ―通行地役権―

名，商号，名称は，登記名義人の記録（登記義務者が所有権登記名義人である場合には印鑑証明書の記載とも）と一致していなければならず，それが異なるときは，前件で，所有権（地上権，永小作権，賃借権）登記名義人表示変更更正登記を申請しなければ，地役権設定登記をすることはできない。

承役地又は要役地が共有である場合には，承役地の共有持分のみに地役権を設定することはできず，要役地の共有持分のみのためだけに地役権を設定することもできないため，その場合の設定登記は，共有者全員が権利者又は義務者とならなければならない。

ただし，地役権者としての共有者の一人は，地役権者全員のために保存行為として地役権設定登記を申請することはできる（『精義中』309頁）。

【判　例】
■共有の要役地に関する地役権設定登記の申請人
　・　要役地が共同相続された場合，その相続人の一人は保存行為として単独で要役地全体のため通行地役権設定登記を求めることができる（大阪高判昭53・12・13ジュリ694号7頁）。
　・　要役地の共有者の一人は，その共有持分のみのために地役権設定登記を請求することはできない（大阪高判平2・6・26判タ736号183頁）。

【実　例】
■要役地所有権登記名義人の住所変更登記の要否
　権利者たる要役地所有権登記名義人の住所が変更しているときでも，変更証明書を添付すれば，登記名義人表示変更登記を経ることなく，地役権設定登記を申請することができる（登研393号86頁）。
■共有通路を承役地とする地役権設定登記の権利者，義務者
　A・B共有の通路を承役地として，A単有の土地を要役地とする通行地役権は設定することができるが，この場合もそれぞれ共有者全員が権利者（そのうち承役地単独所有者が義務者を兼ねる。）又は義務者（そのうち要役地単独所有者が権利者を兼ねる。）となる（登研548号113頁）。

第2章　契約通行権

Q141 通行地役権設定登記の申請書（申請情報）の記載事項は何か。

A 用益権設定に必要な通常の記載事項のほか，地役権に特有の登記事項を記載しなければならない。

解説 通行地役権設定登記の申請書には，用益権設定登記申請の通常の記載事項（不登令3条）のほか，要役地，地役権設定の目的及び範囲を記載しなければならず，民法第281条第1項ただし書の定め，同法第286条の定めがあるときは，この定めも記載しなければならない（不登令別表35項中段，不登80条1項各号）。具体的な記載事項は前述の登記事項と同じである（Q135）。

要役地については，当該要役地の所在する市，区，郡，町，村及び字並びに当該要役地の地番，地目及び地積を記載しなければならない（不登令別表35項中段括弧書）。

Q142 1筆の要役地について所有者を異にする数筆の承役地に対する地役権設定登記を一括申請することはできるか。

A 同一日付の同一書面を登記原因証明情報とした場合であっても，一括申請することはできない。

解説 複数の不動産について同一の申請情報（申請書）をもって申請することを一括申請というが，これは，申請書（申請情報）は，登記の目的及び登記原因に応じて，不動産1個ごとに作成して提供しなけれ

328

第1 物権的契約通行権 —通行地役権—

ばならない（不登令4条本文）という原則の例外である。
　同一の登記所の管轄区域内にある2個以上の不動産について申請する登記の目的並びに登記原因及びその日付が同一であるときがその例外に当たり（不登令4条ただし書），一括申請をすることができることになる。
　地役権の場合は，1個の要役地（一人の地役権者）のために，所有者が同一である複数の承役地に地役権を設定したときは，それらが同一に契約されたものであるなら，登記原因及びその日付が同一であるので，地役権設定登記を一括して申請することができる。また，複数の同一所有の要役地（一人の地役権者）のために，1個の承役地に地役権を設定したときも一括して登記申請をすることができ，一般に，同一所有者に属する数個の要役地のために，同一所有者（要役地所有者とは別人）に属する数個の承役地に地役権を設定する場合は，同一に契約されたものであれば一括申請することができる。
　しかし，所有者の異なる複数の要役地のために，又は所有者の異なる複数の承役地に地役権を設定することは，たとえ同一の契約であったとしても，登記原因及びその日付が同一であるとは言えないため，一括申請することはできない。

【先　例】
■所有者を異にする数筆の承役地又は要役地の地役権設定登記の一括申請の可否
　　1筆の要役地について，所有者を異にする数筆の承役地に対する地役権設定登記は，一括申請することができない（昭33・2・22民甲421号民事局長心得回答，昭42・12・7民事財産法調査委員会決議）。
■要役地登記簿への数筆の承役地地役権の記載方法
　　数個の承役地に地役権の設定登記をしたときは，要役地の登記簿の同一順位内に，各々の承役地の表示，地役権の目的たる旨，目的及び範囲を記載する（昭36・9・26民甲2462号民事局長指示（福岡法務局会同決議））。

【実　例】
　　1筆の要役地について，所有者を異にする数筆の承役地に対する地役権設定登記は，同一日付の同一書面を原因証書としても，一括申請すること

第２章　契約通行権

ができない（登研522号158頁）。

Q143 承役地の一部に設定された地役権を承役地の全部に及ぼす登記は新たな地役権設定登記によるべきか。

A 地役権の範囲を変更する旨の地役権変更登記をすることができる。

解説　登記された地役権の内容に変更が生じたときには，変更登記をすることによって変更事項につき対抗力を得ることができることになる。

　承役地については，地役権の範囲の縮小，特約（Q135）の設定，変更又は廃止，地役権の一部の時効による消滅，要役地の表示の変更の場合等があり，要役地については，承役地の表示の変更の場合がある。

　地役権設定の目的の変更については，便益（通行）が同一である限り，同一性が認められるため変更登記をすることができ，地役権設定の範囲を拡大する場合も，新たな設定契約によらず，変更契約，変更登記によることもできる（『精義中』317頁）。

　地役権の登記事項を錯誤により誤って登記した場合，遺漏によって登記すべき登記事項を登記しなかった場合，要役地の表示を誤った場合に，地役権の更正登記を申請することになる。

　地役権の変更，更正登記は，地役権者（要役地たる所有権登記名義人等）と地役権設定者（承役地たる所有権登記名義人等）が共同して申請することとなり，地役権設定の目的の拡張，地役権設定の範囲の拡大，民法第281条ただし書の定めの特約の廃止，民法第286条の定めの特約の設定など地役権者が登記上の利益を受ける場合は地役権者が権利者，地役権設定者が義務者となり，

第1　物権的契約通行権　―通行地役権―

地役権設定の目的の縮小，地役権設定の範囲の縮減，民法281条ただし書の定めの特約の設定，民法第286条の定めの特約の廃止，地役権の一部の時効による消滅など地役権者が登記上の不利益を受ける場合は地役権設定者が権利者，地役権者が義務者となり，その他どちらが利益を受けるものでもない場合は地役権者が権利者，地役権設定者が義務者となる。

　要役地又は承役地の表示の変更による承役地又は要役地の変更登記は，要役地又は承役地の表題部においてその変更登記がされていなければ，申請することができない（『精義中』317頁）。

　添付情報は，義務者の登記識別情報，登記原因証明情報，利害関係人があるときの承諾書など，通常の権利の変更，更正登記に必要なもののほか，地役権設定の範囲の変更の登記又は更正の登記の申請をする場合において，変更後又は更正後の地役権設定の範囲が承役地の一部であるときは地役権図面，要役地が他の登記所の管轄区域内にあるときは当該要役地の登記事項証明書を添付する必要がある（不登令別表36項下段）。

　地役権者が有利となる変更，更正登記にあっては，その反対に不利益を受ける承役地の後順位の第三者の権利の登記名義人又は債権者が，地役権者が不利となる変更，更正登記にあっては，それに伴って不利益を受ける要役地の後順位の第三者の権利の登記名義人又は債権者が，登記上の利害関係人に該当する。

　地役権の変更，更正登記は，登記上の利害関係人がいない場合及び登記上の利害関係人があってその全員の承諾書又は裁判の謄本が添付されているときは付記登記によってなされ，登記上の利害関係人があるにもかかわらず承諾書又は裁判の謄本が一人でも添付されていないときは主登記によってなされる。

　承役地について地役権の変更，更正登記がなされたときは，要役地についても登記官が職権で所要の変更，更正登記を行う。

【実　例】
■範囲変更登記申請書への要役地の表示の要否
　　範囲の変更登記申請書には，要役地の表示を記載することを要しない

331

第２章　契約通行権

（登研411号86頁）。

■他管轄要役地の表示変更による承役地地役権変更登記申請の添付書類と申請人

　他管轄要役地の表示に変更が生じたことによる承役地地役権変更登記は，登記簿謄（抄）本（表示変更事項及び所有権登記名義人の記載されたもの。）を添付して，地役権者と設定者が共同で申請する（登研487号167頁）。

■分筆された要役地の一方の抹消登記の方法

　分筆された要役地についてその一方の要役地地役権を抹消するには，承役地について地役権変更（要役地の変更）登記を申請すれば，要役地地役権は職権抹消される（登研430号173頁）。

Q144　地役権抹消登記申請には地役権設定登記の際に地役権者に通知された登記識別情報を提供するか。

A　地役権設定登記の完了後は地役権者に登記識別情報は通知されないので，要役地の所有権の登記識別情報を提供することになる。

解説　平成16年法律第123号によって改正される前の不動産登記法においては，地役権設定登記がされると，地役権者に対して，地役権の登記済証が交付されていた。したがって，地役権の抹消登記など地役権者が義務者となる登記申請には当該登記済証を添付することとになっていた。また前述のとおり，地役権の登記には地役権者が登記されず，要役地所有者等をもって地役権者であると確認することができるため，要役地の所有権等（地役権者）の登記済証を添付しても差し支えないとされていた。

　平成16年法律第123号によって改正された現行の不動産登記法にあっては，登記官は，その登記をすることによって申請人自らが登記名義人となる場合

332

第1 物権的契約通行権 —通行地役権—

において，当該登記を完了したときは，速やかに，当該申請人に対し，当該登記に係る登記識別情報を通知しなければならない（不登21条）こととなったため，登記名義人となることのない地役権者には登記識別情報は通知されない。

そこで，地役権の抹消登記など地役権者が義務者となる登記申請（登記権利者及び登記義務者が共同して権利に関する登記の申請をする場合）には登記義務者の登記識別情報を提供しなければならない（不登22条）ところ，地役権設定においては登記識別情報は通知されないため，地役権者である要役地の所有権等（地役権者）の登記識別情報を提供することとなる。

地役権抹消登記の登記原因は，混同が生じたときは「　年　月　日混同」，権利不行使による時効消滅したときは「　年　月　日時効消滅」，承役地に第三者に時効取得されたときは「　年　月　日承役地の時効取得」，合意により解除したときは「　年　月　日合意解除」，放棄によるときは「　年　月　日放棄」，解除条件が成就したときは「　年　月　日解除条件成就」，民法281条ただし書の定めの特約つきの地役権の要役地所有権等が移転したことにより消滅したときは「　年　月　日要役地の所有権移転」とし，混同の場合は地役権者が承役地の所有権等を取得した日，消滅時効及び承役地の時効取得の場合は時効の起算日，合意解除の場合はその成立した日，放棄の場合は放棄の意思表示をした日，要役地の所有権移転の場合は要役地の所有権等の移転登記をした日がその日付となる。

地役権の抹消に伴って不利益を受ける要役地の後順位の第三者の権利の登記名義人又は債権者は登記上の利害関係人に該当し，利害関係人があるときはその承諾書の添付を要する。

【先　例】

■地役権者の登記済証

　　地役権者が登記義務者として添付すべき登記済証は，地役権設定の際の登記済証又は要役地所有権移転を受けた際の登記済証のいずれでも差し支えない（昭37・6・21民甲1652号民事局長通達）。

第2章　契約通行権

■特約付き地役権の抹消登記申請書に添付すべき要役地登記簿謄本の適格性
　民法281条ただし書の定めの特約付き地役権の要役地の所有権移転による地役権抹消登記のときに，要役地が他の管轄に属する場合に添付する要役地の登記簿謄（抄）本は，義務者が地役権設定登記当時の所有権登記名義人であることが判明する登記簿謄（抄）本でなければならない（昭36・4・4民甲812号民事局長通達）。

■存在目的を失った地役権の抹消登記の申請人
　耕地整理のためその存在目的を失った地役権の登記の抹消は，職権抹消や施行者の代位申請は認められず，当事者の申請によらなければならない（昭10・7・15民甲656号民事局長回答）。

【実　例】

■担保権者等の抹消登記の利害人該当性
　地役権設定登記前に登記された担保権，差押，仮登記等の権利者は，地役権抹消登記の利害人には該当しない（登研466号115頁）。

■数筆の承役地の一部についての地役権抹消登記手続
　数筆の承役地の一部について地役権抹消登記をしたときは，要役地の登記簿において，要役地地役権の変更として，職権で抹消物件を表示する付記登記をする（登研485号119頁）。

Q 145　地役権の登記のある承役地又は要役地を分筆することはできるか。

A　承役地であっても，要役地であっても分筆することができる。

第1　物権的契約通行権　―通行地役権―

解説　1筆の土地を分割して複数筆の土地とすることを分筆といい，地役権の登記がある承役地又は要役地のいずれであっても，分筆登記をすることができる。

登記官は，甲土地から乙土地を分筆する分筆の登記をするときは，乙土地について新たな登記記録を作成し，当該登記記録の表題部に何番の土地から分筆した旨を記録し，甲土地に新たな地番を付し，甲土地の登記記録に，残余部分の土地の表題部の登記事項，何番の土地を分筆した旨及び従前の土地の表題部の登記事項の変更部分を抹消する記号を記録しなければならないが，分筆後の甲土地については，従前の地番と同一の地番を付すことができる（不登規101条）。分筆登記に当たっては，乙土地の登記記録の権利部の相当区に，甲土地の登記記録から権利に関する登記（地役権の登記にあっては，乙土地に地役権が存続することとなる場合に限る。）を転写し，かつ，分筆の登記に係る申請の受付の年月日及び受付番号を記録しなければならない（不登規102条）。

そこで，登記官は，承役地についてする地役権の登記がある甲土地から乙土地を分筆する分筆の登記をする場合において，地役権設定の範囲が分筆後の甲土地又は乙土地の一部となるときは，分筆後の甲土地又は乙土地の登記記録の当該地役権に関する登記に当該地役権設定の範囲及び地役権図面番号を記録することとなり，要役地の登記記録の承役地に係る不動産所在事項及び当該土地が承役地である旨，地役権設定の目的及び範囲（不登規159条1項）に関する変更の登記をし，要役地が他の登記所の管轄区域内にあるときは，遅滞なく，当該他の登記所に承役地の分筆の登記をした旨を通知し，通知を受けた登記所の登記官は，遅滞なく，同様の登記をしなければならないとされている（不登規103条）。

なお，地役権者が分筆後のいずれかの土地について地役権を消滅させることを承諾したことを証する情報が提供されたときは，当該承諾に係る土地について地役権が消滅し（不登40条），その他，承役地についてする地役権の登記がある甲土地から乙土地を分筆する分筆の登記をする場合において，乙土地に地役権が存しないこととなるときも同様であり，要役地について分筆の登記をする場合において，当該分筆の登記の申請情報と併せて当該地役権を

335

第2章　契約通行権

分筆後のいずれかの土地について消滅させることを証する地役権者が作成した情報が提供されたときは，当該土地について当該地役権が消滅する（不登規104条）。

【先　例】

■承役地（土地の一部）の分筆登記申請の原則

　　1筆の土地の一部が承役地として地役権の登記がされている土地の分筆登記においては，登記申請書に分割後の土地の地役権の存続すべき部分を記載し，その部分に関する地役権者の証明書及びその部分を図示し，申請人及び地役権者の署名押印した図面を添付しなければならない（昭35・3・31民甲712号民事局長通達）。

■承役地（土地の一部）の分筆登記の場合における要役地の登記事項の職権変更登記の要否

　　1筆の土地の一部が承役地として地役権の登記がされている土地の分筆登記においては，分筆後の土地の一部に地役権が存続する場合は，職権をもって，要役地地役権の登記事項中，承役地の表示及び地役権の範囲の変更登記をしなければならない（昭36・5・17民甲1158号民事局長回答）。

■要役地の分筆の登記手続

　　要役地地役権の登記がある土地について分筆の登記について，地役権を分筆後のいずれかの土地について消滅させることを証する情報が提供されたときは，当該土地についての地役権が消滅した旨を登記する。この情報を記載した書面は当該地役権者が作成し，記名押印し，その印鑑証明書を添付しなければならない。この場合には，地役権を消滅させない分筆後の土地について分筆前の土地の番号を用い，分筆前の土地に支号がないときは分筆した土地について支号を設けない地番を存することもできる（平17・2・25民二457号民事局長通達）。

【実　例】

■地役権者による分筆登記代位申請における地役権証明書添付の要否

　　地役権者の代位により分筆登記を申請する場合に，申請書に地役権の存続すべき部分の記載があり，地役権図面及び地役権者の印鑑証明書があれ

第1 物権的契約通行権 ―通行地役権―

ば，地役権証明書の添付を要しない（登研194号74頁）。
■分筆後の一方のみに地役権が存続する場合の地役権図面及び地役権証明書添付の要否並びに申請書の記載方法
　分筆後の一方の土地の一部にのみ地役権が存続することにより登記上の地役権の範囲には変更を生じないときでも，地役権図面及び地役権証明書の添付を要し，申請書には地役権の存続すべき部分及びもう片方の土地につき地役権が不存在である旨を記載しなければならない。なお，存続しない土地の登記簿へは，地役権の登記は転写しない（登研390号89頁）。
■承役地分筆登記における共に権利の目的たる旨の記載の要否
　分筆後の双方の土地に地役権が存続する場合でも，「共に権利の目的たる旨」の記載は不要である（登研390号92頁）。

Q 146 地役権の登記のある承役地又は要役地を合筆することはできるか。

A 承役地は合筆することができるが，要役地は合筆することはできない。

解説　複数の接続した土地を1個の土地とすることを合筆といい，合筆登記は次の場合にはすることができない（不登41条）。
(1) 相互に接続していない土地
(2) 地目又は地番区域が相互に異なる土地
(3) 表題部所有者又は所有権の登記名義人が相互に異なる土地
(4) 表題部所有者又は所有権の登記名義人が相互に持分を異にする土地
(5) 所有権の登記がない土地と所有権の登記がある土地
(6) 所有権の登記以外の権利に関する登記がある土地（権利に関する登記で

337

第2章　契約通行権

あって，合筆後の土地の登記記録に登記することができるものとして法務省令で定めるものがある土地を除く。）

ここで，法務省令で定めるものには，次の登記がある（不登規105条）。

(1)　承役地についてする地役権の登記
(2)　担保権の登記であって，登記の目的，申請の受付の年月日及び受付番号並びに登記原因及びその日付が同一のもの
(3)　信託の登記であって，不動産登記法第97条第1項各号に掲げる登記事項が同一のもの
(4)　鉱害賠償登録令第26条に規定する鉱害賠償登録に関する登記であって，鉱害賠償登録規則第2条に規定する登録番号が同一のもの

通常，所有権以外の権利に関する登記がある土地は合筆することができないところ，以上の規定によって，承役地に地役権の登記がある土地は合筆することができる。

甲土地を乙土地に合筆する合筆の登記をするときは，登記官は，乙土地の登記記録の表題部に，合筆後の土地の表題部の登記事項，何番の土地を合筆した旨及び従前の土地の表題部の登記事項の変更部分を抹消する記号を記録し，甲土地の登記記録の表題部に何番の土地に合筆した旨及び従前の土地の表題部の登記事項を抹消する記号を記録し，当該登記記録を閉鎖しなければならない（不登規106条）。

それから，登記官は，合筆前の甲土地及び乙土地が所有権の登記がある土地であるときは，乙土地の登記記録の甲区に，合併による所有権の登記をする旨，所有権の登記名義人の氏名又は名称及び住所並びに登記名義人が二人以上であるときは当該所有権の登記名義人ごとの持分，合筆の登記に係る申請の受付の年月日及び受付番号，信託の登記であって不動産登記法第97条第1項各号に掲げる登記事項が同一のものがあるときは当該信託の登記を記録し，甲土地の登記記録に承役地についてする地役権の登記があるときは，乙土地の登記記録の乙区に甲土地の登記記録から当該地役権の登記を移記し，当該移記された地役権の登記に当該地役権設定の範囲及び地役権図面番号を記録し，地役権の登記を移記すべき場合において，乙土地に登記の目的，申

請の受付の年月日及び受付番号並びに登記原因及びその日付が同一の承役地にする地役権の登記があるときは，乙土地の登記記録に甲土地の地番及び甲土地につき同一事項の登記がある旨を記録し，当該地役権の登記に同項の規定による記録をしなければならないとされている（不登規107条）。

他方，要役地地役権の登記のある土地は，合併制限の適用があり，その制限が緩和される特例規定の適用はないため，合筆前の片方にのみ要役地地役権が存する場合も，双方に存する場合も，合筆することはできない。

【先　例】
■承役地の合筆登記について

　承役地の合筆によって，合筆後の土地の一部に地役権が存続するときは，合筆された土地から移記される地役権の登記に，地役権が存続する部分及び地役権図面番号を付記し，移記した地役権の登記にその登記が合筆された部分のみに関する旨を付記しなければならないが，その記載は，その登記を合筆された土地の登記用紙から移記した旨の記載をもって足りる（平5・7・30民三5320号民事局第三課長通達）。

【実　例】
■承役地の合筆登記について

　甲地に合筆される乙地及び丙地に同一（同一受付年月日番号）の承役地地役権があり，合筆後の甲地に存続する場合の登記簿には，甲地に順位1番で地役権の登記を移記し，合併前乙地何番，丙地何番の登記を移記した旨を記載する（登研580号140頁）。

第2 債権的契約通行権

Q 147 通行を目的として通路の賃貸借契約を締結することができるか。

A 通行者と通路所有者間において賃貸借契約を締結し，通路に通行賃借権を設定することができる。

解説 契約自由の原則により公序良俗に反しない限り，通行を目的とする土地利用契約を民法の条文の規定により，あるいは自由な内容で締結することができる。

このような通行権は債権関係によるものなので，囲繞地通行権や通行地役権の場合とは異なり，通行権者たる当事者に制限はない。

債権的契約通行権は，対抗力を具備しない限り，第三者に対して主張することはできないが，原則として貸主の権利を代位行使することはできる。

通行を目的とした賃貸借契約を締結したときは，通行賃借権者は当該通路部分を有償で通行することができ，通路部分の所有者は，原則として通路部分を使用することができなくなる。

通行賃借権は物権的効力を有さないので登記請求権を伴わないが，通路部分の土地所有者が承諾すれば登記することもできる（不登3条8号）。また宅地利用に必要な賃貸借契約であれば，借地借家法が適用され得る。

【判 例】
■債権的通行権の可能性
・ 借地人同士でその一方の借地を他方の通路とする旨の合意が成立したとき，通路を必要とする借地から別の同人の借地を通って公道へ出ることができる場合，その合意は，当該土地を通行し，通行を妨げてはならないことを請求する債権的通行権の成立である可能性がある（横浜地判昭48・9・17判タ304号226頁）。

第2　債権的契約通行権

・　数区画の借地人が公道へ出るために賃貸人所有の私道を通行し，私道所有者も通行を黙認していた事情のもとで，借地人にそれぞれの借地を売却し，その際の契約書の中の「私道については売買の対象外とし，他の借地人全員の売買が成立したときに，私道売渡の協議を行うものとし，それまでは私道の通行に関しては地主として承諾する。」旨の特約は，私道が売渡されるまでの暫定的な通行を許諾するという債権的通行権の付与とみることができる（東京地判平2・4・24判時1366号60頁）。

■通行賃借権の解約の適否
　旧市街地建築物法による建築線が設置された通路の賃貸借契約は，特別の事情がない限り，解約することは許されない（足立簡判昭47・12・11判時706号77頁）。

■必要費，有益費不償還特約の有効性
　専用自動車道開設のためになされた道路敷部分の賃貸借契約について，賃借人は賃借土地の維持保全に要する費用を負担する旨，及び契約期間満了又は契約解除のときは賃借人の支出した改良費等を含む諸経費を賃貸人に請求しない旨の特約は有効である（東京地判昭56・12・25判タ465号112頁）。

Q148　通路を通行目的で期限を定めずに無償で借り受けた場合には通路所有者は当該使用貸借契約を解除することができるか。

A　通路所有者にとって必要で，通路の閉鎖が通行者にとって日常生活において影響が少ないときには，通路所有者は使用貸借契約を解除することができる場合もある。

第2章　契約通行権

解説　通行を目的とした使用貸借契約を締結したときは，借主は当該通路部分を無償で通行することができ，通路において，いわば通行使用借権を設定したことになる。

貸主である通路部分の所有者は，原則として通路部分を使用することができないが，通行使用借権者の死亡によって効力が消滅する（民599条）。

通行使用借権を登記することはできない。

【判　例】

■無償の使用権が認められた事例

囲繞地通行権に関し覚書が交わされ，存続期間や解約の定めが約定されたときでも，それは囲繞地通行権が期間の満了又は解約により消滅するとの約定ではなく，新たに当該道路についての無償の使用権の取得を認めたものであるといえる（大阪高判平5・4・27判時1467号51頁）。

■無期限の通行使用借権の解除の適否

・　期限を定めない通行使用貸借契約は，使用貸主が，当該通路を閉鎖して自己使用する必要が生ずる等の特段の事情があるときは，解除することができる（大阪高判昭55・3・19判タ421号86頁）。

・　期限を定めない通行使用貸借類似の契約は，合意形成の基礎となった当時の付近土地の使用状況，当事者間における緊密な信頼関係に変更が生じた結果，当初の当事者間の利害の均衡が失われ，通路所有者が無償で通路として供与することが著しく重い負担となり，反対に通行者が通路を通行できなくなっても日常生活上深刻な影響を受けるとはいえないときは，通路所有者は事情変更の原則により当該契約を解除することができる（東京高判平3・6・24判時1397号21頁）。

■通路の新所有者の発言により通行使用借権の継続が認められた事例

他に公路に出る通路がなかったわけではないが，便利な他人の土地を通路として無償無期限で借り受け，それが使用貸借と認められた場合，その後当該通路部分を買い受けた新所有者が，当該通路の外観，地形，近隣者の利用状況等を認識し，通路利用者に対し，通路部分は通行に支障ないようにする旨申し入れている事情のもとでは，通路部分の新所有者は，通路

第2　債権的契約通行権

利用者に対して，使用貸借の貸主たる地位を承継したといえる（札幌地判昭44・8・28下民20巻7・8号618頁）。

■通行使用借権について通路の新所有者に対する対抗力が認められた事例
　通行使用借権の通路について，その新所有者が，通路の形状や利用状況を知って取得していた場合は，その新所有者が通行使用借権を否認することは信義則上許されず，通行者は通行使用借権をなお主張することができる（東京地判平3・6・28判時1425号89頁）。

■使用借主による貸主の通行地役権の代位行使の可否
　使用借権者は，使用貸主の有する通行地役権に基づいて通路を通行することができるが，当該通行地役権を代位行使することはできない（東京高判平4・11・25判タ863号199頁）。

Q149　賃貸貸借契約及び使用貸借契約以外（通行地役権設定契約を除く。）の契約によって通路を通行することができる場合があるか。

A　公序良俗に反しない限り，通行に関し，当事者間で自由に契約を締結することができる。

解説　民法典に規定のない非典型な無名契約であっても公序良俗に反しない限り，当事者間で自由に通行の方法，範囲，通行料，期間等を定め，通行を確保することができ得る。この通行権は，いわば無名通行権とも言える。

　無名通行権は，もちろん登記することはできない。

第2章　契約通行権

【判　例】
■通路を尊重する旨の合意により通行権が認められた事例
　　通路所有者との間に，「通路を尊重し，その補修整備にお互いが協力する」旨の合意が成立した場合，通行者は当該合意に基づく債権的効力を有する通行権を取得し，通路所有者の通行妨害に対して，その通行権をもって妨害排除を請求することができる（山口地徳山支判平6・4・15判タ877号212頁）。

第3章 黙示的通行権

Q 150 はっきりとした契約や合意がなくても（時効取得の場合を除く。）通行権が認められる場合もあるか。

A 黙示的に通行に関する契約が認められる事情があれば，通行地役権や通行賃借権等が認められる場合もある。

解説 通行地役権設定契約や通行賃借権設定契約等は，時効取得の場合を除いて，契約行為がなければ成立しないが，通行についてのはっきりした契約や合意がなくても，通行権の黙示的な設定があったと解釈される場合がある。

単に，通行の事実があって，通行地の所有者がこれを黙認しているだけでは足りないが，通行地の所有者が通行権を設定し，法律上の義務を負担することが客観的にみても合理性があると考えられるような特別の事情があることが認定されれば，通行に関する黙示の通行地役権や通行賃借権などの契約の成立が認められ得る。

黙示の契約が認められる事情は個々の事案によって異なるが，長期に通行を黙認している事実，宅地分譲の経緯，宅地売買の際の価格，囲繞地通行権の存否等の特別の事情が考慮されて，裁判において判断されることになる。

【判　例】
■黙示の契約が認められる特別の事情
・　黙示の契約を認めるためには，通行の事実があって，通行地の所有者がこれを黙認しているだけでは足りず，さらに，通行地の所有者が通行権を設定し，法律上の義務を負担することが客観的にみても合理性があると考えられるような特別の事情があることが必要である（東京高判昭49・1・23東高民時報25巻1号7頁）。

第3章　黙示的通行権

- 土地の時価に鑑み通常なら高額の通行料を請求しても不思議でない状況で，一切の通行料をとっていなかったときは，土地所有者が第三者の通行を黙認していたとしても，それによって使用貸借契約あるいは占有権に基づく法的権利関係が生ずることにはならない（東京地判昭41・7・29判時461号46頁）。
- 通行地役権が黙示的に設定されたと認められるには，平均人の見地からみて当然通行地役権を設定するであろうと認められる客観的事情がなければならない（大阪高判平2・6・26判夕736号183頁）。
- 遺産分割により公道へ通じるように分筆して相続した場合に，当該通路部分が建築基準をみたす幅員がないからといって，黙示の通行地役権が成立したとはいえない（東京地判平2・11・19判時1393号105頁）。

■黙示的通行権と明示的通行権の効力の差異

　　黙示の意思表示によって成立する通行権は，物権であっても債権であっても，明示の意思表示によるものとの間になんら効力の点において差異はない（東京高判昭49・5・9東高民時報25巻5号89頁）。

■黙示的通行使用借権等のみ認めた事例

- 土地の分譲の経緯により通路として利用されていた土地について，通路所有者が道路位置指定を受けることを拒否し，通路地下の下水道の埋設及びマンホールの設置に対して市に善処を求めている場合は，黙示的通行地役権の成立は認められず，黙示的通行使用借権が認められるに過ぎない（東京地判昭61・7・29判夕658号120頁）。
- 土地の分譲にあたって道路を開設する際，道路部分を分筆するとか実測のうえ確定するとか地役権設定をうかがわせる特段の行為がなければ，黙示的通行地役権は認められず，相互的な無償通行が容認されたに過ぎない（仙台高判昭61・10・29判夕625号174頁）。
- 通路所有者との間に，「通路を尊重し，その補修整備にお互いが協力する」旨の合意が成立した場合，それだけでは通行地役権の設定があったとは認められないが，通行者は当該合意に基づく債権的効力を有する通行権を取得したといえる（山口地徳山支判平6・4・15判夕877号212頁）。

第3章 黙示的通行権

■黙示的な通行地役権設定契約の内容基準
　黙示的に通行地役権が設定された場合，その内容は，要役地と承役地たる道路との位置関係，当該道路の幅員その他の形状，利用者の利用態様，地域環境等の客観的な状況を基に，当事者の合理的意思を推測して判断すべきである（東京地判平7・8・23判タ910号140頁）。

Q151　他人の通路を長年通行していることで黙示的な通行権が認められるか。

A　長年通行していることだけをもって黙示的な通行が認められるわけではない。

解説　公道に至るために他人の通路を長年通行していることはあるが，単に，長期間の通行の事実があったとしても黙示的な通行権が認められるわけではない。さらにその通行を通路所有者が長期間黙認しているだけでも足りず，通行地の所有者が通行権を設定し，法律上の義務を負担することが客観的にみても合理性があると考えられるような特別の事情があることが認定されなければ，黙示的な通行権が認められることにはならないだろう。

【判　例】
■長期間の黙認だけでは通行権が認められなかった事例
・　公道に通ずる通路につき数十年来付近の居住者数十名が利用してきた事情だけでは，その通行は未だ権利関係にまで高められたものとは言い難い（東京高判昭49・1・23東高民時報25巻1号7頁）。
・　通路を公道へ出るために通行していたときに，通路所有者が事実上通行者の通行を黙認していることのみをもって，黙示的通行地役権や通行使

347

第3章　黙示的通行権

用借権が成立したと認めることは困難である（札幌高判昭58・6・14判タ508号114頁）。
・　半分ずつ所有する形態の通路を，40年間通行していることをもって，その一方に通行地役権等は認められない（浦和地判昭63・9・9判タ695号211頁）。

■長期間の黙認により黙示の使用貸借契約があったと認定された事例
・　通行者が借り受け長期間（昭和27年以来）通行していた通路について，通行者が開設維持管理していないということで通行地役権を否定される場合でも，事情によっては当初より通行を容認する黙示の使用貸借契約をしたものと認められる（東京地判昭45・1・20判時597号104頁）。
・　借地から別の私道を通って公道へ至ることができるが，借地人の先々代から賃貸人所有の通路において通行が黙認されており，借地及び通路の新所有者も借地における家屋建替も黙認していた等の事情の場合は，歩行により無償で通行することを承認する黙示の使用貸借に準ずる合意が成立していたと認められる（大阪高判昭55・3・19判タ421号86頁）。

Q152　宅地と公道に至るためのその通路が別の土地であるとき宅地のみを購入した者は，当該通路に囲繞地通行権以外の通行権が認められることはあるか。

A　宅地購入者に，通路上において通行地役権が認められる場合がある。

解説　宅地の分譲の際に，宅地は売却されたものの，公道に出るために必要不可欠な通路があるにもかかわらず，売却にあたってその通路のみが売却されなかった場合，特別の事情のない限り，通路に通行地役

348

権が設定されたものと認められ得る。

【判　例】
■通路付き借地の借地のみを借地人が買い受けた事情により黙示的通行権が認められた事例
　　土地所有者が借地人のために通路を開設した場合，そのままの通路利用状況で，借地人が借地のみを買い受けたときは，売買と同時に通路に通行地役権を設定したものと認められる（東京地判昭45・9・8判タ257号238頁）。
■通行に不可欠な通路のみが売却されなかった事情により黙示的通行権が認められた事例
　・　土地の所有者が公道に面する1筆の土地を分割して宅地としてそれのみを分譲し，分譲地のため公道へ至る通路を設けた場合，その通路以外に公道へ至る通路がなく，他に特段の事情がない限り，分譲地を要役地とし，当該通路を承役地とする通行地役権を黙示的に締結したものと認められる（中野簡判昭39・2・24判時370号41頁）。
　・　公道に出るために当該通路が必要であるにもかかわらず，売却にあたってその通路のみが売却されなかった場合，特別の事情のない限り，通路に通行地役権が設定されたものと認められる（東京地判昭41・6・25判タ194号155頁，東京高判昭49・5・9東高民時報25巻5号89頁）。
　・　土地分譲に際し，通路部分の所有権を分譲者が留保して順次分譲してきたが，買受人らの通路部分の通行に対して特別異議の申出もなかったような事情のもと，それぞれ各買受け時において当該通路について通行地役権設定契約が成立したとみることができる（大阪高判昭49・3・28高民27巻1号62頁）。
　・　土地の分筆分譲の際その中央部に通路を開設し，その通路が公道へ出るために最も適切である事情で，その通路の所有権が分譲者に留保されたときは，各分譲地を要役地とし，その通路を承役地とする通行地役権が黙示的に設定されたものと認められる（仙台高判昭55・10・14下民34巻9〜12号1184頁）。
　・　土地を区画割りして分譲する際，各分譲地から公道へ出るため，ある

第3章　黙示的通行権

いは分譲地相互間のための道路を設け，その部分の所有権を分譲者に留保したときは，格段の事情がない限り，各分譲地のために所有権を留保した道路部分に通行地役権を設定したものとみるのが相当である（名古屋地判昭57・8・25判タ486号120頁）。
・　土地所有者が分筆分譲し，分譲地譲受人らの通行に供するため一本の通路を造成し，事実上通行することに異議がなく，通行又は自動車の出入りを黙認する態度をとっていた場合，当該通路に使用借権が設定されたといえる（東京地判昭61・7・29判タ658号120頁）。
・　土地を分譲する際に，各分譲地がいずれも接するように通路を開設し，公道への通路として通行することの承諾を受け，以来車両も含めて通行に供されている事情のもと，それぞれ分譲の都度，各分譲地を要役地とし，当該通路を承役地とする無償の通行地役権が黙示に設定されたものと認められる（東京地八王子支判平元・12・19判時1354号107頁）。

Q153　複数の宅地にとって必要とされる公道に至るための通路が特定の宅地の所有者にのみ売却されたときは他の宅地の所有者は当該通路に囲繞地通行権以外の通行権が認められることはあるか。

A　他の宅地所有者に，通路上において通行地役権が認められる場合がある。

解説　複数の宅地にとって公道に至るために必要不可欠な通路が，特定の宅地の所有者にのみ売却されたときは，他の宅地の所有者は当該通路に黙示的な通行権が認められ得る。

第3章　黙示的通行権

【判　例】
■分譲地内の通路が分譲地の1区画のみとともに売却された事情により通行地役権が認められた事例
　同一人が所有する1本の通路及びそれを利用しなければ公道に出られない複数の宅地がある場合，所有者がその通路を当該宅地のうち1区画のみの売却にともなって売却したときは，残余宅地のために，通路上に通行地役権が成立したといえる（東京地判昭60・4・30判時1179号85頁）。

Q154　分譲地において分譲の仕方によっては黙示的通行権が認められることがあるか。

A　分譲の仕方により，分譲地の各購入者が相互に通路部分の土地を購入し，通路を形成している場合には，各分譲地購入者に黙示的通行権が認められる場合がある。

■解説　一つのまとまった土地（1筆に限らない。）がいくつかにわけられて分譲される場合，これらの購入者が相互に通路部分の土地を購入し通路を形成している場合には，分譲者に対する関係はもちろん，購入者相互間においても，黙示的に通行地役権が認められる場合がある。

【判　例】
■相互交錯型の黙示的通行地役権成立の原則
　・　私道敷が私道敷として現状のまま分割されて宅地の各所有者に分属させられたことは，反対の特約その他別段の事情が見られない限り，その当時，当事者間に相互的且つ交錯的な通行地役権が暗黙に設定されたことを意味すると認めるのを相当とする（東京高判昭32・6・17下民8巻6号1101頁）。
　・　土地所有者が宅地造成のため道路予定地としてその中心線の東西を

第3章　黙示的通行権

別々に二つの分譲業者に売却し，両分譲業者が各取得地を互いに道路として提供したときは，建売住宅取得者の利益を考えて相互に相手方所有地のために通行地役権を設定し，かつ建売りの際買受人に私道関係を承認させることを約したものと考えるのが相当である（東京高判昭40・12・23東高民時報16巻12号243頁）。

・　分譲地においてそれぞれの分譲地を宅地部分と道路部分に区別し，道路部分の単価を宅地部分の半額で売却し，道路部分を購入者や付近住民が自由に通行している事情のもと，分譲地購入者相互間に，互いに道路部分として分譲を受けた土地を承役地とし，宅地として分譲を受けた土地を要役地とする相互的且つ交錯的に通行地役権が黙示的に設定されたものと認められる（東京地判昭56・3・19下民34巻9〜12号1207頁）。

・　分譲する際に市道との連絡に通行するため開設した私道で，分譲地が各人に取得されて格別の所有者に属するに至ったときは，当該私道に接続する各土地のため互いに私道として通行するものとして提供されることが承認されていた事情のもと，分譲地各人の私道部分にあたる部分を承役地とし，各人の分譲地を要役地とする相互に交錯する通行地役権が設定されたものと認められる（京都地判昭60・12・26判タ616号81頁）。

・　戦前から沿道居住者や付近の住民の通行に使用されており，その通路に接続する土地の分譲も，各土地や当該通路との位置関係によって当該通路を通行の用に供することを前提になされたものといえるときは，当該通路を承役地とし，各接続土地を要役地とする相互交錯的な通行地役権設定の黙示の合意があったものと認められる（東京高判平4・11・25判タ863号199頁）。

■相互交錯型通行地役権の性質

・　分譲地内の通路につき相互交錯型の通行地役権が成立したときは，後に各土地を買い受けた者も地役権を承継し，その一部の者を除いて通路の一部をずらす旨の協定ができても，協定に参加しなかった者は，旧通路部分の全部について通行地役権を主張することができる（京都地判昭60・9・24判時1173号106頁）。

- 相互交錯的に設定された通行地役権の目的は，通路を互いに通行できることにあり，分譲地購入者共通の目的のために存立するものであるから，一部に対する通行権能だけを主張しそれに対応した利用形態を前提として通行地役権を行使することは信義則上許されない（大阪高判昭62・3・18判タ660号132頁）。
- 分譲地の所有者になった者は，互いにその通路部分になっている自己及び他の者の所有地を通行のために提供し合う意思を有していると解され，この意思は，将来分譲地の所有権の帰属が変化する場合も，新たに所有者として参入した者との間でも同様（分譲地，通路の新所有者は通行地役権の当事者となる。）である（浦和地判平元・3・20判時1328号92頁）。

■分譲地内の縦割型通路における黙示的通行権の認定

通路を中央線で二つに分け，それぞれをこれに接する分譲地の購入者の所有にする場合，購入者相互に無償の通行地役権が設定されたものと認められる（東京高判昭48・6・28東高民時報24巻6号117頁）。

■分譲地内の横割型通路における黙示的通行権の認定

- 建売分譲に際し分譲業者によって当初から私道たる通路が開設され，私道敷がそれを必要とする分譲地買受人に分割帰属されているときは，分譲の進行につれて分譲地取得者相互間に交錯的に通行地役権が設定されたものと認められる（東京地判昭51・1・28下民34巻9～12号1029頁）。
- 通路部分の土地がぶつ切りに分けられ，分譲地の購入者がその位置とは無関係に所有する場合，購入者相互（及びいまだ売れていない分譲地に分属すべき残余の通路部分の土地）に通行地役権が設定されたものと認められる（大阪高判昭62・3・18判タ660号132頁）。

第3章　黙示的通行権

Q155　Q150～154の他に黙示的通行権が認められる事情はあるか。

A　公道に至る通路を残し、宅地のみを購入したが、その価格が通常の時価を相当に超えるような事情や、囲繞地通行権が確認されたような事情があるような場合にも、黙示的通行権が認められる場合がある。

解説　Q150～154の他にも、黙示的通行権が認められる場合がある。
例えば、宅地にとって必要不可欠な通路があるところ、その通路を残して宅地のみが売却されたが、その売買価格が通常の時価を相当に超えるような事情や、囲繞地通行権が確認されたような事情があるような場合にも、当該通路に黙示的通行権が認められ得る。
その他にも、以下のような事情において黙示的通行権が認められた判例がある。

【判　例】
■分譲地の売却価格を考慮して通路に黙示的通行権が認められた事例
　分譲地のみが売却されたが、その価格が通常の時価（坪25,000円）を超える価格（坪30,000円）であった場合は、分譲地にとって必要不可欠な通路上に無償無期限の通行地役権が設定されたと認められる（大阪高判昭60・9・26公刊物未登載）。
■囲繞地通行権の確認により通行地役権が認められた事例
　通行に関する黙示の合意が囲繞地通行権の確認に相当する場合は、法定通路であるべき部分に通行地役権が黙示に成立したと認められ得る（神戸簡判昭50・9・25判時809号83頁）。
■袋地囲繞地の関係により通行地役権が認められた事例
　・　土地所有者が分譲地内の私道の一部分を各買受人に無償で分割譲渡することが約されたが、そのまま元の所有者名義に放置されていても、当該私道につき元の所有者が無償の使用を許諾し、また囲繞地通行権を容認す

第3章　黙示的通行権

べき立場にあった場合，通行地役権設定の合意があったといえる（東京地判昭38・6・25下民14巻6号1209頁）。
・　妻所有の土地は，隣接する夫所有の土地に公道への通路を開設しなければ効用を全うすることができず，機能的には両地はもともと一体として利用される関係にあり，妻が自己所有地に建物を新築した当時，夫所有の土地上の通路の開設を当然許容していたものと認められ，夫所有の土地は地形的にも妻所有の土地のために囲繞地通行権を容認すべき立場にあった事情のもと，妻は通行地役権を取得したといえる（福島地判昭40・1・28下民16巻1号147頁）。
・　所有者が1筆の土地の一部を分譲したが，買主が取得する土地部分が袋地となるため，所有者が手元に残した土地部分に公道へ至る通路を開設した事情のもと，その通路に無償無期限の通行地役権が黙示的に設定されたと認められる（神戸簡判昭50・9・25判時809号83頁）。

■物納された現況通路の国に対する通行地役権主張の適否
　　現に通路としての外形を明確に備え，通行者にとって公路に通じる必要不可欠のものとして利用されたままで物納された私道について，通行者は，国に対して通行地役権を主張することができる（東京地判昭46・10・8判タ272号335頁）。

■払下に伴って及び通路の維持管理費の請求により黙示的通行地役権が認められた事例
　　土地の払下以前から公路へ出ることができる通路があり，長期間継続的に利用されており，払下の際も通路として存続させる必要が容易に分かり，利用状況に変化もなく，通路所有者が通行を黙認し，積極的に維持管理費用等を求めている事情では，通行の対価が支払われていない事実があっても，当該通路部分に通行地役権が黙示に設定されたものと認められる（東京地判平2・2・27判時1366号65頁）。

■2項道路と黙示的通行地役権の成否
　　戦前に，それぞれの土地からその一部を提供しあって作られた「2項道路」については，沿道の所有者・借地人等の利用者は，その道路敷地につ

355

第 3 章　黙示的通行権

き通行地役権を設定したとみることができ，その要役地たる沿道のそれぞれの土地に随伴する（東京地判平 2・10・29 判タ 744 号 117 頁）。
■共有通路における将来の分割部分に対する通行地役権発生の合意の含有性
　　共有地を互いの通路として利用する趣旨の合意は，将来の分割の際にそれぞれに帰属する通路部分の土地に，互いに通行地役権が発生する旨の合意を含む（東京高判平 4・12・10 判時 1450 号 81 頁）。
■分譲地等の販売方法，広告方法により黙示的通行地役権が認められた事例
　・　分譲マンション敷地の残地につき，販売の広告やパンフレットにマンション出入りのための通路として利用している絵図が掲載されていた等の事情により，黙示的に通行地役権が設定されたものと認めることができる（大阪高判平 2・6・26 判タ 736 号 183 頁）。
　・　売主の開設した通路に接する土地の売却について，通路は公道へ出るための私道として提供しているものであり，永久に自由に通行しても構わないとして売買契約を締結していたときは，各分譲地のため通路部分の土地に通行地役権が設定されたものと認められる（東京地判平 2・11・27 判時 1397 号 28 頁）。
■分譲地内通路所有者の行為により黙示的な通行地役権は認められなかったが通行使用借権は認められた事例
　　土地分譲の結果，通路部分に黙示の通行地役権が設定され得る状況であっても，通路所有者が道路位置指定を受けることを拒否し，通路地下に下水道が埋設されたことに対し，市に善処方を申し入れているようなときは，通路に通行地役権は発生せず，使用貸借上の通行権を認めたものといえる（東京地判昭 61・7・29 判タ 658 号 120 頁）。
■遺産分割に伴って黙示的通行地役権が認められた事例
　　被相続人所有の一つの土地（通路を含んでいる。）が遺産分割の結果，公道に直接接していない土地を生じた場合，当該土地からその通路（別人が相続。）を通って公道へ至ることができ得るときは，遺産分割協議において通行を積極的に禁止するとの表明がない限り，その通路のあった部分に当該土地のために黙示的に通行地役権が設定されたと認められる（横浜地判

昭62・11・12判時1273号90頁)。

- ■親族関係に基づいて黙示的通行使用借権が認められた事例

 土地所有者が娘婿にその土地の通行を承認しているときに，それが公路への出入りに必要不可欠というわけではなく，明示の地役権設定契約が認められない以上，その土地に娘婿のための通行地役権が設定されたとは推認されないが，義理の親子関係に基づいて使用貸借上の通行権が認められる（東京高判昭51・11・25東高民時報27巻11号270頁)。

- ■近隣関係に基づいて黙示的通行使用借権が認められた事例

 通路所有者の代理人に対し通路を通行させてもらいたい旨申入れ，申入者が温厚な人物であり，通路所有者自身の通行に支障がない等の事情で代理人が通行を許したときは，通行に関する使用貸借類似の合意が成立したものと認められる（東京高判平3・6・24判時1397号21頁)。

- ■約定により黙示的通行地役権が認められた事例

 それぞれの住居の裏口から公道へ出ることができる通路に隣接する長屋敷地及び長屋が住人に分譲された当時，日常生活上当該通路を使用することが不可欠で，分譲の際「通路を現状のままとする」旨の契約書を取り交わしていたときは，通路を承役地とし，分譲された各長屋敷地を要役地とする通行地役権が設定されたものと解される（東京地判昭63・1・28判タ664号96頁)。

- ■公道としての譲渡契約によって通行権が認められた事例

 団地分譲に際し，道路を設置し，公道として市に譲渡する契約が成立したときは，何らかの理由で結果的に道路の設置が不能になった場合でも，当該土地を公道への交通を自動車を含んで確保することを約したものと解することができる（横浜地判昭58・8・24判タ512号152頁)。

第3章　黙示的通行権

Q 156　黙示的に認められた通行地役権について対抗力を得るにはどうするか。

A　通行地役権設定の登記をする必要がある。なお，その登記がなくても，通路の現況，通路購入の経緯その他の事情によっては，黙示的通行地役権を通路の買受人に対抗することができる場合がある。

解説　黙示的に認められた通行地役権も，その対抗力は登記によることになる。

　ただ，Q129のとおり，通行地役権は通行目的という特殊性から，未登記ではあっても事実上対抗力が発生する事例も多々考え得る。通路の位置，形状，構造等の物理的状況から客観的に，通行地役権者によって継続的に通路として利用されていることが明らかで，かつ，通路の譲受人がそのことを認識していたか，認識することが可能であったときは，たとえ通行地役権が未登記であっても特段の事情がない限り，通路の買受人に対して通行地役権を主張することができ，これは黙示的通行地役権であっても同様であると考えられる。

　なお，黙示的通行地役権の成立が認められた場合においても，通常の通行地役権と同様に，地役権者は承役地所有者に対して地役権設定登記請求権が認められるだろう。

【判　例】
■黙示的通行地役権についての登記請求事例
・　他に公道へ出る通路がない各分譲地のために設けられた通路について黙示的通行地役権が成立した場合，当該通路において通行地役権設定登記が認められる（中野簡判昭39・2・24判時370号41頁）。
・　分譲地内の通路につき黙示的通行地役権の成立が認められた後，分譲宅地の所有者は承役地たる通路を買い受けた者に対しても，その土地が分譲地内の通路であり，通行の用に供されていることがその地形から明らか

である等の事情のもと，当該通路に通行地役権設定登記を請求することができる（東京地判昭51・4・27判時838号62頁）。

■黙示的な未登記通行地役権の転得者に対する登記請求の可否
　黙示的に通行地役権が成立した後，通路の形状や重要事項説明書等によりその負担のある通路であることを十分に承知し，当該通路を買受た者は，通行地役権が未登記であることを主張することができないが，通行地役権の時効取得も成立しない事情では，通行地役権者も，他に特段の登記原因が存しない限り，その買受人に対して通行地役権設定登記を請求することができない（東京高判平8・7・23判時1576号44頁）。

第4章 時効による通行権

Q157 通路を10年間（又は20年）通行している者は通行地役権を時効取得するか。

A 10年間（又は20年）通行しているだけでは通行地役権を時効取得することはできない。

解説 20年間，所有の意思をもって，平穏に，かつ，公然と他人の物を占有した者は，その所有権を取得し，10年間，所有の意思をもって，平穏に，かつ，公然と他人の物を占有した者は，その占有の開始の時に，善意であり，かつ，過失がなかったときは，その所有権を取得する（民162条）。所有権以外の財産権については，自己のためにする意思をもって，平穏に，かつ，公然と行使する者は，20年又は10年（善意無過失の場合）を経過した後，その権利を取得することとなる（民163条）。

地役権も所有権以外の権利であり，自己のためにする意思をもって，平穏に，かつ，公然と行使する者は，20年又は10年（善意無過失の場合）を経過した後，その権利を取得することとなるが，その他一定の要件が必要とされる。

それが，次の民法の規定された要件である。

〈民法〉

（地役権の時効取得）
第283条 地役権は，継続的に行使され，かつ，外形上認識することができるものに限り，時効によって取得することができる。

参考……平成16年法律第147号民法の一部を改正する法律によって改正（民法の口語化で，平成17年4月1日施行）される前の条文「地役権ハ継続且表現ノモノニ限リ時効ニ因リテ之ヲ取得スルコトヲ得」。

第4章　時効による通行権

　これを通行地役権の場合に当てはめてみると，単に通行を続けるだけでは本要件には該当せず，通行部分に通路が開設されていることが必要とされ，その通路は要役地所有者自身によって開設されたものでなければならず，そうでない場合には通行地役権の時効取得が成立することはない。

　なお，事情によっては，要役地所有者自身が開設したものではない既存の通路においても，通行地役権の時効取得が成立するという判例もある。

【判　例】
■通行地役権の時効取得における要役地所有者による通路開設の要否
　・　通路の設備のない一定の場所を永年通行しても，通行地役権を時効取得することはできない（大判昭2・9・19大民集6巻510頁）。
　・　承役地たるべき土地の所有者が開設した通路を，単に隣同志の間柄からその通行を好意上看過されてきたにすぎない者は，時効取得に必要な占有をしているとはいえない（新潟地柏崎支判昭28・7・23民集12巻2号273頁）。
　・　「継続」の要件を満たすには，承役地たるべき他人の土地の上に通路の開設を要し，その開設は要役地所有者によってなされることを要する（最三小判昭30・12・26民集9巻14号2097頁）。
　・　要役地所有者によって通路が開設された場合でなければ，継続の要件を満たさない（最二小判昭33・2・14民集12巻2号268頁）。
■継続かつ表現に限る趣旨
　　継続かつ表現の通行地役権に限って時効取得が認められるのは，通行が継続的でないときは所有者もあまり迷惑でもないので近隣の交際や人情から黙認することが多いし，通路であることが外部から分からないときは所有者が知らないこともあり，知っているとしても同じ理由で黙認することが多いので，好意的黙認が通常であると考えられる場合，それだけの事情によって通行地役権の時効取得を認めると所有者は法律上の権利を制限され奪われることになり，いわば法律が好意に対して害をもって酬いることになって社会生活の規範として相当でないからである（東京高判昭49・1・23東高民時報25巻1号7頁）。

第4章　時効による通行権

■通行地役権の時効取得における要役地所有者による通路開設の要否
・　通路の設備のない一定の場所を永年通行しても，通行地役権を時効取得することはできない（大判昭2・9・19大民集6巻510頁）。
・　承役地たるべき土地の所有者が開設した通路を，単に隣同志の間柄からその通行を好意上看過されてきたにすぎない者は，時効取得に必要な占有をしているとはいえない（新潟地柏崎支判昭28・7・23民集12巻2号273頁）。
・　「継続」の要件を満たすには，承役地たるべき他人の土地の上に通路の開設を要し，その開設は要役地所有者によってなされることを要する（最三小判昭30・12・26民集9巻14号2097頁）。
・　要役地所有者によって通路が開設された場合でなければ，継続の要件を満たさない（最二小判昭33・2・14民集12巻2号268頁）。
・　通路を開設したことの主張がなく，土地が自然に通路の形態をなし，永年通行していたというだけでは通行地役権が時効取得されたとはいえない（東京地判昭31・12・17下民7巻12号3661頁）。
・　通行地役権の時効取得を主張する者自身が通路を開設したことを認めるに足りる証拠がなければ，通行地役権の時効取得は認められない（東京地判昭41・5・23判時450号30頁）。
・　自然の通路又は他人が開設した通路を通行する者は，単にその通行の都度断続的にその土地を利用しているにすぎず，自ら開設した通路を通行する要役地の所有者のみが利用するような場合でなければ通行地役権の時効取得が認められず，その要件は厳格に解されるべきである（東京高判昭50・1・29高民28巻1号1頁）。
・　承役地たるべき他人の土地のうえに要役地たるべき土地所有者自身が通路を開設したことを認めるに足りる証拠がなければ，通行地役権の時効取得は認められない（東京地判昭55・2・18判時977号80頁）。
・　通行地役権の時効取得を主張する者自身が通路を開設し，あるいは自己の費用や労力で維持，管理していることを認めるに足りる証拠がなければ，通行地役権の時効取得は認められない（大阪高判昭55・3・19判タ421号86頁）。

・　第三者によって開設された他人所有の通路を通行して公道へ出入りしていても，通行地役権の時効取得は成立しない（京都地判平6・5・26判時1542号108頁）。
■通路を開設したものと認められた事例
　　・　参道の両側を大谷石又はコンクリートで縁取りし，中央に御影石を敷き，両側との間を玉砂利又は土で埋め，あるいはコンクリートで張る等の改修，補修をしていたときは，通路を開設したといえる（東京地判昭48・3・16判タ306号207頁）。
　　・　昭和24年頃において既に近隣居住者が通行していた土地について，その地下へ下水排水用の土管を埋設して，その地上を通路として形を整えた程度であっても，道路を開設したと認めることができる（東京地判昭48・11・30下民24巻9〜12号876頁）。
　　・　市が道路敷の寄付を受け，盛土工事，暗渠工事及び砂利工事等を施工し，以来公衆の用に供されている場合は，道路を開設したものといえる（東京高判昭58・4・27判タ498号101頁）。
　　・　自己の土地に接する既存の道路を拡幅するため，道路対面地の所有者にも土地の一部提供を働きかけ，さらに自己所有の土地も一部提供した結果，当該道路が対面地側にも拡幅された場合，その拡幅を働きかけた者が対面地の道路部分を開設したと認められる（最二小判平6・12・16裁判集民173号517頁）。
■要役地所有者の開設によらない通路につき通行地役権の時効取得を認めた事例
　　・　分譲業者が開設した通路について，分譲地のために確保され，買受の際分譲地の所有者は無償で永久に通行できることを知らされていた等に事情のもと通行してきた場合は，無償の通行地役権の時効取得が認められる（横浜地判昭43・11・6判時556号76頁）。
　　・　時効取得されるべき通行地役権の通路は，要役地所有者によって開設されるか，少なくとも要役地所有者の費用や労力によって維持管理されていることを要する（東京地判昭44・12・24判時593号61頁）。

第4章　時効による通行権

・　分譲者が分譲宅地のためにあらかじめ通路を開設し，その通路を通らなければならない分譲宅地を買い受けた者が順次承継取得者として通行の用に供していた場合は，通行地役権の時効取得が認められる（福岡地判昭45・12・24判タ260号294頁）。

・　分譲地において分譲業者が分譲地購入のために開設した通路については，分譲地購入者との合意のうえで開設され，購入者が自己のために通路を支配しているとみられるときは，購入者（二次的な購入者を含む。）が自ら通路を開設したのと同視するのが相当である（東京地判昭51・1・28下民34巻9～12号1029頁）。

・　分譲業者が開設した通路であっても，要役地所有者による維持管理が推認され，道路用地にあてることによって初めて要役地の分譲ができたという道路開設の経緯，土地の形状，通行状況に照らして，承役地所有者が単に情誼や人情から通行を容認していたというものでないときは，通行地役権の時効取得が認められる（名古屋地判昭57・8・25判タ486号120頁）。

■通路を開設したとは認められなかった事例

・　水が溜るため側溝を埋めたが，もともと明確に道路としての形状を備えていた訳ではないものの，一応通路らしいものができており，人が通行しており，何人とかが開設したといえる状態では，要役地所有者が通路を開設したとは認められない（東京地判昭40・7・26判タ181号157頁）。

・　もともと映画館の通路であったものをそのまま通行しているにすぎないときは，通路を開設したとはいえない（東京高判昭41・10・14東高民時報17巻10号229頁）。

・　公道への出入りの溝に敷石が置かれてあっても，単に通路のための橋の目的だけでなく溝の蓋の意味も有し，他の土地の側にも置かれている状況では，通行の範囲，施設，時期がはっきりしていないので，通路を開設したとは認められない（東京高判昭43・2・27判タ223号161頁）。

・　通行に供されていた部分の範囲も明確でなく，単に空地状の部分を便宜上通行していたにすぎないときは，通路が開設されたとはいえない（札幌地判昭50・12・23判タ336号303頁）。

第4章　時効による通行権

・　隣接する建物相互間の路地を公道へ出るため自然の通路として利用し，出口に木戸を設置しただけでは通路を開設したものとは認められない（東京地判昭56・5・29公刊物未登載）。

・　通行のために除雪をしていたとか，通行土地に沿うように県に対して護岸天端の内側にガードレールを設置するよう要望しただけでは，道路を開設したとはいえない（秋田地判昭61・11・7判自34巻85頁）。

・　近隣の情誼により長期間通行を黙認しているだけでは，通路が開設されたとはいえない（浦和地判昭63・9・9判タ695号211頁）。

■通行地役権の時効取得にかかる起算点及び通行期間

・　時効期間は，時効の基礎となる事実の開始したときを起算点として計算しなければならず，時効援用者が起算点を起算点を任意に選択し，時効完成の時期を早めたり遅らせたりすることはできない（最一小判昭35・7・27民集14巻10号1871頁）。

・　時効の基礎となる事実が開始された後，登記名義に変更のない場合には，時効援用者に起算点の任意選択を許しても差し支えないと解される（東京地判昭44・9・8判タ242号264頁）。

・　通行地役権の時効取得に関して，自己及び被相続人の通行期間を通算することができる（福岡地判昭45・12・24判タ260号294頁）。

・　通行地役権の時効取得に関して，その起算点を時効援用者において任意に遅らせることは許されない（東京地判昭48・3・16判タ306号207頁）。

・　相続人が自己の占有のみを主張するときは，相続人の占有開始時を起算点として計算する（東京地判昭56・10・15判タ466号138頁）。

■時効による通行地役権の場所的範囲

・　通行地役権が時効取得される場合でも，その範囲は，通行目的の上で必要であり，かつ承役地所有者にとって最も負担の少ない限度に限られるので，境内地のため公道に通じる通路としては，専用の参道としての外観は多少乏しくなっていても，そこに構築物があっても土地を塞ぐものではなく，横切る部分は屋根の鉄組と広告板のみで，下部は完全に開放されており，通路としての機能が失われていない以上，現状の通路をもって足り

第4章　時効による通行権

る（東京地判昭48・3・16判タ306号207頁）。

・　通行地役権が時効取得される場合でも，その範囲は，通行していた範囲に限られる（東京地判昭51・1・28下民34巻9〜12号1029頁）。

■市による通行地役権の時効取得が認められた事例

　道路新設以来，道路敷地所有者らによる制約が一切なく，広く公衆の通行に利用され，他の市道とともに当該市が道路として構造の保全，修繕，維持等の管理をしていた場合は，当該市が他の市道敷地を要役地，その道路敷地を承役地とする通行地役権を時効取得したものと認められる（東京高判昭58・4・27判タ498号101頁）。

■夫婦親子間で通行地役権の時効取得が認められた事例

　事実上の離婚状態にある夫婦の夫が，自己の土地から公道へ出るため隣接する妻子の所有地にブロック塀，コンクリート敷にて通路を設けて20年間通行したことにより，通行地役権の成立が認められる（東京地判昭56・2・27判時1012号87頁）。

■借地人の通行地役権時効取得の可否

・　要役地の賃借権者は，通行地役権を時効取得することができない（大判昭2・4・22大民集6巻198頁）。

・　地役権者になり得る者は，地上権のような物権を有する者に限られるので，要役地の賃借権者は通行地役権を時効取得することができない（東京地判昭28・2・4下民4巻2号156頁）。

・　土地賃借人は対抗力を有していても，通行地役権を時効取得することはできない（東京高判昭50・1・29高民28巻1号1頁）。

・　土地賃借人は，通行地役権を時効取得することはできない（東京高判昭62・3・18判時1228号87頁）。

第4章　時効による通行権

Q 158　通路所有者は通行地役権を時効取得した者に対して通行料を請求することができるか。

A 通路所有者が通行料を請求することができる根拠はない。

解説　Q130のとおり，地役権は無償が原則である。
　これは，時効による通行地役権においても同様であり，地役権の時効取得者に対し，承役地の所有者（通路所有者）が通行料を請求できるという根拠はないことになる。

【判　例】
■通行地役権時効取得者に対する使用料等の請求の適否
　地役権の時効取得者に対し，承役地の所有者が法律上当然に承諾料や使用料を請求できるという根拠はない（東京地判昭48・11・30下民24巻9〜12号876頁）。

Q 159　時効取得された通行地役権について対抗力を得るにはどうするか。

A 通行地役権設定の登記をする必要がある。なお，その登記がなくても，通路の現況，通路購入の経緯その他の事情によっては，時効による通行地役権を通路の買受人に対抗することができる場合がある。

解説　時効による通行地役権も，その対抗力は登記によることになる。
　つまり，時効による通行地役権の取得は，登記がなくても時効

第4章　時効による通行権

完成時の承役地所有者及びその包括承継人に対抗することができるが，登記をしなければ時効完成後の第三取得者に対抗することができないこととなる。

　ただ，Q128のとおり，通行地役権は通行目的という特殊性から，未登記ではあっても事実上対抗力が発生する事例も多々考え得る。通路の位置，形状，構造等の物理的状況から客観的に，通行地役権者によって継続的に通路として利用されていることが明らかで，かつ，通路の譲受人がそのことを認識していたか，認識することが可能であったときは，たとえ通行地役権が未登記であっても特段の事情がない限り，通路の買受人に対して通行地役権を主張することができ，これは黙示的通行地役権であっても同様であると考えられる。

　なお，時効による通行地役権の成立が認められた場合においても，通常の通行地役権と同様に，地役権者は承役地所有者に対して地役権設定登記請求権が認められる。

【判　例】
- 時効による地役権の対抗力の原則
　　時効取得された地役権も，登記をしなければ時効完成後の第三取得者に対抗することができない（大判昭14・7・19大民集18巻856頁）。
- 時効による通行地役権の対抗力の原則
　　時効による通行地役権の取得は，登記がなくても時効完成時の承役地所有者及びその包括承継人に対抗することができる（大判昭13・3・17公刊物未登載）。
- 時効完成後の転得者について背信的悪意者に該当するとされた事例
　　時効取得された不動産について，取得時効完成後に譲渡を受けて所有権移転登記を了した者は，不動産の譲渡を受けた時に，多年にわたり当該不動産が占有されている事実を認識しており，登記の欠缺を主張することが信義に反するものと認められる事情があるときは，所有権移転登記を了した者は背信的悪意者に当たる（最三小判平18・1・17民集60巻1号27頁）。
- 時効による通行地役権に基づく地役権設定登記請求の可否
　　・時効取得した通行地役権をもとに，承役地所有者に対して，地役権設

第4章　時効による通行権

定登記を請求することができる（福岡高判昭45・12・24判タ260号294頁）。
・市が私人所有の通路において通行地役権を時効取得した場合，地役権設定登記を請求することができる（東京高判昭58・4・27判タ498号101頁）。
■時効の中断にあたらないとされた事例
　市の通行地役権の時効取得に関し，当該道路の所有者が法務局に，その土地の地積誤謬訂正申告書を提出し，それが市へ経由されても，中断事由には当たらない（東京高判昭58・4・27判タ498号101頁）。

Q 160　通行地役権以外の通行権を時効取得することができるか。

A　時効によって，通行賃借権，通行使用借権を取得することができる可能性がある。

解説　通行地役権以外の通行権について，通行賃借権等について時効取得することができる可能性がある。
　ただ，この場合にも，単に長期間通行の通行をもって通行賃借権の時効取得が認められるものでもなく，少なくとも継続的な使用収益が外形的に明らかであり，賃借権にあっては賃料であることが客観的に明確になるような形で支払われていなければ，時効取得の要件は満たさない。

【判　例】
■土地賃借権の時効取得の可能性
　土地賃借権について，時効取得が認められる場合がある（最二小判昭62・6・5裁判集民151号135頁）。
■通行賃借権の時効取得の要件
　通路部分に時効による通行賃借権が認められるには，継続的な用益と，

369

第4章　時効による通行権

通路の賃料であることが客観的に明確になるような形で，賃料が支払われていなければならない（東京地判昭60・6・24判タ614号76頁）。

■ 通行使用借権の時効取得の要件

　使用貸借上の通行権に関し，使用貸借上の借主の権利の時効取得が成立するには，土地の継続的な使用収益という外形的事実が存在し，かつ，その使用収益が土地の借主としての権利行使の意思に基づくものであることが客観的に表現されていることを必要とする（最二小判昭48・4・13裁判集民109号93頁）。

第5章 不成文通行権

第1 人格権的通行権 ―通行の自由権―

Q 161 民法典に規定のない通行権があるか。

A 人格権的通行権など民法典に規定のない通行権がある。

解説 法定通行権，契約通行権，黙示的通行権，時効による通行権以外の通行権で，民法その他の法律に明文の規定があるわけではないが，判例のなかで主張され，あるいは示された通行権が認められている。

以下，人格権的通行権（通行の自由権，Q162），慣習上の通行権（Q163），生活権に基づく通行権（Q164），反射的利益による通行（権，Q165）及び通行妨害の濫用・信義則違反の結果による通行（権）について解説する。

Q 162 人格権的通行権が認められるのはどのような場合か。

A 道路法や建築基準法など公法による規制を受けた現実の道路について，一般公衆が日常生活上必要不可欠必要な範囲で認められる場合がある。

371

第5章　不成文通行権

解説　人格権的通行権とは，日本国憲法第13条後段の幸福追求権に基礎を置く基本的人権の一種としての通行権であり，通行の自由権とも呼ばれる。

道路法や建築基準法など公法による使用規制を受けた現実の道路（道路法による道路，指定道路，みなし道路等）については，それらの規制によって反射的に通行ができるにとどまらず，一般公衆が日常生活上必要不可欠な範囲で自由に通行することができるという人格権としての自由権で，民法上の保護に値し，この権利に基づいて私人による通行妨害の排除，損害賠償請求を求めることができる。

人格権的通行権は，人間としての安定した生活を保持するために日常生活上必須のものとして認められるものであるので，単なる通行者には認められないが，通行権を主張し得る者の範囲は，自己の所有権に基づいて居住する者に限られず，借地人借家人や同居人等も含まれる。また，本権を有しない単なる占有権者には囲繞地通行権は認められないが，この場合であっても当該占有権者が安定した日常生活を送ってきたときには，人格権的通行権によって保護されるべきである（沢井裕ほか『道路・隣地通行の法律紛争』（有斐閣，1989）13頁）。道路管理者が道路修理等の場合に通行を禁止することは各別としても，その後，その土砂等を放置したまま撤去しないような場合には，住民は人格権的通行権に基づいて，道路管理者に対してその撤去を求めることができる（沢井裕ほか『道路・隣地通行の法律紛争』（有斐閣，1989）64頁）ものと思われる。

通行の自由権に基づく通行については無償とする考えもあるが，私道所有者に対して補償義務があるとする判例もある。

公道における人格権的通行権は，道路法による道路は，供用開始によって初めて道路として成立するので，たとえ道路の外形を備え，地域住民が通行をはじめていたとしても，供用開始がなされるまでは，通行の自由権はもとより，反射的利益による通行（権）も発生することはない。

私道についても公道におけるような通行の自由権が認められるか否かであるが，建築基準法等公法の適用があり，現に道路が開設されている私道につ

第1 人格権的通行権 —通行の自由権—

いては，日常生活上必要な範囲で一般の通行者は，通行の自由権を有すると認められる場合があり，この場合はその権利に基づき，継続的な妨害に対し排除等を請求することができる。すなわち，人格権的通行権が発生し得る場合は，建築基準法等の適用を受ける，いわゆる「生活道路」においてであるといえようか。

　近年では，下級審だけでなく最高裁判所の判例においても，敷地所有者が通行を受忍することによって通行者の通行利益を上回る著しい損害を被るなどの特段の事情のない限り，現実に開設されている指定道路を通行することについて日常生活上不可欠の利益を有する者は，通行妨害行為の排除及び将来の妨害行為の禁止を求める人格権的通行権を有することが認められている。

　一般に，人格権的通行権が認められるためには，次の要件が満たされる必要があろう。

(1) 道路法，建築基準法等の公法的使用規制を受けていること（道路法による道路の場合には，供用開始がされていること）
(2) 現実に通行可能な道であること
(3) 通行者にとって日常生活上必要不可欠なものであること

【判　例】
■通行の自由権に基づく通行者の補償義務の有無
　　通行の自由権に基づいて私道を通行する者は，囲繞地通行権に関する法理に準じて，私道所有者の犠牲に対して損害を補償する義務を負う（大阪高判昭44・2・27判タ234号137頁）。
■公道における通行の自由権の発生
　　・　私人による公道の通行妨害は，被害者の自由権に対する侵害に当たり，賠償請求や妨害排除請求ができる（大判明31・3・30民録4輯3巻85頁）。
　　・　村道に関し，村民は，他の村民の道路に対して有する利益ないし事由を侵害しない程度で通行の自由権を有し，この通行権は公法関係から由来するものであるけれども，各自が日常生活上諸般の権利を行使するについて欠くことのできないものであるから，この権利を妨害されたときは民法上不法行為の問題を生ずるのは当然であり，それが継続するときは妨害排

373

第 5 章　不成文通行権

除を求める権利も発生する（最一小判昭39・1・16民集18巻1号1頁）。
- 里道の通行妨害に対する排除請求の可否
　・　農地の耕作に必要がある者は，里道を通行することができ，通行妨害に対しては，その妨害排除，予防，損害賠償を請求することができる（佐野簡判昭56・11・10公刊物未登載）。
　・　市道について，四輪自動車による通行を妨害された者は，通行の自由権に基づいて妨害排除を請求することができる（横浜地判昭59・12・26判タ550号176頁）。
　・　国民は，里道につき自己の生活に必要な通行をすることができ，通行妨害に対しては，その妨害排除を請求することができる（京都地判昭60・12・26判タ616号81頁）。
- 公図上のみの道の自由通行の可否
　公図上は道となっているが，実際には畑や工場敷地として使用されている土地は，自由に通行することができる公路とはいえない（東京高判昭48・3・6判タ306号198頁）。
- 土地賃借人の通行妨害排除請求の適否
　市道に面した土地の賃借人も，市道上の不法建物の撤去を求める通行妨害排除請求権を有する（東京高判昭56・5・20判タ453号93頁）。
- 「安全に快く歩く権利」とは
　道路にはみ出した違法自動販売機について，「国又は地方公共団体が一般公衆の通行のために開設した道路を，一般公衆各自が他の一般公衆の通行の自由を侵害しない限度で自由に通行できるという，安全に快く歩く権利」と称する権利に基づいてその撤去等を求めた場合でも，「安全に快く歩く権利」は「安全に快く」は格別意味はなく，内容的には通行の自由権と同一の概念であるため，はみ出しによって現実に通行が妨げられていることがない限り，その撤去，自動販売機による営業活動の中止，慰謝料等の支払を請求することは認められない（大阪地判平6・3・24判時1509号105頁）。
- 指定道路等における通行の自由権の発生
　・　指定道路について一般公衆は日常生活上必須な通行権益としての自由

第1 人格権的通行権 ―通行の自由権―

権（人格権）を有し，この権利は民法上の保護に値し，この権利に基づいて通行妨害排除権が認められる（東京高判昭49・11・26判タ323号161頁）。
・　2項道路については，日常生活に必要不可欠である場合の通行権益は，自由権（人格権）として保護され，この権利に基づいて通行妨害排除や予防を請求することができる（東京地判昭57・1・29判タ473号168頁）
・　指定道路については，使用借権者や占有者を含む一般公衆は，私法上自由に通行する権利（人格権）を有する（長崎地佐世保支判昭58・5・25判タ503号123頁）。
・　指定道路における通行の自由は，日常生活上必要な通行利益であり，自由権（人格権）として民法上保護に値し，この権利に基づいて通行妨害排除や予防を請求することができる（東京高判昭62・2・26判時1233号75頁）。
・　2項道路において工事停止命令を無視して設置されたブロック塀について，行政もその違法状態を漫然と2年以上放置している等の事情のもと，通行の自由権に基づいてその撤去請求が認められる（東京高判平元・9・27判時1326号120頁）。
・　2項道路については，日常生活上必須なものとして通行する者は，通行に関する自由権（人格権）を有し，この権利に基づいて妨害の排除，予防を請求することができる（東京地判平5・6・1判タ863号207頁）。
・　2項道路は指定道路と同様専ら一般人の通行のために利用されるべきものであり，2項道路において日常生活上必要な通行をする者の利益は，民法上保護に値する自由権（人格権）であるといえる（東京地判平5・9・30判タ875号156頁）。
・　指定道路においては，日常生活上必要な通行利益を有する限り，営業目的であっても私人はその通行利益につき民法上保護に値する自由権（人格権）を有し，当該自由権を侵害されたときは，妨害の排除，予防を請求するとができる（東京地判平7・11・9判タ916号149頁）。
・　指定道路敷所有者が私法上の通行受忍義務を負うことはやむを得ないことであり，開設されている当該指定道路における通行が日常生活上不可欠な通行に関する利益であるならば，通行者の通行利益を上回る著しい損

375

第5章　不成文通行権

害を指定道路敷所有者が被るなどの特段の事情がない限り，通行する者の権利は人格権的権利として道路敷所有者に対する妨害行為の排除及び将来の妨害行為の禁止を求める権利が認められる（最一小判平9・12・18民集51巻10号4241頁）。

■指定道路等における通行の自由権不発生の事情

・　指定道路の一部分にはもともと建物や塀があり，指定後もその部分に道路が開設されていないときは，その部分については通行の自由権は発生しない（東京地判平元・2・17判タ712号142頁，東京高判平元・12・25判時1340号104頁）。

・　行政庁が指定道路上の違法な通行妨害行為に対して警告，工事停止命令を発し，最終的措置を検討中である場合には，私人は通行の自由権を主張することができない（東京地判平元・2・28判タ712号142頁）。

・　建築基準法附則5項道路としての指定を受けて以後一般交通の用に供されたことがない土地においては，隣地所有者は通行の自由権に基づく妨害排除を求めることはできない（東京地判平2・3・30判時1380号113頁，東京高判平2・8・30判時1364号39頁）。

・　2項道路としての指定の前後を通じて全く使用されていない土地の部分については，建物解体，建築のために自動車の出入りにより通行する自由権は発生しない（東京高決平3・11・26判タ792号163頁）。

・　道路位置指定を受けた私道について，位置指定処分当時から現実に道路として提供されていない部分については，第三者は通行することができない（最二小判平3・4・19裁判集民162号489頁）。

・　現に道路が開設されていない土地については，単に2項道路として認定を受けたことのみをもって，隣地所有者に，当該土地上に建築された違反物の収去を求める私法上の権利が生じるものではない（最二小判平5・11・26裁判集民170号641頁）。

・　2項道路として指定されたが，道路として一般の通行の用に供されたことがなかった土地にブロック塀が設置されても，妨害排除請求権は発生しない（東京地判平6・11・7判タ875号152頁）。

第1　人格権的通行権　―通行の自由権―

・　現実に開設されている2項道路を通行することについて日常生活上不可欠の利益を有する者は，道路の通行をその敷地の所有者によって妨害され，又は妨害されるおそれがあるときは，敷地所有者が通行を受忍することによって通行者の通行利益を上回る著しい損害を被るなどの特段の事情のない限り，敷地所有者に対して妨害行為の排除及び将来の妨害行為の禁止を求める権利―人格権的権利―を有するが，その道路が，専ら徒歩又は二輪車による通行に供されてきた未舗装のものであり，道路に接する土地の所有者は，その土地を利用しておらず，賃貸駐車場として利用する目的であるような事情では，道路敷地所有者が自動車の通行の妨げとなる金属製ポールを設置した場合であっても，道路を自動車で通行することについて日常生活上不可欠の利益を有しているとはいえず，敷地所有者に対して人格権的権利に基づきポールの撤去を求めることはできない（最一小判平12・1・27裁判集民196号201頁）。

■建築基準法適用と通行の自由権の成否の関係
　　実体上，みなし道路と同一視できるような道であっても，建築基準法の適用を受けていない限り，通行の自由権は発生しない（浦和地判昭63・9・9判タ695号211頁）。
■日常必須性等と通行の自由権の成否の関係
・　分譲地内の私道について，通行者にとって必要不可欠なものでないときは，通行の自由権は発生しない（京都地判昭60・9・24判時1173号106頁）。
・　建築基準法附則5項道路について，日常生活を維持するうえで必要不可欠な通行が妨害され，その妨害が重大かつ継続的なものであれば通行の自由権が発生するが，徒歩による通行や緊急車両の通行は認められており，さらに自己の通路を使用して十分に生活が維持されており，自動車による通行の必要性も従来の自動車使用方法から考えて決して高いものとはいえない場合は，自動車による通行が不可能となっても，妨害排除請求権は発生しない（東京地判昭61・8・26判時1224号26頁）。
・　指定道路については，第三者も日常生活上必須な範囲で通行の自由権を有するが，私道所有者がブロック塀を設置しても，多少不便にはなるが

第5章　不成文通行権

出入りに重大な支障がなく，日常生活に格別の不利益が生じないときには，妨害排除を請求することはできない（仙台高判平2・1・29判タ744号144頁）。
・　車両の出入りについて必ずしも指定道路の利用を必要としないことや，その位置関係，使用状況等を鑑みて日常生活上必要不可欠な通行利益と認められないときは，その指定道路上において妨害排除を請求することはできない（東京地八王子支判平4・1・27判時1451号130頁）。
・　2項道路上にブロック塀が設置されたときでも，それによる狭窄が僅か（ブロック2枚分）であり，通行者の日常生活に支障が生じたとはいえないことが明らかである場合は，ブロック塀が設置されたことにより道路利用者の人格的利益が侵害されたとはいえない（最二小判平5・11・26裁判集民170号641頁）。
・　幅員5メートル以上の既存道路において1日2回12トントラックでセメントを搬入出していた者が，ブロック塀の築造等により，7トントラックで1日3回の運搬を余儀なくされても，他に搬入のための通路があり，従前は4トン車，8トン車（その日の搬入出量によっては2トン車）の使用が中心である等の事情のもとでは，日常生活上必須の手段を妨害されたとはいえない（京都地判平6・5・26判時1542号108頁）。
・　現実に開設されている指定道路を通行することについて日常生活上不可欠の利益を有する者は，その通行をその敷地の所有者によって妨害され，又は妨害されるおそれがあるときは，敷地所有者が通行を受忍することによって通行者の通行利益を上回る著しい損害を被るなどの特段の事情のない限り，敷地所有者に対して妨害行為の排除及び将来の妨害行為の禁止を求める権利―人格権的権利―を有する（最一小判平9・12・18民集51巻10号4241頁）。

第2 結論的に自由な通行（権）

Q163 通行権の内容は明確ではないが通行が認められることはあるか。

A 結果として通行を認めた判例がある。

解説 道路の通行に関し，明確に人格権的通行権（通行の自由権）として認定してはいなくても，通行の自由の侵害に対する不法行為として損害賠償や妨害排除請求を認め，または通行の自由の利益を認めて，あるいはその他特には権利の内容を明示せずに，結論的に自由に通行すること又は権利を認めた判例も多い。

【判 例】
■公道における妨害排除請求権
　住民の公道利用権は国又は地方公共団体が公道を開設したことによる反射的利益にすぎないとしても，住民各自が他人によって公道の利用を妨害され，生活上の支障を来している限り，公道を終始利用していなくても，妨害者に対し公道について妨害排除の請求をする法律上の共通の利益がある（奈良地判昭54・5・28公刊物未登載）。

■開発道路における自由な通行権
　開発道路について，一般公衆は自由に道路を使用する権利を有する（横浜地決平3・7・5判時1404号103頁）。

■指定道路等における自由な通行，妨害排除，損害賠償請求の可否
　・既存道路における通行の自由は反射的利益であり，私法上の権利ではないが，その所有権，管理権が国，地方公共団体，私人のいずれに属する場合であっても通行の自由の侵害は不法行為に当たり，被害が継続的に現存し，違法状態が将来に渡って存続する性質のものである場合は，除去す

第5章　不成文通行権

る適当な方法があれば，妨害排除を求めることができる（大阪高判昭49・3・28高民27巻1号62頁）。

・　指定道路において専ら通行妨害や事業妨害を目的として工作物等を設置したときは，その違法状態の除去を請求する権利が発生する（岡山地倉敷支判昭50・2・28判タ332号323頁）。

・　既存道路における通行の自由は反射的利益であり，私法上の権利ではないが，私道所有者による通行の自由の侵害は不法行為にあたり，損害賠償を請求することができる（東京地判昭52・5・10判タ348号147頁）。

・　指定道路において通行を妨害された者は，通行の自由の妨害に対する排除請求権を有する（東京地判昭60・5・9判タ605号73頁）。

・　建築基準法附則5項道路においては一般人は通行の自由を有し，その利益は私法上の権利ではないが，通行を妨害されたときは他に通路があっても，通行の自由に対する妨害の排除，予防を請求することができる（東京地判昭62・1・12判タ656号158頁）。

・　道路位置指定を受けた私道について，指定処分当時から現実に道路として開設されている部分は，当該土地所有者以外の第三者も自由に通行することができる（最二小判平3・4・19裁判集民162号489頁）。

・　2項道路を反射的利益を享受して通行する者であっても，通行を妨害された場合は，通行妨害の態様，道路の使用状況等によっては，通行妨害の排除を請求することができる（東京高判平8・2・29判時1564号24頁）。

第3 慣習上の通行権（慣行通行権）

Q 164 慣習上の通行権が認められることはあるか。

A 簡単には認められない。

解説 公の秩序又は善良の風俗に反しない慣習は，法令の規定により認められたもの又は法令に規定されていない事項に関するものに限り，法律と同一の効力を有し（法の適用に関する通則法3条），法令中の公の秩序に関しない規定と異なる慣習がある場合において，法律行為の当事者がその慣習による意思を有しているものと認められるときは，その慣習に従う（民92条）。

つまり，事実たる慣習が公序良俗に反しない限り法と同一の効力を有することは，法令において認められているところである。

長年の通行という事実が慣習としての通行権として認められるかどうかが問題となるが，当該通路（自然に通路の外観を呈したものを含む。）の地域での位置付け，通行期間，通行者の範囲等のそれぞれの特殊性その他諸般の事情を考慮した上で，慣習が成立しているか個別的に判断される。単に通行が長期間にわたっているからといって，裁判で簡単に認められるものではない。

もし慣習上の通行権が認められる場合でも，ほとんどの場合は無償である（『私道』35頁）と思われる。

【判　例】
■慣習上の通行権が認められた事例
・明治の初期に国有に編入された寺の参道について，寛永年間以来参道として使用され入口に表門及び門番所が建立されている事情では，慣習上の通行権（公法上の参道使用権）が認められ，この権利に基づき，妨害排除

第5章　不成文通行権

を請求することもできる（東京地判昭30・9・12判タ56号83頁）。
・　昭和44年暮れから同45年初めにかけて築造された通路について，通行のため常時継続して使用してきたことが明らかであるから，一応仮処分において，慣習上の通行権を肯定することができる（岡山地倉敷支判昭50・2・28判タ332号323頁）。

■慣習上の通行権が認められなかった事例
・　袋地上の居住者が20年以上空地所有者の異議もなく公路への出入りのためその空地を通行している事実をもって，直ちに慣習上の通行権が生じているとはいえない（大阪地判昭28・12・25下民4巻12号1996頁）。
・　付近の住民が長年（大正12年以来）通路として利用してる事情，通路所有者が好意的に黙認していたという事情だけでは，慣習上の通行権は認められない（東京高判昭49・1・23東高民時報25巻1号7頁）。
・　農業用の道路の拡幅工事が実施されていない地域において，農業機械が大型化したといって，その通行に必要な幅員の通路を認める慣習は存しない（京都地判昭58・7・7判タ517号188頁）。
・　2項道路を生活道路として利用しているからといって，慣習上の通行権が認められるわけではない（東京地判平5・6・1判タ863号207頁）。

第4　生活権に基づく通行権（生活通行権）

Q 165　生活権に基づく通行権が認められることはあるか。

A　ほとんど認められないと考えられる。

解説　物権は，民法その他の法律に定めるもののほか，創設することができない（民175条）。

裁判において生活権を根拠に通行権が主張されることがあるが，ほとんど認められることはないと思われる。

【判　例】
■生活権に基づく通行権が認められなかった事例
・　生活権に基づく通行権（「生活権」の一種としての「日常生活上の使用通行権」ないし「慣行による地役権」）は，物権法定主義の立場からは認められない（大阪地判昭48・1・30判タ295号281頁）。
・　通行妨害の排除請求は，囲繞地通行権を根拠にする請求は認められても，生活権を根拠にする請求は認められない（大阪高判昭49・3・28高民27巻1号62頁）。

第5章　不成文通行権

第5　反射的利益による通行（権）

Q166　反射的利益による通行（権）に基づいて通行妨害の排除を請求することができるか。

A　固有の民事上の通行権は認められないので，通行妨害の排除を請求することはできない。

解説　道路について，土石のたい積を禁止したり，建築物の建築を禁止するなど一般の通行，避難や安全に支障が及ばないような状態にしておかなければならないという道路法や建築基準法等の公法上の規制を設けた結果，その反面として，一般公衆は，公道や指定道路等を通行することができるという利益（恩恵）を反射的に受けることになる。

　この理論に立てば，通行者に民事上の固有の通行権は認められず，通行妨害に対する損害賠償や妨害排除の請求権も発生することはなく，ただ行政に対して，適当な是正措置の職権発動を促すことができるにすぎない。

【判　例】
■公道の通行を反射的利益にすぎないとした事例
　　県道について，一般公衆は，その供用の反射的利益として道路を通行できるにすぎない（千葉地判昭34・9・14行集10巻9号1812頁）。
■指定道路等の通行を反射的利益にすぎないとした事例
　　・　指定道路を常時通行のため利用している者であっても私法上の通行権を取得したとはいえず，それは反射的利益に基づく通行にすぎないから，行政庁に妨害除去の職権発動を求めることは別としても，通行権の確認や，妨害排除を求めることはできない（東京高判昭40・5・31下民16巻5号956頁）。
　　・　道路位置指定を理由に，通行権が発生するわけではない（東京地判昭44・10・15判時585号57頁）。
　　・　個々の建物所有者とその隣地の所有者等との利害に調整は，これらの

第5　反射的利益による通行（権）

者の合意あるいは民法上の相隣関係の規定等に委ねられるので，東京都の告示によって私道が建築基準法上の道路となったからといって，直ちに私法上の権利が発生するものではない（東京地判昭47・5・30判時687号65頁）。
・　2項道路は，反射的利益として一般人も通行することができるようになるが，私法上の権利を発生させたり強化したりする効力をもつものではない（東京地判昭58・2・14判タ498号129頁）。
・　2項道路であることは，囲繞地通行権の決定に直接制約を及ぼすものではない（東京地判昭58・4・25判タ502号124頁）。
・　私道が道路位置指定を受けたからといって，直ちに私法上の通行権が生じるわけではない（東京高判平2・8・30東高民時報41巻5〜8号76頁）。
・　指定道路上の通行は公法規制による日常生活上不可欠な範囲での反射的利益にほかならず，実体上の権利関係を変更創設するものではない（東京高決平3・11・26判タ792号163頁）。

■通行可能な防潮堤についての使用の自由権の存否
　公共用財産である防潮堤については一般人の通行が可能であっても，それは使用の自由権に基づく通行ではなく，土地管理の反射的利益にすぎない（神戸地決昭60・2・20判タ554号275頁）。

第5章　不成文通行権

第6　通行妨害の濫用・信義則違反の結果による通行（権）

Q 167　通路の所有者が無権限の通行者の通行を禁止する措置をとることが許されない場合もあるか。

A　通行の妨害が権利濫用に当たる場合には許されない。

解説　私権は，公共の福祉に適合しなければならず，権利の行使及び義務の履行は，信義に従い誠実に行わなければならず，さらに権利の濫用は許されていない（民1条）。

　法定通行権や契約通行権，通行の自由権等のこれまで述べた通行権が認められないときでも，通路所有者による物件の設置，私道の廃止，変更等の通行妨害が，権利の濫用や信義則違反に該当するものであれば，それらの妨害や通路の閉鎖等は許されず，妨害排除請求が認められ，無権原の通行者であっても，結果的に通行を継続することができることになる。通行者と通路所有者の利益の比較衡量，社会通念，公序良俗，妨害意図，地理的状況，過去の経緯等により，通行者が何ら積極的な通行権を有していないときでも，事実関係の安定性，結果的妥当性として通行を認めざるを得ないような特別の事情がある場合においては，無償で通行妨害の濫用・信義則違反の結果による通行（権）が認められるであろう。

　通行者にとっては通行妨害に思えるものの，通路所有者の当該行為が権利の濫用や信義則違反に該当するとは認められない場合は，もはやその通路はその所有者のみが自由に使用することができる純粋な私道といえ，通路の廃止や変更について，何人も異を唱えることはできない。

【判　例】
■権利濫用・信義則違反による通行を認めた事例
　・　建物裏側の非常に狭い便所汲取用通路でしか公路に至ることができな

386

第6　通行妨害の濫用・信義則違反の結果による通行（権）

い家屋の居住者が別の公路への出入りのため長年その家屋前側の空地を，空地所有者の異議もなく通行していた場合に，空地所有者がそこを工場建設用地として利用するため突然空地に杉板塀を設置したことは権利の濫用に当たり，家屋居住者は板塀の撤去及び通行妨害の禁止を求めることができる（大阪地判昭28・12・25下民4巻12号1996頁）。

・　数人の者が長年通路として使用している状況のもと，当該私道所有者が，全く必要も利益もないのに，特定の通行者のみに対して生活上の不便，困惑等の不利益を与えることのみを意図して通行を閉鎖する措置をとることは，権利の濫用になる（東京地判昭45・1・20判時597号104頁）。

・　所有権を取得する久しい以前から既にその土地の一部が付近住民のため通路として利用され，私道を形成しているような事情のもと，私道所有者による道路閉鎖が，道路開設の経緯や付近の地理的状況に鑑み，共同生活における信義則からして，私権の社会性を無視していると認められるときは，私権行使の限界を逸脱する権利の濫用にあたる（東京地判昭47・8・15ジュリ542号3頁）。

・　建物明渡しの調停により，借家人が当該土地建物を買い受けた場合，買い受け後は当該借家の玄関からは出入りができなくなる旨の合意等の特段の事情がない限り，当該建物に別の出入口があってそこから公道へ至ることができるとしても，買い受けの対象とならなかった玄関に隣接する土地の所有者（当該建物の元賃貸人）が玄関からの通行を妨害する行為は，権利の濫用になる（仙台高判昭49・12・25判タ322号158頁）。

・　私道所有者の道路閉鎖により受ける利益と，通行者の受ける不利益とを比較衡量して，私道閉鎖を権利濫用と認めることができる（福岡地判昭52・12・5判時885号157頁）。

・　使用貸借権としての通行権があることを土地の形状や利用状況により知ったうえで通路を取得した者が，使用借人の通行権を否認することは，信義則上認められないとされた事例（東京地判平3・6・28判時1425号89頁）。

・　従来私道として利用されている土地であることを知って買い受けた者が，私道利用者にその買取を要求し，断わられるや否や，必要もないのに

第 5 章　不成文通行権

広告を貼るためと称して，前面にいた塀を設置することは，所有権行使の濫用にあたる（東京地判昭25・11・6下民1巻11号1751頁）。
・　法的には公道ではないが，40年以上も，当初は私道として以後特に近年は公道と信じられて補修管理され，沿道に多くはないが住家が存し，人車の往来にも供され，定期バス運行の免許がおり，その運行がなされている等の状況のもとでは，当該道路所有者が僅かに固定資産税を負担している部分があるとしても，町による道路管理やバスの運行を否定することは，私権の濫用にあたる（青森地十和田支判昭41・11・9下民17巻11・12号1073頁）。
・　ある者に対して通行地役権を承認しなければならないときには，他の通行者が通行地役権を有さないとしても，当該通行者に対してのみ通行を拒否してみても何らの利益もなく，通行が禁止されれば当該通行者が多大の不便を強いられることとなる場合には，特段の事情のない限り，通路所有者の当該通行者に対する通行妨害は，権利の濫用に該当する（仙台高判昭55・10・14下民34巻9〜12号1184頁）。

■不法行為により通行妨害排除請求が認められる一般原則並びに排除請求権者の範囲

　不法行為の被害者は，不法行為によって生じた被害者を継続的に加害する違法状態が現存し，この違法状態が将来にわたって存続する性質のものであり，かつこれを除去する適当な方法があるときは，加害者に対して通行妨害の排除を請求することが認められる。また，単なる借地人であっても，通行妨害が不法行為に該当するときは，妨害排除を請求することが認められる（大阪高判昭49・3・28高民27巻1号62頁）。

■権利濫用・信義則違反の結果による通行（権）の無償性

　権利濫用の結果反射的に認められる通行については，無償通行である（仙台高判昭61・10・29判タ625号174頁）。

第6章 政策的立入・通行権

Q168 民法上の通行権や日常生活に不可欠な通行権等がなくても森林所有者が他人の土地に立ち入ることができる場合があるか。

A 森林所有者等は，森林施業に関する測量又は実地調査のため必要があるときは，市町村の長の許可を受けて，他人の土地に立ち入ることができる。

解説 前述の本編第1章から第5章のような民法上の通行権や日常生活に不可欠な通行権がなくても，法令によって政策的に他人の土地に立ち入り，あるいは通行することができる場合がある。

その典型例が森林法の規定で，森林所有者等は，森林施業に関する測量又は実地調査のため必要があるとき，あるいは，森林に重大な損害を与えるおそれのある害虫，獣類，菌類又はウイルスが森林に発生し，又は発生するおそれがある場合において，その駆除又は予防のため必要があるときは，市町村の長の許可を受けて，他人の土地に立ち入り，又は測量若しくは実地調査の支障となる立木竹を伐採することができ，実際に他人の土地に立ち入り，又は立木竹を伐採する場合には，あらかじめその土地の占有者又は立木竹の所有者に通知しなければならず（ただし，あらかじめ通知することが困難であるときは，通知は不要となる。），この場合，許可を受けたことを証する書面を携帯し，その土地の占有者又は立木竹の所有者にこれを呈示しなければならず，立ち入り，又は立木竹を伐採した者は，これによって生じた損失を補償しなければならないとされている（森林49条）。

いわば政策的立入・通行権ともべきもので，公益的な事業に必要可欠である場合，公益的な産業に必要不可欠である場合，公共施設の維持に必要であ

第 6 章　政策的立入・通行権

る場合，公共事業に必要不可欠な場合，住民の生命身体財産の保護に必要な場合，社会秩序の維持のために必要な場合などに法令で，関係者や事業者，行政等に認められている。

以下，その主なものを掲げた。

・「電気事業者は，電気事業の用に供する電線路に関する工事又は電線路の維持のため必要があるときは，他人の土地を通行することができる」（電気事業法60条1項）。
・「認定電気通信事業者は，認定電気通信事業の用に供する線路及び空中線（主として一の構内（これに準ずる区域内を含む。）又は建物内（以下この項において「構内等」という。）にいる者の通信の用に供するため当該構内等に設置する線路及び空中線については，公衆の通行し，又は集合する構内等に設置するものに限る。）並びにこれらの附属設備（以下，この節において「線路」と総称する。）を設置するため他人の土地及びこれに定着する建物その他の工作物（国有財産法（昭和23年法律第73号）第3条第2項に規定する行政財産，地方自治法（昭和22年法律第67号）第238条第3項に規定する行政財産その他政令で定めるもの（第4項において「行政財産等」という。）を除く。以下「土地等」という。）を利用することが必要かつ適当であるときは，総務大臣の認可を受けて，その土地等の所有者（所有権以外の権原に基づきその土地等を使用する者があるときは，その者及び所有者。以下同じ。）に対し，その土地等を使用する権利（以下「使用権」という。）の設定に関する協議を求めることができる。第3項の存続期間が満了した後において，その期間を延長して使用しようとするときも，同様とする」（電気通信事業法128条1項）。
・「漁業者，漁業協同組合又は漁業協同組合連合会は，左に掲げる目的のために必要があるときは，都道府県知事の許可を受けて，他人の土地を使用し，又は立木竹若しくは土石の除去を制限することができる。この場合において，都道府県知事は，当該土地，立木竹又は土石につき所有権その他の権利を有する者にその旨を通知し，且つ，公告するものとする。
　一　漁場の標識の建設
　二　魚見若しくは漁業に関する信号又はこれに必要な設備の建設
　三　漁業に必要な目標の保存又は建設」（漁業法120条）。

- 「漁業者は，必要があるときは，都道府県知事の許可を受けて，特別の用途のない他人の土地に立ち入って漁業を営むことができる」（漁業法121条）。
- 「漁業に関する測量，実地調査又は前二条の目的のために必要があるときは，都道府県知事の許可を受けて，他人の土地に立ち入り，又は支障となる木竹を伐採し，その他障害物を除去することができる」（漁業法122条）。
- 「鉱業に関する測量又は実地調査のため必要があるときは，鉱業権の設定を受けようとする者，租鉱権者となろうとする者，鉱業出願人，鉱業権者又は租鉱権者は，経済産業大臣の許可を受けて，他人の土地に立ち入り，又は支障となる竹木を伐採することができる」（鉱業法101条1項）。
- 「一般ガス事業者，簡易ガス事業者及びガス導管事業者は，その一般ガス事業，簡易ガス事業又はガス導管事業の用に供するガス工作物の設置に関する測量，実地調査又は工事のため必要があるときは，経済産業大臣の許可を受けて，他人の土地に立ち入ることができる」（ガス事業法43条1項）。
- 「石油パイプライン事業者は，事業用施設に関する測量，実地調査又は工事のため必要があるときは，都道府県知事の許可を受けて，他人の土地に立ち入ることができる」（石油パイプライン事業法34条1項）。
- 「鉄道事業者は，鉄道施設に関する測量，実地調査又は工事のため必要があるときは，国土交通大臣の許可を受け，他人の土地に立ち入り，又はその土地を一時材料置場として使用することができる」（鉄道事業法22条1項）。
- 「鉱業権者は，保安に関する急迫の危険を防ぐため必要があるときは，経済産業省令の定めるところにより，産業保安監督部長の許可を受けて，直ちに他人の土地に立ち入り，又は一時これを使用することができる」（鉱山保安法44条1項）。
- 「工業用水道事業者は，工業用水道施設の設置又は変更に関する測量，実地調査又は工事のため必要があるときは，都道府県知事の許可を受けて，他人の土地に立ち入ることができる」（工業用水道事業法15条1項）。
- 「委員又は委員会の命を受けた者若しくは委任を受けた者は，第2条第1項の規定による鑑定評価若しくは価格の判定又は第3条の規定による標準地の選定を行なうために他人の占有する土地に立ち入つて測量又は調査を行なう必要があるときは，その必要の限度において，他人の占有する土地に立ち入ることができる」（地価公示法22条1項）。

第 6 章　政策的立入・通行権

- 「都道府県又は市町村の職員は第 2 章の規定による入会林野整備又は前章の規定による旧慣使用林野整備に関し，当該入会林野整備を行なおうとする入会権者は当該入会林野整備に関し，土地又は土地に定着する物件の測量又は実地調査をするため必要があるときは，その必要の限度内において，他人の土地に立ち入り，又は測量若しくは実地調査の支障となる立木竹を伐採することができる」（入会林野等に係る権利関係の近代化の助長に関する法律 25 条 1 項）。
- 「国土交通大臣又は港湾管理者は，港湾工事のための調査又は測量を行うためやむを得ない必要があるときは，その業務に従事する職員を他人の土地に立ち入らせることができる」（港湾法 55 条の 2 第 1 項）。
- 「国土交通大臣若しくは都道府県知事又はその命じた者若しくはその委任を受けた者は，1 級河川，2 級河川，河川区域，河川保全区域，河川予定地，河川保全立体区域若しくは河川予定立体区域の指定のための調査又は河川工事，河川の維持その他河川の管理を行うためやむを得ない必要がある場合においては，他人の占有する土地に立ち入り，又は特別の用途のない他人の土地を材料置場若しくは作業場として一時使用することができる」（河川法 89 条 1 項）。
- 「砂防ノ為必要ナルトキハ行政庁ハ第 2 条ニ依リ国土交通大臣ノ指定シタル土地又ハ之ニ鄰接スル土地ニ立入リ又ハ其ノ土地ヲ材料置場等ニ供シ又ハ已ムヲ得サルトキハ其ノ土地ニ現在スル障害物ヲ除却スルコトヲ得」（砂防法 23 条 1 項）
- 「都道府県知事又はその命じた者若しくは委任した者は，前条の調査のためにやむを得ない必要があるときは，他人の占有する土地に立ち入り，又は特別の用途のない他人の土地を材料置場若しくは作業場として一時使用することができる」（急傾斜地の崩壊による災害の防止に関する法律 5 条 1 項）。
- 「道路管理者又はその命じた者若しくはその委任を受けた者は，道路に関する調査，測量若しくは工事又は道路の維持のためやむを得ない必要がある場合においては，他人の土地に立ち入り，又は特別の用途のない他人の土地を材料置場若しくは作業場として一時使用することができる」（道路 66 条 1 項）。
- 「公共下水道管理者，流域下水道管理者若しくは都市下水路管理者又はその命じた者若しくは委任を受けた者は，公共下水道，流域下水道又は都市下水路に関する調査，測量若しくは工事又は公共下水道，流域下水道若しくは都市下水路の維持のためやむを得ない必要があるときは，他人の土地に立ち入り，

又は特別の用途のない他人の土地を材料置場若しくは作業場として一時使用することができる」（下水道法32条1項）。
・「国土交通大臣，都道府県知事又は市町村長は，都市計画の決定又は変更のために他人の占有する土地に立ち入つて測量又は調査を行う必要があるときは，その必要の限度において，他人の占有する土地に，自ら立ち入り，又はその命じた者若しくは委任した者に立ち入らせることができる」（都計25条1項）。
・「国土交通大臣，都道府県知事，市町村長又は独立行政法人都市再生機構理事長若しくは地方住宅供給公社理事長（以下「機構理事長等」という。）は，第3条第4項若しくは第5項，第3条の2又は第3条の3の規定により施行する土地区画整理事業の施行の準備又は施行のために他人の占有する土地に立ち入つて測量し，又は調査する必要がある場合においては，その必要の限度において，他人の占有する土地に，自ら立ち入り，又はその命じた者若しくは委任した者に立ち入らせることができる。第3条第1項の規定により土地区画整理事業を施行しようとする者，個人施行者，組合を設立しようとする者，組合，同条第3項の規定により土地区画整理事業を施行しようとする者又は区画整理会社についても，その者が当該土地の属する区域を管轄する市町村長の認可を受けた場合においては，同様とする」（区画整理72条1項）。
・「施行者となろうとする者若しくは組合を設立しようとする者又は施行者は，第1種市街地再開発事業の施行の準備又は施行のため他人の占有する土地に立ち入つて測量又は調査を行う必要があるときは，その必要の限度において，他人の占有する土地に，自ら立ち入り，又はその命じた者若しくは委任した者に立ち入らせることができる。ただし，個人施行者若しくは再開発会社となろうとする者若しくは組合を設立しようとする者又は個人施行者，組合若しくは再開発会社にあつては，あらかじめ，都道府県知事（市の区域内にあつては，当該市の長。第62条第1項及び第142条第1号において「立入許可権者」という。）の許可を受けた場合に限る」（都再60条1項）。
・「建築主事又は特定行政庁の命令若しくは建築主事の委任を受けた当該市町村若しくは都道府県の職員にあつては第6条第4項，第6条の2第11項，第7条第4項，第7条の3第4項，第9条第1項，第10項若しくは第13項，第10条第1項から第3項まで，前条第1項又は第90条の2第1項の規定の施行に必要な限度において，建築監視員にあつては第9条第10項の規定の施行に必要な

第6章　政策的立入・通行権

限度において，当該建築物，建築物の敷地又は建築工事場に立ち入り，建築物，建築物の敷地，建築設備，建築材料，設計図書その他建築物に関する工事に関係がある物件を検査し，若しくは試験し，又は建築物若しくは建築物の敷地の所有者，管理者若しくは占有者，建築主，設計者，工事監理者若しくは工事施工者に対し必要な事項について質問することができる。ただし，住居に立ち入る場合においては，あらかじめ，その居住者の承諾を得なければならない」（建基12条6項）。

・「農業委員会は，農業委員会等に関する法律（昭和26年法律第88号）第29条第1項の規定による立入調査のほか，第七条第一項の規定による買収をするため必要があるときは，委員又は職員に法人の事務所その他の事業場に立ち入らせて必要な調査をさせることができる」（農地法14条1項）。

・「法務局又は地方法務局の長は，筆界調査委員が対象土地又は関係土地その他の土地の測量又は実地調査を行う場合において，必要があると認めるときは，その必要の限度において，筆界調査委員又は第134条第4項の職員（以下この条において「筆界調査委員等」という。）に，他人の土地に立ち入らせることができる」（不登137条1項）。

・「各省各庁の長は，その所管に属する国有財産の調査又は測量を行うためやむを得ない必要があるときは，その所属の職員を他人の占有する土地に立ち入らせることができる」（国財31条の2第1項）。

・「消防隊は，火災の現場に到着するために緊急必要があるときは，一般交通の用に供しない通路若しくは公共の用に供しない空地及び水面を通行することができる」（消防法27条）。

・「水防団長，水防団員及び消防機関に属する者は，水防上緊急の必要がある場所に赴くときは，一般交通の用に供しない通路又は公共の用に供しない空地及び水面を通行することができる」（水防法19条）。

・「警察官は，前二条に規定する危険な事態が発生し，人の生命，身体又は財産に対し危害が切迫した場合において，その危害を予防し，損害の拡大を防ぎ，又は被害者を救助するため，已むを得ないと認めるときは，合理的に必要と判断される限度において他人の土地，建物又は船車の中に立ち入ることができる」（警察官職務執行法6条1項）。

・「警察官職務執行法（昭和23年法律第136号）の規定は，第78条第1項又は

第81条第2項の規定により出動を命ぜられた自衛隊の自衛官の職務の執行について準用する。この場合において，同法第4条第2項中「公安委員会」とあるのは,「防衛大臣の指定する者」と読み替えるものとする」（自衛隊法89条1項）。

第3編 日常生活と道路通行

第1章　通行の確保と禁止

第1　通行妨害の排除

> **Q 169** 指定道路を日常利用する住人が通路所有者以外の第三者に通行を妨害されたときにも当該第三者に対して妨害排除を請求することができるか。

A　人格権的通行権（通行の自由権）が認められるならば，通行妨害者が通路所有者である場合はもちろん，通路所有者以外の第三者であっても，妨害排除を請求することができるが，反射的利益しか認められない場合には，通路所有者に対しても，第三者に対しても妨害排除を請求することはできない。

解説　私道に私法上の通行権を有する者がその私道を通行することができるのはもちろん，公道，指定道路等の公法の規制を受ける道路も，道路所有者，管理者の管理に従って，誰でも日常生活に必要な範囲で自由に通行することができるのが大原則である。ただ，公簿や公図上において，非課税であるとか道路であるとか，計画道路や，指定道路や里道等の記載があるだけで，未だ道路が開設されておらず，または既に正当に廃道され，現地には道路が存在しない場合には，第三者は通行することができるわけではないことはこれまでに述べてきたとおりである。

第1章　通行の確保と禁止

　新たに私道を通行する場合や既に通行している場合でも，できるだけ所有権や共有持分あるいは民法上の通行権を獲得する必要があり，通行方法，通行範囲，通行期間，通行料等を明確に土地所有者との間で契約を締結し，さらに対抗力を得ておく必要がある。

　通路の所有者が自らの通行を妨害されたときはいうまでもないが，囲繞地通行権等の法定通行権や，物権的約定通行権（通行地役権）を有する者も，物的支配として通路所有者に限らず，妨害者であれば何人に対しても物権的請求として妨害の排除を請求し，障害を除去するよう請求することができることは当然に認められる。債権的契約通行権を有する者は，貸主の妨害に対しては契約の完全履行として排除を請求することができ，第三者に対しては貸主に代位して排除を請求することができ，さらに対抗力を備えた場合には，第三者の妨害に対しても自ら排除を請求することができる。

　また，人格権的通行権（通行の自由権）や慣習上の通行権等を認められる者は，同様に第三者に対して排除を請求することができるが，反射的利益による通行（権）を享受するに過ぎない者は，結果的に通行できるとしても，民事上通行妨害の排除を請求することはできない。

　それから，通行妨害行為が権利の濫用や信義則違反，不法行為であると認定された場合でも通行者に妨害排除請求が認められるべきであるが，排除請求を否定する判例もある。

　排除請求の対象物は，現に妨害となっている物であれば，看板（東京高判昭50・1・29高民28巻1号1頁），建物（甲府地判昭38・7・18下民14巻7号1458頁）など，特に制限はなく，どの程度の範囲で撤去，除去，収去等が認められるのかは，具体的事例に応じて決せられるが，妨害物の形態，構造，通行妨害の形態，沿接地所有者の生活，敷地利用，他の通行手段等諸般の事情によって判断されるべきである。

　ただし，第三者による通行妨害に対して道路所有者が排除を請求し，あるいは第三者若しくは道路所有者による通行妨害に対して通行権者が排除を請求する場合でも，その請求が信義則に違反し，権利濫用であると認められる場合は，妨害排除を請求することができないことも生じる。

第 1　通行妨害の排除

　なお，建物の一部分のみが道路にはみ出しているようなときに，その一部分のみを切り取ることが技術的に不可能であるとか，可能であっても著しく費用が高額であるような場合には執行不能となることもある（寳金敏明『4訂版　里道・水路・海浜』（ぎょうせい，2009）304頁）。具体的には，隣地の建物が0.34間（約62センチメートル）越境している事例での明渡請求は権利濫用に該当するとの判例もあるが，いくら越境部分が小さくても，越境されている通路が狭く，通行に支障が生ずるときは，越境部分が小さいというだけで権利濫用になるとはいえない。これら権利濫用に該当するか否かは，妨害の程度，妨害による損害の程度，排除に要する費用，妨害放置の程度，妨害者の態度，妨害の経緯等諸般の事情を考慮して判断すべきである。

　反対に，建物のほとんど全部が道路を覆っているときに，道路上にない建物の部分のみを残して建物を収去することが，かえって残存部分が倒壊する危険があり，しかも建物の効用を失うような場合には，建物全部の収去の判決等を求めることができると解すべきである（寳金敏明『4訂版　里道・水路・海浜』（ぎょうせい，2009）365頁）。

　通行妨害の排除の請求は広義には，道路が妨害物の設置等により封鎖され完全に通行不能に陥り，他人がその道路を使用しているといった占有を奪われた状態を原状に回復しようとする返還請求（占有回収に相当する。さらに，引渡請求，明渡請求も含まれる。），道路における通行を完全に不能にされたわけではないが，妨害物の設置等によって通行に支障が生じている状態を解消しようとする狭義の妨害排除請求（占有保持に相当する。），及び，現在，通行妨害は生じていないが，将来において通行を妨害されるおそれがあるとき，それを予防しようとする妨害予防請求（占有保全に相当。）がある。ただ，通行地役権に基づく妨害排除請求には，その共同利用的性格から，承役地の返還請求は含まれない。

　公道について私人が通行を妨害されたときその通行者が通行の自由権等に基づいて妨害排除を請求し得ることはこれまで述べたとおりであるが，公道が不法占拠されたとき，公道の所有者自身が自己の所有権に基づいて土地明渡しや妨害排除を請求することができることはいうまでもなく，自己の占有

第1章　通行の確保と禁止

権に基づいた請求もなし得る。ただし，公道の機能管理者ではあっても所有者でない者は，所有権に基づく請求ができないことは当然としても，占有権に基づく請求ができるか否かは見解がわかれている（寶金敏明『4訂版　里道・水路・海浜』（ぎょうせい，2009）340頁）。

妨害が続いている限り，またそのおそれがある限り，その排除，予防を請求することができるが，占有訴権に関しては，工事による妨害で損害が生じたことに対する占有保持の訴は工事着手から1年を経過し又は工事完成後は提起できず，工事による妨害で損害が生じるおそれのあることに対する占有保全の訴は工事着手から1年を経過し又は工事完成後は提起できず，占有回収の訴は侵奪の時から1年以内に提起しなければならない（民201条）。

【判　例】
■通行妨害の回復方法
　　通行妨害が違法であるときは不法行為に該当し，不法行為の被害者は既往の財産的損害，精神的苦痛に対して金銭賠償を請求することができることはもちろん，不法行為の結果たる違法状態が将来にわたって長期間継続する性質のものである場合のように，金銭賠償だけでは被害の回復に十分な成果を期待し得ないときには，被害発生の源泉たる違法状態の除去その他適当な被害の回復の手段を求めることができる（大阪高判昭49・3・28高民27巻1号62頁）。
■物権的請求権に基づく妨害排除請求の可否
　　有権の円満な状態が他より侵害されたときは，所有権の効力としてその侵害の排除を請求することができ，またそのおそれがあるときはその危険の防止を請求することができる（大判昭12・11・19大民集16巻1881頁）。
■共有地の不法占拠に対する共有者単独の妨害排除請求の可否
　　共有地が不法占拠された場合，各共有者は単独で妨害排除，明渡請求をすることができる（大判大7・4・19民録24輯731頁）。
■囲繞地通行権者による障害除去の可否
　　囲繞地通行権者は，自己の費用をもって通路部分に存する妨害となるべき既存の溝渠等を埋め立てることができ，囲繞地たる通路所有者はその除

第1　通行妨害の排除

去作業を認容しなければならないが，囲繞地所有者にその費用の負担を求めることはできない（仙台高判昭46・3・10民集26巻3号492頁）。

■通行地役権者による障害除去の可否

　承役地所有者の故意過失によらず，公道の拡張に伴って通路の公道への接続部に90センチメートルの段差が生じた場合，通路に通行地役権を有する者は，通行地役権の円滑な行使に必要な最小限度を超えない範囲で段差を除去し，補修する工事を行うことができ，通路地所有者は自己の責により障害が発生したものでない以上，特約がない限り，修繕の義務を負わないが，承役地たる通路所有者はその工事を認容しなければなら不作為義務は負う（東京地判昭43・10・11下民19巻9・10号602頁）。

■妨害の程度に関する事例

　・　袋地における適法な建物の建築のための工事用車両の通行に対して，鉄杭の打設，トタン塀の設置を再三にわたり行い，当該妨害禁止の仮処分決定の後も妨害行為を繰り返したことは，著しく度を超した違法行為であるといえる（大阪地判昭57・8・13下民19巻9・10号602頁）。

　・　町道を通行するにあたり，当該町道，沿接地の位置，地勢，環境，利用状況その他諸般の事情のもとで，当該町道の自動車を含む車両による通行が許容される場合，車輪，車体が止むなく多少の範囲ではみだして相隣の私有沿接地上を一過的に通過することがあっても，沿接地の使用収益につき格別の損害を与えないならば，その通行は公道通行の自由権の行使の一態様として，信義則上許されるといえる（東京高判昭59・12・25判タ552号171頁）。

　・　幅員4メートル，長さ13.3メートルの袋地状の指定道路について，沿接する各土地は当該指定道路のみによってしか公道に至ることができないなか，当該指定道路の中心線から1.125メートルの位置に道路の長さいっぱいにブロック塀が構築されたことは（結果的に幅員が3.125メートルしかないことと同様．），緊急の場合に消防自動車等の緊急車両が出入りし難いといえ，重大かつ継続の侵害であると認められる（東京地判昭60・5・9判タ605号73頁）。

　・　和解条項において，通行の妨げとなる工作物を設置しない旨の規定が

第3編　日常生活と道路通行

401

ある場合でも，上水道管を設置することは当該和解に違反することにはならず，排除の対象とはならない（東京高決平2・1・19判タ753号231頁）。
・　指定道路において私道所有者がブロック塀を設置しても，なお別の公衆用道路（私道）と2メートル幅で接しており，多少不便にはなるが出入りに重大な支障がなく，日常生活に格別の不利益が生じないときには，日常生活上必須な自由通行を妨害されたとはいえない（仙台高判平2・1・29判タ744号114頁）。

■排除請求の対象物の範囲の基準
・　具体的に通行妨害となっている工作物の除去がどの程度まで認められるかは，その工作物の形体，構造，それによる通行妨害の態様のほか，接道する敷地保有者（一般第三者）の生活，敷地利用，他の通行手段等諸般の事情を勘案し，その通行，出入りの必要性，相当性に即して決することとなる（東京高判昭49・11・26東高民時報25巻11号184頁）。
・　通行妨害となっている工作物の除去がどの程度まで認められるかは，その工作物の形態，構造，それによる通行妨害の態様のほか，接道する敷地保有者（一般第三者）の生活，敷地利用，他の通行手段等諸般の事情を勘案し，その通行（自動車通行を含む場合はその検討。），出入りの必要性，相当性に即して決することとなる（東京地判昭57・1・29下民33巻1～4号69頁）。
・　通行妨害とされる工作物等についてどの範囲まで排除請求が認められるかは，工作物等の形態及び構造，それによる通行妨害の態様，沿道土地所有者の生活，敷地利用，他の通行手段等諸般の事情を勘案し，通行の必要性及び相当性に即して決することとなる（東京地判平5・6・1判タ863号207頁）。

■排除請求の対象物の具体例
　　囲繞地通行権の成立している場所に設置されているポンプも，妨害物として排除の対象となり得る（松山地判昭58・4・27判時1088号124頁）。

■通行妨害排除の方法として隣接駐車場の利用の制限が認められた事例
　　自動車8台の収用力のある駐車場の営業を目的として通行地役権の通路を通行することが予定されているが，現実にはその通行地役権に基づく利

第 1 通行妨害の排除

用内容の範囲を越える自動車の通行がされている場合，他の通行地役権者の通行地役権に基づく妨害の排除として，自動車通行の原因となるその駐車場の利用に制限を加えることを求めることができる（東京高判平 4・11・25 判タ863号199頁）。

■妨害排除請求が信義則違反，権利濫用とされた事例
・　隣地の建物が自側に越境しているが，越境部分が0.34間（約0.62メートル）である場合，被越境地所有者による土地明渡請求は権利濫用に当たる（東京高判昭34・7・28判時203号13頁）。
・　隣地の建物が自側に越境しているが，越境部分が0.084間（約0.15メートル）である場合，被越境地所有者による土地明渡請求は権利濫用に当たる（東京地判昭38・2・5判タ146号73頁）。
・　幅員50センチメートルの既存通路でしか公道に通じていない土地は袋地であるが，袋地所有者とその家族にとって過去十数年の利用をこれからも期待しうる通路であって，囲繞地通行権の主張が袋地を売却するためのものであることや，囲繞地通行による通路の開設により囲繞地上の建物を一部取り壊さなければならない等の事情を考慮すると，既存通路以外の場所での囲繞地通行権による妨害排除請求は権利濫用に当たり認められない（東京地判昭55・12・19判タ449号83頁）。
・　公道からの入口部分の幅員が約4.45メートルの私道が，私道にはみ出したブロック塀によってその部分の幅員が3.71メートルになっても，多年（9年）異議なく経過したのち，さほどの必要性もないのに，賃貸借契約に付随する通行権を理由にその撤去を求めることは，権利濫用として許されない（東京高判昭55・12・23判タ438号112頁）。
・　相互交錯的に成立した通行地役権に基づく妨害排除請求が，本来の通路を確保する目的のためではなく，第 1 に将来における通路を分断せざるを得ないようなビル増築で，設定目的に反した要役内容を実現するため，第 2 に建築基準法令を脱法する目的のためになされる場合は，信義則に反し許されない（大阪高判昭62・3・18判タ660号132頁）。

第1章　通行の確保と禁止

■妨害物が越境建物である場合の排除請求の特例
　・　故意，過失なしに建設された越境建物は，被越境地所有者が遅滞なく異議を述べない限り，原則として収去を請求することはできず，ただ償金のみを請求することができるにすぎない（大阪地判昭39・2・2判タ163号193頁）。
　・　越境建物が容易に動かすことができないものであり，巨額の撤去費用を要するような場合でない限り，建築着手の1年経過後又は建築建物完成後であっても，被越境地所有者は当該建物の収去を請求することができる（岡山地判昭43・5・29判時555号64頁）。
■不法行為に当たらないとされた事例
　共通の通路につき自己の通行に不安をもった者が，数回にわたり行政庁に他の者の建築物が通路にはみ出しては困る旨申し入れ，また，通行権を確保するため仮処分の申請をすることは，仮に通行権を有していなかったとしても，直ちに不法行為を構成することはない（東京地判昭55・4・14判時980号85頁）。
■不法行為に基づく妨害排除請求を否定した事例
　不法行為の効果は金銭賠償を原則とするので，それ以外の方法による原状回復は名誉毀損等特に定めのある場合に限られ，妨害物により権利が侵害されている場合の妨害の排除は，その権利等を根拠とする妨害排除請求によってなされるべきでが本則である（大阪地判昭48・1・30判タ295号281頁）。
■賃借人の賃貸人に対する賃貸借契約上の通行権に基づく妨害排除請求事例
　公道に面する1筆の土地の所有者がその土地の公道に面しない部分を賃貸し，残余地を自ら使用している場合に，残余地の通行に関して格段の合意をしなかったときでも，賃借人は賃貸人の通行妨害に対して，当該賃貸借契約に基づく通行権をもって妨害排除請求をすることができる（東京地判平6・1・20判タ870号186頁）。
■使用借主による妨害排除の代位請求が認められなかった事例
　使用借主は，貸主の通行地役権に基づいて通路を通行することができるが，第三者の妨害に対して，直接又は貸主に代位して，当該通行地役権に

第1　通行妨害の排除

基づく妨害排除請求権を行使することはできない（東京高判平4・11・25判タ863号199頁）。

■貸主の妨害排除請求と借主の妨害排除代位請求の併存の可否
　借地人が第三者に対し囲繞地通行権に基づく妨害排除の訴えを提起しているときでも，当該借地上の家屋賃借人は他の第三者に対し，当該囲繞地通行権を代位して妨害排除の訴えを提起することができる（東京高判昭53・11・29東高民時報29巻11号253頁）。

■公道の機能管理者の占有権に基づく請求の適否
　・　道路法による道路の占有妨害に対して，道路管理者は，占有訴権を行使することができない（京都地決昭51・6・21公刊物未登載）。
　・　里道（通学路として利用されている。）の通行を阻害する者に対して，機能管理者たる市は，占有権に基づいて妨害排除を請求することができる（大阪地決昭54・10・26公刊物未登載）。

■占有の訴による妨害排除請求の内容
　・　他人の占有する土地に建物といえるかどうか限界的な小屋を建築することは，建築工事着工の時から占有侵奪ではなく，占有妨害になる（大判昭5・8・6大民集9巻772頁）。
　・　占有する土地の片隅を物置場所として使用することを期限付で許していた場合は，その期間が満了した後もなおそこに置いた物を撤去しないときでも，占有保持の訴を提起することはできない（大判昭7・4・13公刊物未登載）。
　・　占有の移転が任意に行われた場合は，たとえ欺されて移転した場合であっても侵奪にはあたらず，占有回収の訴を提起することはできない（大判昭11・11・27新聞3400号14頁）。
　・　他人の占有する土地に建物を建築することは，建築工事着工の時から占有侵奪になる（大判昭15・10・24新聞4637号10頁）。
　・　建物の転借人が転貸人のために占有する意思を失い，その入室を拒んだときでも，それだけで転貸人の占有が奪われたとはいえない（最一小判昭34・1・8裁判集民35号23頁）。

第1章　通行の確保と禁止

　・　強制執行によって占有を解かれたことは，当該執行行為が著しく違法性を帯び，もはや社会的に公認された執行と認めるに堪えない場合を除いて，占有回収の訴を提起することはできない（最二小判昭38・1・25民集17巻1号41頁）。

　・　強制執行により占有を解かれた場合であっても，それが仮処分手続の悪用によって占有を侵奪された場合は，占有回収の訴を提起することができる（東京地判昭38・10・4下民14巻10号1929頁）。

　・　占有者が占有を取得した当時から既に目的物に対する完全な占有を妨げるような第三者の妨害（隣接地の建物の突き出した庇）が存するときは，妨害排除（庇の切除）の請求をすることができない（大阪高判昭47・1・21高民25巻1号22頁）。

　・　占有の訴について出訴期間の制限を受けることとなる「工事」とは，相当な費用，労力及びある程度の日時を要する規模のものをいい，職人二人が3時間位で費用9万円余をもって電光看板を取り付けたことは「工事」に当たらない（東京高判昭50・11・27東高民時報26巻11号232頁）。

■占有の訴と本件の訴の関係

　・　侵奪者が占有物について所有権その他の本権を有することは，占有者の侵奪者に対する請求権に消長を来さない（大判大8・4・8民録25輯657頁）。

　・　占有の訴に対し，防御方法として本権の主張をなすことは許されないが，本権に基づく反訴を提起することは許される（最一小判昭40・3・4民集19巻2号197頁）。

■妨害予防請求の必要性

　妨害のおそれありとは，将来の侵害のおそれがあれば足り，過去の侵害の存在を必要としない（大判大10・1・24民録27輯221頁）。

■妨害予防請求が認められた事例

　不法に道路に自動車を駐車させ，簡易車庫，門及び門扉等の工作物を設置するおそれが認められるときは，正当な通行者はその者に対して，妨害予防としてその差止めを求めることができる（東京地判昭63・2・26判時1291号75頁）。

第1　通行妨害の排除

Q170 通路上の妨害の事実が自然現象である場合には排除費用は誰が負担すべきか。

A 通行権者が負担することとなろう。

解説　通行妨害が，妨害者の故意又は過失に起因するときは，妨害排除費用の全部を妨害者に請求できることは当然であるが，妨害者に故意又は過失がないときや，妨害が第三者による場合や，不可抗力や自然現象による場合においては，排除費用を誰が負担するかという問題が生ずる。

このような場合，妨害物所有者は，妨害発生の原因の関係ももたなかったとしても，妨害排除費用を負担しなければならないとする判例も，妨害者には費用負担を求め得ないという判例もある。

現実問題としては，通行者が妨害排除費用の負担をすることになろう。

【判　例】
■物権的請求権に基づく妨害排除の一般的な費用負担
　一般に，物権的請求権においては，被告の費用において被告が妨害を除去するよう請求することができる（大判昭12・11・19大民集16巻1881頁）。
■無関係な妨害物の所有者の排除費用負担責任の有無
　物権的請求権に基づく妨害排除請求の場合は，妨害物所有者は，妨害発生の原因の関係ももたなかったとしても，妨害排除費用を負担しなければならない（大判昭5・10・31大民集9巻1009頁）。
■妨害が自然，不可抗力による場合の妨害物所有者の排除費用負担責任の有無
　・妨害が，妨害者の故意・過失がない場合や，第三者の行為によって生じた場合でも，排除費用は妨害者が負担しなければならないが，その妨害が自然による場合は，負担する必要はない（大判昭7・11・9大民集11巻2277頁）。

第 1 章　通行の確保と禁止

・　妨害が，妨害者の故意・過失がない場合や，第三者の行為によって生じた場合でも，排除費用は妨害者が負担しなければならないが，不可抗力による妨害の場合は，負担する必要はない（大判昭12・11・19大民集16巻1881頁）。

■承役地所有者が無過失である場合の障害除去費用請負担者

　　通行地役権に基づく通行に障害が生じている場合，承役地所有者に故意・過失がないときは，特約のない限り地役権者が障害除去費用を負担しなければならないが，承役地所有者はその除去工事を認容しなければならない（東京地判昭43・10・11下民19巻9・10号602頁）。

■法定通路の既存の溝の埋立て費用負担者

　　囲繞地通行に伴う通路部分に存する既存の溝渠の埋立て費用は，通行者自身が負担しなければならない（仙台高判昭46・3・10民集26巻3号492頁）。

Q 171　通行妨害をしている者が無過失である場合には通行権者は妨害者に対して排除請求をすることができないか。

A　無過失で通行妨害をしている者に対しても，妨害排除請求をすることができる。

解説　債権的請求権に基づく請求の場合には債務者に対して契約上の義務の履行を求め得るにすぎない（代位請求の場合は格別。）が，支配が完全に奪われたとき，物権的請求権（対抗力を得た債権的請求権も含む。）に基づいて排除を請求する場合には，現に妨害している者であればその過失の有無にかかわらず請求することができる。ただし，占有権に基づいて排除を請求する場合は，目的物の善意の特定承継人に対しては，請求することができない。

第1　通行妨害の排除

　狭義の妨害排除，予防請求について，物権的請求権（対抗力を得た債権的請求権も含む。）に基づいて排除を請求する場合には，現に妨害し，又はそのおそれを作っている者であればその過失の有無にかかわらず請求することができる。

　ただ，その者が妨害物について処分権限を有しないのであれば，その者に排除を請求することはできない。

【判　例】
■囲繞地通行権に基づく妨害排除請求の相手方
　　囲繞地通行権に基づいて妨害排除を請求する場合は，通行を妨害する者が囲繞地所有者でない者であっても，当該妨害者に対して排除を請求することができる（東京高判昭53・11・29東高民時報29巻11号253頁）。
■通行地役権者の他の通行地役権者に対する妨害排除請求事例
　　同一の道路について複数の通行地役権者がある場合，その一人が通行地役権の内容の範囲を越える通行をしている場合は，他の通行地役権者はその地役権者に対して，通行地役権に基づく妨害排除請求をすることができる（東京高判平4・11・25判タ863号199頁）。
■通行賃借権に基づく妨害排除請求の相手方
　　共同通路の賃借人が，当該共同通路の他の賃借人に通行を妨害されたときは，賃借権に基づいてその妨害する賃借人に対して妨害排除を請求することができる（東京地判昭63・2・26判時1291号75頁）。
■通行使用借権に基づく妨害排除請求の相手方と法人格否認の法理の関係
　　使用貸借による通行権者は，使用貸主が代表取締役をつとめ，現代表取締役もその親族である等の事情により，使用貸主とその会社が一体関係にあると認められる場合には，契約当事者外であるその会社に対しても，通行使用借権の確認を求め，通行妨害をしないことを求めることができる（札幌地判昭44・8・28下民20巻7・8号618頁）。
■占有回収の訴えの被告たり得る特定承継人の範囲
　　・　侵奪物について特定承継が生じた後，さらに特定承継が生じた場合，中間の特定承継人が善意であれば，最終の特定承継人が悪意であっても，

第 1 章　通行の確保と禁止

占有回収の訴を提起することができない（大判昭13・12・26大民集17巻2835頁）。
・　侵奪者の特定承継人について，その承継人が何らかの形で占有の侵奪があったことについて認識があった場合には占有回収の訴を提起することができるが，占有の侵奪を単なる可能性のある事実として認識していただけであった場合には提起することができない（最一小判昭56・3・19民集35巻2号171頁）。

■妨害者の処分権限，過失等と排除請求の関係
・　占有訴権に基づいて妨害排除を請求する場合，故意・過失のある妨害者だけでなく，無過失の妨害者に対しても請求することができる（大判大5・7・22民録22輯1585頁）。
・　妨害排除を請求する場合，自ら妨害状態又は妨害のおそれある状態を生じさせた者でない妨害者に対しても，請求することができる（大判大5・10・31公刊物未登載）。
・　かつての妨害者であっても，現に妨害者でないものに対しては，返還を請求することができない（大判大9・7・15民録26輯973頁）。
・　妨害物の撤去の請求の相手方が当該妨害物についての処分権限を有しない場合には，排除の請求は認められない（東京高判昭58・2・28東高民時報34巻1～3号23頁）。
・　隣地の掘削により崩壊の危険が生じた土地の所有者が妨害予防を請求する場合は，隣地所有者のほか，現所有者の父で当該土地を購入して現所有者に贈与し，現にその管理を一任され自ら事実上の所有者の如く管理している者に対しては請求することができるが，土砂買受人として掘削工事をした者あるいは土砂売渡人の委任を受けて掘削工事を監督したに過ぎない者に対しては請求することができない（名古屋高判昭61・11・5判タ657号235頁）。

410

第2　通行の禁止

Q172 自己の土地を他人に無断で通行されている者に対しては通行を止めさせるべく請求することができるか。

A 無権原の者の通行を禁止し，通行の排除を請求することができる。

解説　通行妨害を排除して自己の通行を確保するのとは反対に，無権原の他人の通行を禁止することにより自己の通行や完全な利用を確保する方法がある。つまり，所有者や用益権者，通行権者のみがその土地を通行するため，無権原の者の通行を禁止することであり，また，所有者や用益権者が無権原の者の勝手な通行を禁止することにより，自己の土地利用の安定を図ることを目的とする場合もある。

同様に，所有者や用益権者が，無断で他人に所有地，用益地を通行されている状態を元の状態に回復するため，通行の排除請求（占有保持に相当する。）ができる。また，他人が無断で通路を開設し，塀等を設け，所有者，用益権者の支配を完全に奪った場合は，所有者，用益権者は通路部分の返還請求（占有回収に相当する。さらに，引渡請求，明渡請求も含まれる。）ができる。

通行の禁止が権利の濫用に当たる場合は，無権原の者に対して，通行の排除をなし得ないこともあり得る。

【判　例】
■囲繞地所有者による通行禁止の権利濫用性
　袋地所有者が囲繞地を通行していることを知っていても，囲繞地所有者からその通路は通ってはいけないのでいずれ変更されるであろうとの説明を受けて囲繞地を買い受けた者においては，袋地所有者が正当の通行権のある場所を通行し得るようになるまでは，その通路の使用を認諾することが信義則に従うものといえるが，袋地所有者においては早急に囲繞地の新

第1章　通行の確保と禁止

所有者に対して通路を選ぶことの協議を求め，もしそれが調わなければその確定を裁判所に訴求する等の措置に出るべきであるから，囲繞地取得者が通行の禁止を求めたからといって権利の濫用になるものではない（東京高判昭28・10・26下民4巻10号1538頁）。

第3　通行料の額

Q 173　通行料の額はどのように算定すべきか。

A　通行料の額についての合意がない場合（通行料が発生する場合に限る。）は，地代，通路部分の税金負担，利用や管理形態，通路開設費用の負担等を総合的に勘案して，算定することになる。

解説　通行に関して通行料の額が問題となったとき，通行料の支払いについての合意はあるが通行料の額については取り決めがなかったようなときは，地代，通路部分の税金負担，利用や管理形態，通路開設費用の負担等を総合的に勘案して，算定することになる。

明確な基準はないが，宅地の適正賃料の半額が相当であるとする判例がある。

【判　例】
■通行料の額の判定基準
・　粘土搬出専用道路の道路使用料について，支払う合意はあるがその額が確定していなかったときは，世間並の使用料を支払う趣旨であると解され，宅地の適正賃料の半額を使用料と認めるのが相当である（津地判昭31・10・29下民7巻10号3017頁）。
・　何らの設備なしに通行する場合ではなく，通路に配・給水管，水道空気弁，消火栓等の恒久的設備が敷設された上で通行される場合の通路使用料は，公共用地取得損失基準要綱，地代家賃統制令の額を勘案して決定すべきである（名古屋地判昭48・12・20判タ304号234頁）。
■宅地利用に必要な通路の使用対価
　賃借宅地に必要不可欠な通路が同一の賃貸借契約に基づいて賃借されていると認められるときは，当該通路の使用対価は宅地部分の賃料と同一割

合で算出され，当該通路をその宅地賃借人及び通路所有者双方が利用する場合は，先の算出額を折半した額を宅地賃借人（通路通行者）が負担しなければならない（名古屋高判昭59・4・16判タ530号164頁）。

第4　通行に関する不明確な承諾，合意，確認

Q 174　口約束で通行を認められた者も通行権を主張することができるか。

A　口約束であっても通行権に関する契約を成立させることはできるが，単なる口約束では，特別の事情が存しない限り，当事者間に法的関係を生じさせる通行権が認められるのは難しいものと思われる。

解説　相隣関係についての強行規定に反しない限り，当事者間で通行に関する明確な承諾，合意や確認が成立すればそれに従った通行権が発生し，また認定されるが，往々にして，特に近隣者同士にあっては，通行に関する承諾や合意，確認が不明確であることも少なくない。例えば，「買物行くのに便利だから，お宅の土地の隅の方でいいから，時々通らしてくれない？」，「何言ってるのよ。近所なんだから，遠慮しないでいつでも通ってよ！」のような会話が交わされた場合に，これらの不明確な承諾，合意，確認が当事者に如何なる内容の通行権を発生させ，また認定させるのか，あるいは認められないのかは，具体的な通行紛争の事例に応じて判断されることになる。

このような合意等において，例えば「地役権」というような法律上の用語が使われている必要はないが，通行の必要性，通路の状況，通行の条件，範囲等についてある程度はっきりとした取り決めや，特別の事情が存しない限り，当事者間に法的関係を生じさせる通行権が認められるのは難しいものと思われる。不明確な承諾，合意，確認があったとしても結果的に何らの通行権も認められないときには，その通行は，好意的な事実上の通行であるにすぎないことになる（Q175）。

仮に，なんらかの通行権が認められる場合においても囲繞地通行権の確認であるとみられることが多く，登記義務を伴う通行地役権の成立が認められ

415

ることは少ないが，通行地役権の成立とみる判例も多くなってきている（沢井裕ほか『道路・隣地通行の法律紛争』（有斐閣，1989）157頁）。

【判　例】
■不明確な承諾等の解釈基準
・　通行の承諾を権利設定と解するには，通行地の所有者が，通行者の通行を黙認しているだけでは足りず，所有者が通行地役権又は通行権を設定し，法律上の義務を負担することが客観的に見て合理性があると考えられるような特別の事情があることが必要である（東京高判昭49・1・23東高民時報25巻1号7頁）。
・　設定契約について書面等が存在しないときは，道路に関する客観的な状況等を参考として，私道を設定した当時の当事者の意思を推し量り，その後の社会生活等道路をめぐる客観情勢にあわせて当事者の合理的意思がどこにあるかを判定しなければならない（東京地判平2・10・29判タ744号117頁）。
■口約束による通行地役権成立の主張
　　口約束によって通行地役権が成立したと主張する者がその設定契約があったことを認めるに足りる疎明をしない限り，通行地役権の成立を認めることはできない（最三小判昭30・12・26民集9巻14号2097頁）。
■囲繞地通行権の確認により通行地役権が認められた事例
　　通行に関する黙示の合意が囲繞地通行権の確認に相当する場合は，通行地役権の設定が認められる（神戸簡判昭50・9・25判時809号83頁）。
■不明確な承諾等と建築基準法との関係
・　通行に関する不明確な承諾等が，建築基準法第43条第1項の敷地として通行する合意が成立していたといえる場合もある（横浜地判昭61・12・23判時1232号141頁）。
・　将来建物の改築手続に必要なときは通路部分について賃貸するとの約款を付して売却した場合は，改築建物の存続する期間中は建築基準法所定の通路を目的として賃貸する趣旨の賃貸借契約の予約であると解される（東京地判昭63・5・17判時1300号77頁）。

第4　通行に関する不明確な承諾，合意，確認

■不明確な承諾等が通行地役権の成立と認められた事例

・　従前から私道として利用されていた土地について，今後もそのまま私道として共同で利用することとし，その一方が設置していた門を朽廃によって作り替えるときは私道側へは出さない旨の合意がある事情では，当該私道について通行地役権を設定したと解される（東京地判昭44・12・4判時600号95頁）。

・　契約書の文面上は明確な取り決めはなかったとしても，土地の売買にあたり売主の代理人や仲介者が，別の土地を通路として通行使用して公道へ出ることを確かめ，買主がその通路としての土地の存在と，その通行使用を許容し確約した事実が認められる状況で，その通路が公道同様永久的なものであるとの信頼から通行に関する契約書上の条項がなかっただけであるときは，その通路に買主のための通行地役権の成立が認められる（千葉簡判昭45・7・13判タ256号239頁）。

・　土地を買い受けるに際し，買主が売主の夫であり通路の所有者の伯父でもある者を代理人として，その通路を，買い受けた土地の居住者の共同通路として使用することを承諾する旨の当該通路所有者の署名押印のある承諾書が持参された事情のもとでは，当該通路につきその居住者のために通行地役権が設定されたと認められる（東京地判昭48・8・16判タ301号217頁）。

・　分譲地について，土地の位置関係，分筆の経緯，不動産業者の説明等による売買の際の買受人相互に土地の一部につき通行の用に供する旨の合意は，通行地役権設定とみることができる（東京地判昭51・4・27判時838号62頁）。

・　分譲地の一部について，他の分譲区画を通行しなければ公道へ出られないときに，それぞれの分譲地の売却に際し，各分譲地の一部は買主相互間について通行権の負担付私道となることを説明し了承を得た場合は，各分譲地買受人のためその土地に通行地役権が設定されたものと認められる（東京地判昭52・4・28下民34巻9～12号1106頁）。

・　通路を南北に共有物分割してそれぞれ単有とした際に，公道へ出る通行権を取得することを内容とする旨を了解の上くじで各取得地（南側か北

417

第 1 章　通行の確保と禁止

側）を決定し，通行利用は無償であり，その所有者に移動があっても相互間に何らの問題がなかった等の事情のもとでは，それらの合意が単に口頭でなされ，地役権という語が用いられなかったとしても，その通路について存続期間のない通行地役権を設定したものと認められる（東京高判昭54・5・30下民30巻5～8号247頁）。

・　通路所有者が範囲を確定して通路部分の通行を許諾し，通行者が道路の形態を整えるための盛土やコンクリート舗装をした際にも何らの抗議もなかったような事情のもとでは，許諾の時に通行地役権を設定したと認められる（水戸地判昭54・8・15判タ400号188頁）。

・　道路を開設して通行利用することの合意が成立している場合，地役権なる名称は明示されていないが，それが公道へ自動車で出るため道路を確保するための契約で，通路の必要性が継続的で大きく，通行の代償として通行者の費用で排水設備を設置管理し，18年間道路所有者が異議を述べなかった等の事情によれば，通行地役権が成立していたと認めることができる（浦和地判昭55・3・21判タ422号128頁）。

・　土地を売却する際に，各売却地の便宜のためその沿接土地を無償で通路として提供する旨を約し，各売却価格が通常の時価（坪25,000円）よりも高い価格（坪30,000円）で支払われた事情によれば，その通路について無償無期限の通行地役権が設定されたものと認めることができる（大阪地判昭59・3・27下民34巻9～12号1287頁）。

・　土地譲渡契約において沿接地を幅員4メートルの道路として設置するという道路設置約束文言がある場合，その道路について通行地役権が成立したと認めることができる（大阪高判昭60・10・24判タ588号72頁）。

・　土地分譲に際し，日常生活に必要不可欠な通路について「現状のままとする」旨の約定をしたときは，その通路について通行地役権が成立したと認めることができる（東京地判昭63・1・28判タ664号96頁）。

・　沿接地の所有者が共有する土地について共通の通路として使用する旨の合意は，その共有物分割後それぞれの所有地につき互いに通行地役権を成立させるとする合意と認められる（東京高判平4・12・10判時1450号81頁）。

418

第4　通行に関する不明確な承諾，合意，確認

■不明確な承諾等が囲繞地通行権の確認と認められた事例
・　袋地から公道へ至る通路について通行を妨害するような建築をしない旨の約束は，他に特段の通行権の疎明がなく如何なる権利であるか確定できないときは，囲繞地通行権の確認であるといえる（徳島地判昭26・11・27下民2巻11号1359頁）。
・　競落によって袋地となった土地についての通行紛争に関して，当該通路の通行を認め，通行料を支払う旨の示談が成立したときは，通行地役権の設定ではなく，囲繞地通行権について確認したものと考えるのが相当である（東京地判昭30・9・12下民6巻9号1967頁）。
・　分譲地を買い受ける際に，売主が「公道に通じる道をつくる」，「この私道を通ってもよい」旨の発言をしていたときは，分譲の結果袋地となる買受人に対して囲繞地通行権についての確認をしたものとみるのが相当であり，登記義務を伴う通行地役権とは認めることはできない（東京地判昭41・5・23判時450号30頁）。
・　通行紛争に関する調停を行ない，その調停条項の中で「土地に対する通行権」と定めた場合，調停当事者及び調停委員会が囲繞地通行権と通行地役権の相違について認識していたことに疑問がある事情や，両通行権の効力の差も考慮に入れて総合判断すると，囲繞地通行権が確認されたにすぎないと推認される（山口地判昭59・9・27判タ544号188頁）。

■不明確な承諾等が債権的通行権の成立と認められた事例
・　借地人同士でその一方の借地を他方の通路とする旨の合意が成立したとき，通路を必要とする借地から別の同人の借地を通って公道へ出ることができる場合，その合意は，当該土地を通行し，通行を妨げてはならないことを請求する債権的通行権の成立であることはともかく，囲繞地通行権の確認であるとはいえない（横浜地判昭48・9・17判タ304号226頁）。
・　数区画の借地人が公道へ出るために賃貸人所有の私道を通行し，私道所有者も通行を黙認していた事情のもとで，借地人にそれぞれの借地を売却し，その際の契約書の中の「私道については売買の対象外とし，他の借地人全員の売買が成立したときに，私道売渡の協議を行うものとし，それ

419

第1章　通行の確保と禁止

までは私道の通行に関しては地主として承諾する。」旨の特約は，私道が売渡されるまでの暫定的な通行を許諾するという債権的通行権の付与とみることができ，物権としての通行地役権の設定とまでは認められない（東京地判平2・4・24判時1366号60頁）。
・　囲繞地通行権に関し覚書が交わされ，存続期間や解約の定めが約定されたときでも，それは囲繞地通行権が期間の満了又は解約により消滅するとの約定ではなく，新たに当該道路についての無償の使用権の取得を認めたものであるといえる（大阪高判平5・4・27判時1467号51頁）。

■不明確な承諾等が好意的な事実上の通行にすぎないと認定された事例
・　通路に関し，「私方もあなたの方の土地を通行させてもらっているのであるから，あなたの方も私方の土地を通行することは結構です。」と述べた事実のみでは，他に適確な証拠がない限り，通行地役権の成立を認めることはできず，ただ単に債権的に通行権を認めたものであるかも知れずあるいはまた単に社交上または情誼上通行することを容認したにすぎないといえる（鳥取地判昭29・2・5判時24号11頁）。
・　通路に関し，「公路へ出るために自由に通れるところは通ってよい」と述べたことは，それだけで通行を許容する法的拘束力のある合意であるとはいえない（東京地判昭47・3・24判時678号62頁）。

■不明確な承諾等が第三者のための契約であるとされた事例
　　土地一部を建売業者に売却する際に，所有者が残地の専用通路部分と分譲地との境界上には門や柵などの構築物を造らない旨，当該通路における建売業者の人車の通行を認め，この承諾が第三者にも継承される旨の特約をしているときは，将来の建売住宅購入者を受益者とする第三者のための通行に関する契約が成立していると認められる（東京地判昭60・7・19判時1211号74頁）。

■不明確な地役権設定契約の内容に関する推定
　　要役地の賃借権者が地役権設定契約を締結したが，その内容が不明確であるときは，承役地たるべき土地について賃貸借契約又は使用貸借契約を締結したものと推定するのが相当である（東京地判昭45・9・8判タ257号238頁）。

第5　好意的な事実上の通行

Q175　他人所有地をその好意で通行している者は当該土地の通行部分の閉鎖に対して何らかの請求をすることができるか。

A　通路の閉鎖が権利濫用に当たらない限り，通行者は通行している土地の所有者に対して何らの請求もすることができない。

解説　私道所有者が好意的（道義的意味を含むものではなく，社交上あるいは隣人間や夫婦間等の寛容や情誼，友誼や恩意に基づくもの。『私道』37頁）に事実上の通行を許諾したり，黙認している場合は，いつでもその所有者において私道を廃止できるのであり，事実上の通行者はなんらかの通行権を取得しない限り，権利の濫用に該当する事例では別としても，法律上の権利を有しない以上，通路を閉鎖され，通行を禁止されてもやむを得ない。

無償で他人の土地を事実上通行していることが，好意的な事実上の通行であるのか，あるいは占有に伴う通行権や人格権，慣習上の通行権，時効・黙示の通行地役権又は通行使用借権等のなんらかの通行権をもってする通行であるのかは，具体的事例毎に判断される。

なお，好意的な事実上の通行は，通路部分の所有者に対する関係で不法行為や不当利得にはならない（『私道』37頁）。

【判　例】
■好意的な事実上の通行の原則

通行が継続的でないときは所有者もあまり迷惑でもないので近隣の交際や人情から黙認することが多いし，通路であることが外部から分からないときは所有者が知らないこともあり，知っているとしても同じ理由で黙認することが多いので，好意的黙認が通常であると考えられる（東京高判昭49・1・23東高民時報25巻1号7頁）。

421

第1章　通行の確保と禁止

■好意的な事実上の通行にすぎないと認定された事例
・　先代から何十年となく他人の土地を通行しているときでも，それが土地所有者が開設し維持管理している通路であるならば通行地役権の時効取得は成立せず，隣同志の間柄の好意上通行を認めているものにすぎない（新潟地柏崎支判昭28・7・23民集12巻2号273頁）。
・　通路に関し，「私方もあなたの方の土地を通行させてもらっているのであるから，あなたの方も私方の土地を通行することは結構です。」と述べた事実のみでは，他に適確な証拠がない限り，通行地役権の成立を認めることはできず，ただ単に債権的に通行権を認めたものであるかもしれず，あるいはまた単に社交上または情誼上通行することを容認したにすぎないといえる（鳥取地判昭29・2・5判時24号11頁）。
・　妻が囲繞地通行権を有している場合に，夫が公路へ通ずる地続きの別の土地を取得したことによって，妻が夫の土地を通行することができるようになっても，それは夫婦関係に基づく事実上の自由であるにすぎない（東京地判昭30・9・12下民6巻9号1967頁）。
・　通路の通行に関しては何らの取り決めもなく，自身がその通路を利用する必要もないのに，他の者の通行に対していちいち異議を述べることは，近隣の情誼に反し，自身に黙示の同意があったとは認められない（東京地判昭30・9・21下民6巻9号2040頁）。
・　他人の空地を無断で便所の汲取りのために通行利用しているときでも，その通行が不表現，不継続の極めて短い時間の土地使用である場合は，その土地を占有しているとはいえず，通行を禁止しなかったとしても，それは空地所有者の寛容によってしいて立入を禁止しなかったものと解される（東京高判昭30・11・25東高民時報6巻12号282頁）。
・　土地の時価に鑑み通常なら高額の通行料を請求しても不思議でない状況で，一切の通行料をとっていなかったときは，土地所有者が第三者の通行を黙認していたとしても，使用貸借契約や占有権が成立したとはいえない（東京地判昭41・7・29判時461号46頁）。
・　私道所有者が，必要があるときは通路を明け渡してくれと，度々通行

第5　好意的な事実上の通行

者に対して申し入れていた事情のもとでは、通行者がそのまま通行を続けていたとしても、それは事実上の通行を認容していたにすぎない（東京高判昭41・10・14東高民時報17巻10号229頁）。

・　通路に関し、「公路へ出るために自由に通れるところは通ってよい」と述べたことは、それだけで通行を許容する法的拘束力のある合意であるとはいえない（東京地判昭47・3・24判時678号62頁）。

・　付近の住民が50年以上土地を通行していることのみをもって、土地所有者が異議を述べないで黙認していたとしても、住民に契約、時効取得による通行地役権、慣行通行権、占有権等による通行権が成立していたとはいえず、その通行は、法律上の権限なく通路として土地を通行している好意通行にすぎない（東京高判昭49・1・23東高民時報25巻1号7頁）。

・　元々同一所有に属する数区画の賃借地間を賃借人が通行していたときに、その区画の一つを特に現状のままで売却する旨の特約で賃借人が買い受けた場合でも、現状のままとは公簿上の面積で売却する意味であり、通路の開設がなく、契約書がなく償金も定められておらず、通行が必ずしも必須でないという事情では、空地状の部分を便宜上通行していたにすぎないといえる（札幌地判昭50・12・23判タ336号303頁）。

・　旧市街地建築物法に基づく建築線指定承諾書に承諾の記載をしたことは、特段の事情がない限り、通行地役権が設定された資料とはならず、当事者間で一般的に通行を情誼上容認する旨の合意をしたことにすぎない（東京地判昭55・2・18判時977号80頁）。

・　無償囲繞地通行権が成立しているにもかかわらず、別の囲繞地を通行していることは、単なる好意に基づくものにほかならず、その通行部分を閉鎖されたとしても、無償囲繞地通行権の成立している場所のみを通行できるにすぎない（東京地判昭56・4・20判タ464号121頁）。

・　単に隣接する建物相互間の路地を、両土地の所有者及び借地人がそれぞれ公道に出るために自然の通路として相互に事実上使用しているときは、その通行は好意的な事実上の通行とみることができるにすぎない（東京地判昭56・6・29判時1019号85頁）。

第3編　日常生活と道路通行

第1章　通行の確保と禁止

- 袋地が公道の開設によって袋地でなくなったときは，囲繞地通行権は消滅するので，それ以後，元の囲繞地通行権に基づく通路を通行していたとしても，特段の通行の合意がない限り，社交的，恩恵的に許された通行であるといえる（大阪地決昭58・5・26判タ503号100頁）。
- 通路を公道へ出るために通行していたときに，通路所有者が事実上通行者の通行を黙認していることのみをもって，法的通行受任義務を負担することになる黙示的通行地役権や通行使用借権が成立したと認めることは困難である（札幌高判昭58・6・14判タ508号114頁）。
- 里道の両側にある空地につき，農耕用通路として通行している者がある場合でも，当該土地所有者が特に苦情を言わず，控えめに耕作していただけでは，事実上の通行であるにすぎないと認められる（京都地判昭58・7・7判タ517号188頁）。
- 借家契約に付随する賃貸人所有地を通行する権利について認められる最低限度の部分以外の借家人の通行に関しては，事実上の通行関係にあたる（東京高判昭59・4・10東高民時報35巻4・5号60頁）。
- 分譲地内の通路につき相互交錯型の通行地役権が成立した後，その一部の者を除いて通路の一部をずらす旨の協定ができても，協定に参加しなかった者は，旧通路部分の全部について通行地役権を主張することができるが，新通路部分については，事実上通行することを容認されていたにすぎない（京都地判昭60・9・24判時1173号106頁）。
- 半分ずつ所有する形態の通路を，40年間通行していることをもって，直ちにその一方に，契約及び時効取得に基づく通行地役権等は認められるとはいえない（浦和地判昭63・9・9判タ695号211頁）。

■好意的な事実上の通行と囲繞地通行権の関係

　通路における通行が，通路所有者が与えた寛容なる恩恵とのみは言い切れないときは，それは囲繞地通行権であることを妨げられない場合もあり得る（東京地判昭32・12・20下民8巻12号2386頁）。

■好意的な事実上の通行に伴う通行料請求の適否

- 分譲地内の私道について，付近の住民の共通の生活道路として何人も

424

　　　　　　　　　　　　　　　　　　　第5　好意的な事実上の通行

無償の通行容認し合ってきた場合は，その私道の共有者の一人が，他の住民に対して通行料を請求することは，権利の濫用に当たる（仙台高判昭61・10・29判タ625号174頁）。

・　借地人が賃貸人所有地を通行せずに隣接する第三者の土地を通行し，その第三者が通行を容認しているとしても，通行料の支払がなく，賃貸人の通行受任義務が存続している状況のもとでは，その第三者は隣人としての好意から通行を承認していたものと認められる（東京地判昭62・5・27判時1269号89頁）。

第2章 私道の形態

Q176 沿道宅地所有者の共有となっている私道について共有物分割を請求することができるか。

A 共有物分割を請求することはできるが、分割によって、直ちに通行関係が分割されることにはならないだろう。

解説 通路を沿道地所有者がそれぞれ所有することによってお互いの通行を確保する方法として、共同私道と、共有私道という方法とがあり、さらに双方の性質を合わせ持つ方法も考えられる。

共同私道とは、通路を部分部分に分筆し、それぞれの部分を各沿道地所有者が単独所有する形態の私道をいい、通路を中央線で二つに分け、それぞれをこれに接する沿道地所有者が単独所有する縦割型共同私道と、通路部分の土地がぶつ切りに分けられ、沿道地所有者がその所有地の位置とは無関係に単独所有する横割型共同私道とがある。

共同私道については、その共有者全員が共同で管理する旨の協定を締結し、通路内に物件を置かないとか、駐車を禁止するとか等を取り決めて、お互いに通行を確保することができる。ただ、登記の方法がないので、第三者に対抗することはできない。

共同私道では通路のそれぞれの部分が各単独所有になっているので、前記共同私道管理の取り決めがない限り、あるいは通行地役権等に関して相互に明確に契約しない限り、自己所有部分以外は通行できないのが民法上の原則ではある。しかし、分譲地においては通路部分について黙示的通行地役権が認められる場合があり、また互いに通路部分の土地を提供した場合も同様に相互に通行地役権を設定したものと解釈できるので、通路開設時の沿道地所有者だけでなく、地役権の随伴性によって沿道地所有者に変動があっても通

路の前面について通行することができる。無論，明確に通行地役権設定契約を取り交わし，その旨登記をしておく方がよいことはいうまでもない。

共有私道とは，通路を沿道地所有者が共有する形態の私道をいい，通路全体を沿道地所有者全員の共有とする方法と，通路を横割にそれぞれ両対面の土地所有者が共有する方法とがあり，後者は共同私道と共有私道の性質を合わせ持つものといえる。共有地を共有者が他の共有者の承諾なしに通行することができることはもちろんであり，その管理は共有者の過半数の同意が必要であり，処分，廃止は全員の同意が必要となる。それ故，通行地役権等や共同私道管理のことは各別とすると，前者の共有私道の方が後者のそれよりも永続的安定的な通行が確保され得る。

共有物については，各共有者はいつでもその分割の請求をすることができるのであるが，共有私道についてはそれが共有者全員の通行に供されていることから，私道の物理的意味での分割の可否と通行関係に分割が生じるか否かが問題となる。ただ，仮に共有私道の現物分割が認められた場合でも，通行利用関係が分割されることにつながるわけではない。

【共同私道の例】

C所有			D所有
B所有	C所有	D所有	E所有
	B所有	E所有	
A所有	A所有	F所有	F所有

【共有私道の例】

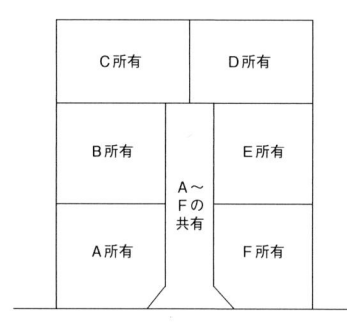

C所有		D所有
B所有	A〜Fの共有	E所有
A所有		F所有

【判　例】
■私道の共有物分割と通行関係
　共有私道が現物分割されたときでも，直ちに通行利用関係の分割につな

がるものではない（最大判昭62・4・22民集41巻3号408頁）。

■共有私道における通行地役権の潜在性
　沿接地の所有者が共有する通路について，共有地を互いに通路として利用する旨の合意がある場合には，特段の事情のない限り，その共有物分割後それぞれの所有地につき互いに通行地役権を成立させるとする合意もあったものと認められる（東京高判平4・12・10判時1450号81頁）。

■私道の共有物分割を否定した事例
　共有の私道については，共有者の共同の目的で共有関係が形成され，共有者間で共有物分割が予定されていないことが外形上明らかである事情のもと，共有関係が設定された共同の目的，機能が失われない間は，他の共有者の意に反して共有物分割を求めることはできない（横浜地判昭62・6・19判時1253号96頁）。

■私道の共有物分割の対抗力と分割を肯定した事例
　・　共有私道について，共有者間において互いに通路として使用する旨の合意が成立している場合は，共有物不分割の合意が成立しているといえるが，共有物不分割の特約が登記されてなければ，共有者の特定承継人に対してはその旨対抗することができず，分割請求を認めることもやむを得ない（東京地判平3・10・25判時1432号84頁）。
　・　道路位置指定を受けた共有私道については，所有者に変動が生じても建築基準法による規制を受けていることに影響はないのであるから，現物分割による共有物分割請求をすることができる（東京地判平4・2・28判時1442号116頁）。

第2章　私道の形態

Q177 沿道宅地所有者の共有の土地を互いの通路として利用する趣旨の合意には互いに通行地役権が発生する旨の合意は含まれないか。

A 共有物分割後，各単独所有となった通路の部分に，互いに通行地役権が発生するとの合意も含まれていると考えられる。

解説　要役地の共有持分のため，又は，承役地の共有持分の上に地役権を設定することはできないが，ただ，要役地が共有され，その共有者の一人が承役地を所有している場合，また，承役地が共有され，その共有者の一人が要役地を所有している場合は，いずれの場合にも，地役権を設定することができる。

通路である承役地が共有され，当該承役地全体に地役権が設定されているが，その共有持分の一つに地役権に優先し対抗し得る抵当権が設定されている場合，抵当権が実行されその共有持分が競売されたときは，当該地役権はその持分上だけでなく，承役地全体について消滅することになるので注意を要する。

要役地が共有である場合に，その共有者の一人だけが地役権設定契約をすることはできず，その旨の登記も請求することはできないが，要役地（共有者全体にとって）のために通行地役権が成立しているときは，要役地の共有者の一人が保存行為として要役地のために通行地役権設定登記を請求することができる。

また，沿道宅地所有者の共有地を互いの通路として利用する合意には，将来，共有物分割をしたときに互いに通行地役権が発生する旨の合意も含まれると考えられる。

【判　例】
■共有私道における将来の分割部分に対する通行地役権発生の合意の含有性
　共有地を互いの通路として利用する趣旨の合意は，将来の分割の際にそ

れぞれに帰属する通路部分の土地に，互いに通行地役権が発生する旨の合意を含む（東京高判平4・12・10判時1450号81頁）。
■要役地の共有者の一人による地役権設定登記請求の可否
・　要役地が共同相続された場合，各相続人は保存行為として，単独で要役地のため通行地役権設定登記を求めることができる（大阪高判昭53・12・13ジュリ694号7頁・3頁）。
・　要役地が共有されている場合，共有者の一人は自己の持分のためにのみの通行地役権設定登記を求めることはできない（大阪高判平2・6・26判タ736号183頁）。
■共有者の一人の締結した地役権設定契約の有効性
　共有者全員の同意がない限り，共有者の一人のみが締結した地役権設定契約は，その共有者も含んで全面的に無効である（東京地判昭48・8・16判タ301号217頁）。

Q178　私道について沿道宅地所有者に何らかの通行権が認められる場合は登記までする必要はないか。

A　できるだけ，共有持分や，通行地役権を登記しておく方が望ましい。

解説　分譲地内の道路が分譲業者の所有になっている場合に，その道路が公道でもなく，道路位置指定等も受けていなければ，分譲業者の倒産等よって通行に支障を生ずるおそれがある。このような場合でも，分譲地の購入者に無償囲繞地通行権や，黙示的な通行地役権が認められ得るが，その範囲や通行方法等が明確でない事情のもとでは，また特に通行地役権では登記をしていなければ，当該道路部分の所有権を取得し登記を受けた

第2章　私道の形態

第三者に対抗できなくなるおそれがあるので，道路敷地が第三者に譲渡される前にできるだけ早く，所有権の一部を譲り受け共有の登記をするか，地役権設定登記をしておく必要があり，地主が応じなければ，仮登記仮処分や判決によって地役権設定登記を単独申請することも考えられる。

【判　例】
■分譲地内通路の囲繞地通行権と黙示的通行権の併存の可能性
　分譲の際に囲繞地通行権により通行することができる通路部分の上においても，黙示的に通行地役権が発生し得る（福島地判昭40・1・28下民16巻1号147頁）。

Q179　私道を公道にすることはできるか。

A　自治体の要件に該当する場合には，私道を自治体に寄付し，私道の公道編入をすることができる場合もあるが，要件は厳しいことが多い。

解説　分譲地内の道路が開発道路や指定道路等であり，あるいは固定資産税が非課税となっていたり，登記上の地目が公衆用道路になっているときで裁判上は通行が認められる場合であっても，関係者に働きかけ，当該私道を寄付し，市町村特別区道への編入手続をとることが通行や管理の面でより確実であることはいうまでもなく，公道の認定基準に満たない場合でも，寄附により市町村特別区有通路として公費で維持管理を任せる方法も考えられる（自治体によって要件は異なり，簡単に寄付が受け付けられるとは限らない。）。

私道の公道編入については，各市町村に若干の差があるが，おおむね「幅員が4メートル以上で，幅が一定しているもの」，「原則として両端が，公道

431

第2章　私道の形態

に接していること（ただし，一方が公共用施設に通じている場合でもよいが，一方が単純な袋地に接している場合は不可。）」，「極端な屈曲・変形道路でないこと（ただし，有効なすみきりがある場合は可。）」，「道路上に障害物等道路交通の支障となるものがないこと」，「急勾配・階段道路でないこと」，「道路構造令に基づく道路築造が可能であること」，「無償で市町村に所有権を移転すること」，「抵当権，賃借権等の制限がないこと」，「権利関係について係争がなく，不法占拠者がいないこと」のような基準に拠っていることが多く（沢井裕ほか『道路・隣地通行の法律紛争』（有斐閣，1989）33頁），さらに，「道路両側に側溝を設けること」，「原則として舗装すること」，「道路と宅地との境界を明確にしておくこと」，「交通安全対策施設を設置する必要があると認められるものについてはそれを設置すること」，「道路占有物件等については道路占有規則に従うこと」，「縦断勾配は10％以下とすること」，「平面交差については隅切をとること」を要件とする市町村もある（『私道』679頁）。

Column 7
道と地縁団体

　コラム4では，昔からの地域の道が当該地域の代表者の名義，あるいは地域住民の共有の名義で登記され，そのまま現在に至っているものがあり，何等か登記手続をしようと思うときは，旧民法を適用して処理する場合が多いことを述べた。

　しかし，このような場合には，その相続人の数が膨大になり，あるいはその所在が不明である者もあり，結局，登記に至らない場合も少なくない。その他，個人名義ではなく，大字名などの地域名で登記されていることもあり，いわゆる困難登記事例に陥ってしまうことも少なくない。

　困難登記事例にあっては地縁団体の認可を受けて，その名義に登記することによって解決を図ることができる場合もある。

認可地縁団体とは，町又は字の区域その他市町村内の一定の区域に住所を有する者の地縁に基づいて形成された団体（町内会，自治会等）で，地域的な共同活動のための不動産又は不動産に関する権利等を保有するため，市町村長の認可を受けたものをいい（地自260条の2），法人格を有し，登記名義人となることができる。
　これが，今次の地方自治法の改正（平成27年4月1日施行）によって，認可地縁団体名義へ所有権の登記をすることが，一定の場合これまでより容易に行うことができるようになった。
　すなわち，認可地縁団体が所有する不動産であって表題部所有者又は所有権の登記名義人の全てが当該認可地縁団体の構成員又はかつて当該認可地縁団体の構成員であった者であるもの（当該認可地縁団体によって，10年以上所有の意思をもって平穏かつ公然と占有されているものに限る。）について，当該不動産の表題部所有者若しくは所有権の登記名義人又はこれらの相続人（登記関係者）の全部又は一部の所在が知れない場合において，当該認可地縁団体が当該認可地縁団体を登記名義人とする当該不動産の所有権の保存又は移転の登記をするため，当該認可地縁団体は，総務省令で定めるところにより，当該不動産に係る公告を求める旨を市町村長に申請することができ，これに係る公告に登記関係者等が一定の期間内に異議を述べなかったときは，その不動産の所有権の保存又は移転の登記をすることについて当該公告に係る登記関係者の承諾があったものとみなされることになる（地自260条の38）。
　この結果，市町村長が公告をしたこと及び登記関係者等が異議を述べなかったことを証する情報を提供することにより，不動産登記法第74条第1項の規定（所有権保存登記）にかかわらず，当該不動産の所有権の保存の登記を申請することができ，また，不動産登記法第60条の規定（共同申請）にかかわらず，当該不動産の所有権の移転の登記を申請することができることになる（地自260条の39）。

第3章　駐車問題

第3章　駐車問題

Q 180　通路において自動車による通行地役権を有する者は当該通路の一部を駐車場とすることができるか。

A　通行地役権者が通路において，停車は格別，駐車したり，ましてや駐車場（車両保管場所）とすることは許されない。

解説　車両が停止している状態には，駐車，停車，保管及び放置が考えられる。

駐車とは，車両等が客待ち，荷待ち，貨物の積卸し，故障その他の理由により継続的に停止すること（貨物の積卸しのための停止で5分を超えない時間内のもの及び人の乗降のための停止を除く。），又は車両等が停止し，かつ，当該車両等の運転をする者がその車両等を離れて直ちに運転することができない状態にあることをいい（道交2条1項18号），停車とは，車両等が停止することで駐車以外のものをいう（道交2条1項19号）。

車両は，道路標識等により駐車が禁止されている道路の部分及び人の乗降，貨物の積卸し，駐車又は自動車の格納若しくは修理のため道路外に設けられた施設又は場所の道路に接する自動車用の出入口から3メートル以内の部分，道路工事が行われている場合における当該工事区域の側端から5メートル以内の部分，消防用機械器具の置場若しくは消防用防火水槽の側端又はこれらの道路に接する出入口から5メートル以内の部分，消火栓，指定消防水利の標識が設けられている位置又は消防用防火水槽の吸水口若しくは吸管投入孔から5メートル以内の部分，火災報知機から1メートル以内の部分においては，原則として駐車してはならず（道交45条），さらに，道路標識により停車及び駐車が禁止されている道路の部分及び交差点，横断歩道，自転車横断帯，踏切，軌道敷内，坂の頂上付近，勾配の急な坂又はトンネル，交差点の側端

第3章 駐車問題

又は道路の曲り角から5メートル以内の部分，横断歩道又は自転車横断帯の前後の側端からそれぞれ前後に5メートル以内の部分，安全地帯が設けられている道路の当該安全地帯の左側の部分及び当該部分の前後の側端からそれぞれ前後に10メートル以内の部分，乗合自動車の停留所又はトロリーバス若しくは路面電車の停留場を表示する標示柱又は標示板が設けられている位置から10メートル以内の部分（当該停留所又は停留場に係る運行系統に属する乗合自動車，トロリーバス又は路面電車の運行時間中に限る。），踏切の前後の側端からそれぞれ前後に10メートル以内の部分においては，原則として駐車だけでなく，停車もしてはならない（道交44条）。時間を限って同一の車両が引き続き駐車することができる道路の区間である時間制限駐車区間が，道路標識等によって指定され，パーキング・メーター又はパーキング・チケットで管理されることもある（道交49条）。

駐車，停車が禁止されていない道路の部分に駐停車する場合であっても，道路標識により駐停車方法が指定されているとき又は路側帯があるときを除いて，(停車の場合はできるだけ)道路の左側端に沿って，他の交通の妨害とならないようにしなければならない（道交47条・48条）。

違法停車，駐車に対しては，警察官は停車，駐車方法の変更や移動を命じることができ，違法駐車の場合に現場に運転者がいないときは，直ちに移動すべき旨の標章を車両に取り付けることができ，さらに，道路交通の危険を防止するため又は交通の円滑を図るため必要な限度において道路上50メートル以内で車両を移動することができ，50メートル以内に適当な場所がない場合は，駐車場，空地等に移動させ，保管される。保管の旨を公示し，公示から3か月以内に返還できないときは，警察署長は当該車両を売却することができる（道交50条の2，51条）。また，区間によっては，違法駐車車両に車輪止装置が取り付けられることもある（道交51条の2）。

道路交通法上の道路と認められる場所（Q83）については，公道はもとより一般交通の用に供されている場所であれば，私有地においてであっても，以上のような道路交通法の駐停車禁止規定が適用され取締りの対象となる。私道では私道所有者以外の者は通行することができないのが原則であるか

第3章　駐車問題

ら，無権原の他人が自動車を通行させることはもとより，駐車，停車，保管，放置することが民事上違法になることは当然であるが，道路交通法による取締りの問題は格別として，他人が通行権をもって自動車で通行することできる私道の場合にはそれぞれの行為が通行の一態様として認められるかが問題となる。特約がない場合でも停車は当然に許されるが，反対に，特約がない限り通行権者が，私道を自動車の保管場所とすることは許されないと考えられ（『私道』576頁），私道に自動車を放置することも，到底許されない。

駐車の場合は，その時間の長短，必要性，地域性，地形や幅員，社会状況等を総合的に判断して，違法性を判断することになる。また，指定道路において自動車通行を許容しなければならない場合であっても，居住の安寧，交通事故の防止等道路の性質を害しない程度において，私道所有者が管理権を行使できるので，第三者の駐車禁止や団地居住者の自家用自動車以外の駐車禁止の措置をとり，外部の者に対して標識や杭等により表示することができる。

いずれにせよ，保管や放置，許容範囲を超える駐車は違法な妨害となり，民事上の排除請求の対象となる。権原をもっていて通行する者がある以上，私道所有者による保管，放置，許容範囲を超える駐車も妨害となることがある。

【判　例】
■法定通路について駐車を認めなかった事例
　　幅員2.67メートルの法定通路において小型自動車による囲繞地通行権が認められる場合，その停車は許されるが，道路交通法上の駐車は許されない（東京高判昭50・1・29高民28巻1号1頁）。
■2項道路について制限的に駐車を認めた事例
　　幅員約2メートル（最狭部分は自動車通行不可。）の2項道路について，従前から沿道住民が自家用自動車を2台程度駐車させ，頻繁とはいえない程度で運行させている事情のもと，通行地役権を有する者も3台以上の車両を駐車することは許されない（東京地判平2・10・29判タ744号117頁）。

■賃借人の共同の通路について駐車を認めなかった事例
　同一の土地を通路として賃借している者の一人が，自己の自動車を当該通路に日夜駐車させることは，他の賃借人に対する妨害となり許されない（東京地判昭63・2・26判時1291号75頁）。

■通行地役権の通路について駐車を認めなかった事例
　・　戦前から，道路に接した土地の居住者や周辺住民の日常の通行の用に供されており，現在も日常の通行や散歩に主として利用されている道路について，幅員が狭く，両側に塀の続く部分も多いため通行者に危険であるとともに，通行の著しい妨げになることがあっても，自動車の一般化に伴い自動車を所有して通行するものもあるなか，居住者は1台を各々の敷地内に駐車させ，家庭生活の必要上自動車を使用し，営業用自動車を当該道路に面した敷地に駐車させる者はなく，自車，他車を問わず営業のために自動車で通行することは重い荷物の場合等ごく例外に過ぎず，当該道路に停車して荷物の上げ下ろしをするのは通行妨害になるとしてできるだけ避けようとしており，また外部の自動車の出入りは，道幅が狭いうえ通り抜けが不可能なこともあってほとんどないような事情のもと，当該道路沿接地所有者等が自動車をもって通行する態様，方法として，1住宅あたり1台の自動車を家庭生活の用に供する程度の頻度で通行することが当該道路における通行地役権の内容といえても，その保有する自動車は各々の敷地内に駐車させなければならない（東京高判平4・11・25判夕863号199頁）。

　・　宅地分譲の際，分譲業者と宅地の分譲を受けた者との間の合意に基づいて自動車による通行を目的とする通行地役権が設定された指定道路においては，残余の幅員があっても，地役権者は，道路に車両を恒常的に駐車させている者に対し，車両の通行を妨害することの禁止を求めることができる（最三小判平17・3・29裁判集民216号421頁）。

■賃貸借に付随する通行権の通路について駐車を制限した事例
　アパートの賃貸借に付随する通行権の通路については，他のアパート居住者の使用にできるだけ支障を生じないような位置，状態で駐車するべきである（東京地判昭51・5・27判時844号48頁）。

第3章　駐車問題

■共有の通路について放置を認めなかった事例
　通路の共有者の一人が，通路に自動車等を放置して他方の通行を妨害することは，持分権に応じた使用の範囲を超えたものといえ，許されない（横浜地判平 3・9・12判タ778号214頁）。

■2項道路について保管を認めなかった事例
　幅9尺の2項道路を，自己の自動車の駐車場として専用することは許されない（東京地判昭57・1・29下民33巻1～4号69頁）。

■私道所有者による保管を認めなかった事例
　通行使用借権の目的たる私道を，当該私道を自己の自動車の保管場所とし，使用借権者の通行を妨害することは違法である（札幌地判昭44・8・28下民20巻7・8号618頁）。

■マンション駐車場の専用使用権の帰属
　・　マンション駐車場の専用使用権は区分所有者に帰属し，マンション分譲の際に，分譲業者と購入者との間で，業者が専用使用権を設定して対価を取得することについての有効な合意がない以上，業者の取得した対価は不当利得にあたる（福岡高判平8・4・25民集50巻5号1221頁）。
　・　マンション分譲業者がマンション分譲にともない，マンション敷地の一部に駐車場を設け，マンション購入者にその駐車場の専用使用権を分譲した場合，分譲業者が営利目的をもって自己の利益のために専用使用権を分譲したものであり，専用使用権の分譲を受けた区分所有者も同様の認識を有していたと認められる場合，業者の取得した対価が不当利得にあたるとはいえない（最一小決平10・10・22民集52巻7号1555頁）。

■マンションの駐車場の必要性と分譲業者の説明義務の有無
　マンションの売買においては生活手段としての乗用車の重要性から，売主たる分譲業者には駐車場の存否につき買主に説明する義務があり，それを怠って分譲し，結果，駐車場がないため，駐車場があると信じて購入した買主が他からの駐車場の賃借を余儀なくされた場合は，分譲業者は過失による損害賠償責任を負う（横浜地判平9・4・23判時1629号103頁）。

第3章　駐車問題

■指定車両移動保管機構による負担金納入通知の行政処分性

　道路交通法所定の指定車両移動保管機構による違法駐車者に対する移動，保管費用の納入通知は，負担金の納付の時期，場所を知らせるだけの事実上の行為にすぎず，行政処分性はなく，違反者はその取消訴訟を提起することはできない（東京地判平8・3・27・判夕940号162頁）。

第4章 借地借家と通行権

Q181 通行についての合意がない借地借家契約では賃借人は賃貸人所有地を通行することができないか。

A 賃借人には通行に必要な範囲で，賃貸借契約の目的を達成するため，賃貸人所有地を通行することができる場合がある。

解説 借地人，借家人は通行に必要な範囲で，各種の通行権や賃貸人通行権の代位行使が認められる場合もあり，また特別の通行権を持たなくても，賃貸人は，契約の目的を達成するため，賃貸人所有地を通行させる契約上の義務を負担している。

借地契約に付随する通行権については，賃貸人は，借地上の建物の建築，利用のために必要な幅員の通路を認めなければならない（沢井裕ほか『道路・隣地通行の法律紛争』（有斐閣，1989）153頁）。

【判　例】
■借地契約に付随する通行権の成否
・　袋地の賃貸人は，袋地の賃借人が公道へ出るため，袋地及び公道に接した自己所有地の中で通行に必要な合理的範囲について借地契約上の義務として，袋地賃借人の通行を受忍しなければならない（新潟地決昭44・1・27・判タ234号227頁）。
・　公路に接しない土地の借地人は，特約が存しない場合でも，賃貸人の所有する公路に通じる私道を，賃貸借契約の内容として通行することができる。この場合，借地人は囲繞地通行権を有さない（最一小判昭44・11・13裁判集民97号259頁）。
・　公道に面する1筆の土地の所有者がその土地の公道に面しない部分を賃貸し，残余地を自ら使用している場合に，残余地の通行に関して格段の

第4章　借地借家と通行権

合意をしなかったときでも，その賃借人に対して当該賃貸借契約の目的に応じて残余地を通行させる義務を負う（東京地判平6・1・20判夕870号186頁）。
■第三者土地での賃借人の通行権の有無と借地契約に付随する通行権の関係
　・　公道に面する1筆の土地の所有者がその土地の公道に面しない部分を賃貸し，残余地を自ら使用している場合，賃借人が第三者の土地を好意的に通行し公道へ出ることができる場合でも，賃貸人が賃借人に残余地を通行させなければならない義務は存続している（東京地判昭62・5・27判時1269号89頁）。
　・　公道に面する1筆の土地の所有者がその土地の公道に面しない部分を賃貸し，残余地を自ら使用している場合でも，賃借人が第三者の土地に囲繞地通行権を有し公道へ出ることが確保されているときは，賃借人がその残余地を通行することは認められない（東京高判昭63・6・29東高民時報39巻5〜8号35頁）。
■借家契約に付随する通行権・使用権の成否
　・　借家人は，その建物の敷地内に，仮設物置及び家庭菜園を設置することが許される（大阪地判昭30・5・2下民6巻5号875頁）。
　・　借家人は，その建物の敷地内の既存の井戸，便所等を使用することができる（東京地判昭32・11・20下民8巻11号2144頁）。
　・　建物の2階部分を賃借した者は，玄関及び階段を使用する権利を有する（最二小判昭33・3・28裁判集民30号1107頁）。
　・　契約に基づき利用していた台所，便所へ向かうための廊下において通行を妨害されたときは，その排除を求めることができる（東京地判昭35・1・28新聞149号13頁）。
　・　借家人は，その建物の敷地内に，容易に撤去することができる作業場を建築することが許される（最一小判昭46・7・1裁判集民103号335頁）。
　・　借家部分に便所がない場合，特約がない場合でも，賃貸人の所有する便所を利用するため，その敷地内を通行することができる（大阪地判昭58・9・27判夕517号173頁）。
　・　建物の賃借人は，当該建物の使用のために最低限必要な敷地を利用す

441

第4章　借地借家と通行権

る権利を有し，賃貸人は使用させる義務を負う（東京高判昭59・4・10東高民時報35巻4・5号60頁）。

■賃貸人による通行妨害と代位行使及び付随する通行権の関係
　土地又は建物の賃借人が，隣接する賃貸人所有地又は賃貸人の賃借地を通り，さらにその土地を要役地とする通行地役権の存する承役地を通行して公道へ出ていたときに，賃貸人によって通行を妨害された場合，賃借人は通行地役権の代位行使を主張することはできないが，当該通行地役権と同一内容の賃借権に付随する通行権又は賃貸人の有する土地賃貸借契約に付随する通行権を主張することができる（東京高判平4・11・25判タ863号199頁）。

■自動車通行制限の可否
　借地契約に付随する通行権に基づく数名の借地人の共同通路について，賃貸人がみだりに通路の使用を妨げたり制限したりすることはできないが，自動車通行が頻繁になると他の借地人の通行の妨害あるいは身体の危険をもたらすと当然に考えられる場合は，自動車による通行を阻止又は制限することができる（東京地判昭42・3・23判タ208号183頁）。

■付随する通行権の通路上における駐車による契約解除の可否
　アパートの賃貸借に付随する通行権の通路については，他のアパート居住者の使用に支障を生じない範囲で多少の駐車が認められるものであり，一賃借人が通路を排他的に使用し得べきものとして何らの配慮もなく駐車し，継続して出入口付近に資材等を積み上げた行為は，信頼関係の破壊といえ，賃貸借契約を解除するに足りる債務不履行ということができる（東京地判昭51・5・27判時844号48頁）。

■共同通行賃借権者間の妨害（駐車）排除請求
　同一の土地を通路として賃借している者の一人が，自己の自動車を当該通路に日夜駐車させることは，他の賃借人に対する妨害となり許されず，当該共同通路の他の賃借人は，賃借権に基づいてその妨害する賃借人に対して妨害排除を請求することができる（東京地判昭63・2・26判時1291号75頁）。

第4章　借地借家と通行権

Q182　他人所有の通路を通行目的で賃借する契約には借地借家法は適用されないか。

A　建物の利用に必要不可欠な通路の賃貸借契約であれば，借地借家法の借地法の適用を受ける場合がある。

解説　借地借家法の適用を受ける借地権とは，建物の所有を目的とする地上権又は土地の賃借権をいうため（借地借家法2条1号），通路のみを目的とする賃借権は借地借家法の適用はない。

しかし，専ら通路を目的とする賃貸借契約であっても建物利用上必要不可欠である，あるいは通路には独立した価値がなく，宅地の従たる地位にあるような事情がある場合には，借地借家法が適用される場合もある。

【判　例】
■賃貸借契約の借地借家法適用の受否
・　当該建物の全部又は一部がその借地に基礎を置いているわけではないが，隣接地の建物を利用するために他の土地を借地し，一体として使用するような賃貸借契約は，借地法の適用がある（大阪地判昭26・6・26判タ16号57頁）。
・　専ら通路を目的とする賃貸借契約であっても，建物利用上必要不可欠であれば，借地法の適用を受ける（東京地決昭44・4・14下民20巻3・4号213頁）。
・　ゴルフ練習場として使用する目的で契約された賃貸借について，当初からその経営に必要な事務所用等の建物を築造することが予定されていたとしても，それが土地使用の従たる目的にすぎないときは，借地法の適用は受けない（最一小判昭46・7・1裁判集民103号335頁）。
・　建物の敷地から公道に通じる唯一の国有の通路について，近隣居住者の通行を阻止しないこと，通路上に通行を阻止するような物を構築しない旨の制限付き賃貸借契約が結ばれ，通行者にとっては隣接地が生活の本拠

第3編　日常生活と道路通行

443

であり，国もその旨知悉していたと推認されるときでも，借地法の適用はないので，当該賃貸借契約は期間満了によって消滅する（東京高判昭57・6・10訟月29巻1号36頁）。

・　専ら賃借宅地の利用に必要な通路について，それが宅地にとっての従たる地位にあり，通路部分独自では利用価値がなく，地形的にも宅地の一部となるべき土地であるときは，その通路の賃貸借契約は，借地法の適用を受ける（名古屋高判昭59・4・16判タ530号164頁）。

■更新拒絶の正当事由該当性

借地人が通行権を行使することは，土地賃貸借契約の更新拒絶の正当事由にはあたらない（東京地判昭62・5・27判時1269号89頁）。

■道路買収に伴う建物賃貸借解約申し入れの可否

事務所・店舗を賃貸している者が，その建物敷地が都の道路拡幅により買収されることとなったため，解約を申し入れる場合，道路拡幅計画も徐々に進行し，遠からず買収が行われる予定である中，賃借人にとって当該建物が営業上重要であり，代替建物が容易に見つからないとしても，金銭的な保証で解決することが可能であることを考慮すると，借家権価格と営業補償額に相当する立退料を提供することによって，正当事由が具備されると認められる（東京地判平9・11・7判タ981号278頁）。

第5章 導管等（ライフライン）設置権

Q 183 他人の土地に通行権を有する者は上下水道管も設置することができるのか。

A ライフラインの設置が認められる場合もある。

解説 通行権に類似の権利として，上水道管，下水道管，ガス管，電線，電話線，排水施設等（ライフライン）の導管等設置権が認められるか否かは，具体的事例により判断されることになる。

囲繞地通行権にともなって導管等を設置する場合には，償金（利用料）支払義務が類推適用されるべきである（『私道』174頁）。

関連する主な法律には，次のものがある。

◎ 民法
（自然水流に対する妨害の禁止）
第214条　土地の所有者は，隣地から水が自然に流れて来るのを妨げてはならない。

（水流の障害の除去）
第215条　水流が天災その他避けることのできない事変により低地において閉塞したときは，高地の所有者は，自己の費用で，水流の障害を除去するため必要な工事をすることができる。

（水流に関する工作物の修繕等）
第216条　他の土地に貯水，排水又は引水のために設けられた工作物の破壊又は閉塞により，自己の土地に損害が及び，又は及ぶおそれがある場合には，その土地の所有者は，当該他の土地の所有者に，工作物の修繕若しくは障害

第5章　導管等（ライフライン）設置権

の除去をさせ，又は必要があるときは予防工事をさせることができる。
（費用の負担についての慣習）
第217条　前二条の場合において，費用の負担について別段の慣習があるときは，その慣習に従う。
（雨水を隣地に注ぐ工作物の設置の禁止）
第218条　土地の所有者は，直接に雨水を隣地に注ぐ構造の屋根その他の工作物を設けてはならない。
（水流の変更）
第219条　溝，堀その他の水流地の所有者は，対岸の土地が他人の所有に属するときは，その水路又は幅員を変更してはならない。
2　両岸の土地が水流地の所有者に属するときは，その所有者は，水路及び幅員を変更することができる。ただし，水流が隣地と交わる地点において，自然の水路に戻さなければならない。
3　前二項の規定と異なる慣習があるときは，その慣習に従う。
（排水のための低地の通水）
第220条　高地の所有者は，その高地が浸水した場合にこれを乾かすため，又は自家用若しくは農工業用の余水を排出するため，公の水流又は下水道に至るまで，低地に水を通過させることができる。この場合においては，低地のために損害が最も少ない場所及び方法を選ばなければならない。
（通水用工作物の使用）
第221条　土地の所有者は，その所有地の水を通過させるため，高地又は低地の所有者が設けた工作物を使用することができる。
2　前項の場合には，他人の工作物を使用する者は，その利益を受ける割合に応じて，工作物の設置及び保存の費用を分担しなければならない。
（堰の設置及び使用）
第222条　水流地の所有者は，堰を設ける必要がある場合には，対岸の土地が他人の所有に属するときであっても，その堰を対岸に付着させて設けることができる。ただし，これによって生じた損害に対して償金を支払わなければならない。
2　対岸の土地の所有者は，水流地の一部がその所有に属するときは，前項の

堰を使用することができる。
3　前条第二項の規定は，前項の場合について準用する。

◎　下水道法
(排水設備の設置等)
第10条第1項　公共下水道の供用が開始された場合においては，当該公共下水道の排水区域内の土地の所有者，使用者又は占有者は，遅滞なく，次の区分に従つて，その土地の下水を公共下水道に流入させるために必要な排水管，排水渠その他の排水施設（以下「排水設備」という。）を設置しなければならない。ただし，特別の事情により公共下水道管理者の許可を受けた場合その他政令で定める場合においては，この限りでない。
一　建築物の敷地である土地にあつては，当該建築物の所有者
二　建築物の敷地でない土地（次号に規定する土地を除く。）にあつては，当該土地の所有者
三　道路（道路法（昭和27年法律第180号）による道路をいう。）その他の公共施設（建築物を除く。）の敷地である土地にあつては，当該公共施設を管理すべき者

(排水に関する受忍義務等)
第11条第1項　前条第1項の規定により排水設備を設置しなければならない者は，他人の土地又は排水設備を使用しなければ下水を公共下水道に流入させることが困難であるときは，他人の土地に排水設備を設置し，又は他人の設置した排水設備を使用することができる。この場合においては，他人の土地又は排水設備にとつて最も損害の少い場所又は箇所及び方法を選ばなければならない。

◎　水道法
(給水義務)
第15条第1項　水道事業者は，事業計画に定める給水区域内の需要者から給水契約の申込みを受けたときは，正当の理由がなければ，これを拒んではならない。

第5章 導管等（ライフライン）設置権

◎ 電気事業法
（供給義務等）
第18条第1項　一般電気事業者は，正当な理由がなければ，その供給区域における一般の需要（事業開始地点における需要及び特定規模需要を除く。）に応ずる電気の供給を拒んではならない。

◎ ガス事業法
（供給義務）
第16条第1項　一般ガス事業者は，正当な理由がなければ，その供給区域又は供給地点における一般の需要に応ずるガスの供給を拒んではならない。

◎ 電気通信事業法
（提供義務）
第25条第1項　基礎的電気通信役務を提供する電気通信事業者は，正当な理由がなければ，その業務区域における基礎的電気通信役務の提供を拒んではならない。

【判　例】

■隣地所有者が設置した排水管への通水を認めた事例

・　高地の所有者が低地の前所有者の承諾を得て排水管を敷設し排水しており，低地の現所有者もこの排水管を利用していたところ，この排水管が破損し溢水したので，現所有者は当該排水管を閉塞し，新たな排水管を敷設したが，高地の所有者の排水を拒否した場合，高地の所有者が元の排水管を修理することも，新たに敷設することも不可能であり，他の方向に敷設するとしても道程が長大で，高低差から揚水ポンプの設備なしには排水路の用をなさないことがうかがえるときは，高地所有者は現所有者に対し，当該新たな排水管へ家庭用排水を通水することを求めることができる（東京地判昭41・9・28判時467号57頁）。

第5章　導管等（ライフライン）設置権

・　他の土地を通じなければ水道管から給水を受け，その下水を下水道等まで排出することができない宅地の所有者は，他人の設置した給排水設備を当該宅地の給排水のため使用することが他の方法に比べて合理的であるときは，その使用により当該給排水設備に予定される効用を著しく害するなどの特段の事情のない限り，当該給排水設備を使用することができる（最三小判平14・10・15民集56巻8号1791頁）。

■隣地所有者が設置した排水管への通水を認めなかった事例
　　汲取式便所を水洗式便所に切り替える場合に，その便所汚水を公共下水管に流入させるためであっても，自ら新たに地下排水路を設置する方法に比べ，隣人が設置している既存の地下排水路を利用することが最も損害の少ない合理的な方法であると認められなければ，隣人の地下排水路を利用することはできない（東京地判平9・7・10判夕966号223頁）。

■不法占拠者，違法建物居住者等に対するガス，水道の供給拒否の適否
　・　ガス事業者，水道事業者は，供給区域内の者から供給の申込があったときは，その者が不法占拠者や違法建物の居住者であっても，正当事由がなければ供給を拒否してはならない（大阪地判昭42・2・28判夕205号169頁）。
　・　ガス事業者，水道事業者は，供給区域内の者から供給の申込があったときは，その者が不法占拠者や違法建物の居住者であっても，正当事由がなければ供給を拒否してはならず，仮に違法建物に対する給水拒否が許される場合はあるとしても，水道設備の敷地所有者が水道事業者に対して給水拒絶の措置をとるべきことを請求することはできない（大阪高判昭43・7・31判夕225号100頁）。
　・　市が，その指導要綱に従わずにマンションを建設したことを理由に給水契約の申込み及び公共下水道の使用を拒否したことは，指導要綱による行政指導として許される限界を超えており，また水道法及び下水道法の趣旨に違反するため，違法である（東京地判平4・12・9判夕813号216頁）。

■地主に対するガス，水道の供給承諾請求訴訟の適否
　　ガス，水道の供給申込があったときは，地主，家主の承諾を要する旨の条例があるときでも，事業者は正当事由なくして供給を拒否できないため，

449

第 5 章　導管等（ライフライン）設置権

地主に対してそれらの供給を承諾するよう請求する訴訟は無意味であり，不適法である（長岡簡判昭42・5・17判時489号71頁）。

■上水道管設置工事の同意，申請承諾請求が認められた事例

・　私道が分譲計画当初から道路として利用され，将来においても道路としてのみ用うるに過ぎず，今日電気，ガス，上水道，電話，下水道等は多くの場合道路を用いて敷設され，またその方が敷設費用や保守等の点で有利であり，敷設によって道路としての使用に支障がなく，敷設のためには当該私道を利用するほかなく，防疫防災上当該私道に上水道を敷設する必要性が甚大である反面，敷設にともない当該私道所有者の被る損害が比較して僅少であるとき，そしてその設置をしようとする者が償金を支払うならば，私道所有者がその設置を拒否することは権利の濫用に該当する（名古屋地判昭48・12・20判タ304号234頁）。

・　一般公衆の通行の用に供されている私道について，日常生活を営むのには水道水が必要であり，水道を引こうとする（水道を引こうとする者の土地は通路的には袋地ではない。）と当該私道下に水道管を敷設するしかなく，それが最も合理的，合目的的で，かつ，私道所有者に与える損害が僅少であること等を考慮すると，私道所有者はその工事のための当該私道使用を受忍しなければならず，その前提として水道事業に対する給水工事の申請につき承諾を求めることができ，私道所有者はその工事を妨害することができない。ただ，請求の当否に影響を与えないとはいえ，以前に私道所有者の承諾なしに勝手に下水管埋設工事をした行為は，非難されるべきである（東京地判昭49・8・20下民25巻5〜8号734頁）。

■低地所有者による下水路の変更が認められなかった事例

　　既存の下水路があっても低地の損害が増大し，損害の少ない他の排水方法があるときは低地所有者は高地所有者に対してその方法によるよう請求することができるが，その下水路の使用を前提として通水権者の社会生活事実が積み重ねられ，かつ新しい排水路等を設けるための費用にも問題があり，引き続き既存の下水路を使用することによる低地の損害が，従前の排水方法の変更による高地の被害未満である場合は変更請求は許されない

450

（大阪簡判昭49・9・20判時766号93頁）。
- ■排水設備保存分担金の割合
　高地所有者が，低地所有者の設置した排水設備に通水させているときは，その排水設備の保存費用は基本的には，両土地の排水量を基準としてそれぞれの分担の割合を定め，それが不明である場合には，両土地の流域面積又は面積，その他排水量を推認させる諸事情に基づいて決定するのが相当である（仙台地判平5・5・25判タ854号216頁）。
- ■排水設備の設置，改良が認められた事例
　・　汲取り式便所から水洗便所に緊急に改造する必要に迫られており，そのためには他人の土地の既設の雨水，雑排水設備を利用するか，新たに他人の土地に排水設備を設置するしかなく，そのうちある土地に排水設備を設置することが合理的，合目的的で，かつ最も損害が少ないと認められるときは，その土地の所有者に対して排水設備設置工事を行うことの承諾を求めることができ，当該所有者がその工事を妨害することは許されない（大阪地判昭60・11・11判タ605号60頁）。
　・　従前から低地内の私道に排水設備があり，それを改良することは低地にとって最も損害が少なく，高地にとってその排水設備を使用しなければ公共下水道に流入させることが困難であるときは，高地所有者は自己の費用でその排水管及び排水渠の改良敷設工事の承諾及びその工事を妨害しないことを，低地所有者に請求することができる（東京地判昭61・8・27判タ640号157頁）。
- ■排水設備の設置が認められなかった事例
　・　ある土地から公共下水道に直接排水することが科学技術上可能であるときは，この方法によっても当該土地の損失が，排水される周囲の土地の損害より著しく大きいときに限り，周囲の最も損害の少ない他人の土地を排水のため通水させることができる（横浜地判昭53・5・11判タ377号116頁）。
　・　自己の土地に排水管を埋設することによって使用可能な公路，公流に接続することができるときは，他人の土地に排水施設の設置を求めることは相当でない（大分地判昭61・1・20訟月32巻12号2723頁）。

第5章　導管等（ライフライン）設置権

■違法建築物に対する給水拒否の適否
・　建築基準法違反を是正するため，「管理者が必要と認めるときは，工事申込者に対して建築物の確認通知書の提示を求めることができる。」旨の市給水条例施行規則に基づいて実施要綱を定めて給水に関して行政指導すること自体は違法ではないが，その運用が，建築基準法による是正命令や行政代執行が手続的に繁雑であることをもって給水制限という手段で建築基準法違反を是正させるため指導要綱に依存することは，建築基準法の意図や，法律による行政の原則に反しかねない。また，当該違反が建ぺい率違反であることのみをもって，水道法第15条による給水契約の申込に対する拒否の正当理由とはならないが，建ぺい率違反が決して軽微なものではなく，建築主が違反の是正が可能であるにもかかわらず是正の意思がなく，給水拒否が入居者の生命健康に影響があったとは認められない状況では，給水契約の申込拒否は不法行為に当たるということはできない（大阪高判昭53・9・26判タ374号109頁）。
・　建築基準法違反のため，市の水道局給水課長が給水申込の受理を事実上拒絶し，申込書を返戻した措置は，申込の受理を最終的に拒否する旨の意思表示ではなく，違反を是正するしたうえで申込をするよう一応の勧告をしたにすぎず，その後申込人が1年半以上経過した後改めて受理されるまで何らの措置を講じないまま放置していた事情では，市は損害賠償責任を負わない（最一小判昭56・7・16民集35巻5号930頁）。
・　第2種住居専用地域に違法に生コン工場を建築しはじめ，工事停止命令，除去命令を無視して工場を完成させ，トラックを使って操業し給水を求めたことに対し，違反の態様，程度が著しく，工場を放置するすることが公共の利益に重大な悪影響を及ぼすような場合は，市は正当に給水を拒否することができる（大阪地決平2・8・29判時1371号122頁）。

■指導要綱に従わないことを理由とする給水拒否の適否
　給水申込人が，「反対住民の同意を得ること及び教育施設負担金の寄附願いを提出すること。」旨の宅地開発指導要綱に基づく行政指導には従わない意思を明確に表明した後，当該指導要綱に従わないことを理由に給水

第5章　導管等（ライフライン）設置権

契約の申込を拒否することには，正当理由は認められない（最二小決平元・11・7裁判集刑253号399頁）。

■導管等の撤去請求の権利濫用該当性

・　所有権が侵害されてもその損失がいうに足りないほど軽微であり，しかも侵害を除去することが著しく困難で莫大な費用を要するような場合に，不当な利益を獲得目的で，その除去を求めることは権利の濫用にほかならない（大判昭10・10・5大民集14巻1965頁）。

・　囲繞地所有者が，袋地所有者のために通路の両側に設置されている電柱の撤去を求めることは，権利の濫用に当たる（名古屋地判昭40・10・16訟月11巻12号1730頁）。

・　水道企業団の設置した水道管が，無断で無関係の者の土地（山林）の地下を通っている場合，仮にその水道管を移設したとしても不断水工法が可能であり，地域住民にさほど影響を及ぼさないと思われるときでも，その水道管が当該土地の地下を通っている部分が僅かであり，境界線から僅かに入り込んでいるにすぎず，当該土地所有者自身当該土地を今後どのように利用するか計画を立てておらず，差し迫った利用の必要性が認められず，埋設当時は道路敷地となっていた部分に埋設されていた等の事情及び撤去費用に約2,800万円ほど見込まれるなか，当該土地所有者がその水道管の撤去，移設を請求することは権利濫用に該当する（名古屋地判平3・5・30公刊物未登載）。

■導管の種類による差異

　下水管については，他人の土地を使用しなければ下水管を敷設できないときは他人の土地を使用できる旨下水道法の規定があり，水道管の敷設についても類推適用され得るが，都市ガスについては，他に電気，灯油，プロパンガス等を利用する方法により家庭生活を営むことが可能であるから，都市ガスのガス管の敷設につき下水道法及び囲繞地通行権の規定を類推適用することはできないが，既に敷設されているガス管の撤去を求めることは，隣地所有者としての信義則に反し認められない（東京地判平8・9・25判タ920号197頁）。

第5章　導管等（ライフライン）設置権

■囲繞地通行権に伴う導管等の設置が認められた事例
・　現代の私生活には下水排水設備，水道，ガス導入施設は必要不可欠であり，何人といえども健康で文化的な最低限度の生活を営む権利があり，神戸市の中心に近い灘区において住宅建築の目的をもって分譲された土地（袋地）の購入者は，囲繞地通行権の発生する法定通路において，囲繞地所有者の承諾を要せずに，無償で，下水排水設備，上水道，ガス導入設備を設置することができる（神戸簡判昭50・9・25判時809号83頁）。
・　現代の都市生活においては電気，電話の導入は必要不可欠あるので，袋地所有者は囲繞地所有者に対して電気，電話の引込線仮設工事の承諾請求権を有し，特段の事情がなければ，それらの設置場所は，囲繞地通行権が発生する場所（架線であればその上空。）において認めるのが相当であり，囲繞地所有者は最も合理的合目的的で且つ損害の少ない土地の上空における範囲で，承諾しなければならない（大阪高判昭56・7・22判タ454号95頁）。
・　公道に下水道及びガスの各本管が通っているが，袋地からそこまで下水道管及びガス管を通す場所としては囲繞地通行権の発生する通路が距離的にも費用的にも一番適切であると認められるときは，最近の住宅事情，都市近代化の趨勢等諸般の事情を勘案すれば，汲取り式便所を水洗式に，プロパンガスを都市ガスに切り代える必要性が切実に認められるので，袋地所有者には囲繞地所有者に対して当該通路においてそれらの工事のための土地使用の承諾を求める権利があり，囲繞地所有者はその工事を受忍しなければならず，その工事を妨害することは許されない（東京地判昭57・4・28判タ481号81頁）。
・　囲繞地通行権のある通路において要役地所有者が導管設置工事を妨害されたときは，その禁止を求めることができる（和歌山地決昭57・10・4公刊物未登載）。
・　囲繞地所有者は，合理的，合目的的で，かつ囲繞地の最も損害の少ない土地及びその上空において，電気引込線の架設，排水管の設置を受忍すべき義務を負い，それらの工事を妨害することは許されず，妨害行為によっては慰謝料が発生することもあり得る（大阪地判昭60・4・22判タ560号

454

169頁)。
・　一般に，袋地所有者が囲繞地所有者に対し，下水道排水管を設置することの受忍を求める請求権を有することは明らかである（東京地判平3・1・29判時1400号33頁）。
・　袋地所有者は，袋地に建築した建物が建築基準法に違反するものであっても，その生活用汚水の排水を主とする下水管を，公共下水道管に接続させるに最も適切な囲繞地たる私道において設置し，その工事を受忍するよう私道所有者に求めることができる（福岡高判平3・1・30判時1399号57頁)。
・　今日，上下水道，電気及び電話等は都市生活において必要不可欠であるから，他人の土地を通して，ガス，上下水道，電気及び電話等の配管，配線を袋地に導入することが許され，その場所は，特段の事情のない限り囲繞地通行権を有する部分が相当であり，ある程度ゆとりをもたす配慮から，法定通路全体がそれらの設置が認められる部分であるといえる（東京地判平4・4・28判時1455号101頁)。
■囲繞地通行権に伴う導管等の設置が認められなかった事例
　　袋地所有者に生活用汚水の排水を主とする下水管を，公共下水道管に接続させるに最も適切な囲繞地たる私道において設置する必要がある場合でも，袋地上の建物が，建築確認を受けておらず，しかも工事施行の停止命令を無視したものであるときは，違法状態を解消させ，確定的に除去命令の対象とならなくなった等の事情を明らかにしない限り，下水管の敷設について囲繞地所有者に受忍を求めることは権利の濫用として許されない（最二小判平5・9・24民集47巻7号5035頁)。
■通行地役権による導管等の設置が認められた事例
　　既に道路の形態をなす土地に隣接する土地を売買した場合は，黙示的に，売買土地を要役地として当該道路に導排水管敷設を目的とする地役権が設定されたものと推認することができる（横浜地判昭62・8・10判時1253号96頁)。
■通行地役権による導管等の設置が認められなかった事例
　　借地等の使用の便益のために開設された私道であっても，借地のために

第5章 導管等（ライフライン）設置権

排水設備の設置が必要であるといえないようなときには，借地人には当該私道に排水設備を設置する権利もないし，私道所有者がこれを承諾する義務もない（東京高判昭62・8・31判時1255号23頁）。

第6章　道と不動産取引

第1　錯誤による無効

Q184 公道に至るための道が利用できると思って土地の購入したものの道の利用が困難であった場合には土地の購入者は売買契約を無効とすることができるか。

A 道の利用ができないことが要素の錯誤に当たる場合には，錯誤による無効を主張することができる場合もないではない。

解説　土地を購入する際において道路，通行という観点からみると，その土地が直接あるいは正当に他人の土地を介して十分な公道と接しているか，そしてまた，その土地が他人の通行する場所となっていないか，の2点について特に注意する必要がある。

例えば，当初の予想に反し，購入した土地からは直接公道へ出られず，また，充分な幅員でなかったため計画した建物が建築できず，あるいはそのために余分の出費を要したり，購入した土地の一部又は全部が他人の通路となっていたため，通行を停止させ完全利用をするために余分の出費を要したり，また，建築基準法上の道路となっていたため，その部分には計画した建物が建築できなかったなどの問題や，不測の紛争に巻き込まれるなどを防止するためである。結果として誰に責任があるのかや，調査義務の有無は別にしても，買主が事前に，購入予定の土地について第1章及び第2章の道路や通行権との関連を，公簿図や契約書等によって調査することはもちろん，現地を実際に見てみることも重要である。

不幸にして問題が起こった場合は，契約条項，買主の過失，売主その他の関係者の責任，不可抗力等を，総合的に判断して互いに誠実に処理しなければならない。

第6章　道と不動産取引

【判　例】
■錯誤による無効を認めた事例
・　売買契約に際し、「以前は造材の搬出は峠越えする外なく多大の費用を要したが、現在では北側山麓に開鑿道路が開通したので造林事業の経営上極めて有利である」旨の説明を受け、買主がそれを信じたため、当初の買受希望価格を大幅に上回る価格で山林を購入したが、実際には北側山麓にはその道路はなく、北方の他人所有隣地約1里半を隔てた個所に開鑿道路が存するにすぎず、造材搬出にはほとんど利用価値がなく、その事実を知っていたならこの売買をする意思がなかったということは取引上至当であるので、この売買契約には要素の錯誤があるといえる（最三小判昭37・11・27裁判集民63号347頁）。

・　建売住宅用地とする目的で購入した土地が、売買契約締結後僅か2日後に都市計画道路の区画している決定の告示を受けたため、当該土地の僅少部分を残して道路予定地にとりこまれることになった場合は、道路予定地であっても知事の許可を受ければ一定の建築物を建築することができ、現実の都市計画事業施行まで長年月を要するとしても、行政庁においては契約時に既にその決定が既定のものとなっていたことが推認され、やはり建売住宅の販売が極めて困難になることが容易に推認される事情のもと、当該買い受ける意思には要素の錯誤があり、当該契約は無効である（大阪地判昭50・6・4下民26巻5～8号470頁）。

・　宅地造成して転売する目的で購入した土地に隣接する道路が2項道路でなかった場合、2項道路の認定の要件である「建物が建ち並んでいる」ことは売買契約時において満たしている必要があるわけではないので、買主が、契約に際して現地を見ても直ちに2項道路でないことが明らかではなく、特段の事情がない限り、市役所に確認すべき義務もなく、当該売買は錯誤により無効である（東京高判昭61・8・6東高民時報37巻8～10号81頁）。

・　売主が交付した図面には売買対象地が直接公道に接しているように記載されているが、実際には当該土地と公道の間に第三者所有の帯状土地がある場合は、買主が直接公道に接していると理解していると当事者間で了

458

解されているときは，この売買契約には要素の錯誤があり，買主が契約以前に分筆図面，公図を閲覧すればそれを調査確認することができたならば過失があるといえるが，売主の代理人でさえその帯状土地の存在を契約以前には知らなかった事情では，買主に重過失があったとはいえない（東京地判平2・6・14判時1375号79頁）。

・　農地を購入したが，隣接する道路が郵政省管理の道路で，一般の道路としての通行が認められない場合，その買主が当該道路は一般に通行可能な道路であると誤信していたと認められるならば，当該売買に要素の錯誤があったといえる（大阪高判平8・3・27判時1585号35頁）。

■重大な過失を認定した事例

　土地売買契約の締結に当たって，当該土地を見分せず，公売公告の内容も検討しないで，時価が坪400万円であって，国鉄線路の高架下の通行権もあるものと誤信し，自己に非常に有利であるのは売主が売り急ぎをしていると軽信独断したことが明らかであるから，時価の10分の1以下という異常な廉価に留意し，かつ，総額5,000万円の不動産取引に際し下見もせず，目前の公売公告を精査しなかった買主は，重大な過失があったといえる（東京地判昭61・10・29判タ650号218頁）。

第6章　道と不動産取引

第2　瑕疵担保責任

Q185 接道要件を満たすことを前提に宅地を購入したものの実際には要件を満たさなかったときは、売主は瑕疵担保責任を負うか。

A 特段の事情がない限り、売主は瑕疵担保責任を負うであろう。

解説　公道に至るための道が利用できると思って土地の購入したものの道の利用が困難であった場合や、接道要件を満たすことを前提に宅地を購入したものの実際には要件を満たさなかった場合などには、購入者は錯誤による無効が認められる場合もないではないが、そのような場合において、錯誤による無効が認められない場合であっても、土地に隠れ瑕疵があるとして、売主に対して瑕疵担保責任を追及することができる場合がある。

【判　例】
■錯誤がある場合の瑕疵担保責任追及の適否
　契約の要素があって無効であるときは、売主の瑕疵担保責任を追及することはできない（最一小判昭33・6・14民集12巻9号1492頁）。
■売主の瑕疵担保責任と転得者の関係
　建築基準法上の接道要件を満たすものとして売買された土地が、実際にはその要件を充足しないときは隠れた瑕疵に当たるが、当初の売主が中間の買主と共謀した等の特段の事情のない限り、当初の売主は転得者に対して不法行為責任を負わない（東京高判昭61・2・27東高民時報37巻1～3号9頁）。
■隠れた瑕疵があったと認められた事例
　・　病院開設を目的として土地家屋を購入する前に見分した際は、当該家屋の北側通路を通り、北側門の錠を開けて出入りし、その門柱には売主の標札、水道等の設備の標識があり、郵便受けがありその門を正門と示して

いたこと，その際誰からも北側通路について通行権がないことを告げられず，しかもコンクリート舗装されていた等の事情で購入したとき，購入後，北側通路に通行権のないことが判明し，その通行を禁止され，他に通路を設けても，そのまま建築しても設備や費用の面で多大な影響がある場合は，北側門を正門として使用できると信じて契約した当該土地建物の購入者にとって，隠れた瑕疵に当たり，契約の目的を達し得ないといえる（東京地判昭32・3・12判時112号35頁）。

・　買主が居宅の敷地として使用する目的を表示して買い受けた土地の約8割の部分が都市計画街路の境界内に存するため，たとえ買主が当該居宅を建築しても早晩，全部又は一部を撤去しなければならない場合において，当該都市計画街路の公示が売買契約成立の十数年以前に告示の形式でなされたものであるため，買主においてその事情を知らなかったことについて過失があるといえないときは，売買の目的物に隠れた瑕疵があったといえる（最一小判昭41・4・14民集20巻4号649頁）。

・　購入した土地が全く公路に通じていなかった場合，契約当時売主は買主の説明により，当該土地への往来が予想せらるべき建物の建築所有を目的とするものであることを了知しており，暗黙にせよその契約目的は当事者間に表示せられていたことが推認されるときは隠れた瑕疵があったといえ，実際に建物を建築するには新たに道路を解説する等の行為を要する場合は，買主は当該契約を解除することができる（大阪地判昭44・8・28判時585号67頁）。

・　購入した土地の一部が道路位置指定を受けていた場合は隠れた瑕疵に当たり，買主が契約に先立って現地を見分した際に，仲介業者に特別の建築制限があるかどうかたずねたところ，既に廃道となっている旨の報告を受けたようなときは，関係官庁において特別の調査をすべき義務はなく，買主に過失があったとはいえず，売主は損害を賠償しなければならず，その損害は瑕疵がないと信頼したために生じた信頼利益の損害であって，かつ相当因果関係を有するものに限られるので，売買契約を解除しない場合に通常生ずる損害は買主が支払うべき代金額から売買契約当時における目

的物の客観的取引額を控除した残額であるが、その余の信頼利益についても、売主が損害の発生を予見することが可能であった場合には賠償しなければならない（東京地判昭45・12・26判時627号49頁）。

・　従業員の福利厚生施設としての保養所を建設する目的で土地を買い受ける際、売主の代理人が目的地に通ずる村道として指示した通路が、実は第三者所有の事実上の通り道にすぎず、売主は何らの通行権ももたず、通路所有者にも通行権を設定する意思も、売却する意思もなく、買主が結局通路として使用できなかったことは隠れた瑕疵に当たり、売買契約の目的を達することが不能になったといえ、瑕疵担保責任の追及により当該契約を解除することができるが、当該契約に「売主に違約あるときは手付金の倍額を買主に返還する」旨の約定があっても、この規定は債務不履行のときに適用されるものといえる（東京地判昭52・5・16判時872号93頁）。

・　売買契約の目的物が袋地であるということは、囲繞地通行権が発生する場合でも土地の瑕疵にあたるため、保養施設として買った土地に自動車1台の通行可能な程度の出入り路がなかった場合は瑕疵があったといえ、無過失で袋地であることを知らなかった（不動産業者の説明を信じた。）買主は、隠れた瑕疵担保責任を主張し、売買契約を解除することができ、もし、売買契約が瑕疵担保責任の追及によって解除されたときは、買主は手付金の倍返しを請求することはできない（東京高判昭53・9・21判タ373号65頁）。

・　ビル建築を目的として買い受けた土地の一部に道路位置指定がなされていたためビルを建築できなかった場合は隠れた瑕疵にあたり、無過失でその事情を知らなかった（売主による借地権も公的規制もない旨の説明を信じ、公図にも当該私道が明記されていなかった。）買主は、損害賠償を請求することができる。この場合の損害賠償額は、買主が当初から建築できないことを知って買ったならば買主において被むることがなかったであろう損害としての信頼利益の賠償に限るので、更地の価格と私道の客観的価格の差額が相当である（東京地判昭58・2・14判タ498号129頁）。

・　購入した土地に接する土地が道路位置指定処分を受けていないものであったが、その接する土地の現況は道路であり、売主も買主も位置指定処

分のないことを知らなかった等の場合，当該購入土地において建築確認が得られないことが確定的になったわけではないとしても，目下それが絶望的である以上，当該売買契約に隠れた瑕疵があったといえ，買主は売買規約を解除することができ，売主は信頼利益の賠償責任を負う（東京高判昭62・6・30判タ658号129頁）。

■目的達成が不能であるとは認められなかった事例

・　病院開設を目的として土地家屋を購入する前に見分した際は，当該家屋の北側通路を通り，北側門の錠をあけて出入りし，その門柱には売主の標札，水道等の設備の標識があり，郵便受けがありその門を正門と示していたこと，その際誰からも北側通路について通行権がないことを告げられず，しかもコンクリート舗装されていた等の事情で購入して，購入後，北側通路に通行権のないことが判明し，その通行を禁止されたときでも，方法によっては充分病院を開設することができるときは，契約の目的を達成することができないとはいえない（東京高判昭33・3・24東高民時報9巻3号41頁）。

・　建物2棟を建てて販売する目的で購入した土地115.3平方メートルのうち公道に面する1.47平方メートルの隅切り部分について道路位置指定を受けていたことがわかったときでも，以前に売買代金の減額交渉をした形跡も認められることを考慮すれば，売買契約の目的を達することができないとは認められず，売主の瑕疵担保責任による解除請求は失当である（東京地判昭56・6・15判時1020号70頁）。

■隠れた瑕疵があったとは認められなかった事例

・　購入した土地の一部が以前から私道として使用されていたことを知って購入した場合，表見上私道であることを知ってその土地を宅地として買い受ける買主は，建築基準法等の法的規制を調査検討する注意義務があり，その注意義務を果さなかった場合は，買主に過失があるといえ，それは隠れた瑕疵とはいえない（東京地判昭43・11・4判タ230号276頁）。

・　購入した土地から，公路へ至るまで，自動車で進入できないことが瑕疵に該当するときでも，その通路には「この道は私道」と表示のある立札

があり，途中舗装のとぎれたところにコンクリートブロックが置かれ，「ここから車両」との立札が立っており，仲介業者も通行権に不安をもっていたにもかかわらず，不動産分譲業者である買主が漫然と委せるだけで，それ以上自ら調査に担げるようなことはしていなかった等の事情のもと，売主が故意に隠していたような事情がうかがえないなら，買主に過失があったといえる（東京地判昭56・11・10判タ467号122頁）。

■土地の分割，一部譲渡と瑕疵担保責任の関係

　分割，一部譲渡によって無償囲繞地通行権が発生する場合，当事者において分割，一部譲渡に当たって通路負担が予定されておらず，その負担に対応する減価の措置がとられていなかったときは，瑕疵担保責任が発生する（東京高判昭53・11・29東高民時報29巻11号253頁）。

第3 債務不履行

Q186 売主が公道へ通ずる私道を設置する約束をしながら約束を反故(ほご)にしたときは，買主は売主の債務不履行を主張することができるか。

A 売主の履行が社会通念上不可能になったと認められるときは，売主の債務不履行を主張することができる。

解説 土地の購入に当たり，その土地の利用には欠かせない道に不具合が見つかった場合には，前述の錯誤による無効，売主の瑕疵担保責任以外，売主の債務不履行が認められる場合もある。

売主の履行が，社会通念上不可能になったと認められるときは，買主には，解除や，損害賠償請求が認められることになる。

【判　例】

■債務不履行であると認められた事例

・　売主が公道へ通ずる幅員4メートルの私道を設置する約束をしながら，その履行を果たさないときは，しかたなく買主が別の土地を買い取り私道敷とするために要した費用の1割が，売主の債務不履行と相当因果関係にあると認められる（横浜地判昭58・1・27判タ498号141頁）。

・　土地の売買契約に際の契約書には地役権の設定，移転に関しなんら明記されてはいなかったが，諸般の事情により隣地所有者との地役権の設定及び買主への移転について契約の目的になっていたと認められるとき，売主が資力を欠いたことから，地役権，設定移転をする部分の履行が，社会通念上不可能になったと認められるときは，買主は，一部解除ができ，売主の債務不履行によりその部分の代金債務が消滅し，損害賠償を請求することができる（東京高判昭59・5・30判タ533号159頁）。

第6章 道と不動産取引

■みなし道路が含まれる土地の借地契約の履行不能の成否
　建物所有目的の賃貸借契約の対象たる土地の一部が2項道路の指定を受けていたためこの部分に建物を新たに建築することができないときでも，借地全体として建物建築が不可能になる場合は別としても，借地上の一部に建物が建築できないことをもって，賃貸人に瑕疵担保責任が生ずることはあり得るとしても，その部分について一部履行不能が生じるとはいえない（東京地判平5・11・29判タ872号237頁）。

■前面道路の工事による賃貸借契約の履行不能の成否
　ビルの1階を事務所，ショールーム，会議室として賃借したが，その1年後からビルの前面道路において公共地下歩道等建設工事が開始され，工事用自動車の駐車，騒音，通勤や歩行の不自由等により，ビルのショールームの機能が減退したような場合で，さらに当該工事が4年後まで継続される予定であっても，事務所，会議室の機能には影響がないような場合には，賃貸借契約が履行不能になったとはいえない（大阪地判平8・7・19判タ942号154頁）。

第4　宅地建物取引業者の責任

Q 187　宅地の売買を仲介する宅地建物取引業者には私道に関する説明義務はあるか。

A　宅地建物取引業者が説明すべき重要事項には，私道に関する負担に関する事項が含まれる。

解説　宅地建物取引業法において，「宅地」とは建物の敷地に供せられる土地及び都市計画法の用途地域内の土地（道路，公園，河川等公共の用に供されているものを除く。）をいい（宅地建物取引業法2条1号），「宅地建物取引業」とは宅地若しくは建物の売買若しくは交換又は宅地若しくは建物の売買，交換若しくは貸借の代理若しくは媒介をする行為で業として行うものをいい（宅地建物取引業法2条2号），「宅地建物取引業者」とは免許を受けて宅地建物取引業を営む者をいう（宅地建物取引業法2条3号）。

現に建物の敷地に供されている土地はもちろん，建物の敷地に供される目的で取引される土地は宅地に含まれ，登記記録の地目が農地や山林等であっても，建物（人の居住の用に供されるものに限らない。）の敷地に供される土地は宅地であり，現況は農地や森林等であっても，建物の敷地となる予定で取引される土地も宅地であるといえる。また，現況が農地や森林等であり，取引の目的も現況のままであるときも，それが市街化区域内（用地地域内）の土地（道路，公園，河川等公共の用に供されているものを除く。）である場合には，宅地建物取引業法においてが宅地として取り扱われることになる。

宅地建物取引業者の業務については，信義誠実に業務を行わなければならず，誇大広告が禁止され，広告開始の時期が制限され，自己の所有に属しない宅地建物の売買契約の締結が制限され，取引態様の明示義務を負い，媒介契約に関する各種の規制を受ける（宅地建物取引業法31条～34条の3）。

取引の当事者等に対して説明される重要事項には，登記された権利の種類

及び内容並びに登記名義人，都市計画法，建築基準法その他の法令に基づく制限，私道に関する負担に関する事項，飲用水，電気及びガスの供給並びに排水のための施設の整備の状況等が含まれる（宅地建物取引業法35条）。私道に関する負担とは，取引の対象土地である私道において建築制限を受ける場合のことや，直接の取引対象ではないが，取引対象との土地を利用するために通行する私道の負担金等のことをいう。

【判　例】
■宅地建物取引業者が尽くすべき義務に関する事例
・　不動産の仲介業者は，準委任契約に基づいて，善良なる管理者の注意をもって処理しなければならず，宅地建物取引業者としては，特段の指示がないときでも，公道に接しない宅地については私道の通行承諾や，通行に支障がないことを近隣者や私道所有者に問い合わせて調査する義務があり，買主から通行承諾書のとりつけの要請があり，それを承諾した場合は，単に売主の言を軽信し，そのまま買主に伝えたのみでは足りず，疑義があればその真偽を注意するなどの業務上の一般的注意義務があるというべきであり，これは買主が不動産仲介業者であるときでも，その程度の軽重は別として，基本的に異ならない（東京地判昭59・12・26判タ555号236頁）。
・　土地売買の仲介にあたる宅地建物取引業者には，準委任契約に基づいて，単に売主側の言を軽信しそのまま買主に伝えたのみでは足りず，疑義があればその真偽に注意するなどの善良なる管理者の注意義務が課せられており，さらに重要事項の説明義務の前提としても，建築基準法上の接道要件の問題及び行政指導の問題についての調査及び説明義務も負う（大阪高判昭61・11・18判タ642号204頁）。

第7章 建築確認と民事上の効力

Q188 建築確認を受けた建築物の敷地の一部としての路地状敷地（公道に至る通路部分）については建築主の所有であると確定することになるか。

A 建築確認を得たことは民事上の権利とは存否や内容とは無関係に行われるため，当該土地の部分において建築主の所有権の存在が確定することはない。

解説 建築確認は，建築計画が建築基準法等の行政法令に適合しているかどうかを確認するものであり，民事上の権利の存否や内容とは無関係に行われる。したがって建築確認を受けたからといって，建築確認申請者に敷地につき民事上の相当権利が確認されたり，与えられたりすることもなく，また仮に，無権利者が建築確認を受けたからといって，真の敷地所有者の所有権が消滅するわけでもない。

つまり確認手続上も，建築主事や特定行政庁は，確認申請者に対し，登記簿謄本や地主の承諾書等の添付を求め，添付されないときは確認申請の受理を拒否し，確認を留保することは許されないとされている（荒秀編『建築法規入門』（有斐閣，1995）』41頁）。

【判 例】
■建築確認の法的性質
建築確認がなされたことは，適法に建築し得る法律上の効果を取得したに過ぎず，その結果建築された建築物が当該建築確認にかかる計画のとおり建築されたとか，あるいは当該建築確認にかかる計画に従って建てられた建築物が，実体的にも建築関係法令に適合することまでをも確定するものではない（神戸地判昭59・11・30判タ549号250頁）。

第 7 章　建築確認と民事上の効力

■建築確認に関する建築主事の審査権限と損害賠償責任の有無
　・　建築確認は，建築物の計画が敷地，構造，設備等に関する法令に適合するものであることを公権的に判断確定する行為であり，建築主事は建築確認をするか否かの裁量権を有するものではないが，建築確認は，確認申請人が当該敷地を使用することができる私法上の権利を有するか否かとは無関係に行われ，建築主事は，確認申請人が当該敷地を使用することができる私法上の権利を有するか否かや，敷地の境界線について審査する義務も権限もなく，たとえ無権原の者に対して建築確認が行われたときでも，その者のために敷地を使用することができる私法上の権利が設定されるわけでもない。しかし，建築計画が敷地等の実情を無視したものであることが客観的に明白であり，かかる計画を容認することが建築基準法の目的に著しく違背すると認められる場合において，建築主事が敷地の実情等を調査したことによって事実を把握し，確認不適合の決定をしたとしても，その不適合決定の効力はともかくとしても，当該市区町村に損害賠償義務が発生するとはいえない（東京地判昭52・4・22下民28巻1～4号412頁，東京高判昭54・9・27判タ403号97頁）。
　・　建築確認申請の審査対象には，当該建築計画の民法第234条第1項「建物ヲ築造スルニハ疆界線ヨリ50センチメートル以上ノ距離ヲ存スルコトヲ要ス」の規定への適合性は含まれず，その規定に違反する建築計画についてなされた確認処分も違法ではない（最三小判昭55・7・15裁判集民130号253頁）。
　・　建築主事は，建築確認申請の審査に当たっては，提出された書類を資料として申請に係る計画が建築関係規定に適合するかどうかを形式的に審査すれば足り，申請建築物の敷地を現地調査したり，所有権，使用権の有無を調査する義務はなく，申請に係る敷地の確保が事実上不可能であっても，申請に係る計画が建築関係法令に適合していれば，建築確認処分は適法である（京都地判平7・11・24判自149号80頁）。
■建築確認取消を求める訴えの利益，原告適格の存否
　・　接道義務の対象となっている土地が2項道路でないことを前提に近隣

者が建築確認取消訴訟を提起した場合において，当該建築物の建築工事が完了したときは，訴えの利益は失われる（最二小判昭59・10・26民集38巻10号1169頁）。

・　建築基準法第48条（各用途地域における建築物の用途制限と特例）は，近隣居住者の生活上の利益を保護の対象とはなっておらず，隣地所有者は用途外建築物の建築許可の取消しを求める原告適格を有しない（東京地判昭60・1・31行集36巻1号59頁）。

・　建築確認の対象建築物により，日照，通風，採光，居住の静ひつ，衛生及び防災といった生活環境上の悪影響あるいは災害の危険等を受ける近隣居住者は，当該建築確認処分の取消しを求める法律上の利益を有する（神戸地判昭61・7・9判タ621号91頁）。

・　隣接地を道路の一部として使用しているだけの所有者や使用借権者は，建築確認の取消を求める法律上の利益を有しない（水戸地判昭61・10・30訟月33巻7号1973頁）。

・　建築基準法は，近隣者の採光，通風，生活環境も保全，防火に寄与する限度において近隣者の個人的利益をも保証する趣旨であるので，建築確認申請建物によって，それら個人的利益が侵害され又は必然的に侵害されるおそれがある隣接土地等の所有者は，建築確認処分の取消しを請求する原告適格を有する（京都地判平7・11・24判自149号80頁）。

■建築確認留保の行政指導の適否

・　日照紛争により，行政指導中，第2種高度地域の指定を受けた結果マンション建築が不可能となった場合，当該建築確認の留保は適法であったといえる（東京地判昭52・9・21行集28巻9号973頁）。

・　日照紛争により，行政指導中，第2種高度地域の指定を受けた結果マンションの延べ床面積を縮小して建築した場合，当該建築確認の留保は適法であったといえる（東京地判昭52・12・19判タ363号282頁）。

・　日照紛争により，行政指導で確認が延びているとき，建築主が都知事に対して確認処分を求める上申書を提出した場合は，建築確認の留保が違法となり，上申書提出以降の損害賠償責任が都に生じる（東京地判昭57・

第7章　建築確認と民事上の効力

11・12判タ495号140頁)。

・　建築主が任意に建築確認の留保に同意している場合のほか，同意の存在が明確でなくても，諸般の事情から留保することが法の趣旨，目的に照らし社会通念上合理的と認められるときは，違法ではないが，建築主が留保されることについて，真摯かつ明確に拒否の意思を表明している場合には，社会通念上正義の観念に反するといえるような特段の事情が存在しない限り，行政指導が行われていることを理由に留保することは違法となる（最三小判昭60・7・16民集39巻5号989頁)。

・　通行紛争問題は建築確認に当たって審査すべき事項でなく，指導のために建築確認申請書の受理を留保し，あるいはその確認事務の処理を遅延させることは，原則として許されないが，建築基準法第6条の審査期間は絶対的なものではなく，社会通念上合理的理由がある場合は直ちに違法とすることはできず，また，法律の根拠がない行政指導であっても，相当の理由があるときは行うことができ，当該建築確認申請に関し紛争が存在し，その調整に相当の理由があり，かつその紛争の内容，調整に対する当事者の対応状況，調整期間の長短等の諸般の事情を総合して，建築確認申請者の権利を不当に侵害するものとは認められないときは，一概に行政指導が違法であるとはいえず，確認申請書の提出から受理まで29日，さらに確認がなされるまで35日を要した場合でも，建築確認にかかる敷地の一部が，住民が通路として事実上使用しており，地域住民の生活通路として確保して欲しい旨の請願書が提出され，また，付近の道路事情が悪いという事情では，地域環境の保全，住民福祉の増進のため，特定行政庁が地域住民と申請者間の紛争の調整，斡旋を行ったことについては相当の理由があり，紛争の調整と平行して建築確認の審査事務を行い，その紛争を解決することは申請者の利益にもなること等をかんがみると，違法であるとはいえない（東京高判昭61・1・29判タ618号104頁)。

■包括的指定に基づく2項道路の認定と行政指導の適否

　　包括的に2項道路の指定があった場合，当該道が2項道路であるか否かの認定には，その正確な位置や境界を確定する作業を伴い，極めて困難な

ものて，相当の日数を要すると推測されるため，建築確認において接道として申請された道が2項道路であることに疑問があるときに，確認の取得を急ぐ場合は隣接する他の土地について使用承諾を得て接道義務を満たすよう行政指導を行ったことには違法性はなく，その行政指導の方法によることが得策であると申請者自ら判断した場合は，使用承諾に費用を出損して確認を取得したが，その12年後に他の者が先の道を2項道路として確認申請をしたところ2項道路として認定されたときでも，特定行政庁は賠償義務を負わない（仙台地判昭63・5・25，仙台高判平2・9・27。判時1384号56頁）。

■接道要件を具備しない建築確認に基づく建築に対する中止の行政指導の適否

建築確認を得たうえ建築を開始した者に対し，接道要件を具備しないので道路部分の所有者の同意が得られるまで建築を中止するよう行政指導を行った場合でも，そもそも当初の建築確認が接道要件を具備しないことを見誤ったものであるときには，当該行政指導は違法であるとはいえない（神戸地判平8・2・27判タ919号82頁）。

第8章　道路通行に関する紛争の処理

第8章　道路通行に関する紛争の処理

第1　行政による措置

Q189 道路法による道路等や建築基準法上の道路において通行妨害行為があるときは行政に妨害排除を求めることができるか。

A 通行者に行政に対して通行妨害排除を求める法律上の権利があるわけではないが、行政による通行妨害の排除に関する措置の発動を促すことはできる（発動するか否かは行政の裁量に委ねることになろう。）。

解説　まず、公共団体ノ管理スル公共用土地物件ノ使用ニ関スル法律（大正3年法律第37号）においては、公共団体が管理する道路、公園、堤塘、溝渠、その他公共の用に供する土地物件をみだりに使用し又は許可の条件に反して使用する者に対し、管理者である行政庁は地上物件の撤去その他原状回復のため必要な措置を命ずることができるとされている（公共団体ノ管理スル公共用土地物件ノ使用ニ関スル法律1条）。

次に、道路法では、道路管理者は、道路上の妨害行為等に対して中止命令を発し、道路を原状に回復することができる（道路71条）。

また、特定行政庁は、建築基準法違反行為に対して、工事停止、除去、移転、使用禁止等違反を是正する措置を命ずることができ、私道の変更・廃止によって、その道路に接する敷地が接道義務に抵触することとなる場合は、特定行政庁は、変更・廃止を制限・禁止することができ、私道上の妨害行為に対して、禁止を命ずることができる（建基9条・45条）。さらに、指定道路等内に建築物等を違法に建築した者があるような場合には、その是正を命ずるだけでなく、行政代執行によって強制的に除去することも認められ、その他の方法による指定道路等の通行妨害や閉鎖についても、是正措置命令に違反し

第1　行政による措置

た者に対して，行政代執行ができると考えられている（沢井裕ほか『道路・隣地通行の法律紛争』（有斐閣，1989）40頁）。ただ，現実には建築基準法違反であっても，除去命令や，行政代執行は特定行政庁の裁量に委ねられているため，むしろ実情からみれば，それらがなされることはごく稀である（『私道』674頁）。

　里道等の法定外公共用物が不法に占拠されたり使用されたりしたような場合にも，機能管理者たる市町村は，管理条例を定めているときはそれを根拠として除去命令を発し，行政代執行をすることができ，管理条例を定めていないときであっても，大正3年法律第37号（公共団体ノ管理スル公共用土地物件ノ使用ニ関スル法律を根拠として除去命令の発令や行政代執行をすることができるものと思われる（建設省財産管理研究会編『公共用財産管理の手引』（ぎょうせい，第2次改訂版，1995）192頁）。道路法による道路や法定外公共用物以外の道路の場合であっても，道路敷地に対する所有権の有無にかかわらず，同様に地方公共団体たる管理者は除去命令を発し，行政代執行をすることができると考える。

　行政による措置ではないが，公道の所有者たる国，権や市町村等の行政が，公道を不法占拠したり，通行を阻害する者に対して，公道の所有権に基づく民事訴訟等を提起することによっても，一般公衆の通行が確保される結果となることもある。

【先　例】
■公共団体ノ管理スル公共用土地物件ノ使用ニ関スル法律を根拠とする行政代執行の適否

　　市町村は，その管理する道路等について，不法占拠，不法使用の状態があるとき，公共団体ノ管理スル公共用土地物件ノ使用ニ関スル法律（以下，「公公法」という。）を根拠として除去命令を発し，行政代執行をすることができる（昭30・7・5建設省建広乙16号発）。

【判　例】
■違法建築物の是正命令の発令者適格

　　建築基準法に違反する建築物に対する是正命令は，特定行政庁が発令することができ，近隣住民に当該命令の発令を求める権利が近隣住民に付与されているものではなく，単に発令を促すことができるにすぎない（東京

第8章　道路通行に関する紛争の処理

地判昭51・1・21行集27巻1号4頁）。

■違法建築物の行政代執行による除去の適否
　建築基準法に違反する建築物については，行政代執行によって違反建築物を除去することが許容される（東京地判昭38・6・25判タ152号56頁）。

■除去命令，行政代執行の裁量性
　・　違法建築に対して除去命令を発したが，建築主がその命令に従わなかったとき，さらに行政代執行を行うかどうかは，特定行政庁の裁量に委ねられる（東京高判昭42・10・26判タ211号218頁）。
　・　現実に違法建築があっても，除去命令を発するかどうかは，特定行政庁の裁量に委ねられる（新潟地判昭63・4・28判時1291号117頁）。
　・　工事停止命令が発せられ，それに従わないときは，必ず除去命令が発せられるわけではない（東京地判平3・8・27判タ781号177頁）。

■違法建築物への是正措置の行使不行使の違法性
　・　特定行政庁が違反建築物に対して是正措置をとらないことが付近住民等に対する関係で違法となるのは，当該建築物の違反の程度が著しく，付近住民等が重大な生活利益の侵害を受けていることが明らかで，違反状態解消のための是正措置をとることに別段の支障がなく，建築主等による自主的な違反状態の解消も期待できないにもかかわらず，違反状態を認識しながら何らの措置もとらず，漫然と放置し，違反建築物の存在を容認しているのと同視し得る場合等，その権原の不行使が著しい裁量権の濫用に当たる場合に限られる（東京地判昭55・5・20判時981号92頁）。
　・　違反建築物に対する除去命令について，発令当時の状況からみて，市長にとって除去以外の措置が比較的容易に選択できたとは認められない状況であったならば，裁量権の範囲を逸脱したとはいえない（福岡高判昭58・6・29行集34巻6号1111頁）。
　・　東京都有財産条例によって管理されている公有の公共用財産について，「公公法」に基づいて，建物除去命令を発し，行政代執行を行った場合は，その代執行を受けた者は，占有回収の訴えを提起することができない（東京地判昭35・9・8行集11巻9号2677頁）。

第2　不服申立て等

Q 190 公道認定や廃止について道路管理者である自治体に不服を申し立てることができるか。

A 道路管理者の処分が住民の権利義務に直接影響を及ぼすものであるときは、不服申立てができる可能性もある。

解説　道路管理者による公道の認定や廃止等によって不便を生じた住民は、行政不服審査法や道路法に基づく不服申立てをすることが考えられる。道路に関する住民の利益は反射的利益に過ぎないとの立場に立てば不服申立てはできないことになるが、道路管理者の処分が住民の権利義務に直接影響を及ぼすものであるときは、不服申立てができる可能性がある。

　住民の権利義務に直接影響を及ぼす処分に該当するか否かについては、以下の判例の考え方を参考にすべきものと考える。不服申立てには、上級庁に対する審査請求、処分庁に対する異議申立て及び審査請求の裁決後に行う再審査請求があるが、道路監理員（道路を原状に回復すること等を命ずる権限を行わせるため道路管理者が命じたその職員）が、道路の破損、欠壊等の事由により交通が危険であると認めて道路の構造を保全し、交通の危険を防止するため必要な限度における一時的に行った通行禁止または制限その他公権力の行使に当たる行為については、不服申立てをすることができない（道路96条・46条）。また、不服申立てをしたからといって直ちにその処分が停止されることになるわけではない。

　都道府県たる道路管理者に対する不服申立ては国土交通大臣に対して、市町村たる道路管理者に対する不服申立ては都道府県知事に対して、それぞれ審査請求をすることができ、また、当該処分を行った都道府県又は市町村に対してそれぞれ異議申立てをすることもできる（道路96条2項）。

477

第8章　道路通行に関する紛争の処理

【判　例】

- 道路管理者の行政処分に対する不服申立ての適否

　道路管理者の行政処分（供用開始，路線の変更・廃止等）に対して，道路利用者は行政不服審査法に基づき，不服を申し立てることができる（東京高判昭56・5・20判タ453号93頁）。

- 条例による法定外公共物の管理に対する不服審査庁適格

　管理条例により市長がした法定外公共物（普通河川）の管理処分について，知事は行政不服審査法上の審査庁にはならない（名古屋地判昭52・7・4判時869号43頁）。

第3　行政訴訟

Q191 道路法による道路の供用開始処分に対して不利益を受ける住民は抗告訴訟を提起することができるか。

A 個人の権利義務に法律上の影響を及ぼす処分に当たる場合には，抗告訴訟を提起することができる。

解説　道路管理者による公道の認定や廃止等に関し，不利益を受ける住民は，抗告訴訟（行政事件訴訟法3条1項）に基づき，処分取消の訴訟や，処分無効確認の訴訟を提起することが考えられるが，それぞれの処分が抗告訴訟の対象となる行政処分であると解されるには，個人の権利義務に法律上の影響を及ぼす処分であると解される必要がある。処分のなかでもとくに区域決定，供用開始処分は，ほとんどの場合抗告訴訟の対象となる。ただし，各々の処分が抗告訴訟の対象と認められるときでも，訴えの利益がないと判断される場合が多い（沢井裕ほか編『道路・通路の裁判例』（有斐閣，1989）2頁）。

利用者が管理者に対し，不法占拠者等を排除しない不作為の違法確認訴訟や，不法占拠者等を排除すべき旨を求める義務付け訴訟を提起することは，原告適格を欠き，許されない（寳金敏明『4訂版　里道・水路・海浜』（ぎょうせい，2009）338頁）。

【判　例】
■不特定多数者による抗告訴訟提起の適否
　原則的には不特定多数者は抗告訴訟を提起することはできないが，対象となる法律の趣旨が公益並びに個々人の個別的，具体的な利益をも保護するものであるときは，その利益を害された個人もその処分の取消を提起することができる（最一小判昭57・9・9民集36巻9号1679頁）。

第8章　道路通行に関する紛争の処理

■供用開始処分の無効確認の訴えの適否
　・　供用開始処分の無効確認の訴えは，現在の法律関係に関する訴えによって目的を達成することができないものに限って提起することができるので，土地所有権に基づく妨害排除，損害賠償の訴えにより目的を達成することができるときは，無効確認の訴えを提起することはできない（大阪高判昭57・8・31行集33巻8号1739頁）。
　・　町道敷地とされた土地について，その所有者が町道の供用開始の無効を前提として，道路管理者に対して所有権確認，土地明渡し，賃料相当損害金の支払等を求める民事訴訟を提起することができるならば，その所有者は町道の供用開始処分の無効確認訴訟の原告適格を有しない（名古屋高判平5・10・13行集44巻10号861頁）。

■路線認定，区域決定処分の取消訴訟の適否
　路線認定処分は，個人の権利，義務に直接法律上の影響を及ぼすものではないから抗告訴訟の対象とはならないが，区域決定処分はその対象となる（東京地判昭54・9・13判時963号20頁）。

■路線認定，供用開始処分の取消訴訟の適否
　路線認定処分は抗告訴訟の対象とはならないが，供用開始処分はその対象となる（鳥取地判昭55・3・13行集31巻3号426頁）。

■路線認定，区域決定，供用開始処分の取消訴訟の適否
　路線認定，区域決定及び供用開始の各処分は，いずれも抗告訴訟の対象となる（東京地判昭39・3・26行集15巻3号483頁）。

■路線廃止処分の無効確認訴訟の適否
　路線廃止処分は抗告訴訟の対象となり，その無効確認訴訟を提起することができる（東京高判昭56・5・20判タ453号93頁）。

■供用廃止処分の無効確認，道路原状回復を求める訴訟の適否
　適法に供用が廃止され，道路が廃止されたとき，住民は供用廃止処分の無効確認や，元の道路敷地を現状に回復することを道路管理者にもとめる訴訟を提起することは認められない（千葉地判昭34・9・14行集10巻9号1812頁）。

- 路線変更処分の取消訴訟の適否
    路線変更処分は，抗告訴訟の対象となる（岐阜地判昭30・12・12行集6巻12号2909頁）。
- 路線変更及び変更に伴う路線廃止，区域決定処分の取消訴訟の適否
    路線変更処分及び変更に伴う路線廃止処分は抗告訴訟とはならないが，変更に伴う区域決定処分はその対象となる（東京高判昭42・7・26行集18巻7号1064頁）。
- 路線変更及び変更に伴う供用廃止処分の取消訴訟の適否
    路線廃止処分及び変更に伴う路線廃止処分は，いずれも抗告訴訟の対象となる（東京高判昭36・3・15行集12巻3号604頁）。
- 道路境界杭設置の取消訴訟の適否
    道路区域の変更や，隣接地との所有権の範囲や，筆界の確定の意義を有しない単なる道路境界杭設置処分は，抗告訴訟の対象とはならない（大阪地判昭53・10・12判時928号57頁）。
- 道路占有許可処分の無効確認訴訟の適否
    露店業者に対する道路占有許可処分について，第三者はその無効確認訴訟を提起することはできない（高知地判昭35・4・27行集11巻6号1830頁）。
- 土地区画整理における事業計画決定処分の取消訴訟の適否
    土地区画整理における事業計画決定処分は，抗告訴訟の対象とはならない（最大判昭41・2・23民集20巻2号271頁）。
- 里道の用途廃止処分の取消訴訟の適否
    私人は，里道の用途廃止処分の取消訴訟を提起することはできない（松山地判昭53・5・30訟月24巻9号1766頁）。
- 道路改造工事禁止請求の適否
    市道の改修工事に関し，市と沿道住民との間の協議において「地元の賛成がなければ工事ができない」旨の発言があった場合，それは，円滑な工事の推進及びその計画目的の達成には，地元の賛同が必要不可欠であるため，地元住民と話合い，できるだけ理解と協力を得たいという趣旨に限られ，その計画を法的に推進することを妨げるものではない（大阪地決平3・

第8章　道路通行に関する紛争の処理

3・25判時1390号102頁)。

■近隣住民の指定道路廃止処分取消訴訟原告適格の有無

　指定道路の廃止によって近隣住民が当該指定道路を通行できなくなっても，別の通路によって市道に至ることができ，また，廃止手続に関して関係権利者の承諾を要するとする市の指導要綱が内部的な通達の一種であることから，指定道路廃止処分取消訴訟について当該近隣住民は原告適格を有しない(岡山地判平2・5・30判タ754号152頁)。

■囲繞地通行権者，入会権者による市に対する市道の管理権発動を求める訴えの適否

　市道において囲繞地通行権や入会権等を認められた者であっても，直ちに道路管理者である市に対して安全施設を設ける等の公法上の管理権の発動を求める訴えを提起することは認められない(名古屋地判昭48・6・29判時721号28頁)。

■みなし貸付道路における無償貸付の性質と住民訴訟の適否

　みなし貸付道路(コラム2)において，地方公共団体が国に対して有する道路敷地を使用する権利は使用貸借権であり，当該地方公共団体が管理を怠ったとして不法占拠者の排除をしないことの違法確認や排除すべき旨を求める義務付け訴訟を住民が提起することは認められない(最一小判平2・10・25裁判集民161号51頁)。

■供用開始処分の無効確認訴訟の適否

　道路の供用開始処分の無効確認請求は，現在の法律関係における訴訟により目的を達成できないとはいえないときは，訴訟は不適法である(大津地判平6・3・14判自128号101頁)。

■道路位置指定処分の無効確認訴訟の適否

　登記簿上の所有者ではあるが，実体上の所有者でない者は，その敷地についてなされた道路位置指定処分につき，無効確認を求める原告適格を有しない(高松高判平6・7・28公刊物未登載)。

■一括して指定された2項道路についての抗告訴訟の適否

　告示により一定の条件に合致する道を一括して指定する方法でされた2

482

項道路の指定は，抗告訴訟の対象となる行政処分に当たる（最一小判平14・1・17民集56巻1号1頁）。

■供用開始公示の無効確認訴訟の適否

　道路の供用開始公示の無効確認について，所有土地の明渡し及び損害金の支払いを求める訴の提起により解決を図る方がより有効，適切であるときは，道路の敷地所有者はその無効確認訴訟の原告適格を有しない（広島地判平3・1・17判タ766号127頁）。

■市道建設に関与した市建設局長に対する住民訴訟の適否

　保安林内の市有地において市道建設に関与した市建設局長に対して，市の住民が原状回復の費用等の損害賠償を求めることは，建設局長は市長の補佐に過ぎないため，住民訴訟の対象とはいえず認められない（最一小判平2・4・12民集44巻3号431頁）。

■高速道路の料金値上げの取消訴訟の適否

　高速道路の料金値上申請に対する建設大臣及び運輸大臣の認可は，行政機関相互間の内部的行為と同視すべきであり，直接国民の権利義務を形成する効果を伴うものではないため，運送業者は取消訴訟を提起することはできない（東京地判平7・1・26判時1539号64頁）。

■計画道路完成後の指定処分取消訴訟の適否

　計画道路が完成し共用が開始された後は，近隣住民にその指定処分の取消を求める訴えの利益はない（仙台地判平6・6・30判自139号85頁）。

第8章　道路通行に関する紛争の処理

第4　民事訴訟

Q 192　囲繞地通行権の確認訴訟においては，原告は当該通行権の存在を主張すれば足りるか。

A　法定通路の場所をも主張しなければならない。

解説　囲繞地通行権の確認訴訟は，新たに袋地が生じたことによりその確認を求める場合のものと，従来から存する囲繞地通行権の存在を否認されたためその確認を求める場合のものがあり，被告となるのは，原告の通行権の存在を現に否定する，又は将来において否定する可能性のある囲繞地の所有者，地上権者，賃借権者，建物占有者当及びその他の第三者である（『訴訟』504頁）。

囲繞地通行権の確認訴訟においては，原告に必要かつ囲繞地に最も損害の少ない通路であることを主張立証しなければならず，主張した部分がその要件に該当することが立証できなければ，請求そのものが棄却されてしまうため（たとえ他に適当な部分があったとしても，裁判所が原告の出張する部分以外の部分に通路を確認することはできない。），他に適当な通路部分を予備的に請求しておくべきであり，また，訴の提起後であっても口頭弁論終結までであれば，追加的に訴を変更するべきであろう。

囲繞地通行権に基づく通路の部分について，原告が，原告に必要で且つ囲繞地に最も損害の少ない部分であるかどうか（その部分はどこか）を裁判所の考慮，判断によって通路を選定することを求める形成訴訟が許されるか否かについて，下級審ではそのような可能性も示されてはいるが，実務上は裁判所が通路を選定することは妥当ではないと解される（『訴訟』504頁）。

なお，機能管理者にすぎない者は，所有権に基づく請求はもちろん，機能管理権に基づいて民事訴訟を提起することもできない。つまり，機能管理権

を根拠に民事上の請求をすることは不可能であると解される（寶金敏明『4訂版　里道・水路・海浜』（ぎょうせい，2009）338頁）。

【判　例】

- 囲繞地通行通路を定める要件を充足すべき時期

　　囲繞地通行権確認訴訟において，通路の場所を定める場合は，事実審の口頭弁論終結時において要件を満たす通路を確定する（福岡高判昭50・5・12判タ328号269頁）。

- 所有者による第三者の通行権不存在確認の訴の適否

　　土地所有者が第三者として提起する通行権不存在確認訴訟についても，確認の利益がある限り，提起することが許される（山口地判昭59・9・27判タ544号188頁）。

- 妨害者の権利不存在の主張と確認の利益の存否

　　自動車で通行している通路にその所有者がブロック塀を築造しようとしているとして，通行者がその所有権の不存在の確認を求めることは，通行者が自己の権利の積極的確認を求めるのならば格別，所有権のおよぶ範囲を消極的に争うにすぎない以上，利益を欠くものといえる（東京地判昭44・12・24判時593号61頁）。

- 未使用袋地の所有者の囲繞地通行権確認の訴えの利益の存否

　　袋地の所有者は，現に袋地を使用しているか否かを問わず，囲繞地通行権の確認の利益を有する（甲府地判昭38・7・18下民14巻7号1458頁）。

- 借家人による付随的な通行地役権の存否確認の訴えの適否

　　家屋の賃借人も，その敷地とともにそれに付随する地役権の確認を請求する利益がある（東京地判昭38・8・15判タ155号87頁）。

- 通行の自由権の存否確認の訴えの適否

　　・　里道について通行の自由権の確認訴訟は，認められない（佐野簡判昭56・11・10公刊物未登載）。

　　・　通行の自由権についての確認訴訟は，訴えの利益が認められる（東京高判昭56・5・20判タ453号93頁）。

　　・　通行の自由権についても，通行権確認訴訟の対象となる（東京地判平

第8章　道路通行に関する紛争の処理

5・6・1判タ863号207頁)。
・　通行の自由権について確認を求めることは，確認の利益を欠く（山口地徳山支判平6・4・15判タ877号212頁)。
■通行使用借権確認の訴えの適否
　使用貸借契約に基づいて，訴訟において，通行の用に供するため使用する権利の確認を求めることができる（札幌地判昭44・8・28下民20巻7・8号618頁)。
■通行権不存在確認訴訟における通行権の種類の特定と主文と訴訟物の関係並びに通行の自由権の不存在確認の訴の適否
　請求の趣旨「被告は，原告の承諾に基づく通行権，囲繞地通行権及び通行地役権をいずれも有しないことを確認する。」旨は，「被告は，何らの私法上の通行権を有しないことを確認する。」意味であると解されるので，その訴訟について主文「被告は，何らの私法上の通行権を有しないことを確認する。」旨の判決は有効であるが，当該請求及び主文には，特段の事情のない限り，通行の自由権の不存在の確認は含まれておらず，通行の自由権の存否自体は訴訟物となってはいないといえず，また，通行の自由権不存在の確認は，民事訴訟の対象にはならない（東京高判昭62・7・30判タ678号205頁)。
■通行場所の特定の程度に関する事例
・　囲繞地通行権の対象である道路ついて，幅員の記載がないときでも，図面に色塗して明示され，その位置，起点及び終点が明らかであり，現場においても道路の形状をなしているときは，その道路は特定できるといえる（大阪高判平5・4・27判時1467号51頁)。
・　原告が主張する通路と，裁判所が相当と認める通路が結果的に一部重複していても，両通路に同一性がない場合には，訴訟物を異にするので，請求の全部を棄却すべきである（名古屋地判昭59・12・7判タ550号206頁)。
■各種の通行権の競合的主張の一部の認容による控訴の適否
　原告が通行妨害に対して，1次的に生活権，2次的に地役権，3次的に囲繞地通行権を根拠にその排除を訴えたところ，1審で1次，2次の請求

が排斥されたが，囲繞地通行権の請求が認められたときは，もはや生活権，地役権を根拠に控訴することはその利益がなく不適法である（大阪高判昭49・3・28判タ309号269頁）。

- 機能管理権に基づく民事上の請求の可否
  公物管理権という公法上の権限を，侵害の排除を裁判所に請求することができる私法上の権限と解することはできない（静岡地判昭49・5・30判タ309号182頁）。
- 囲繞地通行権に基づく通路の場所を定める訴訟の形成訴訟性質の含有性
  囲繞地通行権に基づく通路の場所を定める訴訟は，通路の確定を求める形成的な訴えの性質も有する（熊本簡判昭39・3・31判時371号56頁）。
- 通行に関する請求異議訴訟の可能性
  通行権訴訟において，通行権の存在を認める債務名義が生じた後，通行権の消滅等を理由に執行力の排除を求める場合には，請求異議訴訟を提起することができる（東京地判昭48・5・14判時721号40頁）。

Q193 囲繞地通行権の確認訴訟において原告が主張した法定通路が原告にとって必要かつ囲繞地に最も損害が少ない場所ではないと認められたときは裁判官は別途に適切な法定通路を判決において定めることができるか。

A 原告が主張した法定通路が原告にとって必要かつ囲繞地に最も損害が少ない場所ではないと認められたときは，裁判官は別途に適切な法定通路を判決において定めることはできず，請求は棄却されることとなる。

解説 囲繞地通行権に関する訴訟では，袋地や準袋地であることや，仮に既存通路があっても狭隘であるとか充分でないこと，具体的

第8章 道路通行に関する紛争の処理

な通行の場所，方法（必要かつ囲繞地に最も損害が少ないこと。），また，通行権者たる人的資格があること（例えば袋地の賃借人であっても通行権者たり得ること。）は，囲繞地通行権者が主張，立証しなければならず，反対に，償金の支払い及びその額については囲繞地所有者が主張，立証しなければならない。

　無償の囲繞地通行権であることは，無償で通行することができること及び分割，一部譲渡の関係地を通行することができるという利益からは囲繞地通行権者が主張，立証しなければならず，通行地を分割，一部譲渡の関係地にのみ限定して，通行権者の主張する通行地（仮に，一般の囲繞地通行権であるとすれば必要かつ囲繞地に最も損害が少ない場所であるとしても）を否定するという利益からは分割，一部譲渡に無関係な土地所有者が主張，立証しなければならない。

　囲繞地通行権の確認訴訟においては，原告が必要且つ囲繞地に最も損害が少ない通路であることを主張，立証しなければならないため，請求の趣旨としてその通路部分を明示しなければならず，裁判所は，その通路部分が必要且つ囲繞地に最も損害が少ない方法でないと判断した場合は，請求を棄却することができると解される（『訴訟』507頁）。

【判　例】

■「損害最モ少キモノ」の立証責任の負担者
　　囲繞地通行権によって主張する通路が「損害最モ少キモノ」であるという立証責任は，囲繞地通行権者が負う（山口地判昭37・7・30判タ140号130頁）。

■無償囲繞地通行権であることの立証責任の負担者
　　囲繞地通行権が，一般の囲繞地通行権ではなく，無償囲繞地通行権であることの立証責任は，それを主張する者が負う（東京高判昭37・1・30下民13巻1号104頁）。

■囲繞地通行の償金の額の立証責任の負担者
　　裁判所において通行権者に償金の支払を命ずるためには，囲繞地所有者が，裁判所に対して一定額の償金の支払を申し立て，かつ償金の適正額を主張，立証しなければならない（東京高判昭56・8・27高民34巻3号271頁）。

■囲繞地通行権廃止の合意の主張の効果
　囲繞地通行権を廃止する旨の合意に関し，既存の通路の必要性が問題となる場合，囲繞地所有者において，囲繞地通行権の方法場所に縮減をきたすべき客観的主観的事情の変化について何ら主張立証がないときは，袋地所有者の囲繞地通行の必要性に何ら消長を来さない（東京地判昭42・11・7判タ215号171頁）。

■賃借権者による囲繞地通行権の対抗力の立証責任の負担者
　袋地の賃借権者は，自らその対抗力の具備について主張立証しなければ，囲繞地通行権を主張することはできない（札幌地判昭50・12・23判タ336号303頁）。

■無償囲繞地通行以外の場所の通行権主張の立証責任の負担者
　無償囲繞地通行権が発生する場合において，無償通行するべき場所以外の場所を通行しようとする者は，無償通行するべき場所も公路に通じていないことを主張，立証しなければならない（東京地判昭56・4・20判タ464号121頁）。

Q194 通行地役権の時効取得を主張する場合は自ら通路を開設したことも主張立証しなければならないか。

A 自ら通路を開設したことも主張立証しなければならない。

解説　通行地役権の時効取得には通路を要役地所有者自身が設置している必要があるが（Q157），通行地役権の時効取得を訴求する場合には，通路を要役地所有者自身が設置することも要役地所有者が主張しなければならない。

第8章　道路通行に関する紛争の処理

　未登記の通行地役権であっても通路の存在等の事情によっては第三者に対抗し得る場合もあるが（Q129），この場合，未登記であっても対抗することができることは，通行地役権者が主張立証しなければならない。

【判　例】
■「継続」の立証責任の負担者
　・　通行地役権の時効取得を主張する者自身が通路を開設したことを認めるに足りる証拠がなければ，通行地役権の時効取得は認められない（東京地判昭41・5・23判時450号30頁）。
　・　承役地たるべき他人の土地のうえに要役地たるべき土地の所有者自身が通路を開設したことを認めるに足りる証拠がなければ，通行地役権の時効取得は認められない（東京地判昭55・2・18判時977号80頁）。
　・　通行地役権の時効取得を主張する者自身が通路を開設し，あるいは自己の費用や労力で維持，管理していることを認めるに足りる証拠がなければ，通行地役権の時効取得は認められない（大阪高判昭55・3・19判タ421号86頁）。
　・　通行地役権の時効取得の要件である「継続」として通路開設の事実の主張立証責任は，時効取得を主張する者が負う（東京地判昭56・1・28判時1009号80頁）。
■未登記通行地役権者の対抗力の立証責任の負担者
　　未登記通行地役権者は，その対抗力を主張立証しない限り，第三者に対抗することができない（東京地判昭57・4・28判時1051号104頁）。
■他主占有者の相続人の時効取得成立に関する立証責任の内容
　　他主占有者の相続人が独自の占有に基づく取得時効の成立を主張する場合は，その事実的支配が外形的客観的にみて独自の所有の意思に基づくものと解される事情を説明しなければならず，賃貸不動産の管理人が死亡したあと，その相続人が当該不動産は管理人の所有であると信じ，自己が相続によってその所有権を取得したとして，その登記済証を所持し，固定資産税を納付し，賃借人から賃料を取り立てているような事情のもとで，真の所有者がそのような状態を認識しながら異議を述べていないようなとき

は，仮に管理人の相続人が管理人死亡後15年経って当該不動産の所有権移転登記手続を真の所有者にもとめた事実があっても，管理人の相続人の事実的支配は，外形的客観的にみて独自の所有の意思に基づくものと解される（最三小判平 8・11・12民集50巻10号2591頁）。

Q 195 通行権を有する者が通行妨害をされている場合に通行妨害排除請求訴訟の趣旨を「……妨害をする一切の行為をしてはならない。」とすることはできるか。

A 「……妨害をする一切の行為をしてはならない。」旨の請求の趣旨は包括的抽象的で許されない。

解説 　通行の妨害，又はその危険に対して，各種の通行権を有する者は，その権利に基づいて，妨害排除・予防請求訴訟を提起することができる。

　なお，返還請求訴訟において明渡請求，引渡請求という用語が使用されることがあるが，引渡しが直接支配を移転するのに対し，明渡しはその中に債務者等が居住し又は物品を置いて占有しているのを引き払って立ち退くことにより債権者に目的物の直接支配をさせることであり，明渡しは引渡しの特別の状態でその一種であるが，実務上の区別の意味は薄い（『訴訟』129頁）。

　不作為請求の場合において，例えば「…の土地に対する原告の…権を妨害する一切の行為をしてはならない。」との請求は包括的抽象的であり許されないが，執行機関が主文の記載から社会通念にした該以下なる行為が禁止されているかを一義的に判断できる程度に特定されていれば足りる。また，予防請求の場合は単に「…を防止するために必要な工事をせよ。」だけでは足りず，その工事内容を図面，資材，工事方法等によって特定する必要がある

491

第8章　道路通行に関する紛争の処理

(『訴訟』863頁)。

Q 196　共有の要役地のために承役地について地役権設定登記手続を請求する訴訟は要役地共有者全員にとって固有必要的共同訴訟には当たるか。

A　地役権設定登記手続を請求する訴訟は，固有必要的共同訴訟には当たらない。

解説　通行地役権の設定登記は登記権利者（要役地所有者等）と登記義務者（承役地所有者等）との共同で申請しなければならない（不登60条）が，その一方に登記手続をすべきことを命ずる確定判決による登記は，当該申請を共同してしなければならない者の他方が単独で申請することができることになっている（不登63条1項）。この場合は，登記原因証明情報として，執行力のある確定判決の判決書の正本（執行力のある確定判決と同一の効力を有するものの正本を含む。）を提供しなければならない（不登令7条1項5号ロ(1)）。

そこで，通路の共有持分権者や，通行地役権者，地主の承諾のある通行賃借権者は，登記義務者が登記に応じないときには，それらの移転登記請求や設定登記請求の訴訟を提起することができる。

要役地が共有である場合は，その共有者全員が登記権利者となることを要するが，共有者の一人は他の共有者のために保存行為として地役権設定登記を申請することができる。よって，要役地共有者は一人であっても，登記義務者である承役地所有者に対して地役権設定登記手続を求める訴訟を提起することができる。

第4　民事訴訟

【判　例】
■未登記地役権者の妨害賃借権登記抹消請求の適否
　通行地役権を害する目的で承役地に賃借権を設定した者に対しては，未登記の地役権者であっても，賃借権設定登記の抹消を求めることができる（大阪高判昭60・9・26公刊物未登載）。
■共有地に関する地役権設定登記請求訴訟の共同訴訟の関係
　共有地が要役地とされた場合に，要役地のために承役地について地役権設定登記手続を請求する訴訟は各共有者が単独で共有者全員のために提起することができるため，固有必要的共同訴訟には当たらない（最三小判平7・7・18民集49巻7号2684頁）。

Q197　囲繞地通行権者は囲繞地通行につき通行妨害排除請求以外に通行妨害禁止を求める訴訟を提起することもできるか。

A　現に存する通行妨害の排除を請求するだけでなく，将来の通行妨害禁止を求める訴訟を提起することもできる。

解説　通行に関する紛争を解消する手段としての民事訴訟には，現実の通行妨害の排除を求めるほかに，将来の通行妨害の禁止を求める訴訟を提起することもできる。
　他方，無断で自己所有地を通行されている者は，通行禁止を求める訴訟を提起することができる。

【判　例】
■通行禁止の反訴の訴えの利益の存否
　通行者の通行権確認の本訴に対して，土地所有者の提起する通行禁止の反訴を提起することは，本訴棄却の確定のみでは現にしている通行を禁止

493

第8章　道路通行に関する紛争の処理

するまでの効力はないので，訴えの利益が認められる（東京地判昭38・9・4判タ152号85頁）。

■通行禁止の程度について原告の主張と判決の関係
　私道沿道住民の危険性等から駐車許容限度が2台であると判断されるときでも，原告がそれを3台と主張している以上は，主文「3台以上の駐車の用に供するための駐車場として使用してはならない」旨の判決をすることはやむを得ない（東京地判平2・10・29判タ744号117頁，東京高判平4・11・25判タ863号199頁）。

■通行妨害禁止訴訟の適否
　・袋地所有者は囲繞地通行権に基づいて，囲繞地所有者に対して通行妨害禁止訴訟を提起することができる（最二小判昭47・4・14民集26巻3号483頁）。
　・通行を妨害されるおそれがあるため，囲繞地通行権を根拠に通行妨害の禁止を求める訴訟は，仮に妨害者が賃借人でないとか，病床にあるとかとは関係なく，訴えの利益がある（横浜地判昭48・9・17判タ304号226頁）。

Q 198　通行について反射的利益しか有しない者は通行妨害に対して損害賠償を請求することができないか。

A　妨害行為が不法行為を構成すると認められたときは，損害賠償を請求することができる。

解説　通行に関して発生すべき損害賠償には，妨害排除請求に対応すべき通行を妨害されたことに対する損害賠償と，通行禁止に対応すべき不法に占拠されたり通行されたりして自己の通行や利用が困難になったことに対する損害賠償とがあり，それがその故意又は過失によって損害を被った者は，不法行為として妨害者や占拠者等に損害賠償を請求することが

でき，さらに，妨害排除請求等と併せて請求することもできる。反射的利益を前提とする通行者であっても，妨害行為が不法行為を構成すると認められたときは，損害賠償を請求することができる。

　また，公道における国家賠償請求（Ｑ８）の他，私道において事故があった場合でも，事故による損害と，私道管理者の故意又は過失による私道施設の管理の瑕疵に相当因果関係が認められれば，やはり被害者は私道管理者，場合によっては所有者に損害賠償を請求することができる。

　通行権の侵害によって精神的苦痛を受けた場合には，慰謝料の請求も認められる場合がある。

　通行に関する損害賠償額は，完全に通行や利用が不可能になった場合におけるものと，不完全ながら通行や利用が可能である場合におけるものとがある。

　法定外公共財産である道路が不法に占使用された場合の国の不法占使用者に対する損害賠償額としては，既往の使用の対価としての損害賠償金を徴収するのが一般的である（建設省財産管理研究会編『公共用財産管理の手引』（ぎょうせい，第２次改訂版，1995）195頁）。

【判　例】
■過失の判断基準
　・　普通注意を払う人が事物の状況に応じて通常なすべき注意を尽くせば，過失があったとはいえない（大判明44・11・１民録17輯617頁）。
　・　過失は，行為が違法の結果を生じ得るべきことを認識しながらその結果は生ずることはないであろうとの希望をもって相当の注意を欠く場合のみに存するわけではなく，違法の結果が生じ得るとの認識がなくとも相当の注意をすればこれを認識しかつ避け得た場合にも存する（大判大２・４・26公刊物未登載）。

■不法占拠された私道所有者による損害賠償請求の適否
　　私道が不法占拠されたときは，私道所有者は，ほとんどその私道を利用していない場合でも，損害賠償を請求することができる（大阪高判昭44・２・27判タ234号137頁）。

第8章　道路通行に関する紛争の処理

■無権利者による通行権の主張及び仮処分と不法行為の関係
　通行地役権を主張して処分禁止の仮処分を執行したが，通行地役権そのものを有していなかったときでも，それが建築確認に必要な通行を確保し隣接する自己の土地の所有権を保存するためのものであり，他人の権利，利益を侵害するとは認められず，また，当該土地が建築確認において既存道路と認定されたことが推認される事情のもと，その仮処分執行が直ちに違法であるとは断定できない（東京地判昭55・4・14判時980号85頁）。

■地価の下落による損害賠償請求の適否
　公道を通行妨害された結果，土地の価格が減少した場合は，損害賠償を請求することができる（名古屋高判昭61・11・5判タ657号235頁）。

■慰謝料の請求を肯定した事例
　・　もともと幅員が1.3メートル強しかない道路に自動販売機や箱等の物品を置いて幅員が0.7メートル強とますます狭くし，傘を差したままでは通行できず，やや大きな荷物の搬入にも困難を感じ，現在に至るまで多大の精神的苦痛を被っている等の事情のもと，慰謝料の請求が認められる（東京地判昭56・8・27判タ464号113頁）。
　・　囲繞地所有者は，合理的，合目的的で，かつ囲繞地の最も損害の少ない土地及びその上空において，電気引込線の架設，排水管の設置を受忍すべき義務を負い，それらの工事を妨害することは許されず，妨害行為によっては慰謝料が発生することもあり得る（大阪地判昭60・4・22判タ560号169頁）。
　・　建物賃貸人により建物の仮装譲渡，通行妨害，水道・ガス・電源の一時停止，脅迫的な立ち退き要求等をされた場合，賃借人は慰謝料を請求することができる（東京地判昭63・11・25判時1307号118頁）。

■慰謝料の請求を否定した事例
　・　囲繞地通行権者が通行する道路において通行を妨害された場合，囲繞地通行権によって当該道路を全面的に使用できるか否か明確でない中で妨害物を設置したが，道路所有者が一部に通路を設ければその余はどのように利用してもよいと考えたうえのことであり，実際に幅員1.5メートルか

第4　民事訴訟

ら2メートルの通路を残しているときは，一概に囲繞地通行権者の権利を不法に侵害したとはいえず，慰謝料請求は認められない（大阪地判昭48・1・30判タ295号281頁）。

・　通行妨害者の粗暴な言動や不当応訴によって精神的苦痛を蒙ったことが想像される場合でも，まったく通行できなかったわけではなく，通行にほとんど支障のないルームクーラー等建物に固定された設備に対してまで執拗に収去を求める等の事情により隣人として相当な態度とはいえないと認められた通行者は，通路部分の地上に直接置かれた物の収去を求める訴訟の勝訴によって満足すべきであり，精神的苦痛が慰謝されたといえ，慰謝料の請求は許されない（東京地判昭51・4・27判時838号62頁）。

・　2項道路において工事停止命令を無視して設置されたブロック塀について，行政もその違法状態を漫然と2年以上放置している等の事情のもと，通行の自由権に基づいてその撤去請求が認められるが，被害の救済としてはその撤去だけで足り，慰謝料請求は認められない（東京高判平元・9・27判時1326号120頁）。

・　通行紛争が生じたことから，暴言を吐いたり，一時期，通路に自動車を置くなどしたことが伺われるだけでは，その者に慰謝料を請求するまでは認められない（東京高判平8・7・23判時1576号44頁）。

■将来の慰謝料請求の可否

　　公道の通行を妨害されている者の将来の慰謝料請求については，その額を判断するにあたって考慮すべき一切の事情には多種多様のものを含む関係上，賠償されるべき将来の損害は，今後の措置の具体的内容や時期，生活事情の変動等流動的な諸要件によって左右され，明確な具体的基準によってその変動状況を把握することは困難であるから，それが具体的に成立した時点で判断される（横浜地判昭59・12・26判タ550号176頁）。

■占有の訴に伴う損害賠償請求の要件

・　損害賠償請求が占有の訴として提起されるものである限り，本権に関する理由に基づいて裁判することはできない（大判大4・9・20民録21輯1481頁）。

第8章　道路通行に関する紛争の処理

・　占有の訴に伴う損害賠償請求も，故意，過失を要件とする一般の不法行為の原則に従う（大判昭9・10・19大民集13巻1940頁）。

■私道所有者の不法占拠者に対する損害賠償額
　私道を不法占拠された私道所有者は，私道所有者自身の当該私道利用の利益及び当該私道利用者に対する損害補償として，占拠部分の土地賃料相当額の損害賠償を請求することができ，不法占拠者が，占拠した私道（法律上本来は建物を建築できない。）を宅地として利用しているようなときには，不法占拠者は宅地としての賃料よりも少ない損害額を主張することは許されない（大阪高判昭44・2・27判タ234号137頁）。

■無権原で土地を道路として使用された者の道路管理者に対する損害賠償額
　自己の所有地を無権原で道路として使用された者は，その土地明渡請求が権利濫用で認められないときであっても，道路管理者に対して損害賠償を請求することができるが，その損害額は地代家賃統制令による賃料を相当とする（大阪高判昭57・8・31行集33巻8号1739頁）。

■通行妨害により建物建築を断念した場合の賠償額
・　マンション反対運動に伴う通行妨害が客観的にみて社会生活上許容される程度・範囲を著しく逸脱する場合は，妨害によって建築業者の自動車による囲繞地通行や通行の自由が侵害され，マンション建設を断念し，不要となった土地を売却する結果になったときは，マンション分譲ができた場合の得べかりし利益，支出した諸費用，分譲違約金，土地の売買差損等の相当額の賠償を請求することができる（東京地判昭52・5・10判タ348号147頁）。

・　囲繞地通行権の妨害によって，工事用車両の進入が不能になり，かねて計画中の自宅の建築ができなくなり，全く使用が不可能になったわけではないが，事実上利用できずに放置せざるを得ない場合は，設計料及び建築確認申請料として支払済みの金14万円のほか，当該土地を利用できなかった損害として，当該土地の価格1,000万円に対する年5分の利回りによる使用料相当額としての2分の1として，月額21,000円の損失とし，その21ヵ月分合計441,000円の損害賠償を請求することができる（奈良地判昭

498

第4　民事訴訟

55・8・29判時1006号70頁)。
- 弁護士費用と損害賠償額の関係
　一般的に不法行為の被害者が訴えの提起のため要した弁護士費用は，相当額に限り不法行為と因果関係に立つ損害というべきである（最一小判昭44・2・27民集23巻2号441頁)。
- 不当応訴により弁護士費用が賠償額として認められた事例
　通路上に置かれた物品等の収去義務の履行を求めるには弁護士に委任して通行地役権に基づく妨害排除請求及び設定登記請求訴訟の提起をする以外に途がなく，所有者が土地を通行の用に供することを約し，地上の物品を収去することも約していたにもかかわらずそれを実行しないまま応訴したことは，自己の主張がに理由がないことを知り又は知り得べきであったのにあえて抗争したものとして不法行為を構成し，損害賠償額として，弁護士費用としての着手金15万円中10万円及び報酬金15万円中10万円が認められる（東京地判昭51・4・27判時838号62頁)。
- 損害額の算定が困難な事例
　通行妨害によってビル工事の遅延を招いた場合，その損害額の確定が不可能である場合は，裁判所が諸般の事情を勘案して損害額を算定する（東京地判平5・9・30判タ875号156頁)。
- 慰謝料の額に関する事例
　・　通路部分へ醜悪不潔なゴミやガラクタを山積みして通行を妨害し，衛生状態を悪化させ，来客に対しては羞恥を覚え，ことさら通行者たる居住者を困惑させようとする態度は鼻先に突き付けた挑発的な侮辱に他ならない等の事情では，ゴミの山を見るごとに憤りを新たにして不愉快な日々を長年にわたって送ってきた者は多岐にわたる肉体的精神的苦痛が集積された場合は，10万円の慰謝料を請求することができる（大阪高判昭49・3・28判タ309号269頁)。
　・　もともと幅員が1.3メートル強しかない道路に自動販売機や箱等の物品を置いて幅員が0.7メートル強とますます狭くし，傘を差したままでは通行できず，やや大きな荷物の搬入にも困難を感じ，現在に至るまで多大

499

第8章　道路通行に関する紛争の処理

の精神的苦痛を被っている場合の慰謝料の額は，当該訴状送達の日の翌日以降口頭弁論終結の日までの分を一括し，10万円とするのが相当であるが，口頭弁論終結後の分については不確実で認められない（東京地判昭56・8・27判タ464号113頁）。

■営業利益の損失，迷惑料と過失相殺の関係

　通行妨害によって店舗が建築できなくなった場合，それを妨害者が予見できる状態にあった場合は，その営業利益の損失も損害となるが，同一通路を利用している甲と乙について，甲が自己の土地に建築するときには甲に対して迷惑料の支払どころか，請負業者や娘婿に挨拶に行かせ，自らは挨拶さえ行かなかったため，甲が乙の工事用車両の通行を妨害したことによる乙の損害賠償請求に関しては，3割の過失相殺が認められる（大阪地判昭57・8・13判タ486号110頁）。

■不動産取引にまつわる損害賠償事例

・　購入した土地の一部が道路位置指定を受けていた場合は隠れた瑕疵にあたり，買主に過失があったとはいえない場合の売主に対する損害賠償は，その損害は瑕疵がないと信頼したために生じた信頼利益の損害であって，かつ相当因果関係を有するものに限られるので，売買契約を解除しない場合に通常生ずる損害は買主が支払うべき代金額から売買契約当時における目的物の客観的取引額を控除した残額であるが，その余の信頼利益についても，売主が損害の発生を予見することが可能であった場合には賠償しなければならない（東京地判昭45・12・26判時627号49頁）。

・　ビル建築を目的として買い受けた土地の一部に道路位置指定がなされていたためビルを建築できなかった場合は隠れた瑕疵にあたり，無過失でその事情を知らなかった買主に対する損害賠償額は，買主が当初から建築できないことを知って買ったならば買主において被むることがなかったであろう損害としての信頼利益の賠償に限るので，更地の価格と私道の客観的価格の差額が相当である（東京地判昭58・2・14判タ498号129頁）。

・　購入した土地に接する土地が道路位置指定処分を受けていないものであったが，売主も買主も位置指定処分のないことを知らなかった等の場合，

当該購入土地において建築確認が得られないことが確定的になったわけではないとしても，目下それが絶望的である以上，当該売買契約に隠れた瑕疵があったいえ，売主は信頼利益の賠償責任を負う（東京高判昭62・6・30判タ658号129頁）。

・　売主が公道へ通ずる幅員4メートルの私道を設置する約束をしながら，その履行を果たさないときは，しかたなく買主が別の土地を買取り私道敷とするために要した費用の1割が，売主の債務不履行と相当因果関係にあると認められる（横浜地判昭58・1・27判タ498号141頁）。

・　諸般の事情により隣地所有者との地役権の設定及び買主への移転について契約の目的になっていたと認められるとき，売主が資力を欠いたことから，地役権設定，移転をする部分の履行が，社会通念上不可能になったと認められるときは，買主は，一部解除ができ，売主の債務不履行によりその部分の代金債務が消滅し，損害賠償を請求することができる（東京高判昭59・5・30判タ533号159頁）。

Q199　通行紛争に関する民事訴訟の管轄はどこの裁判所になるか。

A　原則として被告の住所地を管轄する裁判所となるが，通路所在地を管轄する裁判所になるなどの特例もある。

解説　民事訴訟は，被告の普通裁判籍の所在地を管轄する裁判所の管轄に属し，人の普通裁判籍は，住所により，日本国内に住所がないとき又は住所が知れないときは居所により，日本国内に居所がないとき又は居所が知れないときは最後の住所により定まり，法人その他の社団又は財団の普通裁判籍は，その主たる事務所又は営業所により，事務所又は営業所

第8章　道路通行に関する紛争の処理

がないときは代表者その他の主たる業務担当者の住所により定まり，国の普通裁判籍は，訴訟について国を代表する官庁の所在地により定まる（民訴4条）。

その他，次のような管轄の特例もある（民訴5条）。
(1)　財産権上の訴え　　義務履行地
(2)　不法行為に関する訴え　　不法行為があった地
(3)　不動産に関する訴え　　不動産の所在地
(4)　登記又は登録に関する訴え　　登記又は登録をすべき地

これらの特例により，通行紛争に関する民事訴訟は，被告の住所地を管轄する裁判所のほか，不法行為地及び不動産所在地たる当該道路通路の所在地の裁判所，通行料・損害賠償の請求訴訟については支払い義務の履行地の裁判所，登記請求，抹消請求訴訟については登記所の所在地の裁判所の管轄にも提起することができることになる。

Q 200　囲繞地通行権確認訴訟を簡易裁判所に提起することができるときはどのような場合か。

A　原告が主張する法定通路の土地の部分の固定資産税評価額（当面の間，その2分の1）の3分の1の額が140万円を超えない場合である。

解説　訴額とは訴訟物の価額をいい，裁判所法の規定により管轄が訴訟の目的の価額により定まるときは，その価額は，訴えで主張する利益によって算定（価額を算定することができないとき，又は極めて困難であるときは，その価額は140万円を超えるものとみなされる。）される（民訴8条）。

つまり，仮に原告（債権者代位訴訟の場合は被代位者）が全面的に勝訴したときにその判決によって直接的に受けるであろう経済的利益（原告の主観的事情

502

による特別な利益は考慮されず，例えば土地所有権確認請求と土地明渡請求との併合訴訟では，その価額の多いものについて評価すれば足りる（『訴訟』77頁）。）を金銭的に評価した額であり，訴訟物の価額そのものに争いがある場合は別としても，最高裁判所から訴額算定の一般的基準が示されており，通行紛争関係にあっては，所有権確認訴訟では目的部分の価額（他物権，処分の制限等は斟酌されない。）そのまま，共有権確認訴訟では目的部分の価額に対する共有持分の割合価額，区分所有権確認訴訟では占有部分の床面積の割合によって算出した額，占有権確認訴訟では目的部分の価額の３分の１，地上権，永小作権，賃借権確認訴訟では目的部分の価額の２分の１，地役権確認訴訟では承役地の価額の３分の１（ただし，要役地の価額の３分の１の方が小さいときは要役地の価額の３分の１とすることもある。），所有権に基づく引渡明渡訴訟では目的部分の価額の２分の１，占有権に基づく引渡明渡訴訟では目的部分の価額の３分の１，賃借建物にガス，水道を設置する承諾を求める訴訟では目的建物の価額の３分の１（ただし，その工事費と比較して定額の方。），地上権，永小作権，賃借権，使用借権に基づく引渡明渡請求訴訟では目的物の２分の１，所有権，地上権，永小作権，賃借権に基づく建物工作物収去請求等妨害排除請求訴訟では妨害部分の価額の２分の１，占有権，地役権に基づく建物工作物収去請求等妨害排除請求訴訟では妨害部分の価額の３分の１，所有権，地上権，永小作権，賃借権に基づく立入禁止請求訴訟では目的部分の価額の２分の１，占有権に基づく立入禁止請求訴訟では目的部分の価額の３分の１，隣地立入権，囲繞地通行権，排水，通水施設設置請求に基づく訴訟では，当該土地部分の価額の３分の１，地上権，永小作権，賃借権設定登記請求訴訟では目的物の価額の２分の１，地役権設定登記請求訴訟では，承役地，場合によっては要役地の価額の３分の１，地上権，永小作権，賃借権登記抹消請求訴訟では目的物の価額の２分の１（無効を原因とする場合はその２分の１），地役権登記抹消請求訴訟では承役地の価額の３分の１（無効を原因とする場合はその２分の１）を訴額として実務上の運用がなされる（『訴訟』80頁）。

　ただ，土地の価格は固定資産税の課税標準価額（当分の間その２分の１の金額）により，非課税又は未評価の土地については取引価額により，それも不明の

第 8 章　道路通行に関する紛争の処理

ときは近隣又は類似の土地の価額を基準として算定される（『訴訟』78頁）。例えば，通行地役権確認，通行妨害の停止及び妨害物の撤去の訴を併合して提起する場合は，目的承役地の価額の3分の1が訴額とされる（『訴訟』94頁）。

　また，その価額は訴えの提起の時を標準として定められ（民訴15条），その後に目的物の価格が変動した等の事情が生じたときでも訴額に変動は生じない。

　訴額は事物管轄の基礎となるため，裁判所が職権で証拠調べをすることができる（民訴14条）。

　第1審は，訴訟の目的の価額が140万円を超えない請求（行政事件訴訟に係る請求を除く。）は簡易裁判所が裁判権を有し（裁判所法33条1項1号），それ以外の請求は地方裁判所が裁判権を有し，訴訟の目的の価額が140万円を超えない不動産に関する請求は簡易裁判所，地方裁判所の双方が裁判権を有する（裁判所法24条1号）。

【先　例】

■訴訟物の価額の算定基準

・　訴訟物の価額は，目的物の固定資産税の課税標準価格（課税標準価格のないものは取引価格）を基準として，所有権の場合は目的物の価格の全額，地上権，永小作権，賃借権の場合は目的物の価格の2分の1，占有権の場合は目的物の価格の3分の1，地役権の場合は承役地の価格の3分の1，引渡明渡請求の場合は，所有権，地上権，永小作権，賃借権に基づく場合は目的物の価格の2分の1，占有権に基づく場合は3分の1，所有権移転登記請求権訴訟では目的物の価格を基準として算定する（昭31・12・12最高裁民甲412号事務総局民事局長通知，昭39・6・18最高裁民二389号民事局長通知・法曹会編『民事訴訟費用等便覧〔4訂版〕』（法曹会，2008））。

・　訴訟物の価額の算定基準となる目的物の価格は，平成6年4月1から当分の間，土地の固定資産税評価額に2分の1を乗じた金額とする。ただし，この取扱は受付事務の参考にすぎず，訴額に争いがあるときの基準とはなるわけではない（平6・3・28最高裁民二79号事務総局民事局長通知）。

【判　例】
■訴訟物の価額の算定基準
・　訴額の算定の具体的算定を容易にする特段の事情の存しない限り，昭和31年12月12日最高裁通知の示す基準に従って算定するのが相当である（最三小判昭44・6・24民集23巻7号1109頁）。
・　経済的利益が共通する請求であっても，各別に訴が提起されたときは，後に併合されたときでも，訴額に変動は生じない（最三小判昭47・12・26判時722号62頁）。
・　当事者間で訴額に争いのある場合は，昭和31年12月12日最高裁通知にかかわらず，裁判機関は裁量によってその価額を算定することができる。それが，財産上の請求であっても「……をしてはならない。」と不作為の義務の履行を求める訴訟では，その価額の算定にとって重要な種々の要因を確定してそれを基礎とし，裁判機関が裁量によって訴額を算定することができる。また，請求が併合されている場合の訴額は，実際上各請求が経済的に別個独立の場合にのみ各請求の価額を合算し，各請求の経済的利益が共通している場合には，各請求についての訴額は吸収し合い，その最も多額な請求の価額をもって算定する（最三小判昭49・2・5民集28巻1号27頁）。

第8章　道路通行に関する紛争の処理

第5　仮処分

Q 201　通行妨害の排除請求訴訟に先立って妨害物除去の仮処分を求めることができるか。

A　日常生活等において重大な支障が生ずるため通行を緊急に確保する必要があることを疎明して，妨害物除去の仮処分が認められる場合もある。

解説　通行妨害された者は，判決確定を待っていたのでは日常生活等において重大な支障が生ずるため通行を緊急に確保する必要があるときは，通行妨害禁止や妨害物除去の仮処分を求めることができる。

また，登記請求訴訟や賃借権に基づく土地引渡訴訟における権利保全のため，処分禁止の仮処分や占有移転禁止の仮処分を求めることもできる。

【判　例】
■保全の必要性が認められた事例
　里道をゴルフ場施設に取り込むべく工事を強行している会社に対し，里道所有者たる国（知事）がゴルフ場施設の撤去，工事中止の仮処分を求めた場合，当該里道を利用している林業経営者の死活問題にかかわるという事情のもと，保全の必要性が認められる（静岡地決昭50・4・21公刊物未登載）。
■保全の必要性が認められなかった事例
　高級住宅街の中を通学用大型バスが通行することを，騒音，地下に埋設された水道管等の破裂の危険性，樹木枯損等を理由に仮処分が求められた場合でも，実際には10年近く大型バスの運行によっても水道管等の破裂もなく，適宜補修工事が行われており，通行時瞬間的にはかなりの騒音が生じても，それは朝夕の1時間に限られ，樹木の枯損と排気ガスとの因果関係も疎明されていないならば，保全の必要性があるとは認められない（神戸地尼崎支判昭56・1・30判時1024号104頁）。

第5　仮処分

■被保全権利につき疎明がないとされた事例
　市が計画した道路の改造計画について，沿道の反対住民が「沿道住民が道路改造工事に同意するまで工事の着手をしない。」旨の合意がある旨主張し，工事禁止の仮処分が申請された場合でも，事実経過を詳細に認定し，交渉中の発言内容を検討したうえ，当該合意の成立が成立したとの疎明がないときは，仮処分申請は却下される（大阪地決平3・3・25判時1390号102頁）。

■無権利者による通行権の主張及び仮処分と不法行為の関係
　通行地役権を主張して処分禁止の仮処分を執行したが，通行地役権そのものを有していなかったときでも，それが建築確認に必要な通行を確保し隣接する自己の土地の所有権を保存するためのものであり，他人の権利，利益を侵害するとは認められず，また，当該土地が建築確認において既存道路と認定されたことが推認される事情のもと，その仮処分執行が直ちに違法であるとは断定できない（東京地判昭55・4・14判時980号85頁）。

第8章　道路通行に関する紛争の処理

第6　調　停

Q 202　通行紛争に関する民事調停は相手方の住所地を管轄する簡易裁判所に申し立てなければならないか。

A　相手方の住所地を管轄する簡易裁判所に申し立てるのが原則であるが，特例もある。

解説　通行紛争を生じた関係者は，訴訟による解決を望まない場合は，調停の申立をすることもできる。

　民事調停は，相手方の住所，居所，営業所若しくは事務所の所在地を管轄する簡易裁判所又は当事者が合意で定める地方裁判所若しくは簡易裁判所の管轄とされ（民事調停法3条1項），通行に関する紛争が宅地建物の貸借その他の利用関係の紛争に関する紛争であると認められる場合は，紛争の目的である宅地若しくは建物の所在地を管轄する簡易裁判所又は当事者が合意で定めるその所在地を管轄する地方裁判所の管轄とされる（民事調停法24条）。また，その紛争が農地又は農業経営に付随する土地，建物その他の農業用資産（農地等）の貸借その他の利用関係の紛争に関する調停事件については，紛争の目的である農地等の所在地を管轄する地方裁判所又は当事者が合意で定めるその所在地を管轄する簡易裁判所の管轄とされる（民事調停法25条・26条）。

Column 8
私道紛争とADR

　本書で取り上げたように，道路，通路に関連する判例は数多い。とりわけ私道における紛争に関するものが大変に多い。

それだけ，住人にとって私道の通行の問題は，私道所有者にとっても，私道通行者にとっても重要な問題であり，これが解決し，私道の通行関係が安定することが日常生活において欠かせない問題であるといえる。

ところで，私道紛争は，相隣関係に関する紛争の典型である。つまり，近隣住人間の日常生活における暮らしの紛争であるといえる。

このような近隣紛争については，裁判で解決されることが必ずしも望ましいとはいえない場合も少なくない。判決により通行の是非が確定しても，原告，被告ともに，その後も近隣者として地域で生活していく以上，納得した解決が図られたといえない場合もあろう。「勝った。」，「負けた。」ではなく，話し合いで円満に解決することができれば，それに越したことはない。

そこで，裁判所における民事調停，家事調停の利用も考えられ，さらに，ADRの利用も考えられる。

平成16年11月19日法律第151号「裁判外紛争解決手続の利用の促進に関する法律」が平成19年4月1日に施行された。いわゆるADR法である。

ADRとは，Alternative（代替的） Dispute（紛争） Resolution（解決）の頭文字3文字をとったもので，同法においては，訴訟手続によらずに民事上の紛争の解決をしようとする紛争の当事者のため，公正な第三者が関与して，その解決を図る手続をいい，裁判外紛争解決手続として定義づけられている（同法1条）。民間における調停手続とも言える制度で，裁判外紛争解決手続においては，第三者の専門的な知見を反映して紛争の実情に即した迅速な解決を図る重要な手続として位置づけられ，認証の制度が設けられ，併せて時効の中断等に係る特例が定められている。

ADRを利用することによって，紛争が，勝ち負けではなく，双方が納得する形（Win Win）で解決することができる場合もあり，近隣紛争，ことに私道紛争にあっては，これを解決する有力な手段の一つとして期待されているのである。

私道の形態には種々のものがあり，指定道路などの建築基準法の適用のあるものから，建築基準法などの適用のない私道もある。私道所有者

と私道通行者が完全に一致している場合は問題がないが，分譲地の私道部分の所有者が分譲地の元の地主に残されていたり，分譲地の各所有者の共有や部分的に各所有となっている場合には，当該私道における通行，駐車，導管，管理，維持，負担等について，私道所有者と通行者間，私道通行者相互間において明確な協定がなされることが望ましい。

　また，通行紛争に関する法律相談にあっては，単に，「相談者に通行権があるので，通行することができる。」，「相手方に通行権はないので，通行を禁止することができる。」だけの回答では，問題の本質的解決には至らない。民事における通行に関する権利義務を前提にしながらも，建築基準法などの関係行政法令の適用や，登記の仕方などについても，踏み込んで回答することができればその本質的解決に一歩でも近づくための一助となり得るだろう。

　そのためにも，全国の司法書士会，弁護士会，土地家屋調査士会などに設置された調停センター（ADR機関）の積極的な活用も視野に入れつつ，将来的には，司法書士，弁護士，土地家屋調査士，建築士などの専門家が緊密に連携，共同して私道紛争に特化したADR機関を立ち上げ，民事上の問題，登記手続，土地の境界，建築基準法等の適用などについても考慮しながら，私道紛争，通行紛争の円満，迅速な解決が少しでも図られるならば，地域生活の安定に大いに役に立つのではないだろうか。

第7 強制執行

Q 203 通行妨害排除請求について直接強制の方法による強制執行を求めることができるか。

A 代替執行か、間接強制によることとなる。

解説 通行妨害排除及び通行妨害予防についての強制執行は、性質上、直接強制はできない。つまり、妨害行為の停止、禁止については間接強制、妨害物の撤去、明渡しについては代替執行か、代替執行も不可能な場合は間接強制によることとなる。

損害賠償や通行料、償金の請求についての強制執行は、金銭債権であるから直接強制による。

第8章　道路通行に関する紛争の処理

第8　自力救済

Q 204　通行紛争を解決する手段として自力救済は認められるか。

A　認められない。

解説　法治国家である以上，通行紛争を解決するためであっても，法手続によらずして紛争の当事者が自己の実力行使によって妨害を排除するなどの権利の実現，回復を図る自力救済は認められないが，正当防衛，緊急避難等に該当する場合もあり得る。

【判　例】
■自力救済の適法性の基準
　私力の行使は原則として法の禁止するところであるが，法律の定める手続によったのでは権利に対する違法な侵害に対抗して現状を維持することが不可能又は著しく困難と認められる緊急やむを得ない特別の事情が存する場合においてのみ，その必要の限度を越えない範囲で，例外的に許される（最三小判昭40・12・7民集19巻9号2101頁）。

■自力救済が肯定された事例
　放牧のための入口を閉鎖された者が，ペンチで針金を切断し，横木を地上に転落させた場合でも，その数量が極く僅少で，しかも閉鎖によって現場に赴くだけでも2日を要する等の事情により，社会通念上違法性のないものと認められる（高山簡判昭34・12・11判時214号34頁）。

■自力救済が否定された事例
　寺の境内内を，隣接する末寺所有地内の墓地へ参詣するため通行を黙認されていた末寺の檀徒が，境内内へ板塀を設置されたことにより通行を遮断された場合でも，檀徒がその板塀を自力で取り除くことは認められない（大判大7・11・5刑録24輯1335頁）。

第9 刑事処分

Q 205 道路を不法に占拠する者を告発することはできるか。

A 不動産侵奪罪等の構成要件に該当するときは告発することも考えられる。

解説 道路を不法に占拠して通行を妨害した者は，民事上の責任だけでなく，往来妨害罪（Q83）や不動産侵奪罪等の刑法上の構成要件に該当する場合には刑事処分を受ける可能性もある。

他人の不動産を侵奪した者は，10年以下の懲役に処されるが（刑法235条の2），侵奪とは，不法領得の意思をもって他人の占有を排除し，自己の占有に移すこというため，通行妨害がそのような状態にあると，告発の対象となることもあり得る。

【先 例】
■法定外公共用財産の不法占拠者に対する告訴について

法定外公共用財産の悪質な不法占拠者については，民事手続，行政手続のほか，不動産侵奪罪や境界毀損罪の構成要件に該当する場合であれば，財産管理者（知事）は刑事訴訟法239条の告発（「何人でも，犯罪があると思料するときは，告発をすることができる。2 官吏又は公吏は，その職務を行うことにより犯罪があると思料するときは，告発をしなければならない。」）を検討すべきである（昭42・3・4建設省発会153号建設事務次官通達）。

【判 例】
■不動産侵奪罪の「侵奪」について

不動産侵奪罪の「侵奪」とは，不法領得の意思をもって，不動産に対する他人の占有を排除し，これを自己又は第三者の占有に移すことをいう（最二小判平12・12・15刑集54巻9号923頁）。

第8章　道路通行に関する紛争の処理

■不起訴となった告発の違法性
　海浜地を無断使用しているとして国有財産部局長たる知事が不動産侵奪罪で告訴したが不起訴となった場合でも，その告訴が直ちに違法であったとはいえない（福井地判昭62・7・29公刊物未登載）。

付　録

- 資　料
- 索　引

【1】開発行為事前協議願書

様式第1号（要綱細則第3条関係）

開 発 行 為 事 前 協 議 願 書

平成　年　月　日

　　市長

事前協議願出人
　住　　所

　氏　　名　　　　　　　　　　　印

　TEL　　（　　　）

　次の開発行為について、　　市開発指導要綱第　　条の規定に基づき事前協議を行いたく願い出ます。

1. 開発区域に含まれる地域の名称	
2. 開発区域の面積	平方メートル
3. 予定建築物の用途	
4. 自己の居住，自己の業務，その他の別	
5. 設　計　者　住所　氏名	TEL　（　　）
6. 工事施行者　住所　氏名	TEL　（　　）

受付年月日・番号	平成　年　月　日　第　　号

付録

付　録

【2】開発行為許可申請書

様式第11―1号　別記様式第二（規則第16条関係）

開 発 行 為 許 可 申 請 書

連絡先（　　）

都市計画法第29条（1項・2項）の規定により，開発行為の許可を申請します。

平成　年　月　日

　　市長

許可申請者
　住　所
　氏　名　　　　　　　　　　　印

※手数料欄

開発行為の概要	1. 開発区域に含まれる地域の名称	市　　区	
	2. 開発区域の面積		平方メートル
	3. 予定建築物の用途		
	4. 工事施行者住所・氏名		
	5. 工事着手予定年月日		
	6. 工事完了予定年月日		
	7. 自己の居住の用に供するもの，自己の業務の用に供するもの，その他のものの別		
	8. 法第34条の該当号及び該当する理由		
	9. その他必要な事項		

※	受　付　番　号	平成　年　月　日　第　　　　　号
※	許可に付した条件	
※	許　可　番　号	平成　年　月　日　市　指令第　　　号

備　考　1　宅地造成等規制法（昭和36年法律第191号）第3条第1項の宅地造成工事規制区域内においては，本許可を受けることにより，同法第8条第1項本文の宅地造成に関する工事の許可が不要となります。
　　　　2　津波防災地域づくりに関する法律（平成23年法律第123号）第73条第1項の特定開発行為は，本許可を受けることにより，同項の許可を受けたものとみなされます。
　　　　3　許可申請者又は工事施行者が法人である場合においては，氏名は，その法人の名称及び代表者の氏名を記載すること。
　　　　4　「その他必要な事項」の欄には，開発行為を行うことについて，農地法その他の法令による許可，認可等をする場合には，その手続きの状況を記載すること。
　　　　5　※印のある欄は記載しないこと。

【4】通行地役権確認，通行妨害排除請求，登記請求　訴状例

【3】囲繞地通行権確認，通行妨害排除請求　訴状例

　　　　　請求の趣旨
1．原告が，別紙物件目録(1)記載の土地部分（以下「通路部分」という。）につき，無償の囲繞地通行権を有することを確認する。
2．被告は，通路部分につき，原告の通行の妨害をしてはならない。
3．被告は，原告に対し，通路部分上の置石を撤去せよ。
4．訴訟費用は被告の負担とする。
との判決を求める。

【4】通行地役権確認，通行妨害排除請求，登記請求　訴状例

　　　　　請求の趣旨
1．原告が，別紙物件目録(1)記載の土地部分（以下「通路部分」という。）につき，別紙物件目録(2)記載の土地（以下「原告所有地」という。）を要役地とする，通行のための地役権を有することを確認する。
2．被告は，通路部分につき，原告の通行の妨害をしてはならない。
3．被告は，原告に対し，通路部分上の木柵を撤去せよ。
4．被告は，原告に対し，通路部分を承役地とし，原告所有地を要役地として，平成　年　月　日時効取得を原因とする通行のための地役権設定登記手続をせよ。
5．訴訟費用は被告の負担とする。
との判決を求める。

付　録

【5】道路位置指定（変更・廃止）事前協議申請書

様式1

道路位置指定（変更・廃止）事前協議申請書

建築基準法第42条第1項第5号の規定による道路の位置の指定（変更・廃止）の事前協議申請をします。

この申請書及び添付図書の記載事項は，事実に相違ありません。

平成　　年　　月　　日

（あて先）　　　市長

申請者　住所

氏名　　　　　　　　　　　㊞

代理者	住所	電話番号
	氏名	
図面作成者	住所	電話番号
	氏名	
申請に係る道路の土地の地名地番		
申請に係る道路の概要	幅員　　　　m　延長　　　　m	
	面積	道路　　㎡　利用宅地　　㎡
		転回広場　　㎡　その他　　㎡
		合計　　㎡
区域区分	市街化区域　市街化調整区域	用途地域等　　　　　地域
接続先道路の種別	法第42条　　項　　号道路・公道・私道・幅員　　m	
備考		受付欄

【6】道路位置指定申請書

様式第12号（第12条関係）

道 路 位 置 指 定 申 請 書

建築基準法第42条第1項第5号の規定による道路の位置の指定を申請します。この申請書及び添付図書の記載事項は，事実に相違ありません。

年　月　日

（あて先）　　市長

申請者　住所

氏名　　　　　㊞

代理者	住所	電話番号
	氏名	

図面作成者	住所	電話番号
	氏名	

申請に係る道路の土地の地名地番	

申請に係る道路の概要	幅員	m
	延長	m
	面積	㎡，（うち，転回広場の面積　　　㎡）

手数料欄

備考	指　定　番　号　　年　　月　　日
	第　　　　　号　　年　月　日

付　録

【7】道路位置指定申請図（例）

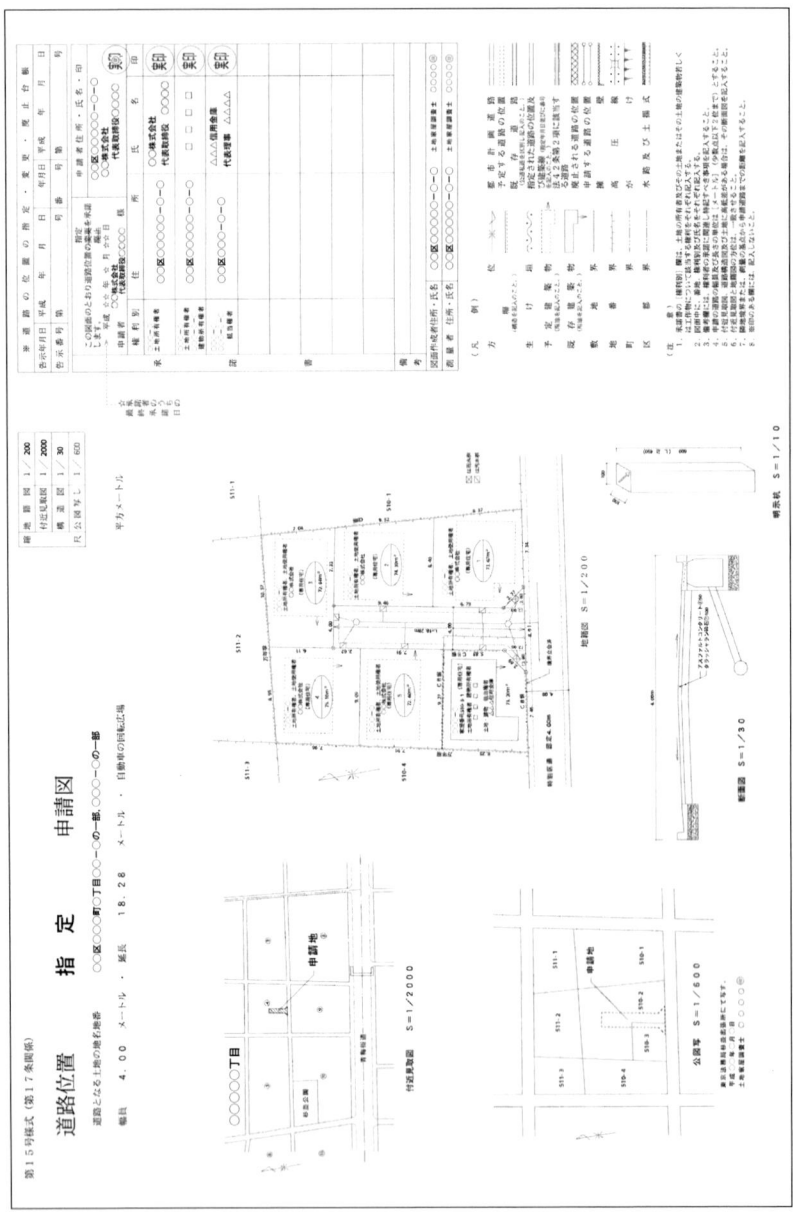

(出典：杉並区ホームページ・道路位置指定申請図記入例)

520

【8】道路占用(許可申請協議)書

(様式第1号)

道路占用 (許可申請/協議) 書

| 新規 | 更新 | 変更 | (番号) 年 月 日 |

(あて先)　　　様

平成　年　月　日

〒　―

(申請人) 住　所
　　　　　氏　名　　　　　　　　　　　㊞

担当者(連絡先)氏 名
TEL　―　―

道路法 第32条 の規定により 許可を申請 します。
　　　 第35条　　　　　　　　協　議

占用の目的			
占用の場所	路線名	市道 ○○ ○号線	車道・歩道・その他
	場所	区　　町　丁目　番地　番号	
占用物件	名　称	規　模	数　量
占用の期間	平成 年 月 日から 平成 年 月 日まで	間	占用物件の構造	
工事の期間	平成 年 月 日から 平成 年 月 日まで	日間	工事実施の方法	開さく工法、推進工法、シールド工法、その他(　)
道路の復旧方法		添付書類	見取図, 平面図, 断面図 求積図, その他(　)
復旧面積	舗装種別	面積(m²)	工事施工者	住所　氏名　申請人と同じ (法人は, 名称及び代表者の氏名) 担当者氏名　　　TEL
備考		受付	

付　録

【9】地役権設定契約書

地役権設定契約書

　地役権設定者と地役権者とは後記の土地について，次のとおり地役権設定契約を締結した。

（目的）
第1条　後記1の土地を承役地とし，後記2の土地を要役地として，通行のための地役権を設定するものとする。
　　②　地役権を設定する部分は土地の全部（※　他の例　別紙図面のとおり，北側○．○平方メートル）とする。

（対価）
第2条　地役権の対価は壱年間金○円とし，地役権者は毎年12月31日までに地役権設定者に支払わなければならない。※　登記事項ではない。

（対価の減額）
第3条　地役権者の責に帰すべからざる事由によって承役地の一部が滅失したときは，地役権者は，その滅失した割合によって，対価の減額を請求できるものとする。

（費用負担）
第4条　地役権設定登記に要する一切の費用は地役権者の負担とする。
　　②　承役地に必要な通路を開設する費用及び工事を行うために必要な費用は地役権者の負担とする。

（原状回復義務）
第5条　この契約が終了した場合は，地役権者は，承役地を原状に回復して，地役権設定者に返還しなければならない。

（解除）
第6条　地役権者が引続き2年以上対価の支払いを怠ったときは，地役権設定

者は，なんらの事前の催告なくして，この契約を解除することができる。
② 地役権者が不可抗力により引続き３年以上承役地を利用することができないときは，地役権者は，なんらの事前の催告なくして，この契約を解除することができる。

以上の契約を証するため，本書２通を作成し，地役権設定者及び地役権者が署名押印のうえ，各１通を保有する。

　　平成　　年　　月　　日

　　　　　　　　住　　　所　　　　市　　　町　　番地
　　　　　　　　地　役　権　者　　　　　Ａ　　　　　　　㊞
　　　　　　　　住　　　所　　　　市　　　町　　番号
　　　　　　　　地役権設定者　　　　　　Ｂ　　　　　　　㊞

　　　　　　　　　　　　　　記

不動産の表示
１　承役地
　　所　　在　　市　　町
　　地　　番　　番
　　地　　目　　宅地
　　地　　積　　〇〇．〇〇平方メートル

　　所　　在　　市　　町
　　地　　番　　番
　　地　　目　　宅地
　　地　　積　　〇〇．〇〇平方メートル

２　要役地
　　所　　在　　市　　町
　　地　　番　　番

付　録

地　目	宅地	
地　積	○○．○○平方メートル
所　在	市　　町	
地　番	番	
地　目	宅地	
地　積	○○．○○平方メートル

【10】登記申請書

登 記 申 請 書

登記の目的　　地役権設定
原　因　　平成　年　月　日設定
目　的　　通行
範　囲　　土地の全部（※　他の例　北側○．○平方メートル）
権利者　　市　　町　　番地
　　　　　　　　A
義務者　　市　　町　　番号
　　　　　　　　B
添付書類
　　　登記識別情報　　登記原因証明情報
　　（地役権図面）印鑑証明書
　　　代理権限証書
オンラインにより登記完了証の交付を希望します。
平成　年　月　日申請　　地方法務局
代理人　　市　　町　　番号
　　　　司法書士　C
　　　　　　電話番号　０○○－○○○－○○○○
登録免許税　　金　　　円
不動産の表示
　承役地
　　所　在　市　町
　　地　番　番
　　地　目　宅地
　　地　積　○○．○○平方メートル
　　不動産番号　　○○○○○○○○○○○○

　　所　在　市　町
　　地　番　番
　　地　目　宅地

525

付　録

　　　地　　　　積　　〇〇.〇〇平方メートル
　　　不 動 産 番 号　　　　〇〇〇〇〇〇〇〇〇〇〇〇〇

　要役地
　　　所　　　在　　　市　　　町
　　　地　　　番　　　番
　　　地　　　目　　　宅地
　　　地　　　　積　　〇〇.〇〇平方メートル
　　　不 動 産 番 号　　　　〇〇〇〇〇〇〇〇〇〇〇〇〇

　　　所　　　在　　　市　　　町
　　　地　　　番　　　番
　　　地　　　目　　　宅地
　　　地　　　　積　　〇〇.〇〇平方メートル
　　　不 動 産 番 号　　　　〇〇〇〇〇〇〇〇〇〇〇〇〇

　　　　　　　　　　　　　　　　　　司法書士　C

【11】登記原因証明情報

登記原因証明情報

1．登記申請情報の要項
 (1) 登記の目的　　　地役権設定
 (2) 登記の原因　　　平成　年　月　日　設定
 (3) 当　事　者
 　　　権利者　　　　市　　町　　番地
 　　　　　　　　　　　　　　　　　A
 　　　義務者　　　　市　　町　　番号
 　　　　　　　　　　　　　　　　　B
 (4) 不　動　産　　　後記のとおり

2．登記の原因となる事実又は法律行為
 　　　Bは，Aに対し，平成　年　月　日，Aが所有する後記2の要役地の通行の便益に供するため，後記1の承役地全部（※他の例：別紙図面のとおり「北側○○平方メートル」）に地役権を設定する旨約した。

平成　年　月　日　　○○法務局　御中

　上記の登記原因のとおり相違ありません。

（権利者）市　町　番地
　　A　㊞

（義務者）市　町　番号
　　B　㊞

不動産の表示

記

不動産の表示

付　録

1　承役地
　　所　　　在　　　市　　　町
　　地　　　番　　　番
　　地　　　目　　　宅地
　　地　　　積　　　〇〇. 〇〇平方メートル

　　所　　　在　　　市　　　町
　　地　　　番　　　番
　　地　　　目　　　宅地
　　地　　　積　　　〇〇. 〇〇平方メートル

2　要役地
　　所　　　在　　　市　　　町
　　地　　　番　　　番
　　地　　　目　　　宅地
　　地　　　積　　　〇〇. 〇〇平方メートル

　　所　　　在　　　市　　　町
　　地　　　番　　　番
　　地　　　目　　　宅地
　　地　　　積　　　〇〇. 〇〇平方メートル

　当職は，司法書士法に基づき，上記当事者の依頼を受け，不動産登記法所定の登記原因証明情報を作成し，司法書士法施行規則第28条の規定により記名押印する。

　　　　　　　　　　市　　　町　　　番　　　号
　　　　　　　　　　　司法書士　C　　　　　職印
　　　　　　　　　（登録番号　〇〇県司法書士会　第〇〇〇号）

【12】地役権図面（例）

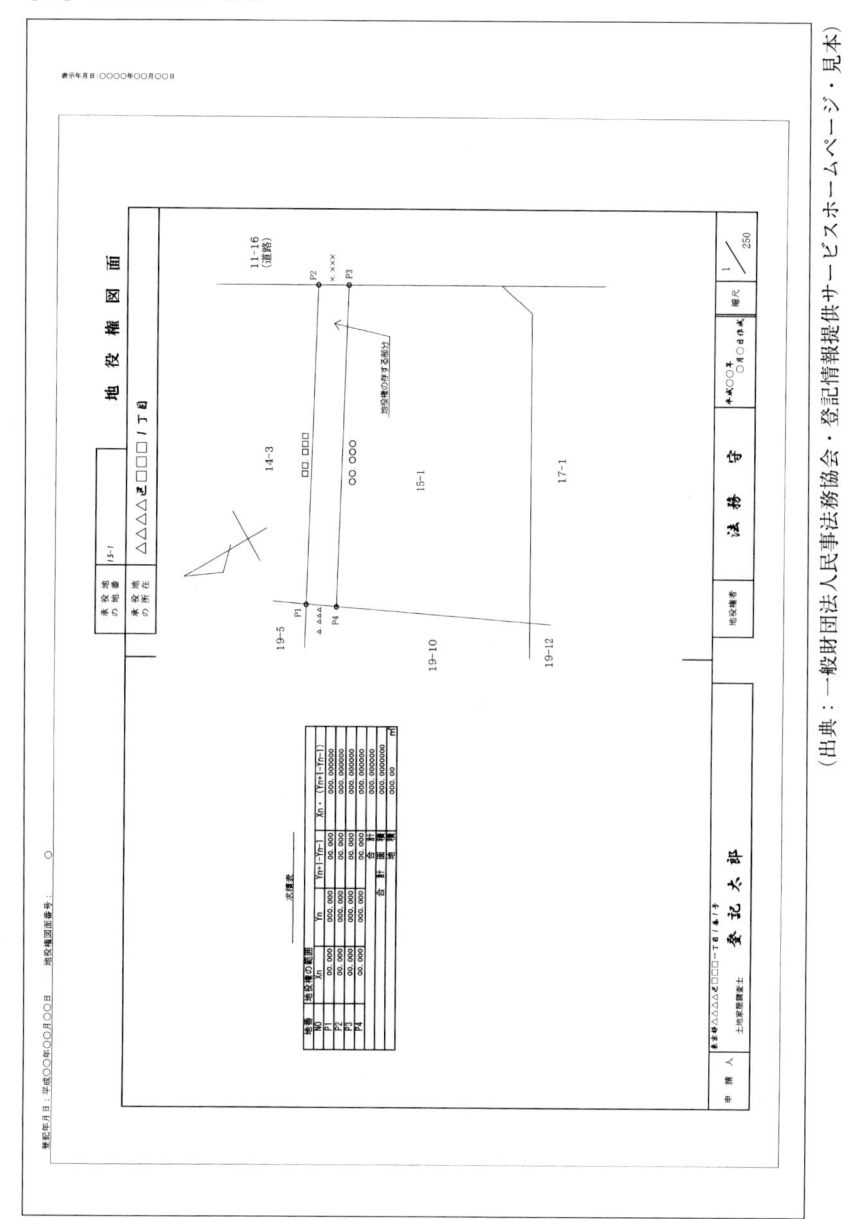

付　録

【13】指定道路の技術基準（例）

※例につき，自治体により異なる場合があります。

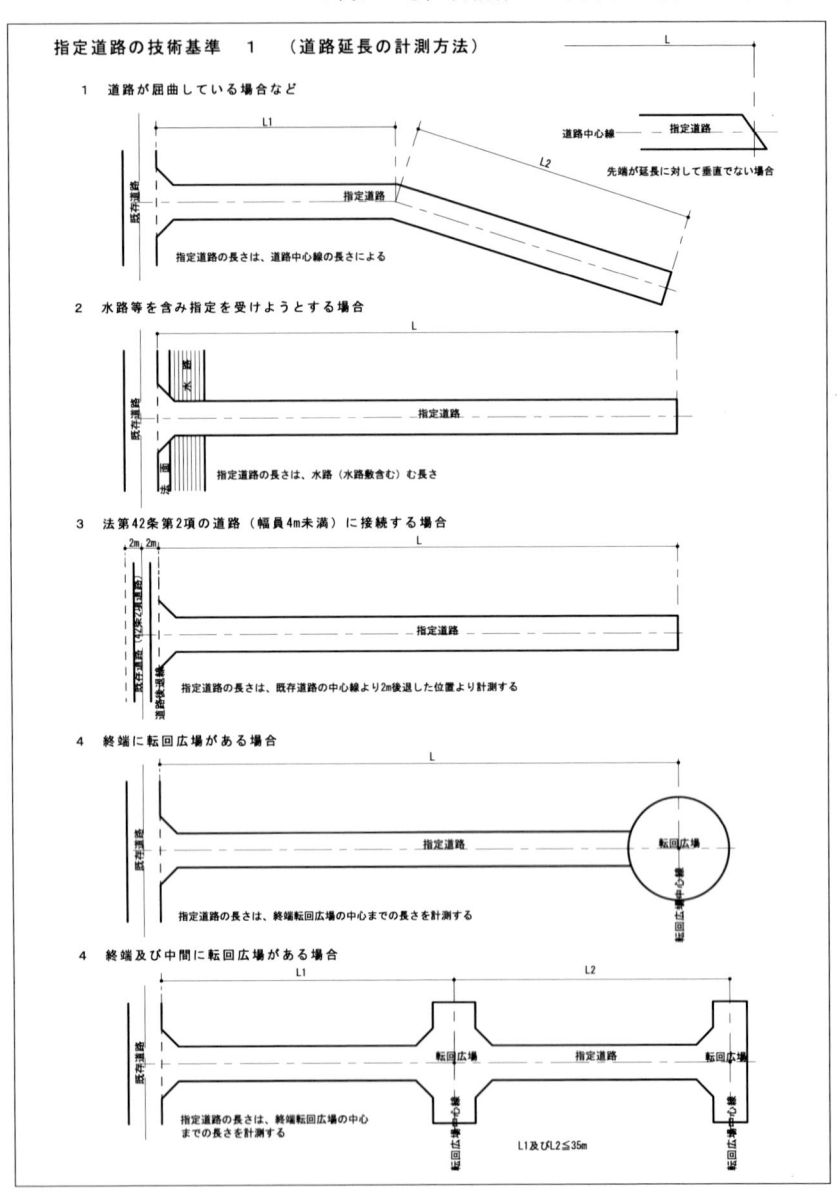

指定道路の技術基準　1　（道路延長の計測方法）

1　道路が屈曲している場合など

指定道路の長さは、道路中心線の長さによる

先端が延長に対して垂直でない場合

2　水路等を含み指定を受けようとする場合

指定道路の長さは、水路（水路敷含む）む長さ

3　法第42条第2項の道路（幅員4m未満）に接続する場合

指定道路の長さは、既存道路の中心線より2m後退した位置より計測する

4　終端に転回広場がある場合

指定道路の長さは、終端転回広場の中心までの長さを計測する

4　終端及び中間に転回広場がある場合

指定道路の長さは、終端転回広場の中心までの長さを計測する

L1及びL2≦35m

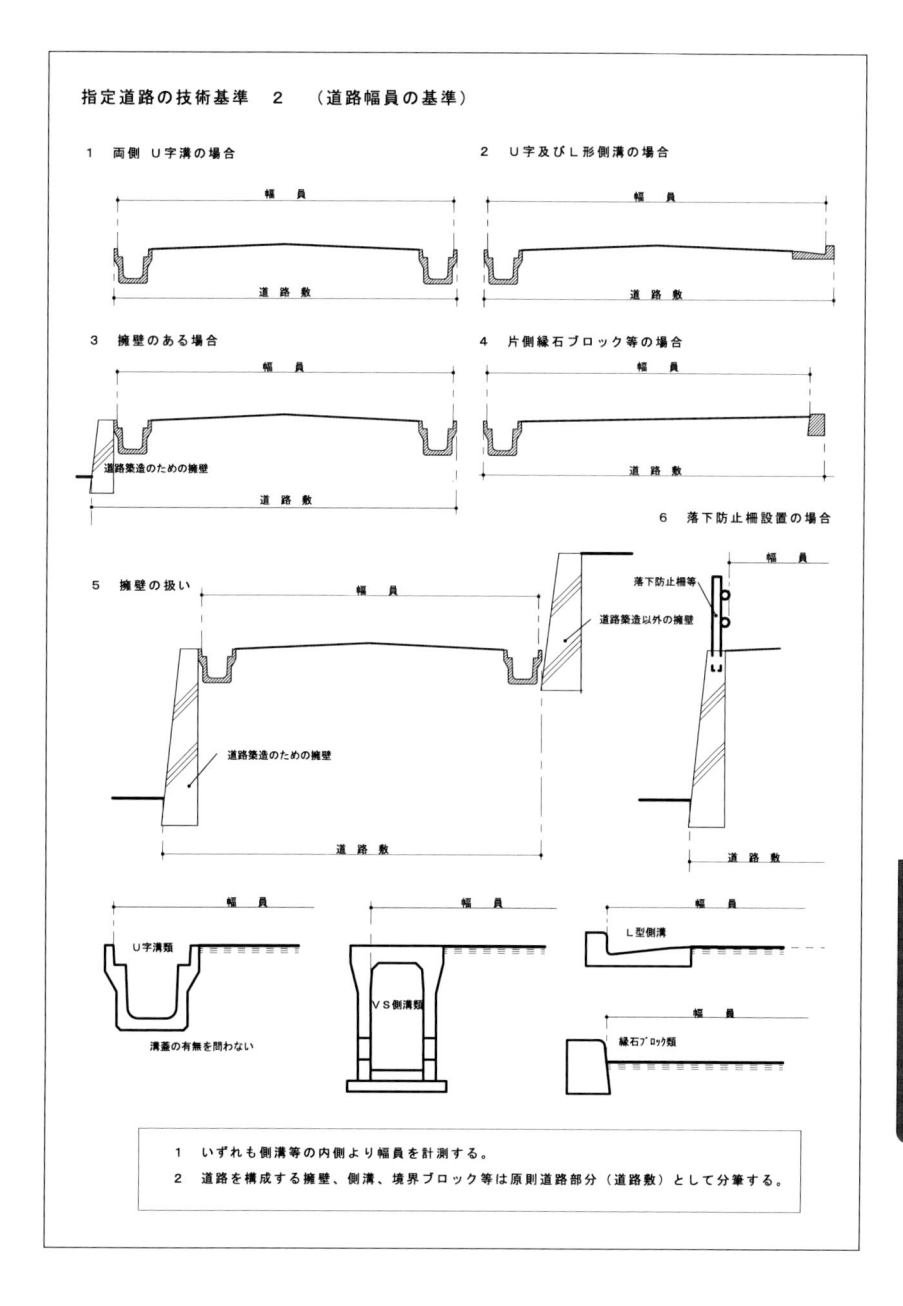

【13】指定道路の技術基準（例）

指定道路の技術基準 2 （道路幅員の基準）

1 両側 U字溝の場合

2 U字及びL形側溝の場合

3 擁壁のある場合

4 片側縁石ブロック等の場合

5 擁壁の扱い

6 落下防止柵設置の場合

U字溝類　溝蓋の有無を問わない

VS側溝類

L型側溝

縁石ブロック類

1　いずれも側溝等の内側より幅員を計測する。
2　道路を構成する擁壁、側溝、境界ブロック等は原則道路部分（道路敷）として分筆する。

531

付　録

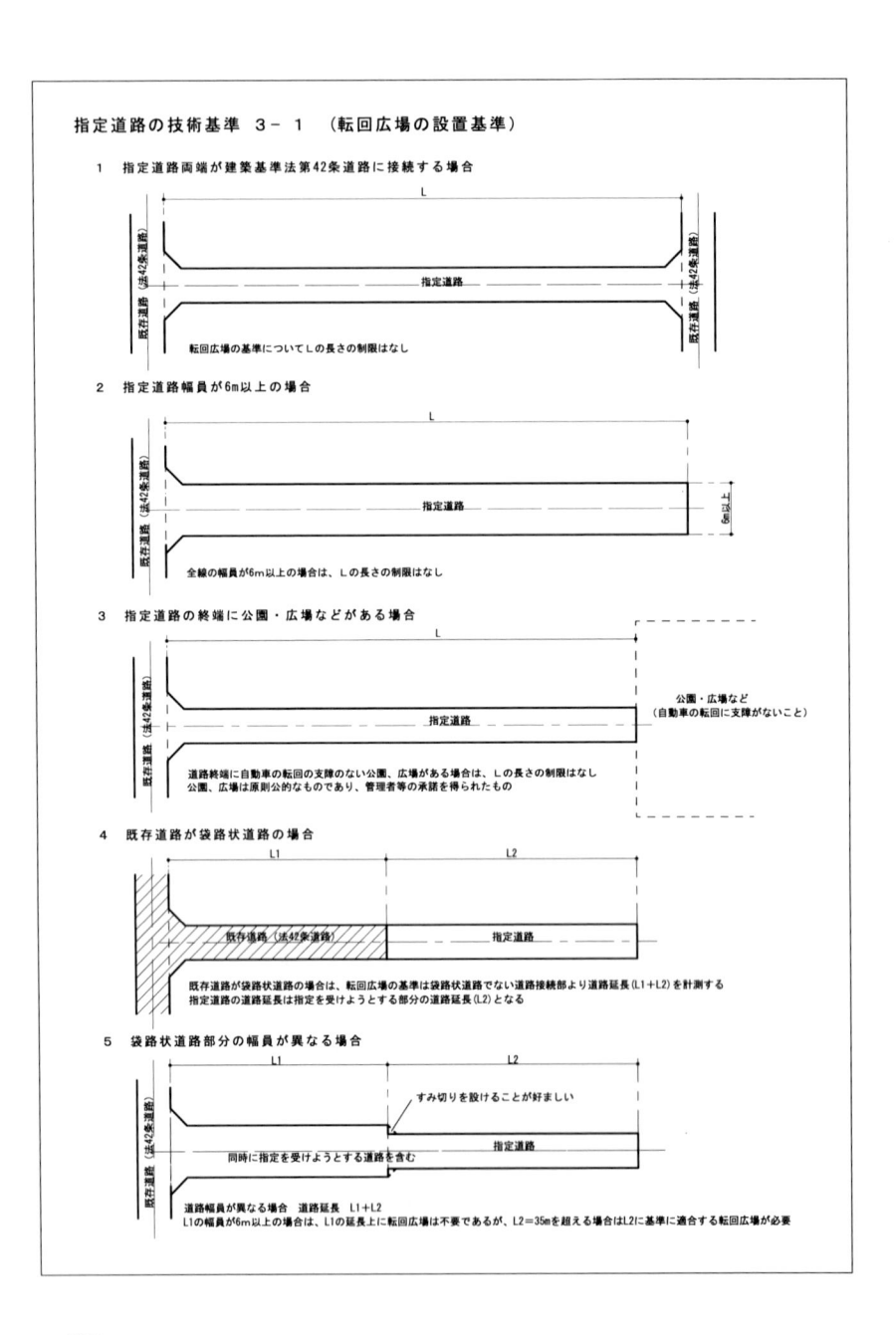

指定道路の技術基準 3-1 （転回広場の設置基準）

1 指定道路両端が建築基準法第42条道路に接続する場合

既存道路（法42条道路） ／ 指定道路 ／ 既存道路（法42条道路）

転回広場の基準についてLの長さの制限はなし

2 指定道路幅員が6m以上の場合

既存道路（法42条道路） ／ 指定道路 （6m以上）

全線の幅員が6m以上の場合は、Lの長さの制限はなし

3 指定道路の終端に公園・広場などがある場合

既存道路（法42条道路） ／ 指定道路 ／ 公園・広場など（自動車の転回に支障がないこと）

道路終端に自動車の転回の支障のない公園、広場がある場合は、Lの長さの制限はなし
公園、広場は原則公的なものであり、管理者等の承諾を得られたもの

4 既存道路が袋路状道路の場合

L1 ／ L2
既存道路（法42条道路） ／ 指定道路

既存道路が袋路状道路の場合は、転回広場の基準は袋路状道路でない道路接続部より道路延長（L1+L2）を計測する
指定道路の道路延長は指定を受けようとする部分の道路延長（L2）となる

5 袋路状道路部分の幅員が異なる場合

L1 ／ L2
既存道路（法42条道路） ／ 指定道路

すみ切りを設けることが好ましい
同時に指定を受けようとする道路を含む

道路幅員が異なる場合　道路延長　L1+L2
L1の幅員が6m以上の場合は、L1の延長上に転回広場は不要であるが、L2=35mを超える場合はL2に基準に適合する転回広場が必要

532

【13】指定道路の技術基準（例）

指定道路の技術基準　3-2　（転回広場の基準）

1　終端の転回広場の形状

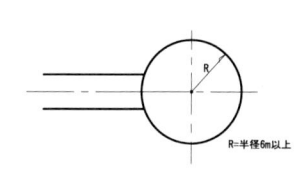

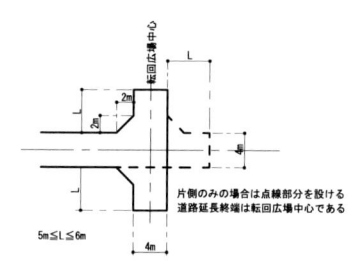

R=半径6m以上

片側のみの場合は点線部分を設ける
道路延長終端は転回広場中心である

5m≦L≦6m

2　中間に設ける転回広場の形状
　　（1）片側に設ける場合

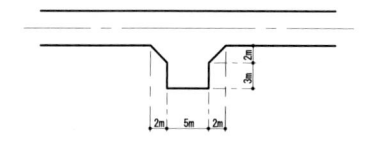

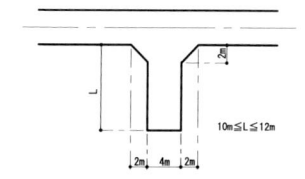

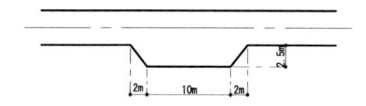

10m≦L≦12m

　　（2）両側に設ける場合

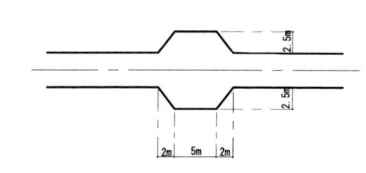

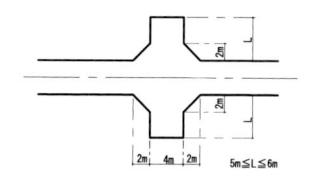

5m≦L≦6m

転回広場は、縁石などで区画する。

533

付　録

指定道路の技術基準　4　（すみ切りの基準）

1　一般的なすみ切り形状

2　法42条2項道路との交差部
道路後退線より規定の隅切りを設ける

3　鋭角に接続する交差部
交差する角度が120°未満の場合はすみ切りを設ける
θ≧120°
交差角を挟む底辺2mの二等辺三角形

4　水路のある交差部

5　歩道のある既存道路との交差部
R=2m
既存道路の管理者の承諾する範囲とすることができる

6　中間で屈曲する部分のすみ切り
出すみのすみ切りは省略することができる

【13】指定道路の技術基準（例）

すみ切りの特例　1

道路交差部分に「道路の基準4（すみ切りの基準）」によるすみ切を両側に設けることができない場合は、以下の基準によることができる。

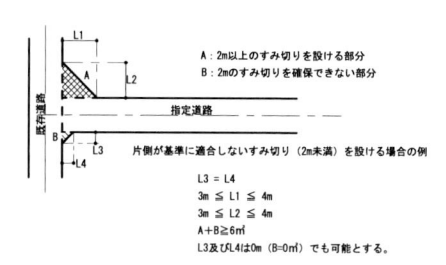

A：2m以上のすみ切りを設ける部分
B：2mのすみ切りを確保できない部分

指定道路

片側が基準に適合しないすみ切り（2m未満）を設ける場合の例
L3 ＝ L4
3m ≦ L1 ≦ 4m
3m ≦ L2 ≦ 4m
A＋B≧6㎡
L3及びL4は0m（B=0㎡）でも可能とする。

すみ切りの特例　2

交差部分の両側にすみ切りを設けることができない場合は、上記「すみきりの特例1」のほか、以下により片側のみのすみ切りとすることができる。

1　指定を受けようとする道路が屈曲しているとみなし（仮想の道路を設定）すみ切りの検討を行い、すみ切りの基準に適合していること。
2　仮想の道路幅員は、基準となる道路幅員以上であること。
　　（隅切りの不要な交差角度や道路内におけるすみ切り寸法等により様々な形態が考えられる。）

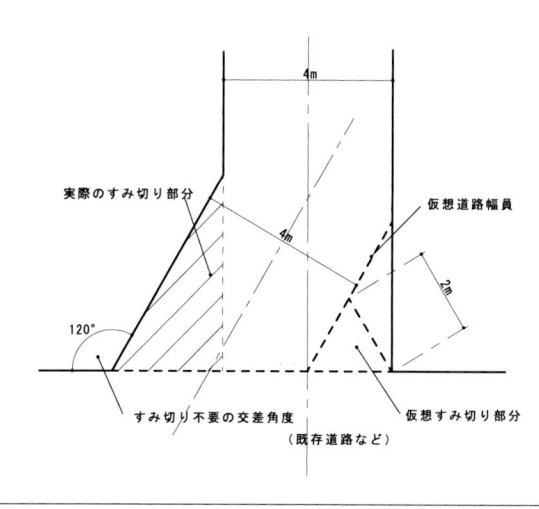

4m
実際のすみ切り部分
仮想道路幅員
4m
2m
120°
仮想すみ切り部分
すみ切り不要の交差角度
（既存道路など）

（出典：長野県建築課ホームページ）

535

付　録

【14】道路位置指定の手続（例）

〈道路位置指定の手続の流れ〉

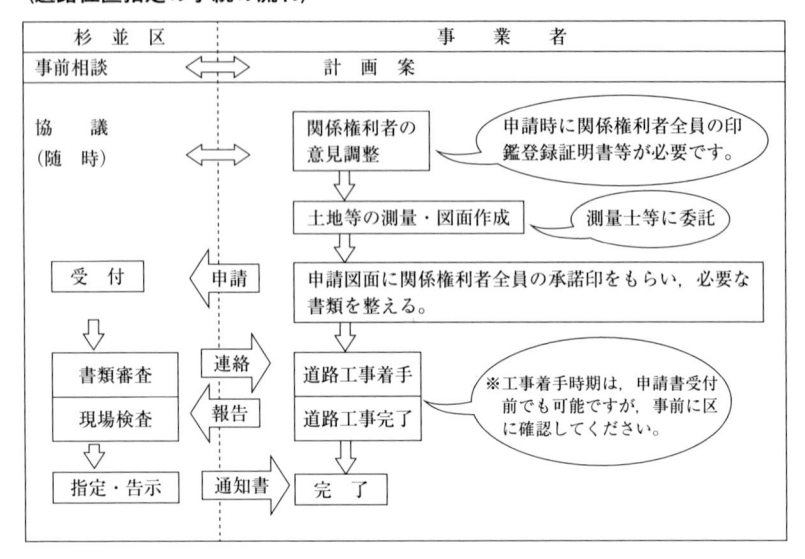

```
杉 並 区              |   事 業 者
事前相談  ⇔              計 画 案
協　議   ⇔      関係権利者の意見調整   （申請時に関係権利者全員の印鑑登録証明書等が必要です。）
（随　時）
                 土地等の測量・図面作成   （測量士等に委託）
受　付  ⇐ 申請   申請図面に関係権利者全員の承諾印をもらい，必要な書類を整える。
   ⇓       連絡
書類審査  ⇔ 報告  道路工事着手    （※工事着手時期は，申請書受付前でも可能ですが，事前に区に確認してください。）
現場検査          道路工事完了
   ⇓
指定・告示  通知書  完　了
```

提出書類
(1) 申請書　正　副
(2) 委任状
(3) 申請図（原図1，写し3部）
(4) 申請する道路及び道路に接する土地，建物の登記時効証明書
　　（受付日の3ヶ月以内のもの）
(5) (4)に関する権利者の印鑑証明書　※権利者：所有権者，借地権者，抵当権者等
　　（受付日の3ヶ月以内のもの，法人の場合は代表者時効証明書も提出）
(6) その他区が必要と認める書類
　　例：権利者が死亡している場合は，相続関係を明らかにする書類
　　　：権利者の住所が登記簿と印鑑証明書で相違している場合は，転居過程が確認できる書類
　　　　（住民票，戸籍の附票等）

（出典：杉並区ホームページ）

先　例　索　引

明33・8・2民刑798号民刑局長回
　答……………………………………318
大7・1・26大蔵省11号主税局長通
　達………………………………………76
昭8・7・20内務省発都15号建設省
　内務次官通牒…………………………34
昭10・7・15民甲656号民事局長回
　答……………………………………334
昭25・12・12住指700号建設省住宅
　局建築指導課長回答………………132
昭26・1・26住指42号建設省住宅局
　建築指導課長回答…………………163
昭26・7・13地方財政委員会地財委
　税1140号事務局税務部長通達……181
昭26・9・14地方財政委員会事務局
　市町村税課長回答…………………181
昭27・1・12住指1280号建設省住宅
　局建築指導課長回答………………156
昭27・1・18建設省建河18号河川局
　長通達…………………………………78
昭27・1・21地方財政委員会事務局
　市町村税課長回答…………………181
昭27・11・13徳島地方法務局会同決
　議……………………………………184
昭27・12・12住指128号建設省住宅
　局建築指導課長回答………………163
昭29・4・5建設省回答…………………90
昭29・8・20建設省住指1000号住宅
　局建築指導課長回答………………139

昭30・2・1国消72号国家消防本部
　長通達・発住5号建設事務次官通
　達・発備2号警察庁次長通達………90
昭30・2・1住指7号建設省住宅局
　建築指導課長回答…………………170
昭30・7・5建設省建広乙16号発……475
昭30・7・30東京都699号告示，改
　正昭50・4・1東京都355号………147
昭30・9・26蔵管3131号大蔵省管財
　局長回答・昭35・8・25大蔵省関
　東財務局長発……………………76, 96
昭31・8・4民甲1772号民事局長通
　達……………………………………325
昭31・12・12最高裁民甲412号事務
　総局民事局長通知・昭39・6・18
　最高裁民二389号民事局長通知……504
昭33・2・22民甲421号民事局長心
　得回答・昭42・12・7民事財産法
　調査委員会決議……………………329
昭33・4・10民甲768号民事局長心
　得電報回答…………………………309
昭34・7・17警察庁交通課長回答……190
昭35・3・31民甲712号民事局長通
　達…………292, 318, 322, 323, 324, 336
昭35・8・31東京法務局登219号民
　事行政部長通達………………………76
昭36・1・23民甲181号民事局長指
　示（大阪法務局会同決議）…………323
昭36・4・4民甲812号民事局長通

537

先例索引

達 …………………………………292, 318, 334

昭36・5・17民甲1158号民事局長回
答 ……………………………………………336

昭36・9・15民甲2324号民事局長回
答 …………………………………… 286, 312

昭36・9・26民甲2462号民事局長指
示（福岡法務局会同決議）…………329

昭37・6・11民甲1559号民事局長通
達 ……………………………………………322

昭37・6・20民甲1605号民事局長回
答 ……………………………………………184

昭37・6・21民甲1652号民事局長通
達 ……………………………………………333

昭38・1・16民甲35号民事局長一部
変更認可（津地方法務局会同決
議）…………………………………………319

昭38・2・12民甲390号民事局長回
答 ……………………………………………289

昭38・10・5民甲2808号民事局長通
達 ……………………………………………285

昭39・7・31民甲2700号民事局長回
答 ……………………………………………286

昭41・4・22蔵国有1315号大蔵省国
有財産局長通達………………………112

昭42・3・4建設省発会153号建設
事務次官通達…………………………513

昭42・4・5自治省34号固定資産税
課長回答…………………………………181

昭42・9・29民甲2511号民事局長回
答 ……………………………………………285

昭44・6・14建設省都計発73号建設
事務次官通達・昭57・9・6建設
省都計発60号改正………………33, 62

昭44・6・17民甲1214号民事局長回
答 ……………………………………………325

昭44・9・10建設省都計発102号都
市局長通達・平10・11・20建設省
都計発118号・経民発67号改正
………………………………………34, 36, 38

昭44・12・4建設省計宅開発117
号・都計156号計画局長・都市局
長発 ……………………………………61, 63

昭44・12・18民甲2731号民事局長回
答 ……………………………………………322

昭45・1・6建設省道企発1号道路
局企画課長通達…………………………34

昭45・4・8建設省計宅開発91号計
画局宅地部長通達………………66, 72

昭45・7・28計宅開発128号建設省
計画局長通達……………………………70

昭45・10・6住街1039号建設省住宅
局市街地建築課長回答……………130

昭45・11・20神計宅開発12号建設省
計画局宅地部宅地開発課長回答 …65

昭45・12・28建設省告示1837号・改
正平12・12・26建設省告示2465号…139

昭46・1・18建設省住街53号住宅局
市街地建築課長回答…………………171

昭46・4・6計宅開発2号建設省計
画局宅地部宅地開発課長回答………61

昭46・10・14愛計宅開発59号建設省
計画局宅地部宅地開発課長回答 …63

昭46・10・14建設省新計宅開発16号
計画局宅地部宅地開発課長回答 …63

昭46・11・29建設省新計宅開発25号
計画局宅地部宅地開発課長回答 61, 65

538

昭47・3・4京計宅開発27号建設省
　計画局宅地部宅地開発課長回答 ……… 64
昭48・5・21東計宅開発12号建設省
　計画局宅地部宅地開発課長回答 ……… 65
昭52・9・3民三4472号民事局通
　達 ………………………………………… 322
昭54・5・9民三2863号民事局第三
　課長依命回答 …………………………… 285
昭54・7・25計民発17号建設省計画
　局宅地開発課民間宅地指導室長通
　達 ………………………………………… 63
昭54・11・16民三5776号民事局回
　答 ………………………………………… 285
昭57・7・16建設省計民30号計画局
　長通知 …………………………………… 71
昭55・7・25計民発49号建設省計画
　局宅地開発課民間宅地指導室長通
　達 ………………………………………… 62
昭58・8・2建設省計民54号建設事
　務次官通達 ……………………………… 66
昭59・10・15民三5157号民事局第三
　課長回答 ………………………………… 284
昭61・4・11経宅38号建設省建設経
　済局長通達 ……………………………… 67
昭61・8・2建設省経民発33号建設
　経済局長通達 …………………………… 64
昭61・8・2建設省経民発34号建設
　経済局宅地開発課民間宅地指導室
　長通達 …………………………………… 65
昭62・8・18建設省経民発31号建設
　経済局長通達 …………………………… 68
昭62・9・30建設省都計発92号建設
　省都市局長通達 ………………………… 38

平元・12・19建設省経民発45号・住
　街発153号建設経済局長・住宅局
　長通達 …………………………………… 66
平5・6・25建設省経民発34号建設
　経済局長通達 …………………………… 68
平5・6・25建設省都計発90号建設
　事務次官通知 …………………………… 62
平5・6・25住指発224号建設省住
　宅局長通知 ……………………………… 130
平5・7・30民三5320号民事局第三
　課長通達 ………………………………… 339
平5・9・8住街114号建設省住宅
　局市街地建築課長通達 ………… 124, 179
平5・9・8住街発113号建設省住
　宅局長通達 ……………………………… 128
平6・3・28最高裁民二79号事務総
　局民事局長通知 ………………………… 504
平10・12・21民三2456号民事局第三
　課長依命通知 …………………………… 323
平17・2・25民二457号民事局長通
　達 ………………………………………… 336

539

判 例 索 引

大判明31・3・30 ………………… 94, 373
大判明44・11・1 ………………… 495
大判大2・4・26 ………………… 495
大判大3・8・10 ………………… 214
大判大4・9・20 ………………… 497
大判大5・7・22 ………………… 410
大判大5・10・31 ………………… 410
大判大7・4・19 ………………… 279, 400
大判大7・11・5 ………………… 512
大判大8・2・24 ………………… 113
大判大8・4・8 ………………… 406
大判大8・6・18 ………………… 29
大判大9・7・15 ………………… 410
大判大9・7・16 ………………… 314
大判大10・1・24 ………………… 285, 406
大判大10・2・1 ………………… 113
大判大10・3・23 ………………… 292
大判大13・3・17 ………………… 292, 300
東京控判大13・8・11 ………………… 223
大判大13・10・7 ………………… 113
大判昭2・3・30 ………………… 191
大判昭2・4・22 ………………… 286, 366
大判昭2・9・19 ………………… 361, 362
大判昭3・5・31 ………………… 191
大判昭5・8・6 ………………… 405
大判昭5・10・31 ………………… 407
大判昭7・4・13 ………………… 405
大判昭7・11・9 ………………… 407
大判昭9・10・19 ………………… 498

大判昭10・10・5 ………………… 453
神戸地判昭11・6・25 ………………… 176
大判昭11・11・6 ………………… 191
大判昭11・11・27 ………………… 405
大判昭12・3・10 ………………… 308
朝鮮高判昭12・11・12 ………………… 270
大判昭12・11・19 ………………… 400, 407, 408
大判昭12・11・26 ………………… 283
大判昭13・3・17 ………………… 368
大判昭13・6・7 ………………… 214
大判昭13・12・26 ………………… 409
大判昭14・7・19 ………………… 300, 368
大判昭15・10・24 ………………… 405
東京地判昭25・11・6 ………………… 387
東京地判昭25・12・14 ………………… 283
大阪地判昭26・6・26 ………………… 443
徳島地判昭26・11・27 ………… 206, 253, 419
高松高判昭27・3・29 ………………… 190
東京地判昭28・2・4 ………… 195, 286, 366
東京高判昭28・4・27 ………………… 190
新潟地柏崎支判昭28・7・23 … 361, 362, 422
東京高判昭28・9・28 ………………… 195
東京高判昭28・10・26 … 208, 218, 234, 411
大阪地判昭28・12・25 ………… 223, 382, 386
鳥取地判昭29・2・5 ………………… 420, 422
広島高判昭29・3・11 ………………… 301
東京高判昭29・3・25 ………………… 206
大阪地判昭30・5・2 ………………… 441
東京地判昭30・9・12

判例索引

　　　　……… 210, 255, 264, 270, 381, 419, 422
東京地判昭30・9・21 ……… 286, 287, 422
東京高判昭30・11・25 ……… 282, 283, 422
岐阜地判昭30・12・12 ……………… 481
最三小判昭30・12・26
　　　　……… 217, 234, 299, 361, 362, 416
福岡高宮崎支判昭31・3・26 ………… 76
東京地判昭31・9・25 ………………… 222
津地判昭31・10・29 …………………… 413
東京地判昭31・12・17 ……… 208, 270, 362
東京地判昭32・2・8 …………………… 286
東京地判昭32・3・12 ………………… 460
佐賀地判昭32・4・4 …………………… 125
高松高判昭32・6・8 …… 206, 220, 268, 270
東京高判昭32・6・17 ………………… 351
最二小決昭32・9・18 ………………… 191
東京地判昭32・12・20
　　　　……… 204, 209, 216, 222, 263, 264, 271
最二小判昭33・2・14 ……………… 361, 362
東京地判昭33・3・22 ………………… 301
東京高判昭33・3・24 ………………… 463
最二小判昭33・3・28 ………………… 441
最一小判昭33・6・14 ………………… 460
仙台地判昭33・10・15 ………………… 113
最一小判昭34・1・8 …………………… 405
東京地判昭34・3・19 ……………… 139, 141
東京地判昭34・4・22 ……… 208, 263, 267
東京高判昭34・7・28 ………………… 403
東京高判昭34・8・7 ……………… 214, 231
千葉地判昭34・9・14 ……………… 384, 480
東京地判昭34・11・11 ………………… 140
高山簡判昭34・12・11 ………………… 512
東京地判昭34・12・16 ……………… 148, 164

東京地判昭35・1・28 ………………… 441
名古屋高判昭35・4・25 ……………… 192
高知地判昭35・4・27 ………………… 481
最一小判昭35・7・27 ……………… 113, 365
東京地判昭35・9・8 …………………… 476
東京高判昭36・3・15 ………………… 481
最二小判昭36・3・24 ……………… 221, 222
東京高判昭36・3・24 ………………… 283
大阪高判昭36・3・30 ………………… 202
東京地判昭36・8・15 ……… 196, 223, 273
東京高判昭37・1・30 …… 214, 235, 271, 488
最一小判昭37・3・15 ……………… 197, 244
東京高判昭37・5・26 ………………… 206
東京高判昭37・7・30 ………………… 190
山口地判昭37・7・30 ……………… 228, 488
最三小判昭37・9・4 …………………… 20
東京地判昭37・10・3
　　　　……… 222, 225, 238, 269, 271
最三小判昭37・10・30 ……………… 263, 266
最三小判昭37・11・27 ………………… 458
最二小判昭38・1・25 ………………… 406
東京地判昭38・2・5 …………………… 403
横浜地判昭38・3・25 ………………… 277
京都地判昭38・3・30 ……………… 193, 252
東京地判昭38・4・30 ………………… 171
渋谷簡判昭38・6・24 ………………… 271
東京地判昭38・6・25
　　　　……… 163, 166, 300, 354, 476
甲府地判昭38・7・18
　　　　……… 214, 231, 239, 242, 247, 268, 485
東京地判昭38・8・15 ………………… 485
東京地判昭38・9・4 …… 235, 239, 244, 493
東京地判昭38・9・9

541

判例索引

……………… 215, 228, 231, 239, 240, 241
東京地判昭38・10・4 …………… 406
大阪地決昭38・11・18 …………… 221
大阪高判昭38・12・23 …………… 190
最一小判昭39・1・16 ………… 94, 373
東京地判昭39・2・1
　………… 205, 211, 215, 232, 239, 242, 245
大阪地判昭39・2・2 ……………… 404
中野簡判昭39・2・24 ………… 349, 358
東京地判昭39・3・26 …………… 480
熊本簡判昭39・3・31
　………………… 231, 237, 244, 268, 487
最三小判昭39・5・26 …………… 212
東京地判昭39・5・28 …………… 140
東京地判昭39・6・30 ……… 212, 265
福島地判昭40・1・28
　……………… 218, 287, 301, 355, 431
最一小判昭40・3・4 ……………… 406
東京高判昭40・5・31
　………… 166, 190, 232, 243, 247, 300, 384
東京地判昭40・7・15 …………… 246
東京地判昭40・7・26 …………… 364
大阪地判昭40・7・29 …………… 301
横浜地判昭40・8・16 …………… 130
名古屋地判昭40・10・16
　………………… 205, 253, 271, 453
横浜地判昭40・11・10 ……… 206, 218
最三小判昭40・12・7 …………… 512
東京地判昭40・12・17
　………… 193, 227, 240, 247, 256, 261, 273
東京高判昭40・12・23 …………… 351
東京高判昭41・2・21 …………… 172
最大判昭41・2・23 ……………… 481

最一小判昭41・4・14 …………… 461
東京地判昭41・5・23
　………… 206, 240, 255, 362, 419, 490
東京地判昭41・6・25 …………… 349
大阪地判昭41・6・27 …………… 182
大阪高判昭41・7・22 …………… 190
東京地判昭41・7・29 ……… 346, 422
東京地判昭41・9・28 …………… 448
最二小判昭41・10・7 …………… 113
東京高判昭41・10・14 …… 271, 364, 422
東京地判昭41・10・29 …………… 301
青森地十和田支判昭41・11・9 …… 388
東京地判昭41・11・12 …………… 301
大阪地判昭41・12・19 …………… 281
大阪地判昭42・2・28 …………… 449
東京地判昭42・3・23 …………… 442
長岡簡判昭42・5・17 …………… 449
東京高判昭42・5・31 …………… 191
最二小判昭42・6・9 ……………… 115
東京高判昭42・7・25 …………… 77, 97
東京地判昭42・7・26 ………… 97, 481
東京地判昭42・8・16 …………… 140
東京地判昭42・10・21 …………… 110
東京高判昭42・10・26 …………… 476
東京地判昭42・11・7 ……… 257, 489
米子簡判昭42・12・25
　………………… 207, 216, 236, 242, 247
最三小判昭42・12・26 ……………… 21
東京高判昭43・2・27 ……… 195, 364
最一小判昭43・3・28 … 208, 211, 242, 275
岡山地判昭43・5・29 …………… 404
東京高決昭43・7・10 …… 229, 237, 249
大阪高判昭43・7・31 …………… 449

542

判例索引

東京地判昭43・9・2……………………232
東京高判昭43・9・20……………………260
東京地判昭43・10・11………295, 401, 408
東京地判昭43・11・4……………………463
横浜地判昭43・11・6
　………………264, 271, 300, 301, 363
東京高判昭43・11・29……………………94
新潟地決昭44・1・27……………………440
最一小判昭44・2・27……………………499
大阪高判昭44・2・27………373, 495, 498
東京地判昭44・3・29……209, 222, 261, 271
東京地決昭44・4・14……………………443
最三小判昭44・6・24……………………505
最二小判昭44・7・11……………………191
札幌地判昭44・8・28……342, 409, 438, 486
大阪高判昭44・8・28……………………461
東京地判昭44・9・8………………………365
東京地判昭44・10・15………243, 250, 384
最一小判昭44・11・13
　………………209, 210, 224, 263, 440
最一小判昭44・12・4………………23, 110
東京地判昭44・12・4……………………417
最一小判昭44・12・18……………………77
東京地判昭44・12・24………………363, 485
東京地判昭45・1・20………………348, 387
東京高判昭45・6・3………………………191
千葉簡判昭45・7・13………………296, 417
最一小判昭45・8・20……………………21
東京地判昭45・9・8……287, 289, 349, 420
福岡地判昭45・12・24………364, 365, 368
東京地判昭45・12・26……………461, 500
東京高判昭46・1・9……………………191
新居浜簡判昭46・2・10…………………77

仙台高判昭46・3・10…………239, 400, 408
福岡地判昭46・5・24……………………231
東京地判昭46・5・29……………141, 172
最一小判昭46・7・1……………441, 443
甲府地判昭46・9・21………109, 227, 231
東京地判昭46・10・8……………………355
大阪高判昭47・1・21……………………406
福岡高判昭47・2・28
　………………207, 215, 236, 247, 300
東京地判昭47・3・24
　………215, 223, 235, 240, 249, 420, 423
最二小判昭47・4・14……215, 225, 254, 494
最三小判昭47・7・25……………………171
東京地判昭47・8・15……………………387
名古屋地判昭47・8・17…………………272
足立簡判昭47・12・11……………226, 341
最三小判昭47・12・26……………………505
福岡地久留米支判昭48・1・16…………247
大阪地判昭48・1・30
　……222, 223, 232, 248, 300, 383, 404, 496
東京高判昭48・3・6………97, 206, 207, 374
東京高判昭48・3・16………301, 363, 365
最二小判昭48・4・13……………………370
東京地判昭48・5・14………249, 254, 487
東京高判昭48・6・28………………301, 353
名古屋地判昭48・6・29…………………482
横浜地判昭48・9・17
　………………216, 220, 250, 340, 419, 494
東京高判昭48・10・30……………211, 254
福岡高判昭48・10・31………215, 239, 247
東京地判昭48・11・30………308, 363, 367
名古屋地判昭48・12・20…………413, 450
東京高判昭48・12・25……………………216

543

判例索引

東京高判昭49・1・23
　　　…195, 283, 345, 347, 361, 382, 416, 421, 423
最三小判昭49・2・5……………………505
大阪高判昭49・3・28 …174, 223, 287, 302,
　　　　　349, 379, 383, 388, 400, 486, 499
最三小判昭49・4・9……………239, 242
東京高判昭49・4・30………………174
東京高判昭49・5・9………346, 349
静岡地判昭49・5・30………………487
東京地判昭49・8・20………………450
大阪簡判昭49・9・20………………450
東京高判昭49・11・26………31, 94, 107,
　　　　　　125, 165, 167, 168, 170, 374, 402
高松高判昭49・11・28………………277
仙台高判昭49・12・25………185, 387
岡山地判昭49・12・26 …215, 235, 266, 268
東京高判昭50・1・29
　　　……227, 232, 250, 287, 362, 366, 398, 436
東京高判昭50・2・27………………272
岡山地倉敷支判昭50・2・28 …249, 380, 382
東京地判昭50・4・15………263, 267, 272
静岡地決昭50・4・21………………506
福岡高判昭50・5・12………228, 235, 485
大阪地判昭50・6・4………………458
名古屋地判昭50・6・17………………116
最三小判昭50・7・25………………21
神戸簡判昭50・9・25……228, 257, 272,
　　　　　　292, 298, 300, 354, 355, 416, 454
東京高判昭50・11・27………………406
最三小判昭50・11・28………………202
札幌地判昭50・12・23
　　　………………209, 222, 364, 423, 489
東京高判昭50・12・26………139, 140

東京地判昭51・1・21………………475
東京地判昭51・1・28 ……301, 353, 364, 366
東京地判昭51・4・27 ……358, 417, 497, 499
東京地判昭51・5・27………437, 442
東京地判昭51・6・10………………141
京都地決昭51・6・21………………405
札幌地判昭51・9・29………………253
東京高判昭51・11・25………………357
大阪地判昭51・12・15 …205, 215, 232, 241
最二小判昭51・12・24………………114
神戸地判昭52・1・17………………142
東京地判昭52・2・25 ……226, 240, 269, 272
東京高決昭52・3・7
　　　………………212, 216, 230, 232, 239, 242
東京地判昭52・4・22………122, 470
東京地判昭52・4・28
　　　………………303, 312, 315, 316, 417
東京地判昭52・5・10
　　　………………174, 191, 243, 249, 380, 498
東京地判昭52・5・16………………462
大阪地判昭52・5・27………232, 241
東京高判昭52・6・13………………244
名古屋地判昭52・7・4………………478
東京地判昭52・9・21………………471
福岡地判昭52・12・5………………387
山口地徳山支判昭52・12・13
　　　………………239, 240, 242, 248, 272
東京地判昭52・12・19………………471
大阪地判昭53・4・25………………182
松山地判昭53・5・30………………481
東京高判昭53・9・21………218, 462
大阪高判昭53・9・26………………452
大阪地判昭53・10・12………………481

544

東京高判昭53・11・29
　………223, 261, 264, 272, 405, 409, 464
大阪高判昭53・12・13 ……… 327, 430
最一小判昭53・12・21 ……………… 79
横浜地判昭54・1・24 ……………… 142
大阪地判昭54・4・17 ……… 140, 143
奈良地判昭54・5・28 ……………… 379
東京高判昭54・5・30 ……… 218, 219, 417
札幌高判昭54・5・31 ……………… 253
水戸地判昭54・7・18 ……………… 283
水戸地判昭54・8・15 ……… 326, 418
東京地判昭54・9・13 ……………… 480
東京高判昭54・9・27 ……………… 470
東京地判昭54・10・8 ……………… 143
大阪地決昭54・10・26 …………… 405
福岡高判昭54・12・13 …………… 122
東京地判昭55・2・18
　……………… 177, 182, 362, 423, 490
鳥取地判昭55・3・13 ……………… 480
大阪高判昭55・3・19 … 342, 348, 362, 490
浦和地判昭55・3・21 ……………… 418
宇都宮地栃木支判昭55・4・10 … 211, 259
東京地判昭55・4・14 ……… 404, 496, 507
東京地判昭55・5・20 ……………… 476
大阪高判昭55・5・30
　……………… 216, 235, 242, 245, 255
福岡高判昭55・6・10 ……………… 115
最三小判昭55・7・15 ……… 121, 470
奈良地判昭55・8・29
　……………… 229, 233, 254, 264, 273, 498
最一小判昭55・9・11 ……… 79, 193
東京高判昭55・9・11 ……………… 125
仙台高判昭55・10・14 …… 303, 349, 388

東京地判昭55・12・19 ……… 233, 403
東京高判昭55・12・23 …………… 403
東京地判昭56・1・28
　……………… 211, 233, 239, 244, 265, 269, 490
東京地判昭56・1・30 … 209, 226, 239, 244
神戸地尼崎支判昭56・1・30 …… 506
東京地判昭56・2・27 ……………… 366
最一小判昭56・3・19 ……………… 410
東京地判昭56・3・19 ……… 303, 352
東京地判昭56・4・20
　……………… 209, 226, 269, 365, 423, 489
東京高判昭56・5・20
　……………… 29, 94, 374, 478, 480, 485
東京地判昭56・5・29 ……………… 365
東京地判昭56・6・15 ……………… 463
東京地判昭56・6・29 ……… 156, 423
名古屋地判昭56・7・10
　……………… 210, 222, 233, 255, 256
最一小判昭56・7・16 …………… 452
大阪高判昭56・7・22 …………… 454
東京高判昭56・8・27
　……………… 210, 211, 233, 259, 260, 273, 488
東京地判昭56・8・27
　……………… 222, 233, 267, 496, 499
東京高判昭56・9・9 ……………… 207
東京地判昭56・10・15 …………… 365
東京地判昭56・11・10 …………… 463
佐野簡判昭56・11・10 …… 96, 374, 485
和歌山地判昭56・12・21 ………… 128
東京地判昭56・12・25 …………… 342
東京地判昭57・1・29 … 174, 375, 402, 438
東京地判昭57・3・15 ……… 218, 256
東京地判昭57・3・23 ……………… 147

545

判例索引

奈良地判昭57・3・26 ……………… 78
東京地判昭57・4・28
　　　……… 233, 240, 248, 259, 455, 490
東京高判昭57・6・10 ……………… 443
熊本地判昭57・6・18 ……………… 76
大阪地判昭57・8・13 …… 227, 251, 401, 500
名古屋地判昭57・8・25 …… 301, 349, 364
東京高判昭57・8・26 ……………… 145
大阪高判昭57・8・31 ………… 480, 498
最一小判昭57・9・9 ……………… 479
和歌山地決昭57・10・4 …………… 454
東京地判昭57・11・12 …………… 471
横浜地判昭57・12・13 …………… 211
横浜地判昭58・1・27 ………… 465, 501
東京地判昭58・2・14 ………… 385, 462
東京高判昭58・2・28 ……………… 410
最一小判昭58・3・24 ……………… 113
東京高判昭58・4・24 ……………… 234
東京地判昭58・4・25
　　　……… 176, 217, 229, 245, 250, 385
東京高判昭58・4・27 …… 287, 363, 366, 369
松山地判昭58・4・27 …… 240, 259, 273, 402
長崎地佐世保支判昭58・5・25 …… 169, 375
大阪地決昭58・5・26 …… 226, 254, 424
札幌高判昭58・6・14 …… 229, 303, 347, 424
福岡高判昭58・6・29 ……………… 476
京都地判昭58・7・7 …… 217, 252, 382, 424
横浜地判昭58・8・24 ……………… 357
東京地判昭58・8・25 ……………… 146
大阪地判昭58・9・27 ……………… 441
大阪地判昭58・10・28 …………… 280
浦和地判昭58・12・26 …… 243, 264, 273
東京高判昭59・2・8 ……………… 147

大阪地判昭59・3・27 ………… 304, 418
東京高判昭59・4・10 ………… 424, 442
最一小決昭59・4・12 ……………… 192
名古屋高判昭59・4・16 ……… 413, 444
東京高判昭59・4・24 …… 122, 130, 197, 256
東京高判昭59・5・30 ………… 465, 501
最判昭59・7・17 ………………… 145
広島高判昭59・7・26 ……………… 73
東京地判昭59・9・20 ……………… 140
山口地判昭59・9・27 …… 255, 419, 485
最二小判昭59・10・26 …………… 470
東京地判昭59・11・26 …………… 114
最一小判昭59・11・29 …………… 79
神戸地判昭59・11・30 …………… 469
名古屋地判昭59・12・7 …… 130, 239, 486
東京高判昭59・12・18 …… 164, 175, 196
東京高判昭59・12・25 …… 94, 99, 117, 401
横浜地判昭59・12・26 …… 99, 374, 497
東京地判昭59・12・26 …………… 468
東京地判昭60・1・31 …………… 471
神戸地決昭60・2・20 …………… 385
高知地判昭60・3・26 …………… 245
大阪高判昭60・3・29 …………… 79
大阪高判昭60・4・22 ………… 455, 496
東京地判昭60・4・30 ………… 206, 351
東京地判昭60・5・9 …… 169, 380, 401
東京地判昭60・6・24 ………… 237, 369
大阪高判昭60・7・3 …………… 315
最三小判昭60・7・16 …………… 472
東京地判昭60・7・19 …………… 420
京都地判昭60・9・24
　　　……… 304, 315, 316, 352, 377, 424
大阪高判昭60・9・26 ……… 304, 354, 493

東京地判昭60・10・9 …………… 140
大阪高判昭60・10・24 ……… 308, 326, 418
大阪地判昭60・11・11 …………… 451
鹿児島地判昭60・11・15 ………… 219
京都地判昭60・12・26 ……… 96, 352, 374
大分地判昭61・1・20 …………… 451
東京高判昭61・1・29 …………… 472
東京高判昭61・2・27 …………… 460
広島高判昭61・3・20 …………… 114
長野地判昭61・4・30 …………… 115
新潟地判昭61・5・23 …………… 79
神戸地判昭61・5・30 …………… 195
神戸地判昭61・7・9 …………… 471
名古屋地判昭61・7・18 ………… 289
東京地判昭61・7・29 … 182, 346, 350, 356
東京高判昭61・8・6 …………… 458
東京地判昭61・8・26 … 176, 196, 250, 377
東京地判昭61・8・27 …………… 451
京都地判昭61・9・30 ……… 140, 143
東京高判昭61・10・29 …………… 459
仙台高判昭61・10・29 … 280, 346, 388, 424
水戸地判昭61・10・30 ……… 125, 471
名古屋高判昭61・11・5 ……… 410, 496
秋田地判昭61・11・7 …………… 365
大阪高判昭61・11・18 …………… 468
京都地判昭61・11・21 …………… 90
横浜地判昭61・12・23
　　………… 216, 234, 239, 243, 265, 416
東京地判昭62・1・12
　　………………… 177, 289, 304, 309, 380
東京高判昭62・2・26 …………… 375
東京高判昭62・3・18 ……… 287, 366
大阪高判昭62・3・18 …… 315, 353, 403

横浜地小田原支判昭62・3・31 ……… 76
大阪高判昭62・4・10 …………… 78
東京地判昭62・4・20 …………… 141
最大判昭62・4・22 …………… 428
大阪高判昭62・4・28 …………… 90
東京地判昭62・5・27
　　……………… 210, 223, 425, 441, 444
東京高判昭62・6・3 …………… 240
最二小判昭62・6・5 …………… 369
横浜地判昭62・6・19 …………… 428
東京地判昭62・6・30 ……… 462, 500
福井地判昭62・7・29 …………… 514
東京地判昭62・7・30 …………… 486
横浜地判昭62・8・10 …………… 455
東京地判昭62・8・31 …………… 455
東京地判昭62・10・7 …………… 132
大阪高判昭62・10・14 …………… 191
大阪高判昭62・10・27 …………… 191
横浜地判昭62・11・12 ……… 219, 296, 356
東京地判昭62・11・30 …………… 294
奈良地判昭62・12・3 …………… 156
東京地判昭63・1・28 ……… 304, 357, 418
東京地判昭63・2・26 … 406, 409, 437, 442
東京地判昭63・5・17 …………… 416
仙台地判昭63・5・25 ……… 148, 472
東京地判昭63・5・26 …………… 280
東京高判昭63・6・29 …………… 441
大阪地判昭63・8・8 …………… 111
東京地判昭63・8・25 …………… 114
浦和地判昭63・9・9
　　………… 195, 196, 348, 365, 377, 424
東京高判昭63・9・22 …………… 115
東京地判昭63・11・25 …………… 496

547

判例索引

東京地判平元・2・17 ……………… 376
東京地判平元・2・28 ……………… 376
浦和地判平元・3・20 ………… 304, 353
大阪高判平元・7・7 ………………… 79
広島地判平元・8・30 ………… 234, 243
大阪地判平元・9・12 ………………… 88
最三小判平元・9・19 ……………… 121
東京高判平元・9・27 ……… 175, 375, 497
大阪地判平元・11・1 ……………… 163
最二小決平元・11・7 ……………… 452
高松高判平元・12・13 ………… 234, 251
東京地八王子支判平元・12・19
　　　　　　　　…… 185, 296, 305, 350
東京高判平元・12・25 ………… 167, 376
東京高決平2・1・19 ……………… 401
仙台高判平2・1・29 ………… 377, 402
東京地判平2・2・27 ………… 240, 355
東京地判平2・3・30 ……………… 376
最一小判平2・4・12 ……………… 483
東京地判平2・4・24
　　　　… 211, 234, 241, 244, 245, 341, 419
岡山地判平2・5・30 ………… 172, 482
東京地判平2・6・14 ……………… 458
大阪高判平2・6・26 … 290, 327, 346, 356, 430
東京地判平2・7・20 ……………… 115
大阪地決平2・8・29 ……………… 452
東京高判平2・8・30 …… 167, 177, 376, 385
仙台高判平2・9・27 ………… 148, 472
最一小判平2・10・25 ……………… 482
東京地判平2・10・29
　　　…… 175, 176, 293, 296, 355, 416, 436, 494
東京地判平2・11・13 ……………… 115
東京地判平2・11・19 ………… 212, 346

最三小判平2・11・20 ………… 261, 273
東京地判平2・11・27 ………… 305, 356
広島地判平3・1・17 ……………… 483
東京地判平3・1・29 …… 228, 240, 455
福岡高判平3・1・30 ……………… 455
東京高判平3・2・26 ……………… 114
大阪地決平3・3・25 ………… 481, 507
東京地判平3・3・28 ………… 133, 143
最二小判平3・4・19 …… 167, 376, 380
広島高判平3・5・29 ……………… 267
名古屋地判平3・5・30 …………… 453
東京高判平3・6・24 ………… 342, 357
東京高判平3・6・28 ………… 343, 387
横浜地決平3・7・5 …… 95, 99, 379
東京地判平3・7・16 ………… 212, 263
京都地判平3・7・19 ……………… 193
浦和地判平3・8・26 ……………… 141
東京地判平3・8・27 ……………… 476
横浜地判平3・9・12 ………… 279, 438
東京地判平3・9・30 ……………… 125
東京地判平3・10・25 ……………… 428
東京高決平3・11・26 ………… 376, 385
東京地八王子支判平4・1・27 …… 169, 378
東京地判平4・2・24 ……………… 133
東京地判平4・2・28 ……………… 428
大阪高判平4・3・19 ………… 20, 193
千葉地判平4・3・24 ……………… 281
大阪地判平4・4・22 ……………… 218
東京地判平4・4・28 ……………… 455
神戸地判平4・6・24 ……………… 135
東京高判平4・6・29 ……………… 142
仙台高判平4・7・24 ……………… 113
大阪地堺支判平4・9・25 ………… 111

548

東京地判平4・10・30 ……………150	最二小判平6・12・16 ……………363
東京高判平4・11・25 ……… 294, 297, 343, 352, 402, 404, 409, 437, 442, 494	東京地判平7・1・26 ………………483
	京都地決平7・3・30 ………………202
東京高判平4・12・10 …… 296, 305, 356, 418, 428, 429	最三小判平7・7・18 ………………493
	東京地判平7・7・26 ……………… 90
東京地判平4・12・9 ………………449	東京地判平7・8・4 ………………148
東京地判平5・2・17 ……………… 38	東京地判平7・8・23 …… 182, 296, 347
大阪地判平5・3・25 ………………280	大阪地決平7・10・27 ……………175
仙台高判平5・3・29 ………………111	東京地判平7・11・9 ………… 169, 375
東京地判平5・4・12 …………142, 172	京都地判平7・11・24 ………… 470, 471
大阪高判平5・4・27 …… 218, 248, 256, 249, 342, 420, 486	大阪高決平7・12・11 ………… 175, 250
	名古屋地判平8・1・25 ……………219
仙台地判平5・5・25 ………………451	神戸地判平8・2・27 ………………473
東京地判平5・6・1 …… 175, 176, 375, 382, 402, 485	東京高判平8・2・29 ………… 176, 380
	大阪高判平8・3・27 ………………459
最二小判平5・9・24 ………………455	東京地判平8・3・27 ………………439
東京地判平5・9・30 ………175, 375, 499	福岡高判平8・4・25 ………………438
名古屋高判平5・10・13 ……………480	大阪地判平8・7・19 ………………466
浦和地判平5・10・18 ………………202	東京高判平8・7・23 …… 306, 359, 497
浦和地判平5・10・29 …………217, 244	東京高判平8・9・25 ………………453
福島地郡山支判平5・11・11 …………219	広島高判平8・10・22 ………………305
最二小判平5・11・26 ……… 167, 376, 378	最三小判平8・10・29 ………………307
東京地判平5・11・29 ………………466	奈良地判平8・11・6 …… 135, 177, 182
最三小判平5・12・17 ……… 264, 267, 273	最三小判平8・11・12 ………………490
東京地判平6・1・20 …………404, 441	横浜地判平9・4・23 ………………438
大津地判平6・3・14 ………………482	東京地判平9・7・10 ………………449
大阪地判平6・3・24 ………………374	東京地判平9・11・7 ………………444
山口地徳山支判平6・4・15 … 344, 346, 486	最一小判平9・12・18 …… 167, 169, 375, 378
京都地判平6・5・26 …………363, 378	最二小判平10・2・13 ………… 305, 306
仙台地判平6・6・30 ………………483	最一小決平10・10・22 ……………438
高松高判平6・7・28 ………………482	最二小判平10・12・18 ……………307
東京高判平6・9・29 ………………306	最三小判平11・7・13 ………………245
東京地判平6・11・7 ………………376	最一小判平12・1・27 ………………376

549

判例索引

最二小判平12・12・15 …………………513
最一小判平14・1・17 ………………… 482
最三小判平14・10・15 ……………… 449
最二小判平16・4・23 ………………… 91
さいたま地判平16・12・13…………… 25
最三小判平17・3・29 ………………… 437
最三小判平18・1・17 ………………… 368
最三小判平18・2・21 ………………… 114
最一小判平18・3・16 ………………… 246
最一小判平18・3・23 ………………… 182
最三小判平20・11・25 ……………… 146
最三小判平22・3・2 …………………… 21
最三小判平25・2・26 ………………… 306

条文索引

旧住宅地造成事業に関する法律15条
　……………………………………… 42, 44
建築基準法２条13号 ……………… 124
建築基準法19条１項 ……………… 121
建築基準法40条 …………………… 121
建築基準法42条 …………………… 149
　── ２項 ……………………… 144
建築基準法43条 …………… 123, 125
　── １項 ……………………… 100
建築基準法45条 …………………… 163
建築基準法46条 …………………… 121
建築基準法47条 …………………… 121
建築基準法68条の９ ……………… 124
建築基準法69条 …………………… 159
建築基準法75条 …………………… 160
建築基準法76条 …………………… 160
建築基準法86条 …………………… 178
　── １項 ……………………… 124
建築基準法附則５項 ……………… 149
建築基準法施行規則９条 ………… 138
建築基準法施行規則11条の４ …… 161
建築基準法施行令１条１号 ……… 120
建築基準法施行令２条１号 ……… 120
建築基準法施行令144条の４ ……… 136
高速自動車国道法１条 ……………… 99
高速自動車国道法７条 ……………… 22
国有財産法２条 …………………… 108
国有財産法18条 …………………… 108
新都市基盤整備法１条 …………… 47

新都市基盤整備法41条 …………… 48
新都市基盤整備法47条 …………… 47
新都市基盤整備法57条 …………… 47
大都市地域における住宅及び住宅地
　の供給の促進に関する特別措置法
　１条 ……………………………… 49
大都市地域における住宅及び住宅地
　の供給の促進に関する特別措置法
　32条 ……………………………… 49
大都市地域における住宅及び住宅地
　の供給の促進に関する特別措置法
　72条 ……………………………… 49
地方自治法232条の２ …………… 433
地方自治法260条の２ …………… 181
地方自治法260条の38 …………… 181
地方税法348条２項５号 ………… 180
道路運送法50条 ……………………… 55
道路運送法51条 ……………………… 55
道路運送法61条 ……………………… 55
道路運送法65条 ……………… 56, 100
道路構造令２条 …………………… 102
道路交通法１条 …………………… 188
道路交通法３条 ……………………… 13
道路交通法77条 …………………… 189
道路整備特別措置法１条 ………… 104
道路法１条 …………………………… 13
道路法５条 …………………………… 16
道路法10条 …………………………… 28
道路法12条 …………………………… 18

551

条文索引

道路法13条	18
道路法16条	18
道路法17条4項	18
道路法18条	22
道路法23条	18
道路法28条	26
道路法32条	89
道路法40条	89
道路法44条	87
道路法46条	87
道路法47条	85
道路法48条の15	101
道路法71条	88, 474
道路法90条	23
道路法91条	88, 107
道路法96条	478
道路法99条	91
道路法施行規則4条の2第3項	26
都市計画法2条	31
都市計画法3条	31
都市計画法5条	31
都市計画法11条	32
都市計画法12条	41
都市計画法13条	32
都市計画法14条	35
都市計画法17条	35
都市計画法20条	35
都市計画法29条	58
都市計画法32条	69
都市計画法36条	72
都市計画法39条	69
都市計画法40条	70
都市計画法46条	72
都市計画法59条	37
都市計画法62条	37
都市計画法施行規則7条	33
都市計画法施行規則38条	72
都市計画法施行令25条	60
都市再開発法1条	45
都市再開発法82条	46
都市再開発法109条	46
土地改良法29条	199
土地改良法57条	199
土地区画整理法1条	39
土地区画整理法3条1項	39
土地区画整理法4条1項	39
土地区画整理法6条	41
土地区画整理法14条	40
土地区画整理法103条	40
土地区画整理法106条	41
農住組合法8条	39
不動産登記法6条1項	324
不動産登記法22条	333
不動産登記法37条	184
不動産登記法39条2項	184
不動産登記法60条	326, 493
不動産登記法63条1項	493
不動産登記法80条	308, 309, 316
——1項	317
——4項	318
不動産登記法施行規則79条	321
不動産登記法施行規則103条	335
不動産登記法施行規則104条	336
不動産登記法施行規則105条	338
不動産登記法施行規則106条	338
不動産登記法施行規則107条	339

不動産登記令20条4号 …………… 319
密集市街地における防災街区の整備
　の促進に関する法律1条 …………… 50
密集市街地における防災街区の整備
　の促進に関する法律3条 …………… 51
密集市街地における防災街区の整備
　の促進に関する法律120条 ………… 51
密集市街地における防災街区の整備
　の促進に関する法律215条 ………… 51
密集市街地における防災街区の整備
　の促進に関する法律253条 ………… 51
密集市街地における防災街区の整備
　の促進に関する法律278条 ………… 52
民事訴訟法5条 ……………………… 502
民事訴訟法8条 ……………………… 502
民事訴訟法14条 …………………… 505
民事調停法24条 …………………… 509

民法1条 ……………………………… 386
民法92条 …………………………… 381
民法163条 ………………………… 360
民法175条 ………………………… 383
民法177条 ………………………… 299
民法201条 ………………………… 400
民法211条1項 …………………… 227
民法211条2項 …………………… 237
民法281条1項ただし書 ………… 318
民法286条 ………………………… 311
　── 1項ただし書 ……………… 318
民法288条 ………………………… 293
民法292条 ………………………… 314
民法599条 ………………………… 342
民法施行法36条 ……………………… 75
民法施行法37条 …………………… 299

553

事　項　索　引

【アルファベット】
ADR ……………………………… 509

【あ】
赤線 ……………………………… 80

【い】
慰謝料請求 ……………………… 496, 497
一般国道 ………………………… 14
囲繞地 …………………………… 204
　── 通行権（袋地通行権） … 203
　── 通行権の確認訴訟 ……… 484

【か】
開発許可制度 …………………… 62
開発行為 ………………………… 61
開発登録簿 ……………………… 72
開発道路 ………………………… 57
瑕疵担保責任 …………………… 460
仮処分 …………………………… 506
慣行通行権 ……………………… 381
換地処分の効果 ………………… 40

【き】
境界確定 ………………………… 21
強制執行 ………………………… 511
行政訴訟 ………………………… 479
共有物分割 ……………………… 426
供用開始 ………………………… 22

【け】
計画道路 ………………………… 132
建築協定 ………………………… 159

建築物 …………………………… 120
減歩 ……………………………… 39

【こ】
好意的な事実上の通行 ………… 421
公私中間道 ……………………… 12, 198
高速自動車国道 ………………… 16
高速道路 ………………………… 14
公道 ……………………………… 9, 84
　── の対抗要件 ……………… 110
国道 ……………………………… 18
国有財産 ………………………… 23

【さ】
再開発型開発行為 ……………… 68
債権的契約通行 ………………… 340
債務不履行 ……………………… 442, 465
錯誤による無効 ………………… 457
里道 ……………………………… 80

【し】
市町村有通路 …………………… 73
指定道路の廃止 ………………… 171
私道 ……………………………… 9
住宅地造成事業 ………………… 42
準袋地 …………………………… 217
承役地 …………………………… 284
償金 ……………………………… 258
小幅員区画道路 ………………… 67
人格権的通行権 ………………… 92

【せ】
生活通行権 ……………………… 383
接道義務 ………………………… 123

事項索引

── の特例……………………154
セットバック（道路後退）………151

【そ】

総括図…………………………… 35

【た】

宅地建物取引業者………………467
脱落地…………………………… 83

【ち】

地役権………………………284, 308
── 者………………………285
── 図面の作成方法…………323
── の時効取得………………360
地縁団体…………………………433

【つ】

通行地役権設定登記申請の添付情報……321
通行地役権の存続期間…………309
通行の禁止………………………411
通行の自由権…………………… 96
通行料………………104, 257, 367
── の額………………………413

【と】

登記未履行道路………………… 24
道路管理………………………… 17
道路占用許可…………………… 89
道路台帳………………………… 26
道路内民有地…………………… 24
道路法違反の行為……………… 91
道路法の歴史…………………… 14
都市計画道路…………………… 31
都道府県道……………………… 18

【に】

2項道路…………………………144
二線引畦畔……………………… 81
認定外道路……………………… 74

【の】

農業を営む者…………………… 65

【は】

排除費用…………………………407
廃道…………………………28, 97
反射的利益による通行…………384

【ふ】

幅員………………………………155
袋地………………………………203
不服申立て………………………477

【ほ】

妨害排除請求………………279, 397
法定外公共用物………………… 75
法定通路の幅員…………………238
簿書……………………………… 49
歩道………………………………102

【ま】

街づくり………………………… 30

【み】

みなし道路………………………144
民事調停…………………………508

【む】

無償囲繞地通行権………………260

555

事項索引

【も】
黙示的通行権……………………345

【や】
八潮登記未履行事件………………25

【よ】
予定道路……………………………157

【ら】
ライフラインの設置………………445

【り】
隣地立入権…………………………276

【ろ】
路地状敷地…………………………196
路線廃止……………………………28

著者略歴

末光　祐一（すえみつ　ゆういち）

司法書士，土地家屋調査士，行政書士（以上，愛媛県会）

昭和63年	司法書士試験合格・土地家屋調査士試験合格・行政書士試験合格
昭和64年	愛媛大学工学部金属工学科中退
平成元年	司法書士登録・土地家屋調査士登録・行政書士登録
平成3年	愛媛県司法書士会理事
平成7年	愛媛県司法書士会常任理事研修部長
平成8年	日本司法書士会連合会司法書士中央研修所所員
平成11年	愛媛県司法書士会副会長総務部長
平成12年	社団法人（現：公益社団法人）成年後見センター・リーガルサポートえひめ支部長
平成13年	日本司法書士会連合会司法書士中央研修所副所長
平成15年	日本司法書士会連合会理事
平成21年	日本司法書士会連合会執務調査室執務部会長
平成23年	国土交通省委託事業「都市と農村の連携による持続可能な国土管理の推進に関する調査検討委員会」委員（三菱UFJリサーチ＆コンサルティング株式会社）
平成24年	国土交通省委託事業「持続可能な国土管理主体確保のための検討会」委員（三菱UFJリサーチ＆コンサルティング株式会社）
平成24年	愛媛大学法文学部総合政策学科司法コース不動産登記非常勤講師
平成25年	司法書士総合研究所業務開発研究部会主任研究員

Q&A　道路・通路に関する法律と実務
―登記・接道・通行権・都市計画―

平成27年6月10日　初版発行
平成30年7月5日　初版第3刷発行

　　　　　著　者　　末　光　祐　一
　　　　　発行者　　和　田　　　裕

発行所　　日本加除出版株式会社
本　社　　郵便番号 171-8516
　　　　　東京都豊島区南長崎3丁目16番6号
　　　　　ＴＥＬ　(03)3953-5757（代表）
　　　　　　　　　(03)3952-5759（編集）
　　　　　ＦＡＸ　(03)3953-5772
　　　　　ＵＲＬ　http://www.kajo.co.jp/
営業部　　郵便番号 171-8516
　　　　　東京都豊島区南長崎3丁目16番6号
　　　　　ＴＥＬ　(03)3953-5642
　　　　　ＦＡＸ　(03)3953-2061

組版　㈱郁文　/　印刷・製本 (POD)　京葉流通倉庫㈱

落丁本・乱丁本は本社でお取替えいたします。
★定価はカバー等に表示してあります。
Ⓒ Y. Suemitsu 2015
Printed in Japan
ISBN978-4-8178-4233-6

```
┌──────────────────────────────────────────┐
│ JCOPY 〈出版者著作権管理機構 委託出版物〉          │
│ 本書を無断で複写複製（電子化を含む）することは、著作権法上の例外を除 │
│ き，禁じられています。複写される場合は，そのつど事前に出版者著作権管理 │
│ 機構（JCOPY）の許諾を得てください。                │
│ また本書を代行業者等の第三者に依頼してスキャンやデジタル化することは，│
│ たとえ個人や家庭内での利用であっても一切認められておりません。   │
│                                          │
│ 〈JCOPY〉HP：http://www.jcopy.or.jp/，e-mail：info@jcopy.or.jp │
│ 電話：03-3513-6969，FAX：03-3513-6979         │
└──────────────────────────────────────────┘
```

Q&A 農地・森林に関する法律と実務
登記・届出・許可・転用

末光祐一 著
2013年5月刊 A5判 616頁 本体5,600円+税 978-4-8178-4085-1 商品番号:40509 略号:農地森林

まちづくり登記法
都市計画事業に関係する登記手続

五十嵐徹 著
2012年11月刊 A5判 256頁 本体2,400円+税 978-4-8178-4033-2 商品番号:40487 略号:まち登

条解・判例 土地区画整理法

大場民男 著
2014年10月刊 A5判 776頁 本体6,600円+税 978-4-8178-4190-2 商品番号:40566 略号:土区

土地区画整理の登記手続

五十嵐徹 著
2014年4月刊 A5判 272頁 本体2,500円+税 978-4-8178-4154-4 商品番号:40547 略号:土地区

境界の理論と実務

寶金敏明 著
2009年4月刊 A5判上製 608頁 本体5,700円+税 978-4-8178-3815-5 商品番号:40310 略号:境理

3訂版 表示登記にかかる各種図面・地図の作成と訂正の事例集

河瀬敏雄・筒井英行 著
2013年4月刊 A5判 272頁 本体2,600円+税 978-4-8178-4074-5 商品番号:40102 略号:表各

渉外不動産登記の法律と実務
相続、売買、準拠法に関する実例解説

山北英仁 著
2014年5月刊 A5判 564頁 本体5,000円+税 978-4-8178-4161-2 商品番号:40551 略号:渉不

日本加除出版
〒171-8516　東京都豊島区南長崎3丁目16番6号
TEL（03）3953-5642　FAX（03）3953-2061　（営業部）
http://www.kajo.co.jp/